근친 성폭력, 감춰진 진실

Father-Daughter Incest
by Judith Lewis Herman

Original Copyright ⓒ Judith Lewis Herman 1981
Korean Translation Copyright ⓒ 2010 by Samin Books

This Korean translation is arranged with Havard University Press
through Best Literary & Rights Agency
All rights reserved.

근친 성폭력, 감춰진 진실

2010년 3월 31일 초판 1쇄 발행
2024년 6월 25일 초판 3쇄 발행

펴낸곳 (주)도서출판 **삼인**

지은이 주디스 루이스 허먼
옮긴이 박은미 김은영
펴낸이 신길순

등록 1996.9.16. 제 25100-2012-000046호
주소 03716 서울시 서대문구 성산로312 북산빌딩 1층
전화 (02) 322-1845
팩스 (02) 322-1846
전자우편 saminbooks@naver.com

표지디자인 (주)끄레어소시에이츠
인쇄 수이북스
제본 은정제책

ISBN 978-89-6436-009-5 03330

값 22,000원

근친 성폭력
감춰진 진실

주디스 루이스 허먼 지음 | 박은미 · 김은영 옮김

삼인

글 싣는 순서

옮긴이 서문

『근친 성폭력, 감춰진 진실』(원제: Father-Daughter Incest)은 정신과 의사 주디스 루이스 허먼(Judith Lewis Herman)이 40명의 근친 성 학대 피해 여성에 대한 실제 임상 연구와 정신건강센터, 아동보호기관 그리고 법 집행기관에서 활동하는 전문가들과의 인터뷰를 바탕으로, 근친 성 학대가 일어나는 가정의 복합적인 구조를 속속들이 파헤친 책이다. 1981년에 초판이 출간되면서 미국 사회에서는 그동안 너무도 오랜 세월 숨기거나 외면해 왔던 근친 성 학대 문제가 사회문제의 수면 위로 떠올랐고, 이에 대한 본격적인 논의와 실천적 대안이 마련되었다(2000년 후기 참조). 따라서 이 책은 근친 성 학대 문제를 다룬 일종의 교과서에 해당한다고 말할 수 있다.

근친 성 학대는 여전히 세계 도처에서 자행된다. 2009년에는 70대 오스트리아 남성이 친딸을 창문도 없는 자기 집 지하실에 24년간 가두고 수천 번 강간하여 일곱 명의 아이를 낳게 했으며, 그 아이들에게 아무 의학적인 조치도 취하지 않은 채 방치한 혐의로 재판을 받았다는 뉴스를 접했다. 또 이 책의 후기를 쓰는 2010년 3월 오늘 아침에도, 친딸을 중학생이던 때인 10년 전부터 상습 성폭행하여 두 아이를 낳게 했으나 모두 살해,

암매장한 한국 아버지를 입건한 소식을 들으며, 처참한 기분과 무거운 책임감을 느꼈다.

그러나 세상과 인간관계는 민주적이고 인본주의적으로 부단히 변화한다고 믿는다. Incest라는 용어를 여전히 '근친상간'이라고만 여기고 싶어하는 아버지의 막강한 힘의 행사가 '파괴적인 성폭행'으로 인정되고, 그 가족 구성원 모두가 건강성을 되찾을 수 있도록 도움을 받는 그날까지 한국의 모든 남성과 여성은 근친 성 학대를 바라보는 시각이나 태도를 지속적으로 바꿔 나갈 것이기 때문이다.

주디스 허먼과 공동 저자인 리사 허시먼(Lisa Hirschman)이 서문에서 이 책을 출간하기까지 연구와 가사 그리고 육아에 동참해 준 남편을 칭찬한 대목은 특히 나의 시선을 사로잡았다. 민주적인 부부 관계, 가사, 자녀 출산, 양육에 대한 동등한 책임 의식과 실천만이 건강하지 못한 사회문제의 발생을 예방할 수 있는 유일한 방책이라는 사실을 다시 한 번 일깨워준 대목이었다.

*Father-Daughter Incest*의 한국어 번역본 제목은 『근친 성폭력, 감춰진 진실』로 정해졌다. 시각이 많이 바뀌었다고는 하지만, Incest라는 용어

를 여전히 '근친상간'이라 여기는 태도에 각성의 매를 후려치려는 편집진의 고뇌가 녹아 들어갔다. 본문에서는 물리적인 폭력을 동반하지 않은 성적 관계까지를 포괄하는 의미에서 '근친 성 학대'라는 용어를 사용했다. 그러나 생물학적 부모든 아니든 친권을 지닌 아버지의 (미성년) 여성 자녀에 대한 모든 성 접촉은 신체적, 정신적, 심리적인 학대이자 폭행이라는 사실을 다시 한 번 힘주어 강조하고 싶다.

이 책을 공부하자고 권유해 주고 번역까지 함께한 김은영 씨에게 우정의 마음을 전하고, 출간에 힘이 된 삼인출판사의 모든 분께도 감사드린다. 번역자 두 사람 역시 앞으로 더 많은 연구와 성찰로 근친 성폭행 피해 여성들이 상처를 딛고 또 다른 삶을 향해 나아갈 수 있도록 그들과 연대하는 조력자가 되겠다는 결심을 새로이 한다.

배우자로서 두 딸의 아버지로서 날마다 발전하려고 애쓰는 남편에게, 또한 양성 평등을 지향하는 이 땅의 모든 아버지들에게 이 책을 선물로 바치고 싶다.

2010년 3월, 품 심리상담센터에서 박은미

머리말

이 책은 두 여성이 서로 이야기를 나눈 것을 계기로 나왔다. 마침 리사 허시먼과 나는 둘 다 임상 치료를 시작했다. 우리는 서로를 돌보고 지원했다. 이런 만남이 진행되는 사이, 우리 두 사람은 근친 성 학대 경험을 가진 여성의 수가 엄청나게 많은 것 같다는 사실을 발견했다. 환자들의 하소연도 하소연이지만, 숙련된 의사들이 줄곧 이런 호소를 무시했다는 사실이 우리를 너무 당혹스럽게 했다. 노골적인 근친 성 학대 문제를 다룬 문헌이 간혹 눈에 띄기도 했지만, 그것조차 본질적으로는 무용지물이나 마찬가지로 성차별적 편견에 오염됐었다. 아버지와 딸 사이 근친 성 학대에 대해 충분히 깊이 다룬 글이 없었기 때문에, 결국 우리가 직접 이 문제에 관한 책을 써 보자고 결심했다.

그것이 1975년의 일이었다. 결과적으로는 이 한 권의 책이 세상의 빛을 봤지만, 아마 그 당시 누군가가 이 일이 5년 이상 걸리리라 말해 주었다면 우리는 말도 안 되는 소리라고 펄쩍 뛰었을 것이다. 근친 성 학대는 사람들이 기꺼워하는 주제가 아니다. 이 문제가 파헤쳐지지 않도록 사사건건 시비를 거는 사람도 있다. 우리가 앞으로 나아갈 힘을 낼 수 있었던 것은 연구와 저술을 위해 만난 여성들의 반응 덕택이었다. 직접 만날 수 없었던 여성들은 우리에게 편지를 보내 자신의 경험담을 이야기하고 우리를 응원해 주었다. 여성들은, 아무리 오랫동안 또 그토록 철저하게 감춰진 비밀이라도, 틀림없이 밝혀낼 가치가 있다는 사실을 우리에게 확신시켜 주었다.

우리가 공동 작업을 시작한 이래, 근친 성 학대는 주요한 사회문제 가운데 하나로 재발견되기 시작했다. 불과 지난 2, 3년 사이 이 주제를 다룬 특집 기사가 출판계에 등장했고, 다큐멘터리 프로그램이 전국 공영 TV 채널에서 방영되었다. 근친 성 학대 사실을 고백한 글들이 나오기 시작했고, 앞으로 더 많은 연설회가 개최될 것으로 예상된다. 이런 인식의 성장은 여성해방운동의 성과이다. 지난 10년 사이, 여성들은 강간, 아내 구타, 아동 학대와 같은, 전에는 금기시됐던 주제들에 관한 대중적인 관심을 불러일으켜 왔다. 성 학대 가운데 가장 극단적인 형태인 근친 성 학대는 최근까지만 해도 포르노그래피나 스캔들의 영역에서만 존재했지만, 우리는 이제 이 문제에 관해 진지하게 논의할 때가 왔다고 생각한다.

우리의 책은 우선 수백만 명에 이를 것이라 추정되는, 사적인 근친 성 학대를 당한 여성들을 위해 저술되었다. 근친 성 학대 피해자 대부분은 누군가에게 자신의 비밀을 털어놓는 일을 수치스럽게 생각하며 여전히 혼자서만 비밀을 간직하려는 부담을 진다. 우리는 이 책이 그들의 손에 전해져, 그들이 지닌 고립감과 수치심을 완화시킬 수 있길 기대한다. 이 책은 또한 아버지-딸 사이의 근친 성 학대 사례를 일상적으로 접하는 정신 건강 센터, 아동보호 기관, 법률과 법률 시행 기관의 전문가들을 돕고자 저술되었다.

이 책은 3부로 구성됐다. 1부는 설문 조사 자료, 임상 자료, 인류학 문헌, 대중 잡지 그리고 포르노그래피 등에 근거한 현상 분석에 중점을 두었다. 학문적인 문헌을 살피는 데는 당연히 도서관에 의존했지만, 대중적인 자료 대부분을 얻는 데는 신문이나 잡지에 실린 기사를 스크랩해 주고, 보통은 쳐다보지도 않았던 출판물들에 관심을 기울이게 해 준 친구들, 친지들, 얼굴도 모르는 많은 사람들의 도움을 받았다. 특히 자기가 모아 둔 '어린이 포르노'를 살펴볼 수 있게 해, 그런 자료를 찾아 헤매야 하는 지겨운 수고를 덜어 준 릭 스노우든에게 아주 많은 도움을 받았다.

2부에는 치료에 참여한 환자나 치료자들과 나눈 면담에 근거한 우리 자신의 임상 연구가 담겼다. 우리 연구에는 40명의 근친 성 학대 피해 여성, 그리고 노골적인 근친 성 학대는 아니지만 아버지가 유혹적이었던 20명의 여성이 참여했다. 이 여성들은 어떤 사리사욕도 없이 참여했다. 익명성 보장이 연구에 참여하는 조건이었으므로, 그들이 보여 준 용기와 관대함에 대해 공개적으로 이름을 밝혀 감사를 전할 수는 없다. 이렇게 밝혀진 결과는 초기의 연구를 통합하고 더 많은 부가 자료를 넣어 1977년에 『표지들: 문화와 사회 속의 여성(Signs: Journal of Women in Culture and Society)』에 처음으로 실렸다. 이 단계의 우리 작업은 국립정신건강연구소 산하 강간예방과통제센터의 승인을 얻음으로써 더 힘을 얻었다.

3부는 근친 성 학대가 드러난 뒤의 위기 개입, 가족 치료 그리고 사법 처리를 포함한 사회적인 반응을 검토한 내용이다. 또한 치유와 예방의 가능성도 다뤘다. 우리의 논의는 한편으로는 정신 건강 기관, 아동보호 기관 그리고 법 시행 기관에 종사하는 전문가들과 가진 면담에, 다른 한편으로는 근친 성 학대 문제에 대해 혁신적인 접근 방법을 담은 프로그램들을 접한 것에 바탕으로 두었다. 우리가 찾아가 살펴 본 프로그램은 캘리포니아 주 산호세 산타클라라 시 청소년보호관찰소의 아동 학대 치료 프로그램, 워싱턴 주 타코마의 아동보호소, 워싱턴 주 타코마의 강간구호소, 워싱턴 주 시애틀 하버뷰 종합병원에 있는 성학대센터, 워싱턴 주 시애틀 성인보호관찰소에 있는 고소인 진단 프로그램, 미네소타 주 미니애폴리스의 크리스토퍼 스트리트, 미네소타 주 미니애폴리스의 헤네핀 지역 변호사 사무실, 펜실베이니아 주 필라델피아의 강간위기센터(현재는 조셉 J. 피터스 연구소로 개칭), 그리고 코네티컷 주 하트포드의 어린이/청소년 기관 내에 있는 성적인 정신적 외상 치료 프로그램이다.

　이 기관들 사이의 차이에 못지않게 기관들이 지닌 유사성으로부터 우리는 더 깊은 인상을 받았다. 이 기관들은 자신의 활동에 대해 깊은 관심을 지닌 사람들에 의해 만들어진 것으로, 사법적인 명령이나 연방 기관의 승인이 있다고 해서 설립이 가능한 기관이 아니었다. 활동가들은 근친 성학대가 일어난 가정 또는 성인 피해자들과 연루되면서 이런저런 특별한 요구에 응해야 한다는 사실을 깨달았다. 모든 기관들은 서로를 보살피는 방법, 그리고 이런 활동을 할 때 끊임없이 생겨나는 고통스러운 감정을 다루는 방법을 계발해 왔다. 자신들이 하는 일의 어려움을 잘 알기 때문에, 그들은 서로를 비판하는 데도 예의 바른 태도를 보였다. 우리에게 기관의 경험을 공유하게 해 준, 산호세 아동 성 학대 치료 프로그램의 헨리 지아레토, 밥 캐롤, 도로시 로스, 타코마 아동보호소의 피터 콜먼, 타코마 강간

구호소의 코니 머피, 시애틀 고소인 진단 부서의 척 라이트, 헤네핀 지역 변호사 사무실의 데보라 앤더슨, 필라델피아의 강간위기센터의 일레인 벤시뱅고와 매디 제인 스턴, 하트포드 성적인 정신적 외상 치료 프로그램의 수잔 스그로이와 노마 토타에게 특별히 감사드리고 싶다. 두 번의 방문이 이루어지는 동안 우리를 동료이자 자매로 환대하고 배려를 아끼지 않은, 크리스토퍼 스트리트의 바바라 마이어스와 직원들, 그리고 하버뷰 성학대 센터의 셜리 앤더슨, 루시 벌리너, 카렌 모나스터스키, 도리스 시티븐스 그리고 직원 여러분께 감사드린다.

이 책이 기획된 초기 단계, 특히 격려가 필요했던 시기에 많은 분들이 우리를 도와 주셨다. 카렌 올-아이드루스, 엘런 바수크, 필리스 체슬러, 윌리엄 A. 크리스틴 주니어, 일레인 힐버만, 매리 하우엘, 찰스 매그로우, 린 마이어, 진 베이커 밀러, 칼 오그레스비, 미첼 짐벌리스크 로잘도, 캐시 사라차일드, 그리고 롤랜드 수미트는 초고를 읽으면서 도움과 비판을 아끼지 않았다. 폴린 바트는 우리 스스로 지녔던 것보다 우리에 대해 훨씬 더 많은 자신감을 보인 열렬한 지지자였다. 래리 콘스탄틴, 데이비드 핑클로, 플로렌스 러시, 그리고 홀리스 휠러는 우리에게 아직 출간도 되지 않은 초고를 보여 주며 그들이 소장하던 자료와 관찰 내용을 공유하게 해 주었다. 출간 마지막 단계에서는 조이스 배크먼, 루시 벌리너, 레이 비넌, 샌드라 버틀러, 린다 고든, 그리고 A. 니콜라스 그로스가 원고를 검토해 주었다. 그들의 비평은 지속적으로 이 문제에 대한 이해를 심화시켜 주었다. 하버드 대학 출판부의 윌리엄 베네트와 버지니아 라플란트는 저자가 기대할 수 있는 최상의 편집자였다. 끝으로 원고를 출간할 수 있는 형태로 만들어 준 앤 스미스에게도 감사드린다.

리사 허시먼은 집필을 제외하고는 이 책의 첫 기획부터 끝까지 모든 단계에 참여했다. 리사와 나는 임상 연구, 치료 프로그램 방문, 그리고 집필 방향 등 전 과정에서 공동으로 작업했다. 애초에는 두 사람이 같이 집필하기로 계획했었다. 그러나 3000마일이나 떨어진 거리, 각자의 연구와 자녀 양육 등이 그 일을 불가능하게 했다. 연구 활동상 내가 좀 더 여유 있는 편이어서, 우리가 함께 시작했던 프로젝트를 마무리하는 일은 내가 맡기로 했다. 물론 이 일은 나 혼자 감당할 수 있는 일이 아니었으며, 리사의 협조가 없었더라면 이루어질 수 없었을 것이다.

매사추세츠 주 서머빌의 여성정신건강공동체는 모든 과정에서 나를 지원해 주었다. 딸을 출산하고 나서 이 책의 출간 작업 때문에 공동체를 자주 방문하지 못했지만 나를 끈기 있게 기다려 주었다. 공동체 회원, 미셸 클라크, 버지니아 도노반, 노엘 제트, 그리고 로니 리텐버그는 나와 사례에 대해 의논하고, 내가 아이디어를 명확하게 하도록 도와주었고, 자신들의 통찰력을 보태 주었다. 특히 공동체의 한 회원인 에밀리 샤쵸우는 이 프로젝트에 깊이 관여했다. 그녀와 나는 몇몇 가족들을 치료하고, 근친 성학대 피해자를 위한 집단치료 방법을 개발하는 일에 힘을 모았다. 우리는 또 치료 프로그램을 함께 찾아갔고, 우리가 사는 사회에 더 적합한 서비스를 계발하는 일에 함께 참여했다.

부모님이신 나프탈리와 헬렌 블록 루이스는 그 분들 자신의 박학다식함과 사상을 존중하는 태도뿐만 아니라 다른 모든 면에서 나에게 도움을 주었다. 남동생 존 블록 루이스는 자료 분석 방법을 알려 주고자 기초 통계학을 직접 가르쳐 주었다. 책을 쓰는 동안 나와 함께 모든 일상을 함께 해 준 제리 번트는 내 최고의 친구이자 가장 믿음직스러운 비평가였다. 그는 또 자녀 양육을 동등하게 공유하려고 여러 열망의 실현을 늦추기도 했다. 우리 딸 에마 루이스 번트는 나를 책에서 떨어뜨려 놓기도 했지만, 다시 책으로 되돌아가게 해 주었다. 딸이야말로 아동이 지닌, 사람의 마음을 사로잡는 불가사의한 힘과 상처받기 쉬운 상태를 끊임없이 상기시켜 주는 매개체였다.

주디스 루이스 허먼

공동 저자의 노트

이 프로젝트의 연구가 이루어지는 동안, 아이디어를 구체화하고 연구 내용을 글의 형태로 바꾸는 데 많은 분들이 도움을 주셨다. 특히 진 보크넥, 레슬리 굿우먼, 에일린 니커슨 그리고 애비게일 스튜어트에게 특별한 감사를 전하고 싶다. 남편 피터 그루비치는 이 프로젝트를 진행하는 내내 나를 도와주었다. 남편은 가사와 자녀 양육에서 평소에 하던 것 이상으로 많은 시간을 할애했다. 이런 시간이 없었다면, 이 책이 나오기까지의 연구는 이루어질 수 없었을 것이다. 우리 아들 알렉산더는 나에게 환희와 위안의 시간을 제공했고, 내가 슬프고 고통스러운 아동기의 한 측면에 대해 글을 써 나가야 했을 때 내 아동기의 즐거움을 상기시켜 주었다.

리사 허시먼

2000년 저자 서문: 리사 허시먼을 추모하며

리사는 52세의 나이로 1999년에 작고했다. 그녀를 보물처럼 아끼던 가족과 사회를 너무도 빨리 떠나가 버렸다. 리사는 주변 사람들의 삶에서 매우 특별한 존재였기에 그녀의 부재는 너무나 크게 느껴졌다. 우리가 연구를 함께하는 동안, 다른 사람들에게 친밀한 관심을 보이고 정서적으로 아무리 힘겨운 상황에서라도 깊이 개입하는 것을 보고 깜짝 놀랐었다. 리사는 경청하고 이해하고, 한 사람 한 사람을 만날 때마다 드러나는 진실에 아무 두려움 없이 울고, 웃고, 마땅한 분노를 나타내는 것으로 반응했다. 그녀는 결혼과 부모로서의 생활, 그리고 심리학자로서의 묵묵한 연구 활동 등 삶의 모든 순간마다 관찰자의 훌륭한 자질을 드러냈다. 리사는 자신의 연구를 날마다의 삶 속에서 이루어지는 경험과 밀착시켰다. 나는 바로 이런 능력이 그녀로 하여금 20년 전 다른 사람들이 보지 못한 문제를 파악하게 했다고 믿는다. 아주 최근에, '심각한 학대 생존자들의 주관 세계에 내포된 복합성을 회복하며(Restoring Complexity to the Subjective Worlds of Profound Abuse Suvivors)'*라는 제목을 붙인 한 논문에서, 그녀는 근친 성 학대 생존자들에 관한 자신의 연구를 "세심한 보살핌을 필요로 하는 세공 작업"이라 묘사했다. 나는 이 논문을 학생들에게 읽도록 나누어 주고 있다. 학생들은 이 논문을 통해 심리 치료가 세세한 기술을 필요로 하는 일이라는 사실을 배우고, 때로는 인내를 요구하는 훈련을 받은 보상으로서 학생들은 나와 더불어 통찰력과 해방감을 맛볼 수 있는 순간을 공유한다. 나는 리사를 장인이나 다름없는 세심한 능력을 지닌 여성으로 기억할 것이며, 우리가 함께 작업하면서 나눈 수많은 고귀한 순간들도 기억할 것이다.

* *Conservation in Self-Psychology: Progress in Self-Psychology*, vol. 13, ed. Arnold Goldberg (Hillsdale, N.J.: The Analytic Press, 1977), pp. 307~323에 수록.

신데렐라 또는 성녀 딤프나

　사악한 계모와 이복 언니들에게 핍박을 받다가 마침내 왕자에 의해 구원받는 신데렐라의 이야기를 모르는 소녀는 없을 것이다. 서구 문화에서 자주 일컬어지는 듯한 이 동화는, 소녀들에게 여성으로부터는 학대밖에 기대할 것이 없고 구원은 남성으로부터 온다고 가르친다. 그런데 비교적 최근에 대중의 인기를 얻은 신데렐라 이야기는 민담에 오랫동안 보존되어 온 옛이야기의 한 변형일 뿐이다. 여러 판본에서 이 이야기는 어머니를 여읜 뒤 친부로부터 성폭력 위험에 시달린 소녀의 슬픔을 다룬다.

　많은 변형 판본의 이야기는 아직 나이 어린 딸을 남긴 채 착하고 아름다운 어머니가 죽는 내용으로 시작한다. 딸은 슬픔에 잠겨 돌아가신 어머니를 그리워하고 추억을 되뇐다. 한 판본에서 어린 소녀는 어머니의 무덤에 나뭇가지 하나를 심고 그 가지에 날마다 눈물로 물을 준다. 나뭇가지는 나뭇잎이 울창한 나무로 자라나, 소녀가 역경에 처할 때마다 몸을 숨

길 수 있는 피난처이자 행운의 원천이 된다.[1]

신데렐라 이야기는 어린 소녀들에게 홀아비가 된 아버지와 단 둘이 남겨지는 일이 위험하다는 사실을 경고한다. 왜냐하면 아버지는 영락없이 다시 결혼할 것이고 딸의 운명은 아버지가 어떤 여성을 선택하느냐에 달렸기 때문이다. 어떤 판본에서는 아버지가 죽은 어머니를 대신해 잔인한 계모를 선택함으로써 딸이 심한 고통을 당한다. 또 어떤 판본에서 딸은 아버지가 친딸과 결혼하고 싶어 하기 때문에 고통을 당한다.

모피 공주 이야기(the tale of Many-Furs)에서, 홀아비가 된 왕은 사자(使者)를 보내 왕국 전체를 뒤져서라도 죽은 아내와 꼭 닮은 여성을 찾아오게 한다. 아름다운 친딸 외에 이 시험에 딱 맞아떨어지는 사람은 없다. 그러자 왕은 친딸과 결혼하기로 마음먹는다. 아버지의 계획을 단념시키려고 딸은 이 세상에서 가장 정교하게 만들어진 드레스를 사 달라고 요청한다. 아버지는 딸의 모든 요구를 들어준다. 마침내 더 이상 아버지를 단념시킬 수 없자, 딸은 갖가지 모피 코트로 변장한 뒤 도망친다. 다른 나라로 도망간 딸은 부엌일을 돕는 하녀로 일하다 왕자를 만나 구원된다. 공주는 아버지에게서 받은 드레스를 입고 신데렐라처럼 무도회에 갔다가 왕자의 눈에 띈 것이다.[2]

이런 민담은 성녀 딤프나 전설 같은 그리스도교 순교사에도 있다. 세속적인 이야기에서 딤프나는 도망치는 데 성공해 결혼하는 것으로 행복하게 끝나지만, 그리스도교 이야기에서는 살해당하는 비극적인 결말로 끝난다. 널리 알려진 속설에 따르면, 딤프나는 아일랜드의 이교도 왕과 그리스도인 공주 사이에서 태어난 딸인데, 공주는 딤프나가 아직 어린 아이일 때 죽는다. 아내가 죽은 뒤 무엇으로부터도 위안을 받지 못하며 지내던 왕은 딤프나가 성숙해 나가면서 어머니를 꼭 닮았다는 사실을 안다. 왕은 딸과 재혼하기로 결심한다. 아버지의 뜻을 단념시킬 수 없자 딤프나는 모피 공주처럼 변장한 뒤 다른 나라로 도망친다. 딤프나는 고해 신부인 게레베러스(Gereberus)를 만나 함께 지낸다. 두 사람은 앤트워프 근처 길(Gheel) 지방의 한 숲 속에 정착하여 소박하고 평화로운 생활을 한다. 그러나 딸이 달아났다는 사실에 격노한 왕은 모든 무자비한 방법을 동원하여 딸을 찾아낸다. 딤프나가 왕의 뜻을 받아들이기를 다시 거부하자, 왕은 그녀와 사제를 죽이라고 명령한다. 왕의 신하는 지체 없이 게레베러스의 목을 치지만, 감히 딤프나에게는 손을 대지 못한다. 그러자 왕은 자기 칼을 빼어 딸을 머리를 베고 그녀의 시신을 동물들에게 던져 준다. 그때 딤프나의 나이는 열다섯 살이었다고 전해진다.[3]

13세기 초엽, 딤프나의 유해 주변에 민중의 숭배 의식이 생겨 커져 갔다. 목이 잘린 딤프나 덕분에 수많은 광기와 악마에 사로잡힌 사람들의 질환이 신비하게도 치료되었다고 한다. 딤프나는 정신 질환을 가진 사람들의 수호자로 간주되었다. 13세기 말, 길 지방에 딤프나의 이름을 딴 정신병원이 세워졌다. 이 시설은 여전히 남아 있으며 정신 질환자를 위한 시설로는 최고로 간주된다. 이 요양소의 두드러진 특징은 마을 사람들의 집에 환자들의 숙소를 두는 것이다. 환자들은 가사를 돕고 가족으로 생활한다. 이런 인간적인 정책은 최근에 미국 정신 건강 제도에서 재발견된다.

많은 순교자들처럼 딤프나는 처음엔 사람들에게서 성인으로 추앙받다가 뒤늦게야 마지못해 교회 위계에 편입되었다. 딤프나 이야기가 담긴 성인들의 전기는 하나같이 성인전(聖人傳)이 민담으로 오염되는 것을 막으려는 저항을 담았다. 딤프나 이야기는 '믿을 만하지 않다.'는 것이다. 삶을 입증할 만한 기록 자료가 전혀 없으니, 아마 딤프나는 존재하지 않았는지도 모르고, 사람들은 그녀를 중요하지 않게 여기고 싶어 한다. 그러나 사람들은 딤프나가 수없이 많은 여성들의 실제 경험을 대변하기 때문에 그녀를 숭배했다. 수많은 여성 순교자들과 마찬가지로, 딤프나는 목숨을 걸고라도 강간과 강요된 결혼, 또는 근친 성폭행에 저항했다. 오랫동안 성적인 피해를 견뎌 온 여성들은 권위자들을 만족시킬 만한 자료가 있든 없든 딤프나의 영웅적인 행위를 기리고, 그녀의 존재가 신빙성이 있다고 인정한다.

정신적인 상처를 입은 사람들을 지켜 주는 성녀가 근친 성 학대 피해자라는 것은 아주 적절하다. 정서적인 고통을 겪는 일이 무엇인지 딤프나보다 더 잘 알 사람은 없다. 고아가 되어 너무 어린 나이에 가정으로부터 쫓겨나 이방인으로 살아가는 일, 마치 정상적인 사회에서 추방자가 되는 것 같은 일이 어떤 것인지를 딤프나보다 더 잘 알 수는 없다. 입 밖에 낼 수 없는 비밀을 짊어진 채 살아가야 하는 사람들에게, 성녀 딤프나는 이런 일이 과거에도 수없이 많이 일어났다고 여기는 민중의 지혜를 드러낸다. 이 책은 자신의 실제 이름으로는 추앙될 수 없는 모든 여성 영웅들, 근친 성 학대의 피해자였던 현대판 신데렐라나 성녀 딤프나를 위해 쓰인 것이다.

근친 성 학대에 대해 공평무사한 태도로 글을 쓰기란 불가능하다. 이 주제는 신화나 민담뿐만 아니라 이데올로기에도 속속들이 뒤얽혔기 때문이다. 우리는 솔직한 여성주의적 시각만이 현존하는 자료를 가장 잘 설명한다는 점을 발견했다. 남성 우월주의와 여성 억압에 대한 이해 없이, 왜 수많은 근친 성 학대 가해자(삼촌들, 오빠들, 계부들, 친부들)가 남성이며, 왜 수많은 피해자(조카들, 여동생들, 딸들)가 여성인지 설명하기란 불가능하다. 여성주의적 분석 없이는, 근친 성 학대의 현실이, 책임이 막중한 것으로 여겨지는 전문 연구자들에 의해 왜 그토록 오랫동안 억압되어 왔는지, 이 주제에 대한 공개적인 논의를 왜 여성해방운동이 일어날 때까지 기다려야 했는지, 근친상간을 옹호하고 나선 매체가 왜 모두 남성들로 조직된 성 연구소와 밀접하게 연결된 남성 대중잡지들인지를 설명할 수는 없을 것이다.

근친 성 학대에 대한 이해는 부모의 힘과 자녀의 욕구에 대한 어떤 기본적인 가정(加定)에 바탕을 둔다. 부모가 자녀보다 더 많은 힘을 가졌다는 것은 자명한 원리로 간주된다. 이것은 말할 나위 없는 생물학적인 사실로서, 어린 자녀는 생존을 위해 부모나 다른 성인 보육자에게 전적으로 의존한다. 더욱이 자녀는 건강하게 성장하려면 부모의 무조건적인 보호와 양육을 필요로 하며, 부모가 그 대가로 자기를 돌보도록 요구할 수는 없다는 가정이다. 부모는 자녀를 양육함으로써 여러 보상을 얻지만, 자녀에게 음식이나 의복, 거처를 마련하게 하거나 성적인 충족을 기대해서는 안 된다. 부모 가운데 한 사람이 가족 부양을 위해 자녀에게 일하러 나가도록 강요하면, 그것은 아동 노동 착취다. 부모가 자녀로 하여금 자신의 성적인 욕구를 충족시키게 할 때 그것이 근친 성 학대이다. 이런 이유로, 근친 성 학대는 전적으로 성인이 책임을 져야 하는 범죄로 간주되어야 한다. 많은 사람들이 불쾌하게 생각할지 몰라도, '가해자'와 '피해자'라는 용어는 근친 성 학대 상황을 정확하게 기술한다. 이런 용어를 사용하는 의도는 복잡다단한 인간 존재를 단순한 범주로 축소시키기 위해서가 아니다. 성적으로 자기 딸을 폭행한 남성은 단순한 가해자 그 이상이다. 또 아버지와 성적인 관계를 가진 여성이라고 해서 그녀의 온전한 정체성을 피해자라는 처지로만 보려는 것은 아니다. 하지만 근친 성 학대의 책임이 어디에 있는지 분명히 밝히기 위해서라도 근친 성 학대 범죄에서 이 용어는 반드시 사용되어야 한다.

아버지-딸 사이의 근친 성 학대는 가장 자주 보고되는 근친 성 학대의 한 유형일 뿐 아니라, 여성의 성적인 피해에 대한 하나의 패러다임을 나타낸다. 아버지와 딸, 성인 남성과 여성 자녀의 관계는 우리가 상상할 수 있는 가장 불평등한 관계 가운데 하나이다. 근친 성 학대가 여성이 아무 힘도 갖지 않은 관계에서 가장 자주 일어난다는 것은 우연이 아니다. 실제 성관계는 야만적일 수도 다정할 수도 고통스러울 수도 유쾌할 수도 있다. 그러나 그 관계는 필연적으로 자녀에게 파괴적인 영향을 끼친다. 사실상 아버지는 딸에게 아무 대가 없이 주어야 할 애정과 보호를 빌미로 그녀의 몸을 바치도록 강요한다. 그렇게 함으로써 아버지는 부모와 자녀 사이의 보호적인 유대 관계를 파괴하고 딸을 매춘으로 내몬다. 이것이 피해라는 시각에서 바라본 근친 성 학대의 현실이다. 이런 현실을 바꾸려는 조치가 취해질 수 있고 취해져야 한다.

이런 논의의 범위 밖에, 드물긴 하지만 서로 동의한 성인들 사이의 성관계 사례가 있다. 이런 사례는 포르노그래피와 근친상간이라는 금기로부터 우리를 해방시키고자 하는 사람들에 의해 자주 인용된다. 엄청나게 많은 근친 성 학대 사례는 동의(consent)라는 개념을 인식한 시기보다 훨씬 전부터 시작되었다. 비슷한 연령대의 자녀들끼리 자발적으로 성적인 놀이를 벌인 사례 역시 마찬가지 이유에서 다루지 않는다. 근친 성 학대의 공포는 성적인 행위에 있는 것이 아니라, 아동을 착취하고 부모로서 지녀야 할 사랑을 타락시켰다는 사실에 있기 때문이다.

1부

근친 성 학대의 비밀

1장
공통적인 사건

여성 환자들 거의 대부분이 아버지에게 성적으로 유혹을 받았다고 말했
다. 결국 나는 이 여성들의 이야기가 사실이 아니며, 히스테리적인 증상은
실제 일어난 사건 때문에 생긴 것이 아니라 환상으로부터 생겼다는 것을
인정해야만 했다. …… 나중에서야 아버지에게 성적으로 유혹을 당했다
는 환상이 여성들 사이의 전형적인 오이디푸스 콤플렉스의 표시였음을
인식할 수 있었다.

— 지그문트 프로이트, 『정신분석 입문 강의』(1933)

여성 아동들은 친밀한 인간관계를 맺고 있는 성인 남성에 의해 주기적
으로 성적 공격을 받기 쉽다. 공격자는 부랑자나 낯선 사람이 아니라, 이
웃이거나, 가족의 친구, 삼촌, 사촌, 계부이거나 친부이다. 아는 사람이나

믿을 수 있는 성인에 의해 성적으로 착취당하는 일은 수많은 여성들의 삶에 핵심적이면서 인격 발달에까지 영향을 주는 경험이다.

일반적으로 남성을, 특히 아버지를 당황스럽게 만드는 이 걱정스런 진실은 지난 수백 년 동안 되풀이해서 폭로되었다. 여성의 감성적이고 성적인 삶에 대한 신중한 조사는 마침내 근친 성 학대의 비밀에 대한 폭로로 이어졌다. 그러나 최근까지도 이런 사실을 발견한 조사관은 그것을 덮어두곤 했다. 단적으로 말해, 대중의 의식에 자리 잡기에 근친 성 학대는 너무 위협적이었다.

우리는, 치료자로서 처음 만난 환자들 가운데 상당수의 근친 성 학대 피해자가 있다는 걸 알면서, 근친 성 학대의 비밀을 발견했다. 정신과 훈련과정에서 만난 다음 사례를 살펴보자.

여섯 아이의 어머니인 한 40대 여성이 수면제 과다 복용으로 병원에 왔다. 자신을 잔인하게 학대하는 남편과 보낸 20년 동안의 결혼 생활로부터 도피하겠다는 생각으로 자살을 시도한 것이다. 심리 치료를 하는 동안 그녀는 어렸을 때 계부로부터 반복적으로 성추행을 당했다고 털어놓았다. 남편은 이 비밀을 아는 유일한 사람이었다. 남편이 비밀을 폭로할까 봐 두려워, 그녀는 남편을 떠날 수 없었다. 만일 아내가 이혼 요구를 한다면, 남편은 아내가 어머니로서 적합하지 않음을 증명하려고 근친 성 학대 이야기를 하고 아이들의 양육권을 가져가 버리겠다고 자주 위협했던 것이다.

외래 환자로 온 열다섯 살짜리 소녀가 신경안정제를 요구했다. 소녀는 알코올과 수면제 중독 기록이 있었으며, 해독을 위해 여러 차례 입원했었고,

청소년을 위한 거주형 치료 프로그램에 여러 번 참여했으나 모두 실패했다. 그녀는 여덟 살 때부터 친아버지와 펠라티오(여성이 남성에게 해주는 구강성교—옮긴이)와 상호 자위가 포함된 성관계를 가졌다고 했다. 소녀는 아버지가 성교를 시도했을 때인 열두 살에 집을 나왔고 그 후 거의 길거리에서 살았다. 소녀는 어머니가 아버지와 이혼하고 자신을 집에 데려가기를 바랐지만, 그런 희망은 비현실적으로 보였다.

스물다섯 살의 회사원이 급성 불안 발작(acute anxiety attack)으로 응급실에 실려 왔다. 그녀는 이리저리 왔다 갔다 하며 몹시 초조해 보였고 먹거나 자지 못하면서 죽음이 임박했다고 느꼈다. 칼을 든 남성에게 쫓기는 강렬한 환상에 대해 이야기도 했다. 전날 사무실에서 공격적으로 성적 수작을 거는 상사 때문에 궁지에 몰렸었다. 일자리가 필요했고 그 일을 잃고 싶지는 않았지만, 다시 일하러 가야 한다는 생각에 너무 걱정스러웠다. 나중의 심리 치료를 통해 이 성희롱 사건은 친아버지에게 성폭행을 당했던, 그간 억압되었던 기억을 다시 일깨운 것으로 드러났다. 여섯 살 때부터 청소년기 중반까지 아버지는 그녀에게 반복적으로 몸을 드러내 보였고 자위를 강요했다. 직장에서 위험에 빠졌던 그녀의 경험은 아동기의 무기력과 공포 감정을 상기시켰다.

이 여성들이 털어놓은 이야기는 모두 생생하고, 세세한 내용까지 정확했으며 실제 기억에 관련된 내적으로 일관된 특징을 지녔다. 게다가 각각의 사례를 보면 근친 성 학대로 인한 정신적 외상이 환자가 현재 지닌 문제와 직접 연관됐다. 그런데도 환자의 이야기가 지닌 진실성은 공식적으로 문제시되었다. 마치 모든 사람들이 아는 사실이라는 듯, 의사들은 성인, 특히 아버지와 성적으로 접촉하는 것에 대해 여성들이 공상을 하거나 거짓말을 하는 거라고 말했다.

우리는, 근친 성 학대가 한두 건이 아니라는 사실에 점차 걱정이 커져, 문헌을 찾아보기로 했다. 근친 성 학대에 대해 알려진 것을 찾아보고 싶었고, 여성들이 성 학대에 대해 거짓말한 것으로 간주된 의견들의 근거에 대해서 배우고 싶었다. 그동안 발견한 다른 많은 사실들처럼, 우리는 프로이트의 작업에 기원을 둔 문헌 속에서 거대하게 정교화된 하나의 지적 전통을 발견했다. 그것은 진실을 억압하려는 목적을 가졌다.

현대 심리학의 아버지, 프로이트는 연구를 시작한 초기와 왕성하게 연구 경력을 쌓던 시기에 근친 성 학대의 비밀에 대해 커다란 실수를 저질렀다. 프로이트의 열망은 당시 여성 신경증의 원형이었던 히스테리의 원인을 밝혀내려는 것이었다. 초기 연구에서 프로이트는 자신에게 고뇌를 털어놓은 많은 여성들로부터 전면적인 신뢰와 자신감을 얻었다. 프로이트의 환자였던 부유하거나 전통적인 관습을 따르는 가문의 여성들은, 프로이트에게 가족의 친구, 친지, 아버지처럼 그들이 믿었던 남성들 때문에 겪어야 했던 성과 관련된 아동기의 아픈 기억들에 대해 털어놓았다. 프로이트는 처음엔 환자들의 말을 믿었고 고백의 의미를 인정했다. 그는 1896년에 『히스테리 병리학(The Aetiology of Hysteria)』과 『히스테리 연구(Studies on Hysteria)』라는 두 권의 저서를 출간하면서, 여성 신경증의 불가사의를 해결했다고 공표했다. 프로이트는 모든 히스테리의 원인이 아동기의 성적인 정신적 외상(sexual trauma) 때문이라고 주장했다.[1]

그러나 프로이트는 이런 발견에 결코 마음이 편치 않았다. 그의 발견에는 사회적으로 명망 있는 가문에 속한 남성들의 행동도 포함되었기 때문이다. 만약 환자들의 이야기가 사실이라면, 근친 성 학대는 희귀한 것이 아니고, 가난한 사람이나 정신적으로 결함이 있는 사람들에게만 한정된 것도 아니라, 가부장적인 가족들에게도 만연한 것이 된다. 이것을 가부장적 가치에 대한 맹목적 도전이라 인식하면서, 프로이트는 대중 앞에서 성적 공격자인 아버지들의 신원을 확인하길 거부했다. 개인적인 편지 등에서는 '아버지의 성적 유혹'이 히스테리의 '핵심 요소'라고 언급했지만, 프로이트는 이 사실을 대중들에게 결코 공표할 수 없었다.[2] 그는 다른 면에서는 한 치의 망설임도 없이 정직하고 용감했지만, 근친 성 학대와 관련된 사례들은 조작했다. 『히스테리 병리학』에서, 그는 여성 가정교사, 간호사, 가정부, 남성/여성 아동 모두를 가해자로 여겼다. 『히스테리 연구』에서는 두 사례에 연루된 성적인 유혹자가 삼촌이라고 했다. 몇 년 뒤에야, 프로이트는 로잘리나와 카타리나를 성희롱했던 '삼촌'이 사실은 소녀들의 아버지였다는 사실을 인정했다. 프로이트는 다른 문제에 대해선 점잖은 척하는 감성에 충격을 주는 일을 주저하지 않았지만, 이런 중요한 정보를 드러낼 수 없었던 이유에 대해선 '신중함' 때문이었다고 주장했다.[3]

프로이트는 대중 앞에서 아버지에게 죄를 씌우기를 회피하면서 성적인 유혹에 관한 이론으로 골머리를 앓더니, 1년 뒤 그 이론을 전적으로 부인했다. 그는 환자들이 고백한 셀 수 없이 많은 성 학대에 대한 이야기들이 사실이 아니라고 결론지었다. 이런 결론은 환자들로부터 나온 어떤 새로운 증거에 기초한 것이 아니라, 아버지들의 부도덕한 행동이 널리 만연했다는 사실을 점점 더 믿고 싶지 않았기 때문이다. 이 기간에 쓴 편지를 보면, 프로이트는 자기 딸에 대한 근친상간적 욕망을 깨달은 것과 얼마 전

사망한 아버지에 대한 의혹 때문에 특히 괴로워했다.[4]

1897년에 프로이트는 친구인 빌헬름 플리스(Wilhelm Fliess)에게 왜 자신이 결국 성적 유혹 이론을 거부했는지를 설명하는 편지를 썼다. "그때는 아동에게 가해지는 도착적 행동이 그렇게 일반적이라는 것을 거의 믿을 수 없었지만, 모든 사례마다 아버지가 저지른 비뚤어진 행동에 대한 비난이 쏟아지고, 예상 외로 히스테리가 너무 빈번하게 일어난다는 사실에 깜짝 놀랐다." 프로이트는 환자들의 성 학대에 관한 이야기가 그들 자신의 근친상간적인 희망에 기초한 공상이라고 결론지었다. 자신이 실수를 저질렀다는 것을 공식적으로 자인하는 결과였는데도, 아버지보다 딸들에게 죄를 뒤집어씌우는 것이 그에게 큰 위안을 주었다. 그는 플리스에게 보낸 편지에서 다음과 같이 말했다. "그 근거에 대해 설명할 필요가 있지만, 나는 전혀 창피하지 않다. 분명히 나는 비평가들이 득실대는 세상에 대고 그것을 말할 수는 없다. …… 그러나 우리끼리 얘기지만, 패배했다기보다는 오히려 승리의 감정을 느낀다."[5]

그 순간 프로이트는 자신의 여성 환자들로부터 등을 돌렸고 환자들의 경험에 기초한 진실을 부인하였으며 여성 신경증에 대해 이해하려는 열망을 상실했다. 이후에도 프로이트는 현시대의 가장 유력한 심리학을 구축하는 연구를 계속하였지만, 그것은 남성의 심리학이었다. 남성 아동의 근친상간적인 욕망과 아버지에 대한 적대적인 경쟁심, 이런 감정을 극복해야 하는 어려움과 남성 세계로의 입문이 프로이트 정신분석학의 중심 연구가 되었다. 부모의 근친상간적인 욕망이나, 성적 행동을 취할 가능성들은 거의 대부분 잊혀졌다. 이런 일은 소년들의 사례에서는 그리 중요하지 않은데, 이미 드러난 것처럼 소년들은 부모로부터 성적인 괴롭힘을 거의 당하지 않기 때문이다. 반면 소녀들의 사례에서는 중요한데, 소녀들이 주요 피해자이기 때문이다. 정신분석 이론 대부분이 이렇게 흔하고 핵심적인 여성 경험의 정당성을 입증하는 것을 부인하는 데 기원을 두었기 때문에, 프로이트와 그의 추종자들이 만족할 만한 여성 심리학을 결코 발전시킬 수 없었다는 사실은 그리 놀랄 만한 일은 아니다.

프로이트가 성적 유혹 이론을 부인한 수년 후, 치료자들은 근친 성 학대라는 주제에 관해 위엄 있게 침묵으로 일관했다. 1944년에 출판된 헬렌 도이치(Helen Deutsch)의 『여성 심리학(Psychology of Women)』은 근친 성 학대에 대해 아무 언급도 하지 않았다.[6] 1975년 최근까지 기초적인 미국 정신과 교과서는 모든 종류의 근친 성 학대 빈도가 만 건 당 한 건 정도라고 추정하였다.[7]

근친 성 학대라는 주제에 관한 프로이트의 유산은 전문가나 아마추어 모두 여전히 공유하는 것으로, 아동들이 성 학대에 대해 거짓말을 한다는 끈질긴 편견이 그것이다. 아동들이 대담하게 성폭행에 대해 털어놓음으로써 환상을 물리치고 싶어 한다는 이런 신념은 우리 문화에 너무 깊이 스며들었다. 전문 의학계에서조차, 아동에게 발병한 성병처럼 전혀 논쟁할 여지가 없는 물리적 증거가 나왔는데도, 성 학대를 부인하는 일은 여전히 지속된다. 의사들은 성 학대의 가능성에 대해 인정하기보다, 아동들이 옷이나, 수건 또는 화장실 변기에서 성병을 옮을 수 있다고 주장한다. 이런 주장은 생물학적으로 일어날 수 있는 가능성의 한계를 초월한 것이며, 성인에게 적용한다 하더라도 웃음거리에 불과하다.[8]

아동 피해자를 불리하게 만드는 의료 전문가들의 편견은 법조계 종사자들 사이에서도 마찬가지로 나타난다. 가장 유명한 법학 교재인 존 헨리 위그모어(John Henry Wigmore)의 『증거법론(Treatise on Evidence)』 (1934)에서 위그모어는 성범죄를 당했다고 주장하는 모든 여성과 아동의 신뢰성에 이의를 제기하는 학설을 제창했다. 그는 여성들과 소녀들이 훌륭한 성품을 가진 남성들에 대해 그릇된 고소를 하는 경향이 있고, 이런 고소는 피해자를 전혀 수상쩍게 여기지 않는 판사와 배심원들을 납득시킬 것이라고 경고했다.[9] 그런 연유로 그는 어떤 여성 고소인, 특히 아버지를 성 학대 가해자로 고소한 소녀들의 신뢰성을 판단하려면 정신과 전문의가 검진해야 한다고 충고했다.

자신의 의견을 뒷받침하려고, 위그모어는 저명한 정신과 의사의 권위 있는 의견을 인용했다. 이미 출간된 사례가 실제 성 학대 가능성을 제시하는데도, 위그모어는 프로이트와 마찬가지로 증거를 왜곡하거나 삭제했다. 예를 들면 근친 성 학대에 관한 토론에서, 위그모어는 친아버지를 성폭행범으로 고소한 7세와 9세짜리 두 소녀에 관한 판례를 인용했다. 양쪽 판례의 초기 의료 보고서에는 아동들에게 질염이 있다는 사실이 기록돼 있었다. 7세 아동은 임질이 있고, 9세 아동의 질은 염증이 심하게 부어올라서 의사가 검진을 제대로 할 수 없을 정도였다.[10] 위그모어가 발표한 글에서는 이런저런 보강 증거들이 조직적으로 삭제되었으며, 아동들이 병리적 거짓말을 하는 것으로 논의되었다.[11] 아마도 의학적 전문 지식에 근거를 둔 위그모어의 주장은 법학 문헌에서 수십 년간 어떤 도전도 받지 않은 것은 물론, 법정에서 여전히 커다란 명성과 영향력을 유지한다.[12]

프로이트가 유혹 이론을 부인하고 반세기가 흐른 뒤, 근친 성 학대는 두 번째로 '발견되었다.' 새로운 정보는 현실에 대해 의도적으로 눈감은 치료자에 의한 것이 아니라, 정신분석학적 관례에 상대적으로 영향을 받지 않은 사회과학자들에 의해서 밝혀졌다. 설문 조사가 폭 넓게 사용되었고 연구자들은 여성들의 성생활에 대해 묻고 답변을 듣는 대담한 아이디어를 착안했다. 1940년부터 현재에 이르기까지 유명한 킨제이 보고서를 포함하여 여성 아동과 성인들의 성적 경험이라는 주제에 초점을 맞추어 다섯 건의 조사가 이루어졌다. 근친 간의 성관계가 특별한 설문 주제는 아니었으나, 그것은 일반적인 연구 데이터 안에 포함됐다. 누계로 보면 이 연구들은 5000명이 넘는 여성들로부터 정보를 수집했다. 조사에 참여한 여성들은 지리적으로 다양한 지역 출신이었고 주로 특권층 출신이었다.

연구 가운데 가장 규모가 컸던, 1953년에 알프레드 킨제이(Alfred Kinsey)와 그의 동료들이 행한 연구는, 4000명이 넘는 젊고, 백인이며, 대체로 중류층의 도시에 사는 교육받은 여성과 가진 인터뷰가 기초가 되었다.[13] 1965년 존 개그넌(John Gagnon)의 두 번째 연구는 킨제이 그룹에 속한 약 1200명의 여성으로부터 수집한 더 광대한 자료에 근거했다.[14] 1956년 저드슨 랜디스(Judson Landis)와 1978년 데이비드 핑켈로(David Finkelhor)의 연구는 약 2000명의 대학생들에게 주어진 설문 조사에서 정보를 수집했다.[15] 이상의 네 연구는 건강한 여성들로 제한된 것이었다. 1940년의 커니 랜디스(Carnie Landies)의 다섯 번째 연구는 142명의 정신 질환을 가진 환자와 153명의 표준집단을 조사한 것이었다. 이 두 여성 집단의 초기 성 경험에서 특별한 차이는 보이지 않았다.[16] 전형적으로 성적인 일탈 행위를 보이는 것으로 의심되는 빈곤층, 흑인, 그 밖의 소수 인종, 지방 사람들, 그리고 정신 질환이 있는 사람이 이 연구에서 빠진 것은 이채로웠다.

다섯 건의 연구 결과는 놀랍게도 매우 일관성이 있었다. 모든 여성 가운데 5분의 1에서 3분의 1은 아동기에 성인 남성과 일정한 형태의 성 경험을 가졌다고 보고했다. 모든 여성 가운데 4~12퍼센트는 친척과의 성 경험을 보고했으며, 100명 가운데 1명은 친부 또는 계부와 성 경험을 했다고 보고했다(표 1.1 참조).

이 다섯 건의 연구에서 나온 데이터들은 처음에 분명해 보였던 것보다 훨씬 더 일관성을 지녔다. 보고된 성 접촉 유형의 차이에 따라 다양한 변수가 존재한다는 것이 설명될 수 있다. 저드슨 랜디스의 연구를 예로 들면, 여성들이 보고한 반 이상(54.8퍼센트)의 사건은 신체적 접촉이 일어나지 않은 단순 노출 경험이었다. 이 사례들에서 가해자는 신뢰가 가는 친숙한 존재라기보다 거의 낯선 사람들(87퍼센트)이었으며, 이 사건들은 일반적으로 별다른 인상을 주지 않았다. 대조적으로 핑켈로의 연구에 참여한 여성 가운데는 20퍼센트만 별다른 인상을 주지 않은 경험을 한 반면, 나머지 75퍼센트는 신체적 접촉이 있었고, 55퍼센트는 강제로 이루어졌으며, 40퍼센트는 한 번 이상 재발했다. 이 두 연구 연구자들에게 보고된 사건 양상의 다른 점은 아마도 사용된 질문의 차이 때문일 것이다. 노출이 포함된 접촉을 제외한다면, 이 두 연구에서 도출된 데이터는 일치한다. 랜디스의 연구 가운데 15.8퍼센트의 여성과 핑켈로의 연구에서 14.4퍼센트의 여성은 성인과 물리적 접촉을 한 아동기 성 경험을 보고했다.

이런 연구 추정치는 대부분 백인 중류층 여성들의 보고에 바탕으로 둔 것이므로, 전체 인구에 적용한다면 실제 추정치가 낮아질 거라고 보기는 어려울 것이다. 인구 전체와 비교할 때 빈곤하고 힘에서 열세인 여성들이 모든 종류의 폭력과 학대를 더 자주 받기 때문에, 이 집단의 여성들이 유년기에 성폭행을 더 많이 당했을 것이라 가정하는 것이 더 합리적이다. 그

표 1.1 여성 아동에 대한 성 학대

조사	연도	대상 여성 수	조사 대상	성인에 의한 학대 (%)	사춘기 전의 학대 (%)	아동의 평균 나이 (%)	가족에 의한 학대 (%)	친부 또는 계부에 의한 학대 (%)	성인 가해자 성별	
									남성 (%)	여성 (%)
C. 랜디스	1940	295	중산층 입원 환자	-	23.7	-	12.5	-		
킨제이	1953	4441	백인 중산층	-	24	9.5	5.5	1.0	100	0
J. 랜디스	1956	1028	대학생 백인 중산층	35	24	11.7	-	-	100	0
개그넌	1965	1200		-	28	9.9	4.0	0.6	98.5	1.5
핑켈로	1978	530	대학생	19.2	17.0	10.2	8.4	1.3	94	6

러나 이런 추측을 확증하거나 반증할 근거가 될 확실한 데이터는 없다.

이 다섯 건의 연구들로부터 얻은 숫자들을 일반 대중에게 적용하면서, 핑켈로는 많은 수의 미국 여성들이 아버지와의 근친 성 학대에 연관되었고, 매년 1만 6000여 건의 새로운 사례가 발생한다고 추측했다.[17] 이것은 아주 최소한의 추정치로, 부녀간 근친 성 학대 실제 발생률은 핑켈로가 제시한 수치보다 훨씬 더 높을 것이다.

소년들의 초기 성적 경험에 관한 정보는 훨씬 적다. 그러나 이미 이루어진 연구만 보더라도 소년들은 소녀들에 비해 학대를 훨씬 덜 당한다는 사실이 명확하게 드러난다. 5000명이 넘는 남성들에 관한 철저한 연구에서, 킨제이와 동료들은 소년과 성인 사이의 성 접촉은 너무 드문 일이어서 이런 행동 양태에 관한 수치를 밝히는 일을 고민하지 않았다. 다만 소년과 성인의 접촉은 대개 동성애적인 경향을 드러냈다고 지적했다. 1978년에 266명의 남성 대학생들에 관한 조사에서, 핑켈로는 8.6퍼센트의 응답자가 유년기에 성인과 성적 경험이 있었다는 것을 발견했다. 다시 말하면 대부분의 접촉은 동성애적인 접촉이었다.[18] 오직 네 건의 사례에서만 가족이 연루되었다.[19] 저드슨 랜디스가 1956년에 수행한 단 한 건의 연구만이 남성 아동의 성 학대 발생률을 여성 아동의 발생률과 비교해서 기록했다.[20] 랜디스의 조사에 참여한 젊은 남성 467명 가운데 30퍼센트가 성인과의 신체적 접촉이 포함된 성적 접촉을 가졌으며, 이 연구에서도 가해자의 압도적 다수(84퍼센트)가 남성이었다고 보고되었다(표 1.2 참조).

킨제이 보고서는 미국 가족의 상황을 드러내는 하나의 키워드가 되었고, 연구자들에게 국제적인 명성을 안겨 주었다. 자위행위, 혼외정사, 그리고 남성들의 동성애적 접촉과 같이 금기시되던 주제에 관한 수많은 연구는 엄청난 주목을 받았으며 일반 지식과 민간전승의 한 부분이 되었다. 성인 남성이 아동과 성적인 방종을 누리는 일에 스스로를 자주 허용하는데 비해 성인 여성은 그러지 않는다는 사실은 다른 연구자들도 지속적으로 확인했으나, 대중의 의식에는 실질적 영향을 미치지 않았다.

킨제이는 아동 성 학대의 실체를 결코 부인하지 않았지만 그 중요성은

표 1.2 남성 아동에 대한 성 학대

조사	연도	대상 남성 수	조사 대상	성인에 의한 학대 (%)	아동의 평균 나이 (%)	가족에 의한 학대 (%)	친부 또는 계부에 의한 학대 (%)	성인 가해자 성별	
								남성 (%)	여성 (%)
랜디스	1956	467	대학생	30	14.4	-	-	83.8	16.2
핑켈로	1978	266	대학생	8.6	11.2	1.5	0	84	16

될 수 있는 한 최소화시켰다. 아동기에 성인의 성적 접근을 경험했던 여성의 80퍼센트는 킨제이 연구팀에 이 사건으로 인해 너무 겁에 질리고 혼란스러웠다고 보고했다. 거만하게도 킨제이는 이런 보고를 하찮게 여겼다. 킨제이는 대중에게 아동들이 이런 성적 경험들 때문에 혼란스러워진 것은 아니라는 사실을 이해시키는 데 급급했다. 만약 아동들이 혼란스러워했다면, 그것은 가해자의 실수가 아니라, 아동을 '히스테릭'하게 만드는 점잖은 척하는 부모나 선생들의 실수 때문이라는 것이다. "문화적인 조건화가 아니고서는, 아동이 왜 누군가 자신의 성기를 만질까 봐 걱정하고 다른 사람의 성기를 보거나 또는 어떤 더욱 특별한 성적 접촉을 하지 않을까 불안하게 느끼는지 이해하기는 어렵다. …… 청소년기에 이런저런 문제를 더 많이 경험한 일부 학생들은, 아동에게 그런 접촉이 있었다는 것을 인지한 부모나 경찰관, 다른 성인들의 감정적인 반응이, 성적 접촉 그 자체보다 아동을 더 불안하게 할 수 있다고 믿었다."[21]

킨제이와 동료 연구자들이 아동의 인격적인 통합성에 대해 조금 더 존중하는 마음을 가졌더라면, 아동이 성인의 성적 요구가 가하는 압박감 때문에 불안해할 수 있다는 사실을 이해하기는 그리 어렵지 않음을 깨달았을 것이다. 킨제이 연구자들이 아동의 자율성에 대한 욕구를 민감하게 생각했거나 사생활을 가질 아동의 권리라는 개념을 조금이나마 인식했더라면 좋았으련만, 그들의 저작에는 이런 요소가 명백하지 않았다. 반면 성인 가해자에 대해서는 예리한 민감성을 드러내 보였다. 계몽된 성적 태도를 위해 분투하는 과학자와 리더로서, 그들은 가해자의 사례를 변호하는 일이 자신들에게 부여된 의무라고 생각했다. 그들은 성에 관련된 현행법 조항이 너무 제한적이며, 실제 인간 행동과는 너무 동떨어진 것이어서 대다수 사람들이 법을 기술적으로 위반하며 살아간다고 지적했는데, 그런 지적은 꽤 타당한 것이었다. 그러나 그들은 가해자를 변호하는 데는 상당한 관대함을 드러냈지만, 상호 동의한 성인들이 행하는 본질적으로 아무 해도 끼치지 않는 성행위나 노출증과 같은 '경범죄'와, 여성 성매매나 아동 성희롱처럼 명백히 착취적인 행동을 구분하지 못했다. 그들은 지배와 힘의 문제는 묵살하면서, 남성들의 엄청난 성적인 방종을 옹호하는 입장을 취했다.[22] 사실 킨제이는 불행한 상황에 처한 이 남성들을 나이가 많든 적든 심술궂은 여성들의 박해에 맞서 방어 수단이 필요한 사람들로 간주했던 것이다.

범죄자를 처벌하는 과정에서 법률은 불법 성행위를 한 개인 때문에 피해를 당한 사람들에게 더 큰 손상을 입히는 예를 많이 찾아볼 수 있다. 우리가 수집해 온 사건에는 그런 수많은 사례가 포함됐다. 술에 취해 우발적으로 아이 앞에서 성기를 노출시킨 남성은 징역형을 받음으로써, 몇 년 동안 가족을 궁핍하게 만들고, 혼인을 파탄 나게 하며, 부모로서 제공해야 마땅한 아무런 보호도 해 주지 못한 채 서너 명의 자녀들을 정부의 보호에 떠넘겨야 한다. 나이가 지긋한 미혼 여성이 벌거벗은 채 수영하는 남성을 고소했다면, 그의 나체를 보고 기소한 여성에게는 아무 해도 끼치지 않겠지만, 이 일은 남성의 사업이나 전문 경력을 손상시킬 수 있으며, 그의 결혼 생활을 파탄으로 몰고 가 자녀들에게 엄청난 피해를 입힐지도 모른다. 낯선 사람이나 모든 신체적인 애정 표현을 경계하도록 양육된 아이가 할아버지의 사랑(grandfatherly affection)을 베풀려고 한 나이 든 남성의 행동을 부모와 경찰에게 왜곡되게 전달한다면, 반세기나 그 이상 동안 매우 훌륭하고 존경할 만한 시민으로 살아온 부부의 삶을 손상시킬 수도 있다.[23]

킨제이와 그의 동료들은 광범위한 성행위에 대해 필요 이상으로 세세하게 묘사하려 했지만, 노인이 소녀에게 할아버지로서 ―또는 아버지로서― 사랑을 '베풀려고' 어떤 행동을 했는지에 대해서는 구체적으로 말하기를 거절했다. 분명히 그들은 근친 간의 성 접촉에 관해서는, 더 적게 느끼고 더 많이 말한 것이다. 지금까지 과학적인 문헌에 드러난 노골적인 근친 성 학대에 관해 엄청난 데이터를 수집해 왔다는 사실에도 불구하고, 이들의 연구 실체는 이 정도에 불과했다. 킨제이의 통계치로부터 우리가 최대한 추정해 볼 수 있는 사실은, 이 연구자들이 아버지와 근친 성관계(incestuous relations)를 가졌다고 보고한 40명이 조금 넘는 여성과, 부가적으로 오빠, 삼촌, 또는 할아버지와 성 경험을 가진 200명의 여성과 인터뷰했다는 정도이다. 그때까지만 해도 이는 병원 기록 또는 법원 기록 등 전체 인구를 대상으로 한 것 치곤, 근친 성 학대 사례를 제시한 가장 큰 수치였다. 이 인터뷰 안에 포함된 풍부한 정보는 성 연구소(Institute for Sex Research)의 파일 안에 묻혀 버렸다. 이런 남성들을 비판해야 할 대중들은 근친 성 학대에 대해 들을 준비를 하지 않았다.

아마도 그들이 옳았다. 『인간 여성의 성적 행동(Sexual Behavior in the Human Female)』을 출간한 지 2년 뒤인 1955년에, 사회학자 커슨 와인버그(S. Kirson Weinberg)는 일리노이 주의 시카고 지역에 있는 법원과 사회 단체가 보고한 203건의 사례를 바탕으로 『근친 성 행동(Incest Behavior)』이라는 철저하고 학문적인 연구서를 출간했다.[24] 어느 누구도 이 책의 출간에—사실 어떤 종류의 대중적 답변조차 없었다.—주목하지 않았다. 와인버그는 더 잘 받아들여질 수 있는 주제로 다른 연구들을 계속했지만 『근친 성 행동』은 조용히 절판되었다. 이 주제에 대한 폭넓은 대중적인 논의가 이루어지기까지 20년을 더 기다려야만 했다.

근친 성 학대는 1970년대 여성해방운동이 일어나면서 세 번째로 재발견되었다. 대중의 의식에 성적 억압의 실체를 제기했을 때, 그전에 금기시되거나 또는 무시되었던 주제들, 곧 강간, 아내 구타(wife-beating) 그리고 아동에 대한 성적 학대는 진지하게 연구해 볼 만한 주제가 되었다. 그리고 이때는, 이에 관한 정보가 한 번 폭로되면 다시 감출 수 없었는데, 그런 정보는 그것을 가장 알고 싶어 하는 사람들, 다시 말하면, 피해자 자신의 인식에까지 영향을 미치기 시작했기 때문이다.

1970년부터 현재까지, 50건이 넘는 근친 성 학대 사례에 대한 네 건의 큰 연구가 있었고, 많은 소규모 연구들이 전문적인 학술지에 나타났다.[25] 또 근친 성 학대의 피해자들에 의한 대중적이면서 고백적인 이야기도 확산되기 시작했다.[26] 이 작업들은 20년 전에 와인버그가 만들었던 기록을 재확인하는 것이었다. 특히 이 작업은, 근친 성 학대의 대다수 피해자가 여성이고 가해자는 남성이라는, 아동 성 학대의 일반적인 양상을 확증했다. 와인버그의 203건의 사례 가운데 164건은 부녀간의 근친 성 학대 사례였으며, 단 2건의 사례만이 모자가 관련된 것이었다. 미국, 프랑스, 독일, 일본 그리고 아일랜드에서 나온 이후의 연구들도 일반적으로 동일한 패턴을 따랐다. 전체 424건의 사례를 다룬 부모-자녀의 근친 성 학대에 관한 가장 큰 다섯 건의 연구를 검토해 보니, 97퍼센트의 사례에서 아버지가 가해자였고, 반면에 단지 3퍼센트의 사례에서만 어머니가 가해자였음이 드러났다(표 1.3 참조).

표 1.3 부모-자녀 근친 성 학대

조사	연도	집단	근친 성 학대 사례 수	부모-자녀	부녀	부자	모자	모녀
와인버그	1955	법원 사례 (일리노이주)	203	166	164	0	2	0
루키아노비츠	1972	병원 기록 (아일랜드)	55	38	35	0	3	0
마이슈	1972	법원 사례 (독일)	78	74	55	4	3	1
마이즐만	1978	병원 기록 (캘리포니아)	58	43	38	2	2	1
저스티스 앤 저스티스	1979	병원 기록 (텍사스)	112	103	96	5	2	0
총			506	424	399	11	12	2
%				100	94.1	2.6	2.8	0.5

모자간 근친 성 학대는 너무나 별난 것이어서 한 건의 사례만이라도 출판할 만한 가치가 있는 것으로 간주되었는데, 전체 문헌 가운데 모두 22건의 사례만을 찾아낼 수 있었다. 모자간 근친 성 학대로 보고된 다른 8건의 사례는 정확하게는 강간으로 기술하는 것이 맞는데, 왜냐하면 사춘기 또는 성인인 아들이 어머니를 강제로 성교하게 만들었기 때문이다. 이 대부분의 사례에서, 아들은 정신장애자거나 정신지체자, 그렇지 않다면 심각한 정서장애아였다. 일본에서 보고된 다음 사례처럼, 어머니에 의해 근친 성관계가 시작된 경우도 때로는 성적인 동기를 지니지 않았다.

그는 세 살 때 뇌수막염을 앓았으며 저능아와 같이 동등한 단계의 정신박약으로 악화됐다. 그 남성은 초등학교 5학년 때 성적 욕구가 나타났는데 개나 고양이, 돼지 그리고 다른 가축들에게 성적인 시도를 하고 이웃 소녀들을 쫓아다녔다. 마침내 그는 칼로 여성들을 위협하기 시작했는데, 어머니는 아들을 더 이상 감당할 수 없자 자기 몸을 제공함으로써 아들이 밖에서 그런 행동을 하지 못하게 했다. 모자 사이의 이런 근친 성행위는 아들이 열네 살 무렵 그녀가 죽을 때까지 지속되었다.

이 사례에서 어떤 면에서는 뇌에 손상을 입은 아들을 보호하려는 욕망과 타인에 대한 끊임없는 난폭 행위로 아들이 강제 수용될지 모른다는 공포 때문에 어머니가 희생을 감수하기로 마음을 먹었다고 추측할 수 있다. 그런 추측은 타당하다. 그러나 어머니가 죽고 난 뒤 아들은 자유롭게 남겨졌고, 새로운 희생자를 찾았다.

어머니가 사망한 뒤, 그의 비정상적인 성적 충동은 되돌아왔고 가능한 모든 것과 성교를 했다. 남성은 예닐곱 번이나 여성들을 공격했고, 사람들 앞에서 자위행위를 했으며, 난잡한 성교를 했다. 그는 정신박약인 여성과 결혼했는데 위에서 설명한 행위가 중단되지는 않았다. 또 자기 딸의 은밀한 부분을 애무하다 발각되었다.[27]

이 남성과 결혼한 여성과 아버지로서 양육했던 아이의 감정은 기록되지 않았다. 이런 딱한 이야기가 모자간 근친 성 학대 사례로 기록된 것들 가운데 결코 가장 괴상한 것은 아니다. 관련된 거의 모든 사례들은 두드러진 사회적 일탈과 아들이나 어머니, 또는 두 사람 모두에게 심각한 정신병리가 있었음을 보여 준다. 많은 사례들은 또 폭력을 수반하기도 한다. 웬젤 브라운(Wenzel Brown)이 기록한 가장 극단적인 예는, 아들이 어머니를 살해하는 것으로 끝이 났다.[28] 확실히 모자간 근친 성 학대를 반대하는 금기 때문인지 사건의 결과는 이상하게 끝이 난다.

한 소년이 부모 가운데 한 사람에 의해 성적으로 괴롭힘을 당했을 때, 가해자는 어머니보다는 아버지일 가능성이 높다. 우리는 문헌에서 모두 32건의 부자간 근친 성 학대 사례를 발견할 수 있었다. 최근의 병원 기록 가운데 하나는, 오하이오 주의 아동보호병원(child-guidance clinic) 한 곳에서 일어난 10건의 부자간 근친 성 학대 사례를 확인했다. 연구자들은 근친 성 학대를 찾아다닌 게 아니었으나, 그들이 발견한 수많은 사례에 경악했다. 그 사례들은 대부분 문서로 남겨진 모자간 근친 성 학대같이 괴상한 양상이 아니었으며 훨씬 더 일반적인 부녀간 근친 성 학대 사례들과 닮았다. 연구자들은 부자간 근친 성 학대가 주목할 만큼 보고에서 누락되었을

가능성이 있다고 결론을 내렸다.[29]

지금에야 상세하게 기록되는, 자녀들에 대한 어머니와 아버지의 행위는 커다란 차이 때문에 약간의 논평이 필요한 듯하다. 소수의 연구자들이, 왜 어머니는 거의 그렇게 하지 않는 데 비해 아버지는 꽤 일반적으로 자녀들을 희롱하는지에 대해서 설명할 수 있는 가설을 세웠다. 대부분의 연구자들은 이것을 단순히 자연법칙의 한 부분으로 받아들인다. 나머지는 모순의 부인을 시도하기도 한다. 예를 들면, 근친 성 학대가 발생한 많은 가족들을 치유했던 심리학자 팀인 블레어와 리타 저스티스(Blair and Rita Justice)는 압도적으로 부녀간 근친 성 학대 사례가 수적으로 우세한 원인을 기록의 차이로 돌린다.[30] 이 연구자들은 왜 아버지의 성적 공격에 대한 기록이 어머니에 의한 것보다 세 배 또는 그 이상으로 많은지 의문을 해결하지 않은 채 수수께끼로 남겨 놓았다.

아마도 근친 간 성적인 아동 학대의 실체에 대한 가장 정교한 부인(否認)은, 모자간 근친 성관계는 아들이 5세가 되기 전에 가장 만연하며, 그 후 아동의 기억 속에서 억압된다는 이론으로 발전시킨, 우리가 잘 아는 한 정신과 의사에 의해 제안된 것이다. 이런 설명은 어머니가 거의 불가사의할 정도의 영리함을 지녔음을 가정하는 것으로, 어머니가 어떻게 해서든 발각되는 일을 피하려고 일정 시기 내에 그 행위를 그만둔다는 것이다. 그러나 이것이 그런 사례를 증명한다 치더라도, 보고에 따르면 사춘기까지 딸에게 성적 접근을 능숙하게 하는 아버지들이, 왜 어머니에 필적할 만한 어떤 억제력도 드러내지 못하는지 설명하기에는 여전히 역부족이다.

억압 개념은 근친 성 학대의 실체에 대한 사회적 반응의 기술을 위해 더 교묘하게 끌어들여질 수 있다. 여성해방운동이 부활할 때까지는 성적 관행에 대해 가장 대담하게 탐구한 연구자들조차, 아버지를 포함한 많은 남성들이 단순히 자신의 성적 쾌락을 위해 아동을 이용할 권한이 있다고 느낀다는 사실을 다루기를 거부했다. 그런데도 이 사실은 이제 의심할 여지 없이 합리적으로 입증되었다.

2 장
상처의 문제

당시를 다시 돌이켜 보건대, 나는 호의를 베풀었다고 생각합니다. 어떤 잘
못된 일을 했다기보다 그 아이를 성적으로 교육시킨 거라고 생각해요. 완
전한 관계를 맺은 적은 한 번도 없었어요. 제 생각에 …… 그냥 서로 만
지고 장난치고 귀여워해 준 건데, 그건 전혀 해로운 것이 아닙니다.

— 1979년 TV 인터뷰에 나온 어떤 아버지의 말

부인(Denial)은 근친 성 학대를 저지른 아버지가 스스로를 변호할 때 가
장 손쉽게 사용하는 방법이었다. 아주 오랫동안 부인은 도움이 많이 되었
다. 근친 성 학대가 아주 드물게 일어날 뿐이라는 믿음과 어린이가 성인과
성적인 관계를 가졌다는 보도를 믿지 않으려는 경향이 대중의 의식 속에
숨겨져 있었다. 광범위한 사회적인 공모 덕분에 성범죄를 저지른 아버지

는 자신의 비밀을 보존하는 데 대체로 성공적이었다.

지난 10여 년 사이, 아버지-딸 사이의 근친 성 학대가 상당히 널리 퍼져 있다는 증거가 늘어나고, 피해자 스스로 사실을 말할 수 있을 만큼 대담해지자, 근친 성 학대에 대한 진실을 억누르기는 어려워졌다. 그러나 아버지들이 힘을 남용한 사실을 너무 대대적으로 노출하는 것은 남성 지배 이데올로기에 대한 심각한 도전을 드러내는 일이며, 필연적으로 남성들의 방어적 반응을 유발한다. 이들은 성폭력을 행한 아버지의 혐의를 벗기려는 새로운 논거들을 늘어놓을 것이다. 근친 성 학대에 대한 대중의 논쟁이 가열될수록 이런 논거들이 자주 반복되는 것을 들을 것이다. 아버지의 입장을 변명하려는 논거의 본질은 다음과 같이 요약할 수 있다. 첫째, 자신은 아무해도 끼치지 않았다. 둘째, 자신은 비난받을 이유가 없다. 틀에 박은 듯 단조롭게도, 이런 논거들은 남성의 성적인 특권을 옹호하려는 경향이 얼마나 널리 퍼졌는지를 나타내기라도 하듯이 학문적인 문헌에서부터 포르노그래피에 이르기까지 그 주제와 관련된 모든 종류의 문헌에 등장한다.

최근 들어 남성 전용 잡지 출판가들은 근친 성 학대가 해롭지 않다는 견해를 공격적으로 조장한다. 또 특정 학파에 속한 사회학자들이나 성 연구자들, 주로 킨제이 시대의 권위와 자원, 그리고 남성적 경향을 여전히 지닌 성 연구소와 연관된 연구자들에 의해 촉진되기도 한다. 심지어 의사들 가운데는 성인과 성 접촉을 하는 것이 아동에게 거의 아무 해가 없거나 유익할 수도 있다고 거리낌 없이 주장하기도 한다.

근친상간의 새로운 옹호자 가운데는 대중문화와 학계에서 꽤 영향력 있는 지위를 지닌 사람도 있다. 이들은 자신의 명의로 논평이나 사회적 분석을 내놓기 때문에 충분히 주목받는다. 문화평론가 벤자민 드모트

(Benjamin DeMott)는 이 집단에 "근친상간 옹호 활동파"[1]라는 별칭을 붙였다. 이 집단 구성원들은 성 해방을 위한 십자군 역할을 자처한다. 그들은 종종 낡아 빠진 사회적·종교적 관행에 용감하게 도전하는 싸움에 나선 소수파로 스스로를 묘사한다. 그들의 상대 진영은 젠체하는 여성들의 시대착오적인 군대로 그려진다. 그러나 그들의 이념은 어디서나 맞닥뜨릴 수 있으므로, 그들의 견해를 무시하거나 간단히 없애려 들기보다 어떤 내용인지 자세히 이해할 필요가 있다.

현재 근친상간 옹호학파가 내세우는 주장은 사회학자 제임스 레이미(James Ramey)가 집필하고 출간해 유명한 전국 성교육 단체인 시에쿠스(SIECUS) 소식지로 널리 유포되었다.[2] 레이미는 근친상간을 금지하는 일은 과학적 조사에 무릎을 꿇은 여러 성적 금기와 같다고 주장한다. "근친상간 문제에 대해 우리는 100여 년 전 자위행위에 대해 두려워했던 것과 거의 마찬가지 입장에 있다."는 것이다. 근친상간이 해를 끼치는가의 문제에 대해 레이미는, 근친상간을 경험한 많은 아니 대부분의 사람들이 어떤 끔찍한 결과도 겪지 않을 수 있다는 점을, 우리가 두려워할 뿐이라고 주장한다. 자신의 관점을 뒷받침할 자료가 있지만 밝힐 수 없다는 암시를 하면서, 그는 근친상간을 보는 시각을 긍정적이고 쌍방 합의에 의한 경험으로 만든다. "우리는 법정에서 가족들이 자녀에게 증언하지 못하도록 압력을 행사한다고 말한다. 그러나 이는, 종종 근친 성 학대 피해자들이 자신들의 성적 파트너에 대해 불리한 증언을 하기를 요구한 법정에 협조하기를, 단호히 거부한 사례를 무시하는 것이다. 그런 사례에서 개인들과 가족들은 근친 성 학대에도 불구하고 행복하며 그런 상황에 잘 적응하는 것으로 보인다. 대개는 제3자의 개입이 이 일에 대한 관계 당국의 관심을 불러일으킬 뿐이다."

레이미는 근친상간의 결과로 생긴 피해가 어떤 것이든 그것은 주로 사회적 개입 때문이라는 사실이 이미 입증되었다고 주장한다. "여러 해에 걸쳐 근친상간에 대한 공식적인 인식과 처벌이 가족에게 미치는 해로운 영향은 근친상간 자체가 미친 영향보다 더 심각하다는 사실이 누누이 드러났다." 이런 주장을 뒷받침하고자, 레이미는 독일어로 된 세 편의 자료를 인용했는데, 그중 두 편은 1930년 이전의 자료이다. 피해자의 증언이 포함된 훨씬 최근의 방대한 미국 문헌은 일반 대중의 의견을 "대변하지 못한다."는 이유로 받아들이지 않는다.

아동 피해자에게 미치는 성적 착취의 결과에 관심을 드러내는 대신, 레이미는 사회적인 노출과 대중적인 논의로 인해 발생하는 결과만을 걱정한다.

> 우리는 근친상간에 연루되었거나 현재 연루된 사람들에게 엄청난 손상을 입힌다. 근친상간을 강간, 아동 학대, 폭력성, 아동 노예화, 아동 포르노그래피와 동일시하는 의회 청문회에 추가된 TV의 요란한 선정성이 많은 사람들을 속죄양으로 만든다. 노스캐롤라이나의 어느 신문 1면에 근친상간 기사가 실린 뒤, 성 관련 긴급 전화에는 신문에 실린 기사와 비슷한 체험담을 털어놓으려는 여성과 소녀들의 전화가 쇄도한다. 자신이 지닌 문제에 대해 가장 최근의 속죄양에게 그 탓을 돌리는 일은 쉽다. 또 전에는 아무 죄도 존재하지 않던 곳에 죄의 그림자를 드리우는 것 역시 손쉬운 일이다.

이런 견해는 암암리에, 대부분의 근친 성 학대 피해자들이 대중매체에 의해 조작되지 않는 한 그들의 경험으로부터 아무 해를 입지 않는다는 사실을 말한다. 따라서 처음으로 성 학대에 대해 속마음을 털어놓으려는 여성의 용기는 여성의 암시성이 만들어 낸 가공의 산물로 평가 절하된다.

레이미가 기꺼이 인정하려는 상처의 유일한 기준은 신체적인 피해이다. 이 글에서조차 아주 극단적인 학대 형태만 비난받아야 한다고 말한다. "근친상간이라는 행위에서 극단적인 강압, 폭력, 강간을 사용하는 사람들은 즉시 처벌되어야만 한다." 약간의 강압에 대해서는 야단법석을 피울 이유가 없다는 뜻이다.

결론적으로 레이미는 근친상간이라는 금기를 깨는 행위에 대해서보다 금기를 지킴으로써 초래되는 해로움을 탐구한다. 근친상간에 대한 소극적인 태도는 건강한 가정생활을 방해하는 것으로 비난받아 마땅하다는 것이다.

근친상간에 연루되지 않았지만, (근친상간을 금기시하는) 요란한 주장에 피해를 당한 사람은 엄청나게 많다. 미국의 가정은 근친상간을 금지하는 일에 너무나 고취되어 근친상간을 범하게 되는 어떤 가능성이나, 연루되었을지 모른다는 비난을 피하는 일에만 몰두해 있다. 이것은 자신이 사춘기에 접어들었음을 인정받고 싶어 하는 자녀와 부모 사이의 접촉을 일체, 완전히 끊게 만드는 결과를 초래한다. …… 이것은 특히 미국의 독특한 문제로, 모든 신체적인 접촉을 그만둠으로써 자녀들 특히 소녀들은 결핍감을 매우 심하게 느낀다. 의도는 좋으나 그런 비인간적인 태도 때문에 자녀에게 빚어질 정신적인 피해가 얼마나 큰지 누가 알겠는가?

지난 몇 년 사이에 이 같은 주장은 대중적인 남성 잡지에 더욱 빈번하게 등장했다. 이것은 결코 우연한 일이 아닌데, 근친상간 찬성파 연구자들은 자신들의 관점을 선전, 보급하려고 대중적인 성 매체와의 직접적 관계를 이용해 왔으니 말이다. 예컨대, 1976년 킨제이의 동료 가운데 한 사람인 워델 포머로이(Wardell Pomeroy)는 『포럼(Forum)』 지면에 근친상간 금기에 대한 "새로운 시각"을 요청하였다.[3] 다음 해, 공표되지 않은 킨제이의 자료를 접해 온 사회학자, 워런 패럴(Warren Farrell)은 『펜트하우스(Penthouse)』에 실린 근친상간에 관한 기사를 두고 필립 노빌(Philip Nobile)과 인터뷰했다. 패럴의 아직 출간되지 않은 조사 자료는 "이제야 비로소 때를 맞이한 일탈 행위만큼 강력한 것은 거의 없다. 동성애, 아내 바꾸기, 공개 결혼, 양성애, SM(Sadism and Masochism: 가학성 음란증과 피학성 음란증을 줄여서 표현한 용어─옮긴이), 그리고 아동 포르노는 이미 한창 성업 중이다. 우리가 이런 시장성이 높은 금기들에 대해 시들해진 것처럼 보일 무렵, 예상대로 그동안 입 밖에 낼 수 없었던 것이 튀어나왔다. …… 수 세기 동안 억압되어 온 근친상간이 마침내 히트를 친 것이다." 라는 내용을 담은 논문에 권위를 부여하고자 열정적으로 인용되었다.

이렇게 말문을 연 문장들은 독자에게 근친상간에 대한 최근의 관심이 금방 싫증을 내는 포식성을 지닌 남성 욕구의 산물이라는 의혹을 갖게 할지도 모른다. 노빌은 이렇게 생각하는 독자에게 결코 그렇지 않다고 말한다. 정말로 위험에 처한 것은 아동의 성 해방이라는 것이다. 여기서 노빌은 계몽의 사명을 갖고 패럴의 말을 인용한다. "자기 자녀를 만지고 껴안고 생식기를 애무하는 일은 자녀를 보살피고 사랑하는 표현의 일부인데, 그것을 꺼리는 수백만의 사람들은 많은 아동과 그들 자신의 성욕을 억제하는 것이다. 억압할 필요가 있을지도 모르지만 없을 수도 있다."[4] 바로 일년 뒤, 똑같은 주장이 에드윈 J. 헤버를(Edwin J. Haeberle) 박사가 쓴 기사를 통해 『허슬러(Hustler)』 지면에 실렸는데, 그는 "아동이 성적인 만족을 누릴 권리"를 거부당하고 있다고 말했다. 스스로를 말할 수는 없지만 권리를 박탈당한 아동들을 위한다는 명분을 내세우면서, 헤버를은 갖가지 개혁을 제안하는데, 그 가운데는 근친상간에 대한 법률의 폐지도 있다. "개혁해야 할 때가 지나도 한참 지난 도덕을 아동들과 사춘기 청소년들에게 맹목적으로 받아들이도록 강요하는 것은 범죄"라는 주장이다.[5]

아동의 복지와 안녕을 염려하는 그런 진술들은, 남성에게 자위 환상을 충족시키는 재료를 공급할 목적을 가지고, 대개 아동에 대해 완전히 무관심하거나 가장 폭력적이고 적대적인 태도를 드러내는 출판물에 실렸다는 점에서 보아, 장소를 한참 잘못 찾은 듯하다. 아동의 성적인 '권리'에 대한 뚜쟁이의 관심은 아동이 공장에서 일할 '권리'가 있다고 말하는 공장주의 관심과 똑같은 것으로 간주되어야 한다. 따라서 아동을 '보살피고 사랑하려는' 감정 표현, 또는 아동의 권리에 대한 호소가 돌연 남성 잡지 지면에 등장할 때, 그 신빙성에 대해서는 상당한 의심을 가질 수밖에 없다.

그러나 동일한 견해가 최근 들어 전문가들의 문헌에서도 발견된다. 대중 문학에도 성인을 위한 엄청난 성적인 접근에 관한 권고가 아동의 권리라는 미사여구 밑에 잠복해 있다. 아동은 성적인 존재이며 성적인 표현의 범위가 오랫동안 엄청나게 축소되어 왔다는 점이 반복적으로 강조된다. 이런 비난할 여지없는 전제에 기초하여, 근친상간 옹호자들은 성인과 아동의 성관계는 더 이상 부인해서는 안 되는 '권리' 가운데 하나라는 결론으로 비약한다. 그런 관계가 아동에게 미칠 영향에 대해 이용할 만한 자료는 아동들이 지속적인 상처로 고통을 받지 않는다거나 심지어는 성인과의 성적인 교제가 아동에게 이로울지도 모른다는 관점의 비호 아래 선택적으로 해석된다. 상처라는 개념은 자주 성관계란 폭력에 의해 이루어지거나 성교가 완전히 이루어진 경우에만 인정되는 신체적인 피해라는 단순한 관점으로 한정된다. 완전한 성교가 이루어진 경우 유일하게 인정되는 피해는 아동이 처녀성을 잃는 것인데, 결혼 시장에서 가치를 떨어뜨리는 정도라는 것이다. 정신적인 피해를 인정한다 하더라도, 그것 역시 일반적으로 성관계 그 자체 때문이라기보다 사회적인 개입 때문에 생긴다는 말이다.

한 예로, 정신과 교수인 래리 콘스탄틴(Larry Constantine)이 약 2500개의 주제에서 초기 아동기 성 경험이 미친 영향에 관한 30건의 연구를 검토한 뒤 내린 결론을 살펴보자. 연구 가운데 하나를 제외한 모든 사례가 일정한 부정적인 결과를 보고하는데도, 콘스탄틴은 약간의 긍정적이거나 최소한 중립적인 영향을 드러낸 6건의 연구를 강조한다. 이 사례들은 부모-자녀 사이의 근친 성 학대라기보다 자녀 관계에서 나타난 사례였다. 이런 왜곡된 강조는 얌전한 척하는 태도에 대한 공격과 아동의 성적인 권리에 대한 옹호로 다시 한 번 합리화된다. "우리 가운데 일부는 아동이 성적인 존재라는 사실을 인정하면서도, 아동이 성적인 존재로 행동하거나 성을 즐기지 않기를 바랄 뿐이다."[6]

콘스탄틴은 성인과 아동 간의 모든 성적인 접촉이 해롭지 않다고까지는 말하지 않는다. 그는 사실 모든 연구가 성 경험의 긍정적인 결과를 아동의 자유로운 선택과 참여에 연관시킨다는 점을 지적한다. 그러므로 콘스탄틴은 성인과 아동 사이의 '건강한' 성적인 접촉이라는 개념이 고지에 입각한 동의(informed consent)라는 원칙에 근거한다는 견해를 내놓는다.

"합법적인 성 경험은 …… 아동이 성에 관한 지식을 충분히 가지며, 그 행위를 완전히 이해하여, 그 이해에 기초해 자유롭게 동의하고, 그런 성 경험이 적절하다고 인정되는 가정이나 사회적 환경에서 이루어지며, (따라서) 아동이나 가족에게 역기능의 징후를 드러내지 않는다."

그러나 이런 견해는 힘의 문제(the question of power)를 무시한다. 그것은 성인과의 관계에서 아동이 자유로운 선택을 하거나 통제할 방법이 없다는 현실을 파악하려 들지 않는다. 콘스탄틴에 따르면, 힘은 '사람 사이의 관계에서 미묘한 요소'로 이해된다. 그런데 성인과 아동 사이의 힘의 관계에서 미묘한 것은 전혀 없다. 성인은 아동보다 더 많은 힘을 가졌다. 이것은 불변의 생물학적 사실이다. 아동은 기본적인 욕구를 충족하고자 부모나 다른 어른들에게 전적으로 의존할 수밖에 없는, 본질적으로 성인의 손아귀에 놓인 존재이다. 따라서 아동은 그들을 보살펴 주는 사람들과의 관계를 유지하는 데 필요하다고 인식하는 일이라면 무엇이든 할 것이다. 만일 성인이 자신에게 의존하는 아동에게 성관계를 요구한다면, 아이는 응할 수밖에 없다.

이런 현실을 감안할 때, 동의라는 개념에 호소하는 것은 전혀 이치에 맞지 않는다. 동의와 선택은 동등한 동료 관계에서나 적용되는 개념이다. 동의와 선택의 개념이 자유인과 노예의 관계에 적용될 수 없듯이, 성인과 아동 사이의 관계에서도 아무 의미를 가질 수 없다. 아주 자기주장이 강한 아이라야 어른의 성적인 유혹을 좌절시킬 수 있다는 사례가 있다. 마찬가지로 노예 시대에도 일부 아주 예외적인 노예만이 주인에게, 자신을 때리거나 자녀를 팔아넘기거나 아내를 성폭행하는 등의 행위에 대해서, 주인 마음대로 하지 못하도록 말할 수 있었다고 한다. 그런 경우라 하더라도 최종적인 결정은 주인에게 달렸듯이, 성인과 아동 사이의 성적 관계의 문제에서 최종적인 결정은 성인에게 있다.

아동은 어른 앞에서 아무 힘이 없기 때문에, 성적인 유혹을 거절하기가 쉽지 않다. 따라서 성인과 아동 사이의 성관계는 강압적인 힘이 아니라, 대개의 경우에서처럼 적극적인 유혹 방법을 사용했다 하더라도, 필연적으로 강간이라는 강제성을 띠기 마련이다. 이는 특히 부모와 자녀 사이의 근친 성 학대에 적용된다. 부모와 자녀 사이에 이루어지는 성관계는 강제적으로 이루어진다는 의미에서 강간이다. 대개 힘이 사용되었는지 어떤지의 문제를 따지기는 어려운데, 왜냐하면 아이를 고분고분하게 만드는 데 굳이 힘을 쓸 필요가 없기 때문이다. 아동에 대한 부모의 권위는 순종하지 않으면 안 되는 막강한 힘을 지닌다. 마찬가지로 자녀의 '동의' 문제를 따지는 일도 당치 않다. 자녀는 동의를 요구하는 부모에게 저항할 힘을 갖지 않으므로, 역시 그런 요구를 들어줄 힘도 가지지 않는다.

어린 시절에 성인, 특히 부모와 성적인 문제를 지닌 사람들 대부분이 그때의 경험을 불쾌한 것으로 기억하는 것도 이런 이유 때문이다. 이를 입증하는 자료는 아주 많다. 저드슨 랜디스의 조사에 참여한 여성의 76퍼센트가 성인과의 성적인 문제를 경험했을 때 겁에 질리고 충격적이었으며 정서적으로 혼돈스러웠다고 말했다. 2.1퍼센트의 여성만이 그 경험이 '흥미로웠다.'고 말했다.[7] 킨제이의 자료에 관한 논평에서 존 개그넌은, 여성의 84퍼센트가 성인 남성과의 성적인 접촉에 대해 부정적인 반응을, 13퍼센트가 긍정과 부정이 교차되는 반응을 보이며, 단 3퍼센트의 여성만이 그 일에 대해 긍정적으로 생각한다고 보고했다. 개그넌에 의하면, "가장 일반적인 반응은 그저 너무 놀랐다는 것이었지만, 극단적으로는 구토를 하거나 극심한 히스테리 반응까지도 보였다."[8] 커니 랜디스(Carney Landis)의 연구에서, 사춘기 이전에 성인과 성적인 접촉을 가진 여성의 56퍼센트가 그때의 경험을 '불쾌했다.'나 '대단히 불쾌했다.'고 했다. 단 5퍼센트의 여성만이 그때의 경험이 좋았으며, 놀라긴 했지만 혼란스럽지는 않았다고 보고하였다.[9] 데이비드 핑켈로의 연구에서는, 여성의 58퍼센트가 두려움의 반응을, 26퍼센트가 충격의 반응을 보였고, 단지 8퍼센트의 여성만이 즐거움의 반응을 보였다고 보고했다. 핑켈로의 조사는 특히 주목할 만한데, 그는 남성과 여성 모두를 인터뷰했고, 그 경험에 대한 피해자의 전반적인 평가에 영향을 미친 많은 요인들을 구분해 낼 수 있었기 때문이다. 남성과 여성 모두에게, 아동과 나이 많은 상대자 사이의 나이 차이가 크면 클수록 그 경험은 더 부정적인 것으로 인식되었다. 나이 많은 상대자가 사용하는 힘의 강도가 클수록 그 경험은 더 불쾌한 것이었다. 그리고 양성 모두에게, 성인 남성과의 경험은 성인 여성과의 경험보다 훨씬 더 불쾌한 것이었다. 마지막으로 보고된 모든 유형의 경험 가운데는, 친부나 계부와의 근친 성 학대 접촉이 가장 부정적인 평가를 받았다.[10]

아동이 그런 경험에 대해 갖는 불쾌감은 근친 성관계를 긍정적인 것으로 바라보며 자신들의 관점을 뒷받침하는 증언을 모으는 데 혈안이 된 연구자들조차 인정한다. 근친 성관계를 긍정적인 경험으로 여기는 피조사자들을 찾으려 광고를 내보낸 워런 패럴과 심리학자 조앤 넬슨(Joan Nelson)은 근친 성관계에 열광하는 아버지들은 많이 찾아냈으나, 딸들은 거의 찾아내지 못하였다. 패럴의 조사에서 친부와 성적인 관계를 지닌 여성의 85퍼센트가 그 경험에 대해 부정적으로 생각하였다.[11] 넬슨도 100여 건에 이르는 근친상간 사례 연구에서 오로지 세 명의 딸들만이 근친상간적 관

계에 대해 긍정적으로 기억한다는 점을 찾아냈을 뿐이다.[12]

대다수의 아동들이 성인과의 성적인 접촉이 불쾌한 것이라고 생각하지만, 자신들조차 그때의 경험으로 인해 영구적으로 상처를 입는다고는 인식하지 못한다. 특히 이것은 낯선 사람과 우발적이고 폭력적으로 만날 경우 더 그렇다. 예를 들어, 저드슨 랜디스의 조사에서 피해자 가운데 3분의 2는 공격자를 알지 못했으며, 범죄의 반 이상은 신체적인 접촉을 포함하지 않았다. 이 집단에 속한 여성의 66퍼센트와 남성의 81퍼센트가 지속적인 정서적 손상으로 고통스럽지는 않았다고 느꼈다.[13] 개그넌의 연구에서, 피해자 가운데 4분의 3이 단 한 번 그런 일을 당했으며, 그 가운데 반 정도는 신체적인 접촉이 없었다고 했다. 이 연구에서도 사례의 대다수, 또는 75퍼센트에서 겉으로 드러나는 나쁜 영향이 관찰되지는 않았다고 한다.[14] 이런 조사 결과를 볼 때, 성 학대 피해자들이 지속적이고 영구적인 손상을 피할 수 없다고 말하는 것은 과장일지도 모르겠다. 하지만 한 집단으로서 아동 피해자들이 그 이후의 삶에서 이루어지는 많은 병리적인 발달상 더 상처 받기 쉬우며, 피해자의 상당수가 지속적인 손상으로 고통을 받는다는 사실을 암시할 만한 증거는 상당히 많다. 이런 결과는 특히 힘이 개입된 성관계가 장기간에 걸쳐 이루어졌거나, 가해자가 친척이나 가족 구성원이었을 경우 더 분명해지는 것 같다.

예컨대 개그넌의 연구에서, 대부분의 피해자들은 영구적인 손상을 입었다고 판단되지는 않았지만, 친척과 '강요된' 관계를 지속해야 했던 집단일수록 심한 정서장애를 겪었다. 그중 여성들의 80퍼센트가 이혼, 보호시설 수용, 매매춘 경험을 세 번이나 그 이상 지닌 것으로 볼 때, 심각한 심리적 곤경에 처한 것으로 판단된다. 개그넌은 "우리가 다룬 사례는 아주 작은 수에 불과하지만, 장기간에 걸쳐 강요된 성 접촉 경험을 지닌 피해자들은 매우 높은 정도의 손상을 드러낸다."[15]고 결론지었다.

　장기간에 걸쳐 드러난 결과에 색다른 판단 기준을 적용한 핑켈로는, 아동기에 피해를 당한 남성과 여성은 학대를 당한 적이 없는 동료나 학교 친구들과 비교할 때, '성적 자기 존중감'에서 손상을 드러낸다는 사실을 알아냈다. 이 연구는 물리력을 사용하여, 장기간 지속된 관계일수록 특히 정신적인 피해가 크다는 관찰 결과를 또 한 번 입증했다.[16]

　커니 랜디스 역시 어린 시절에 성 학대 경험을 지닌 여성들이 성인기 때 성적인 어려움을 호소한다는 사실을 발견했다. 아동기에 성 학대를 당했다고 말한 어떤 여성은 "성적인 것과 관련된 물건만 봐도 바로 구역질이 난다."고 한다. 정서적으로 가장 심각한 반응을 보인 경우는 친척들, 곧 삼촌, 오빠, 아버지에 의해 괴롭힘을 당한 여성들이었다.[17]

　근친 성 학대는 또한 성인기에도 반복적인 피해를 입는 경향을 지닌다는 사실과 자주 관련되어 왔다. 예를 들면, 뉴멕시코 주의 앨뷰쿼크 강간위기센터에 근무하는 사회복지사들은 한 번 이상 강간을 당한 경험이 있는 여성의 18퍼센트 정도가 근친 성 학대의 경험도 했다고 발표했다.[18] 워싱턴 주 타코마에 있는 또 다른 강간구호(rape relief) 단체도 강간 피해자의 35퍼센트가 겪은 갖가지 경험 가운데는 근친 간 성 학대를 당한 경험도 있는 것으로 추정하였다.[19] 이 두 집단은 근친 성 학대 경험이 성인의 정상적인 자기 보호 메커니즘에 상당한 손상을 주기 때문에, 근친 성 학대 경험을 지닌 사람이 성인기에 이르러 강간을 당하는 비율이 평균보다 높다고 잠정적으로 결론지었다. 아동기의 성 학대는 나중에 구타당하는 여성, 사춘기 청소년의 가출, 매매춘 경력과도 뒤얽힌다. 16세 이전에 가출한 여성 청소년 118명을 조사한 연구에서, 그중 반 이상(52퍼센트)이 근친 성 학대 경험을 가졌다.[20] 거리의 매매춘 여성 136명을 조사한 연구에서, 25퍼센트가 친아버지나 "아버지 같은 사람들(계부나 양부들)"로부터 괴롭힘을 당한 적이 있다고 말했다. 이 조사에 참여한 연구자들은 근친 성 학대나 그 밖의 다른 형태의 성 학대가 비정상적이고 왜곡된 자기 이미지를 형성시킴으로써 피해자로 하여금 이후 매매춘 경력을 갖도록 미리 규정짓는 것이 아닌지 추정하였다.[21]

특정 사람 군에 관한 조사와 연구를 통해 얻어진 증거를 검토해 보면, 성적으로 학대를 당한 아동은 성인기의 성생활에서 불행을 겪을 위험이 평균보다 훨씬 높다는 사실을 알 수 있다. 의료 문헌은 아동 성 학대의 파괴적인 영향을 확증하는 많은 증거를 제공한다. 대부분의 의료 연구는 대조 표집 군이 부족하기 때문에, 대체로 의료 연구자들이 발견한 사실을 광범위한 인구 군에 적용할 수 있는지는 불분명하다. 그러나 숙련된 의료진의 통찰력은 현재 이용 가능한 어떤 설문이나 조사 도구에 비할 수 없을 만큼 탁월하다. 의료진의 보고서에는 광범위한 사회학적 연구를 통해서는 탐지할 수 없는 미묘한 형태의 정서적 손상이 명확하게 드러났다.

성 학대가 이루어진 사실이 알려진 뒤 곧바로 아동을 평가한 의료진은 이들이 대개 심각한 심리적 고통 상태에 놓였다는 증거를 발견했다. 뉴욕 아동보호 기관에 의뢰된 성 학대 아동 250명을 조사한 빈센트 드 프랜시스(Vincent De Francis)는 피해자의 대다수(66퍼센트)가 폭행을 당한 뒤 정서적인 혼란을 보였다는 사실을 발견했다. 14퍼센트는 심각한 혼동 상태로 판단되었다. 다른 연구에서와 마찬가지로, 가해자가 낯선 사람이었을 경우는 아동이 두드러진 혼란을 거의 드러내지 않은 반면, 가해자가 친척인 경우에는 분명한 심리적 고통 상태에 빠진 것으로 나타났다. 주요 증상에는 죄의식, 수치심, 열등감, 낮은 자존감, 불안증, 모방을 통해 의식화(儀式化)된 성적 행동, 적대적이거나 공격적인 행동, 학교 비행 등이 포함된다.[22] 보스턴의 한 사설 아동지도상담소에 의뢰된 열한 명의 성 학대 피해 아동을 연구한 어빙 코프먼(Irving Kaufman)과 동료 연구자들은 "우울증과 죄의식은 의료상 보편적으로 드러나는 특징"이라고 보고하였다. 이 피해 아동들에게 나타나는 증상으로는 학습 장애와 신체적 통증 호소에서부터 '성적으로 문란한' 행동이나 스스로를 처벌하려는 자학 행동에 이르기까지 다양하다. 모든 사례에서 아동의 내면에는 부모가 자신을 버리지 않을까 하는 강한 두려움이 작동하는 것으로 보인다. "이 소녀들은 장기간에 걸쳐 자기를 보호해야 할 어른인 어머니로부터 버려졌다고 생각했습니다. 이것이 그들의 가장 큰 불안이었죠. 아버지와의 성적인 경험이 처음에는 외음부 차원에 그쳤지만, 성행위는 부모의 관심을 끌려는 목적을 띤 것 같았습니다. 보호자의 역할을 다하는 부모를 갈망하는 내면의 욕구가 이 소녀들의 삶을 지배한 것이죠."[23]

마찬가지로, 노엘 러스티그(Noel Lustig)는 아버지-딸 사이의 근친 성 학대 연구에서, 딸들은 부모 모두로부터 정서적으로 버려졌다고 느끼고, 실제로 버려질 것이 두려워 아버지의 성적인 요구에 응했다는 사실을 지적한다. 부모의 애정 어린 양육을 받지 못함으로써, 딸들은 부모나 자기 자신에 대해 대단히 부정적인 이미지를 키운다. "이런 소녀들은 모두 여성의 역할이 가치 없고 자기희생적이기만 하여 그 대가로 아무것도 요구할 수 없는 것으로 간주합니다. 소녀들은 소년들이 자유롭게 자란다고 생각하는 반면, 성별 차이로 인해 자신들에게는 어머니의 대리인으로서 임무가 주어졌다고 인식했습니다." 러스티그는 이런 딸들을 '가(假)성숙 상태'로 묘사했다. 이들이 성적으로나 발달 기능면에서 유난히 조숙하게 보여도, 이런 행동은 내면의 강렬한, 채워지지 못한 의존 욕구를 위장한 가면으로 이해될 수 있다.[24]

펜실베이니아 농촌 지역에 있는 가족지원센터에 의뢰된 사춘기 소녀들을 연구한 폴 슬론(Paul Sloane)과 에바 카핑스키(Eva Karpinski)는 "우리가 발견한 사실 가운데 가장 두드러진 것은 소녀 각자가 느끼던 죄의식의 정도가 심각하다는 점이었다."고 보고했다. 그들은 "사춘기 이후에 근친 성 학대를 방치하는 것은 소녀에게 심각한 반발을 유발한다."고 결론지었다.[25]

근친 성 학대가 발각된 시기에 의료진에 의해 관찰된 유해한 영향이 시간이 흐르면 없어질 것으로 기대할 수는 없다. 많은 사례에서 심리적 후유증을 남긴 피해는 성인기에도 지속되는 것으로 관찰된다. 예를 들어, 워싱턴 대학 심리학 팀을 이끄는 마비스 차이(Mavis Tsai)와 너대니엘 와그너(Nathaniel Wagner)는 어린 시절에 아버지나 다른 가까운 친척들에게 성적으로 괴롭힘을 당한 여성 50명을 연구했다. 평균 나이가 30세 정도인 이 여성들 모두 상당한 기간 동안 집을 나와 살았으며, 많은 수의 여성이 결혼하여 자녀를 뒀다. 여성들은 백인이며 중산층이 많았다. 대중매체에 실린 성 학대 피해자를 위한 치료 집단에 참여하여 치료를 받을 수 있다는 광고를 보고 온 참가자들이었다. 피해자들 대부분이 공통적으로 호소한 불평은 수치심과 죄의식, 우울감과 낮은 자존감이었다. 그들은 소외감, 남성에 대한 불신, 그리고 연구자들의 표현에 따르면 학대를 가한 사람과 "비슷한 사람을 반복적으로 만나는 강박 충동(repetition compulsion)"이 포함된 대인 관계상의 문제를 자주 털어놓았다. 이 집단에 참여한 한 여성은 말했다. "나는 거지 같은 인간들에게 끌리는 어떤 패턴을 지닌 것 같아요. 지금 애인은 제 양아버지 판박이죠." 또 피해자들은 갖가지 성적인 역기능을 호소하였다.[26]

이런 불평은 치료를 원하는 어떤 사람에게서 얻을 수 있는 불평일 뿐, 장기간에 걸친 성 학대의 영향을 말해 주는 특징이라고는 할 수 없다는 이의가 제기될지도 모르겠다. 그러나 이런 반대는 로스앤젤레스에 있는 외래 진료소에서 근무하는 또 다른 심리학자 카린 마이즐맨(Karin Meiselman)에 의해 불식된다. 마이즐맨은 근친 성 학대 피해를 당한 환자 집단과 성 학대 경험을 전혀 갖지 않은 환자 집단을 비교 연구했다. 피해자 가운데 근친 성 학대 관계를 지속하는 사람은 없었고, 성적인 접촉이 끝난 지 최소 3년 정도의 시간이 흘렀다. 피해자의 대다수는 치료에 응하기 전까지 어느 누구에게도 성관계에 대해 말하지 않았으며, 최초의 진술에서 근친 성 학대 경험이 두드러지게 드러나지 않기도 했다. 그런데도 근친 성 학대 피해자 집단은 치료에 참여한 다른 환자들보다 눈에 띌 정도로 혼란스러워 보였다. 그들은 비교 집단에 비해 일반적으로 대인 관계에서 어려움을 겪었는데, 특히 부부 사이의 갈등과 신체적인 문제에서 훨씬 더 많은 고충을 토로하였다. 성적인 문제는 특히 두드러졌다. 마이즐맨은 또한 '자학성 음란' 행동 경향과 근친 성 학대 피해자들 사이에서 반복되는 피해자화에 주목하였는데, 이것은 비교 집단에서는 거의 나타나지 않는 특징이었다. 근친 성 학대 피해자들은 정상 수준의 자존심과 자기 보호 능력이 결여된 것처럼 보였다. 마이즐맨이 냉담한 어조로 말한 바와 같이, "환자와 치료자 가운데 어느 누구도 근친 성 학대가 딸의 사회적 적응성을 증진시켰다고 생각한

사람은 없었다." [27]

의료 문헌 가운데 때로는 상처에 대해 과장된 주장을 내놓은 경우도 있다. 이런 사례에서 연구자들은 주로 어머니-아들 사이 성 학대의 영향에 대해 걱정한다. 자녀에게 '정신분열증을 유발하는' 어머니를 비난하는 일이 유행이었던 1950년대에, 소수의 연구자들은 어머니-아들 사이 근친 성 학대가 사춘기 청소년에게 정신분열증을 유발하는 원인일 수 있다는 내용을 암시하기까지 했다. 예컨대 찰스 월(Charles Wahl)은 어머니를 강간한 정신장애 아들을 묘사하면서, 다음과 같은 환상으로 비약하기도 했다.

> 무의식적인 두려움은 힘이 세고 보복심을 지니고 거세하려는 아버지에 대해서만이 아니라, 가슴을 내어 줄 뿐 아니라 절정에 이르는 순간 교미하던 짝을 먹어 치워 빈껍데기만 남기는 암컷 거미처럼, 모든 것을 품어 안는 어머니에 대해서도 생겨난다. …… 따라서 여기에 묘사된 (근친 성 학대) 사례가, 우리가 아는 사례 가운데 가장 심각하게 혼란스럽고 자아가 분열된 질병과 연관됐다는 사실을 발견하는 것은 놀라운 일이 아니다. …… 이렇게 금지되고 금기시되는 바람이 정신분열증을 유발하는 하나의 요인이자 전조가 된다는 사실을 알아 두는 게 좋다. [28]

이런 괴기스러운 고딕풍의 억측에 대응하여, 일부 의료진들은 근친 성 학대가 특히 소년들에게는 상대적으로 긍정적인 결과를 낳은 사례를 보고하였다. 예를 들어, 아타레이 요루코글루(Atalay Yorukoglu)와 존 켐프(John Kemph)는 사춘기에 접어든 소년과 소녀 한 명에 관한 보고서를 제출했는데, 그들은 부모 가운데 한 사람과의 성적인 관계로부터 "정신적으로 그렇게 심한 손상을 당한 것 같지는 않다."고 썼다. 연구자들은 두 아이 가운데 어느 아이도 심각한 정신 질환을 드러내지는 않았다는 사실을 말한 것이다.[29] 로레타 벤더(Lauretta Bender)와 앨빈 그루짓트(Alvin Grugett)는 근친 성 학대의 경험이 있는 소년과 소녀 두 명씩에 대한 추적 조사를 진행 중이었는데, 소녀 한 명은 정신장애 상태에 이르렀고, 아버지에게서 괴롭힘을 당해 온 또 다른 소녀 한 명과 소년 한 명, 그리고 어머니와 성 접촉을 시도했던 소년 한 명은 심리 치료에 잘 응했다. 이런 결과들은 근친 성 학대가 아동에게 무해하다는 사실을 나타내기보다, 상상한 것만큼 해악을 끼치지는 않는다는 증거로 인용되었다.[30]

최근에 나온 한 가지 의료 연구 결과가 특별한 관심을 끄는데, 그것은 피해자 여성 스스로가 자기 경험이 자신에게 장기간에 걸쳐 어떤 영향을 미쳤는지를 가장 신빙성 있게 판단할 수 있다는 사실을 보여 주었다. 마비스 차이와 그녀의 동료 연구자들은 아동기에 성적으로 괴롭힘을 당한 여성 집단을 두 그룹으로 나누어 비교하였다. 첫 번째 집단은 그들 자신을 영원히 상처 입었다고 간주하고 아동기에 당한 피해에 걸맞은 치료 방법을 찾으려 했다. 두 번째 집단은 스스로 '잘 적응했다.'고 생각하고 아무 치료를 받지 않았다. 표준 인성 검사와 성 기능에 관한 설문 조사를 한 뒤, 마비스 차이는 첫 번째 집단이 훨씬 혼란스러웠고, 두 번째 집단은 전혀 괴롭힘을 당한 적이 없는 표준 집단 여성들과 별 차이를 드러내지 않았다고 보았다. 영구적인 피해를 당하지 않은 채 도망 나온 여성의 상당수는 성적인 정신적 외상을 통합하고 이겨 내도록 도와준 특별한 사람들을 기억했다. 이 여성 대부분은 그 일이 자신이 잘못해서 생긴 일이 아니라고 지지해 준 친구와 가족들, 또 여성성을 되찾고 다시 바로 잡도록 곁에서 끈기 있게 도와준 연인들에 대해 자주 이야기했다.[31]

상처의 문제에 대해 요약하자면, 거의 대부분의 증거는, 아동에게 성인, 특히 믿었던 친척과의 성적인 접촉이 장기간에 걸쳐 악영향을 끼칠지도 모르는 심각한 정신적 외상이라는 사실을 입증한다. 물론 성적인 정신적 외상이 반드시 중증 정신 질환으로 발전하는 것은 아니다. 또 반드시 어떤 영구적인 정서적 손상을 일으키는 것도 아니다. 아동의 발달 과정을 결정 짓는 데는 많은 상황이 개입하고, 성 학대와 같은 하나의 정신적 외상이 끼치는 영향은 아동이 가진 다른 환경 요인들에 의해 악화되거나 상쇄될 수도 있다. 그러나 성 학대는 피해자가 이후의 인생 과정에서 많은 곤경에 처할 위험성을 증가시킨다. 대부분의 피해자는 자신의 경험을 혼란스럽고 불쾌한 것으로 떠올리며, 절대로 낫지 않는 흉터를 지녔다고 생각했다. 일 종의 강탈 행위에 의해 너무 이른 나이에 성에 눈을 뜬 여성들은 전통적으로 여성이 겪는 갖가지 종류의 불운에 특히 더 쉽게 상처를 받는 것 같다. 피해자들은 긍정적이고 자기 스스로를 존중하는 성적 주체성과 가치 있는 성생활을 형성하기를 아주 힘들어한다. 너무나 많은 피해자들에게 아동기 성 학대는 유사한 피해를 반복하는 생활에 접어들게 만들고, 타락한 여성 이라는 씻을 수 없는 교훈을 너무 이른 나이에 남긴다.

상처의 문제에 대한 마지막 언급은 당연히 그 문제에 대해 가장 잘 아는 사람들, 곧 근친 성 학대를 개인적으로 경험한 여성들이 해야 한다. 자신이 겪은 일을 공개적으로 말할 용기를 낸 루이즈 암스트롱(Louise Armstrong) 에게 경의를 표하며 그녀의 말을 청해 듣기로 했다. 암스트롱은 동정을 거 절했다. 그녀는 피해자로 여겨지는 것을 달가워하지 않았다. 오히려 스스

로를 생존자라 생각했다. 그녀는 과거의 상처에 매달리기보다 현재와 관련
된 여러 일을 꾸려 나가는 데 더 관심이 많았다. 그런데도 자기 자신과의 대
화 형태로 진행된 그녀의 증언은 아버지와의 근친 성 학대 경험이 그녀의
삶에 한 획을 긋는 파괴적인 영향을 미쳤다는 사실, 그리고 그녀가 그 상처
를 이겨 내려고 여전히 몸부림친다는 사실을 분명히 보여 준다.

나는 쉽게 단념하지 않았던 것 같아요. 저기 어딘가에 나를 잘 보살펴 줄
아버지로 변할 누군가가 있다고 확신했던 거 같아요.

있었나요?

아니요.

예전에 있었던 일을 기억해 볼까요?

좋아요. 재갈이 물려지는 느낌이 들어 깨어났어요. 턱 부분이 기분 나쁘게
눌리는 느낌. 하지만 그때는 그 일과 연관 짓지 못했어요. 아주 나중에서
야 말할 수 있었죠. '아버지가 호텔 방에서 나를 쫓아다녔다.'고 말하기까
지 오래 걸린 것처럼 말이죠. 그러나 아버지가 나를 어떻게 붙잡았는지는
정확하게 기억나지 않아요. 너무 어두워서 앞을 잘 볼 수 없었거든요. 이
십 대가 되어 결혼하고 난 어느 날 밤, 잠에서 깨어 그때 일어나 모든 일을
적어 내려갔어요. 아주 짧게였지만, 드러내기보다 숨기기 위해서였죠. 그
리고 적은 것을 정리해 두었는데 그렇게 했다는 걸 잊어버렸어요. 마치 나
자신을 위해 두 번째 땅을 마련해 두기라도 한 것처럼요. 나중에 그걸 다
시 발견했을 때는 정말 충격이었어요.

그래서요?

계속 이사 다니고, 일도 계속했죠. 울려고 했는데 그런 건 내게 맞지 않았

어요. 웃으려고 노력하는 게 더 나았어요. …… 좀 더 나이가 들고, 운도 더 좋아져서 결혼도 하고 아이도 가졌죠. 일도 계속하고요. 기분 좋은 일들을 선택했죠.

지금은 그 일을 어떻게 생각하나요?

그것에 대해 말해 보라고요? 슬퍼요. 너무 슬퍼요.

그러니까 사라지지는 않나요?

희미해지기는 해요.

마음에 들지 않는군요.

좋아해야 할 필요는 없어요. 그냥 그것과 함께 살면 되죠. 오랫동안 데리고 있던 작고 지저분한 애완동물처럼요.[32]

3 장
비난의 문제

냉정한 숙녀 배심원들이여! 나는 몇 개월 아니 몇 년 뒤에나 돌로레스 헤
이즈에게 내 신분을 밝히리라 생각했지만, 6시에 그녀는 완전히 잠에서
깨어났고, 6시 15분에 우리는 이미 연인의 기교를 부리고 있었다. 이렇게
말하면 아주 이상하게 들릴지 모르지만, 나를 유혹한 건 바로 그녀였다.
— 블라디미르 나보코프, 『롤리타』(1955)

  우선 시인해야 할 것이 두 가지가 있다. 하나는 아버지가 딸을 성적으로
학대하는 일이 흔히 발생한다는 것, 둘은 근친 성 학대가 아무 해를 끼치지
않는 오락 거리가 아니라는 것이다. 따라서 근친 성 학대를 저지른 아버지
를 옹호하는 사람들의 세 번째이자 마지막 변명, 곧 딸을 성 학대한 아버지
에게 그 행위에 대한 책임이 없다는 변명은 저지되어야 한다. 근친 성 학대

를 한 아버지의 딸, 아내, 또는 두 사람 모두를 비난하는 일은 아주 흔하다. 여기서 우리는 근친 성 학대 이야기에 유혹하는 딸(Seductive Daughter)과 공모자인 어머니(Collusive Mother)라는 두 명의 주요 피의자가 있음을 안다. 근친 성 학대를 한 아버지를 옹호하는 사람들은 아버지를 작은 요부의 매력에 유혹되어, 또는 냉랭하고 사랑스럽지 않은 아내 때문에 딸의 팔에 끌려 어쩔 수 없이 그런 행동을 저지른 가련한 사람이라고 믿게 만들려 한다. 대개는 스스로도 그렇게 믿는다.

유혹하는 딸의 이미지는 문학, 종교적 전통의 일부이다. 그 이미지는 대표적으로 『성경』의 롯(Lot) 이야기에 나타난다. 롯은 자기 두 딸을 모두 임신시키는데, 외관상으로는 모르고 저지른 것 같아 보인다. 성적 접촉은 전적으로 딸들이 주도한 탓으로 돌려지며, 롯은 술의 영향 때문에 의식적인 기억의 책임조차 면제받는다.

롯은 소알에 사는 것이 두려워서, 두 딸을 데리고 소알을 떠나, 산으로 들어가서, 숨어서 살았다. 롯은 두 딸들과 함께 같은 굴에서 살았다. 하루는 큰 딸이 작은 딸에게 말하였다. "우리 아버지는 늙으셨고, 아무리 보아도, 이 땅에는 세상 풍속대로, 우리가 결혼할 남자가 없다. 그러니 우리가 아버지께 술을 대접하여 취하게 한 뒤에, 아버지 자리에 들어가서, 아버지에게서 씨를 받도록 하자." 그 날 밤에 두 딸은 아버지에게 술을 대접하여 취하게 한 뒤에, 큰 딸이 아버지 자리에 들어가서 누웠다. 그러나 아버지는, 큰 딸이 와서 누웠다가 일어난 것을 전혀 알아차리지 못하였다. 이튿날, 큰 딸이 작은 딸에게 말하였다. "어젯밤에는 내가 우리 아버지와 함께 누웠다. 오늘 밤에도 우리가 아버지께 술을 대접하여 취하게 하자. 그리고 이번에는 네가 아버지 자리에 들어가서, 아버지에게서 씨를 받아라."
그래서 그 날 밤에도 두 딸은 아버지에게 술을 대접하여 취하게 하였고,
이번에는 작은 딸이 아버지 자리에 들어가 누웠다. 그러나 이번에도 그는,
작은 딸이 와서 누웠다가 일어난 것을 전혀 알아차리지 못하였다. 롯의 두
딸이 드디어 아버지의 아이를 가지게 되었다.[1]

롯의 이름 없는 딸들은 적어도 동기가 진지하다는 위엄을 가졌다. 특별
한 상황에서 아버지의 종족을 보존하려는 더 높은 선의(善意)가 근친상간
금기보다 우선한다는 것이 『성경』에 드러난 명백한 의미이다. 이렇게 비록
근친상간의 책임이 전적으로 딸들에게 있는 것으로 묘사된다고 해도, 그
들의 행위는 어느 정도 정상참작이 될 수 있다. 속세의 문학에서 유혹하는
딸에게 그와 같은 자비가 적용될 수는 없다. 그들의 동기는 완전히 잘못된
것으로 여겨져야 한다.

현대 미국 판 유혹하는 딸 이야기는 『롤리타(Lolita)』 같은 대중문학을
통해 불후의 명성을 얻어 이제 누구에게나 익숙하다. 엄청난 성공을 거둔
블라디미르 나보코프(Vladimir Nabokov)의 소설 『롤리타』는 여러 차원에
서 이해되지만, 가장 단순한 차원에서 보면 근친상간하는 아버지를 위한
재기 넘치는 변명이다. 험버트 험버트(Humbert Humbert)는 매력적이고
지적이며, 맹렬한 재치로 자신의 정열을 옹호한다. 그가 자기 죄를 예술로
변형시켜 속죄했기 때문에, 독자는 그것을 즐길 수 있고 험버트가 그랬듯
이 독자들 역시 정말로 근친상간에 빠질 수 있다. 그리고 이것은 왜 이 소
설이 그토록 엄청나게 대중에게 영향을 미쳤는지를 설명해 준다.

험버트가 열두 살 난 롤리타에게 유혹당한 이유는 거꾸로 동화처럼 읽

히는데, 그는 교양 있는 계부로서 잠자는 숲속의 미녀처럼 입맞춤에 의해 깨어나는 것으로 묘사된다. '맹랑한 소녀'로 묘사된 롤리타는 솔선하여 유혹한다. "갑자기, 폭발하는 듯한 쾌활함으로 그녀는 입을 내 귀에 갖다 대었다. 그러나 뜨겁게 쏟아지는 그녀의 속삭임으로 꽤 한참 동안 내 마음은 말로 표현할 수가 없었다. 그녀는 웃으면서 머리칼을 얼굴 위로 거듭거듭 빗어 내렸다. 점차 나는 아주 새로운, 모든 것이 허용된 꿈의 세계에서 사는 듯한 야릇한 느낌에 휩싸였는데, 그때 나는 그녀가 암시한 것이 무엇인지 깨달았다." 험버트가 여전히 믿기지 않아 머뭇거릴 때, 롤리타는 "좋아요, 여기서부터 시작해요."라고 말하며 두 다리를 벌려 그의 위로 올라온다. 롤리타가 위에서 잘 컨트롤한다는 확신이 들자, 성인 남자와 아직 반쯤 자란 소녀 사이의 신체 치수 차이가 마음에 걸리던 험버트의 우려는 사라졌다. "하지만 세상 물정에 훤한 우리 독자들에게 롤리타의 뻔뻔스러움에 대해 구구절절 설명을 하지 않으련다. 롤리타는 현대적 남녀공학 교육 체제, 청소년의 관행, 캠프파이어 유흥 등으로 이미 돌이킬 수 없이 알 것 다 알아버린 아이, 수줍음의 흔적조차 찾아볼 수 없는 아이였다고 말하는 것으로 충분하다."[2] 열두 살 나이의 롤리타는 이미 처녀가 아닌 것은 말할 것도 없고 대단한 아이였으니, 행여 롤리타가 상처 입기 쉬운 연령기의 소녀가 아니냐는 염려는 쓸데없는 기우라는 것이다.

롤리타는 남성의 성적 판타지인 문학에서 나보코프의 우아한 문체로 등장하여, 구제할 수 없는 수많은 조숙한 소녀들의 모델이 되었다. 한 남성 잡지에 실린, 예술적이진 못하지만 그와 똑같은 유혹 장면을 소개한다. 실화라고 전해지는 이 이야기를 쓴 익명의 작가는 그 잡지사가 출판한 근친 성 학대 설문 조사에 다음과 같이 응답했다.

우리의 성적인 조우는 아주 순진하게 시작되었다. 나는 그녀에게 인생의 이러저러한 진상을 설명해 주었다. 만일 여러분이 열세 살, 이제 막 여성으로 꽃피어 나기 시작한 그녀의 젊은 몸과, 어깨 위로 고슬고슬 흘러내린 부드러운 금발, 더할 나위 없이 귀엽고 예쁜 얼굴을 본다면, 어떻게 그런 일이 생겼는지 이해가 갈 것이다. 그녀에게 성교에 대해 설명할 때 나는 자극되지 않을 수가 없었는데, 순간 내 속옷 안에서 발기가 되는 것을 느꼈다. 남자의 음경이 어떻게 여자의 질에 삽입되는지를 그녀에게 설명해 줄 때, 그녀는 내 바지를 힐끗 보면서 놀리듯이 말했다. '아빠, 내게 보여 주면 안 돼?'

이 특별한 일화는 성교로까지 나아가 "기존에 내가 느꼈던 모든 절정은 하찮은 의식(儀式)으로 여겨질 정도의 성적 쾌감(오르가슴)"[3]으로 끝맺는다. 사실 사소한 변형이 가해졌을 뿐 거의 동일한 이야기가 과거 몇 년에 걸쳐 모든 남성 잡지에 실렸다. 딸의 머리카락을 금발 대신 붉은 색이나 갈색으로, 나이는 13세가 아니라 14, 15세쯤 된다는 식의 차이가 있을 뿐이다. 특별한 효과를 부과하고자, 딸이 자신의 여자 친구를 불러들이게도 한다. 아니면 유감스럽게도 딸을 롤리타 같은 방탕한 소녀로 등장시키기도 한다. 이와 같이, 소위 '유혹하는 딸'은 수백만 평범한 시민들의 적극적 판타지를 먹고 사는데, 이 사람들은 『시크(Chic)』, 『허슬러(Hustler)』, 『플레이보이(Playboy)』, 『펜트하우스(Penthouse)』 등과 같은 잡지의 독자층이다.

유혹하는 딸이 전문적인 임상 문헌(clinical literature)에도 정기적으로 등장한다는 사실을 알면 더욱 놀랄 것이다. 비록 대부분의 임상의(臨床醫)

들은, 최근까지 모두 아동 성 학대 문제를 무시하는 경향이 있긴 해도, 아동과 성인 사이의 성관계가 발생한다는 사실을 부인하지 않으며, 그 사례들을 설명해야 할 필요성 때문에 고심하는 소수의 연구자가 분명히 있다. 일반적으로, 이 연구자들은 피해 아동의 특성에 초점을 두는 경향이 있는데, 그 특성들이 근친 성 학대 관계를 불러일으킬 수도 있기 때문이다. 그들은 또한 남성을 걸려들게 하는 힘을 가진 매혹적인 어린이, 곧 조숙한 소녀의 이미지를 그려냈다.

예를 들면, 성적으로 학대를 당해 심각한 불안 상태에 빠져 정신병원의 아동 병동에 수용된 5세부터 12세 사이의 아이들 16명의 모습을 살펴보자. 저명한 아동정신과 의사이자 정신분석가 로레타 벤더(Lauretta Bender)는 1937년에 다음과 같은 보고서를 작성했다.

> 이 아이들이 도덕가, 사회 개혁가, 법률 제정가로부터 순진무구를 상징하는 망토를 부여받을 만하지 못하다는 것은 분명하다. 우리 사례에 나타난 수많은 관계를 살펴볼 때, 대개 아이들은 근친상간 행위에 적어도 어느 정도는 협력하며, 일부 사례에서는 아이가 그런 관계를 시작하는 적극적인 역할을 한다는 것이 암시되는데 …… 사실 아이는 신체적으로 해를 입을까 봐 두려워서, 또는 선물에 혹해서 그것을 변명으로 삼는 일이 종종 있다. 그러나 이것은 명백히 2차적인 이유이다. …… 끝으로 아주 충격적인 특징이 있는데, 이 아동들은 대개 외모가 두드러지게 아름답고 매력적이라는 것이다. 그러므로 아이가 순진하게 유혹당하기보다 실제로 유혹하는 쪽이었을 거라고 생각하는 것은 그리 놀랄 만한 일이 못 된다.

벤더는 그녀가 세심하게 '성인의 물리적인 힘이 가해진'[4]이라 표현한 경우조차도 아이가 성관계를 부추긴 것이라고 여겼다. 아동이 성 학대를 당하고도 알리지 못하는 것은 암묵적이지만 자진한 순응이라 해석되었다.

그 이후에 나온 정신의학 관련 출판물들은 유혹하는 아동이라는 주제로 거듭거듭 되돌아왔다. 1975년에도 문헌에는 유혹하는 딸이 여전히 등장하였다. 다음은 근친 성관계에 관한 권위자 제임스(D. James)가 주요 정신의학서에서 유혹하는 딸을 묘사한 것이다.

> (유혹하는) 딸들은 근친 성관계에 은밀히 결탁하여 적극적인 역할을 하는데, 심지어 먼저 앞장서서 근친 성 학대를 유도한다. 딸들은 어쩌면 두렵고 외로워서 부성애의 표현으로 아버지가 다가오는 것을 반기는지도 모른다. 근친 성관계 행위는 발견될 때까지 계속되는 일이 잦은데, 딸들은 마치 상처를 입지 않은 것처럼 행동한다. …… 근친 성 학대를 당한 딸은, 그녀의 어머니와 마찬가지로, 처음에 바로 알리거나 저항하는 게 쉽지 않다. 결국 알리거나 저항한다 해도 아버지의 근친 성 학대 행위에 실제로 반감을 갖는 만큼, 아버지에 대한 분노로 뭔가 다른 일에 흠뻑 빠지거나 아버지와 다른 여자와의 관계를 질투한다.[5]

여기서 딸은 저항했든 하지 않았든 근친 성 학대적인 '관계'에 기꺼이 개입한 것으로 판단된다. 만일 그녀가 저항하지 않는다면, 침묵은 그녀가 공모한 증거가 된다. 만일 저항한다면, 그녀의 불평은 근친 성 학대 그 자체 때문이 아니라 '질투심'이나 '뭔가 다른 일' 탓으로 돌려진다. 근친 성 학대를 하는 아버지는 그런 식으로 바람난 딸에게 비난을 돌리려 애쓴다.

그리고 이런 주제를 다룬 문헌을 통해 보강 증거를 찾고 지지를 얻는데, 그것은 도색 잡지와 다름없는 의학적 근거를 둔 견해일 뿐이다.

그러나 자신의 소견을 피력할 때, 딸은 근친 성 학대의 순간을 아버지와 아주 다르게 기억한다. 성적 학대를 개인적으로 보고한 마야 안젤루(Maya Angelou)의 증언이 있다. 안젤루는 아동기에 애정을 갈망하여 어머니의 남자 친구인 프리먼 씨(Mr. Freeman)의 주의를 끌려고 했던 일을 아주 솔직하게 묘사한다. 그녀는 이 일에 대한 성인과 아동 사이의 의도와 이해에 아주 큰 격차가 있음을 분명하게 말한다. 안젤루는 이미 여덟 살 때 프리먼 씨와 성관계를 가졌으며, 당황스럽긴 해도 전혀 불쾌하지 않았지만, 비밀을 지키도록 경고를 받았다고 했다.

나는 외로움에 프리먼 씨의 커다란 팔에 안기고 싶은 마음이 들기 시작했다. 예전에는 뜰과 먹을 것, 어머니, 가게, 독서와 윌리 삼촌이 나의 세계였지만, 이제는 신체적 접촉이 처음으로 내 세계에 포함되었다. 나는 프리먼 씨가 오기를 뜰에서 기다리기 시작했다. 그러나 그가 왔을 때 내가 많은 느낌을 담아 '프리먼 씨, 안녕하세요?' 하고 인사했는데도 그는 나를 알아채지 못했다.

어느 날 저녁, 아무것에도 집중을 할 수가 없어, 그에게 가서 재빨리 그의 무릎에 앉았다. 처음에 프리먼 씨는 나를 안거나 하지 않고 가만히 앉아 있었다. 그런데 허벅지 아래 부드러운 덩어리가 움직이기 시작하는 게 느껴졌다. 그것은 씰룩거리다가 딱딱해지기 시작했다. 그러자 그는 나를 자기 가슴으로 잡아당겼다. 그는 석탄 가루와 기름 냄새가 났는데 하도 밀착되어서 나는 그의 셔츠에 내 얼굴을 묻고 그의 심장이 뛰는 소리에 귀를 기울였다. 그의 심장은 마치 나를 위해서 뛰는 것 같았다. 오직 나만이 그 쿵쾅거리는 소리를 들을 수 있었고, 오직 나만이 그것이 내 얼굴에 퍽퍽 뛰는 것을 느낄 수 있었다. 그는 '움직거리지 말고 가만히 앉아 있어.'라고 말했다. 그러나 그는 내내 나를 자기 무릎 위에서 못살게 굴더니 갑자기 벌떡 일어섰다. 그 바람에 나는 바닥으로 미끄러지고 말았다. 그는 욕실로 달려갔다.

수개월 동안, 그는 다시는 내게 말을 걸지 않았다. 나는 상처를 입고 한동 안 전보다 더 외로움을 느꼈다. 그러나 나는 그에 대한 기억을 잊었다. 심 지어 그가 나를 잡고 막연한 어둠으로 잠기게 하던 그 기억조차 유년기의 커다란 깜박거림 너머로 잊혀졌다.[6]

안젤루는 자신이 먼저 성적 접촉을 시작했다는 사실을 부인하지 않는 다. 애정과 신체적 접촉을 갈망했기에 그녀는 안기고 싶었다. 남자의 심장 이 '바로 나를 위해서' 뛰는 소리를 듣고 싶었다. 그러나 그녀는 성인의 성 적 반응에 대해 준비가 되지 않았다. 그녀는 그것을 남성 잡지에서 발견되 는 여성의 어떤 수줍은 감상벽도 없이 묘사한다. 이 일화에서 그녀는 자신 이 한 역할을 인정하는 한편, 어린이의 갈망과 어른의 성적 관심 사이에 완전한 차이가 있음을 분명하게 말해 준다.

또 다른 근친 성 학대 피해자로 캐서린 브래디(Katherine Brady)라는 필 명을 사용하는 여성은 자신의 경험담을 통해 성적인 접촉에 대해 성인과 아동의 생각에 차이가 있음을 밝혔다. 브래디는 안젤루와 프리먼의 관계 보다 훨씬 더 오래 아버지와의 관계에 연루되었다. 브래디는 여덟 살 때 천둥이 치는 동안 위안을 삼아 아버지와 침대로 기어들어 갔을 때를 시작으로, 10년간이나 아버지와 근친 성관계를 지속했다. 그녀는 자신이 그 만남을 간청했을 뿐만 아니라 종종 거기서 성적 쾌락을 느꼈다는 사실을 솔직히 인정한다. 하지만 또한 그녀는 최초의 동기가 애정과 주목을 받으려는 필사적인 욕구였다는 것도 명백히 밝힌다. 그녀는 성관계를 묵묵히 받아들였으며, 그것이 아버지의 관심을 얻으려면 치러야만 하는 대가라는 것을 아주 잘 알았기 때문에, 잘못이라는 것을 느꼈다. 심지어 그녀는 아버지가 책임을 면제받기 원한다는 것을 이해했으며, 아버지의 바람에 순응하여 스스로 가해자 역할까지 했다.

나는 이제 여름이 와서 친척들을 방문한 것이 반가웠다. 아빠의 관심으로부터 일시적으로 벗어났기 때문이었다. 하지만 여전히 집에 있을 때면 여느 때와 마찬가지로 아빠의 관심을 끌려고 애썼다. 그를 기쁘게 하여 그 대가로 아빠가 나에게 기꺼이 주는 정서적 확신을 얻으려는 욕구가, 내가 느끼는 불안감보다 훨씬 더 컸던 것이다. 아빠의 야릇한 구애하는 것 같은 목소리가 성가시다가도 그의 다정한 말에 불안하곤 했다. 그가 내 가슴을 만지며 어머니의 가슴과 비교할 때면 그의 친절함이 가져다주는 편안함에 내 불안은 잦아들었다. 이 사람, 침대의 내 곁에 누운 아빠는, 집의 다른 방에서 성큼성큼 걸어 다니며 엄하고 가혹한 권위를 휘두르거나, 한 번 앉았다 하면 몇 시간이고 안락의자를 흔들면서 허공을 바라보는 모습의 아빠보다 한결 낫다. 누구인들 이 사람이 가능한 한 자주 나타나기를 바라지 않겠는가?[7]

물론 아이들도 성적 감정을 가졌으며, 어른들로부터 애정과 관심을 얻으려 노력한다. 이 부정할 수 없는 현실로부터 유혹하는 딸이라는 남성 판타지가 만들어진다. 그러나 이 여성들이 분명히 증언하는 것처럼, 성적인 만남을 결정하고 그 책임을 지는 것은 어린이가 아니라 성인이다.

어머니의 책임이나 공모라는 주제에 대해, 보통 서로 동석하기를 피하는 저자들 사이에는 비슷하게 일치하는 견해가 있다. 의사, 저술가, 그리고 포르노 작가는 각자의 익숙한 언어로 근친 성 학대를 하는 아버지의 상대자에 대해 비슷한 판단을 내린다. 딸이 아버지를 그렇게 몰고 간다는 것이다. 어머니를 고발하는 내용은 흔히 세 가지로, 첫째, 어머니가 자기 의무를 충실히 수행하지 못했다, 둘째, 딸이 그런 행위를 하도록 몰아간 사람은 아버지가 아니라 어머니이다, 셋째, 어머니가 사실에 대해 알면서 묵인하거나, 어떤 경우에는 그런 성관계를 적극적으로 즐긴다는 것이다.

우선, 대중적인 남성 잡지에 등장하는 어머니의 모습을 살펴보자. 이런 이야기를 쓴 사람들은 그 어머니에게 무슨 문제가 있는지, 예컨대 성행위를 할 수 없는 상태, 곧 나이가 너무 많거나 불감증 상태, 또는 어떤 질병이나 사고 때문에 일시적으로 성관계를 못한다든가 하는 등의 문제에 대해서는 절대 말하지 않는다. 그저 남편에게는 끊임없이 성관계가 있어야 한다는 것을 알기에 그녀는 남편이 멀리 다른 데로 나돌지 않도록 하려고 마지못해 자기 딸을 제공하는 것으로 묘사된다. 『펜트하우스』에 실린 공모하는 어머니 일화는 다음과 같다. "(부녀가) 근친상간을 한 지 여섯 달이 되었을 때, 아내는 장 보러 갔다가 집에 돌아와 돌연 부녀의 정사 현장을 덮쳤다. 처음에는 히스테리를 부리다가, 아내는 모든 게 괜찮다고 했다. 분명히 그녀는 남편이 강한 성욕을 매춘부가 아니라 집에서 채울 수 있다는 것에 안심하고, 부녀가 침대에 함께 있는 것을 보고 싶어 한다는 암시를 준 것이다."[8]

정신과 문헌에 실린 어머니의 모습은 조금 더 다듬어져 그려진다. 전문 연구자들은 어머니가 "침대에서 기교가 없다."고 하지 않고, 그것을 슬쩍 다른 언어로 가장하여 표현한다. 정신과 의사인 브루노 코르미에(Bruno Cormier)는 근친 성 학대가 일어난 가정의 어머니 성격을 "냉담하고 적대적이며 사랑스럽지 않다."고 특징짓는다.[9] 아동 학대의 권위자 데이비드 월터스(David Walters)는 근친 성 학대 가족의 어머니들 대다수가 '매력적이지 못하다.'고 보는 게 적절하다고 말한다.[10] 또한 '냉랭하게 거부를 해서' 남편으로 하여금 '다른 곳에서 성적 만족을 찾게' 만드는 여성이라고 말하는 권위자들도 있다.[11] 블레어와 리타 저스티스는 그런 어머니를 묘사한 글에서 동일한 어조로 "늘 지쳐서 기진맥진하다. …… 냉담하며 남편과 섹스하기를 원하지 않는다. 이것은 아내의 역할을 하지 않고 남편이 다른 데서 성을 찾게 하는 이유를 만드는 또 하나의 통로다."[12]라고 쓴다. 이 권위자들은 암암리에, 부부 사이에 어떤 성적 문제가 발생하든, 어머니 쪽에 책임을 돌린다. 그들은 분명 물을 것도 없이 아내는 남편의 요구에 따라야 하며, 만일 남편에게 완전한 만족을 주지 못한다면, 남편은 무엇이건 가장 편리한 대체 방법을 쓸 자격이 있다고 생각하는 것이다.

근친 성 학대 가족에 대한 많은 연구들이 부부간의 불화와 성적 소외의 높은 빈도수를 보고한다. 예를 들어, 허버트 마이슈(Herbert Maisch)는 독일 법정에 보고된 72건의 사례 연구에서, 부부 가운데 88퍼센트가 근친 성 학대에 앞서 '정서적으로 불안정하고 붕괴된 결혼 생활'을 했으며, 41퍼센트는 어지러운 성관계를 했다고 지적했다. 아버지들은 보편적으로 자신의 아내를 '냉담' 또는 '냉랭하다.'고 말하면서 아내가 부부 관계를 파괴하고 자신을 근친상간으로 몰아갔다고 아내를 비난했다. 그러나 연구자들은 대부분의 경우에 '남편의 부정적 영향'이 어버이 관계 붕괴의 주된 요소라고 지적했다.[13]

더구나 근친 성 학대 가해자와의 인터뷰를 주의 깊게 살펴보면 매우 불안한 결혼 생활에서조차도 아버지는 대개 아내에게 섹스를 강요할 수 있다는 것을 알 수 있다. 어떤 아버지도 배우자의 성적 접근이 부족하다고 근친 성 학대로 내몰리지는 않는다. 예컨대, 성폭력 가해자들을 광범위하게 치료해 온 심리학자 니콜라스 그로스(Nicholas Groth)의 보고에 따르면, 근친 성 학대를 하는 아버지들은 "아내와 성관계를 하면서 친딸이나 친아들과도 성관계를 가졌다. 아내 대신에 자녀들과 성관계를 갖는 것이 아니었다. 성행위를 아이들에게만 한정시킨 가해자들은 그렇게 하기로 선택한 것이다. 성적으로 만족할 다른 기회가 없었던 사람은 아무도 없다."[14]

최종 분석에서 어머니가 남편과 성관계를 하지 못하는 문제는 사소한 것이다. 그러나 근친 성 학대의 발생에 어머니가 하는 역할은 사소하지 않다. 만일에 아버지의 성적 불만이 어머니와 가족의 정서적 거리를 말해 주는 것으로 재해석된다면, 그것은 근친 성 학대에 대해 무언가를 드러내는 것이라 할 수 있다. 왜냐하면 어머니의 부재라는 주제는 어떠한 형태로든 근친 성 학대 이야기의 배경에서 항상 발견되기 때문이다.

전형적인 근친 성 학대 이야기에서 어머니의 부재는 문학적이면서 결정적이다. 롯의 아내는 뒤돌아보다가 소금 기둥이 되어 신의 벌을 받아 죽는다. 신데렐라 이야기의 수많은 변형들에서 어머니의 죽음은 딸의 불행의 시작이다. 근친 성 학대에 관한 여성 문학은 일반적으로 어머니의 부재를 비극적으로 다룬다. 반면에 남성 문학은 근친 성 학대를 희극적으로 다루거나 하찮게 여긴다. 그리고 임상 문헌은 그것을 비판적으로 다루는 경향이 있다.

근친 성 학대 피해자 개인의 설명에는 가족들과의 거리감이 크고 가족들에게 별로 도움이 되지 않는 어머니나 어머니의 양육을 갈망하는 표현들로 가득 차 있다. 마야 안젤루는 자서전에서 어머니를 아주 멀리서 숭배하는 여신으로 묘사한다. 안젤루는 늘 어머니의 애정과 친밀함을 갈구하다가 어머니 남자 친구의 접근에 말려든 것이다. 샬롯 베일 앨런(Charlotte Vale Allen) 역시 자기 이야기를 밝힌 근친 성 학대 피해자인데 어머니와 가진 관계에 대해 이렇게 말한다.

나는 어머니에게 안기려고 살았다. 어머니를 꾀어 그녀의 부드러운 가슴에 기대 안겨서 두 눈을 감고 냄새를 들이쉬며 이 여자, 내 어머니의 친숙함을 느끼려고 애를 썼다. 내가 만일 어머니를 거듭거듭 찾아온다면 어머니는 틀림없이 나를 좋아하고 사랑해 줄 거라고 여겼다.

때로 어머니의 포옹은 부드럽고 서두르지 않았으며 엄청나게 포근하고 편안했다. 그 당시 나는 어머니가 나를 사랑할지 모른다고 믿었다. 하지만 대부분의 경우 그 시간은 금세 지나갔고 너무 무정했으며 너무 간단히 끝났다. 그녀는 식사를 마련하거나 외출하느라 바빠서 짜증스러워했으며, 아마도 전날 밤의 어떤 일로 인해 여전히 열 받은 상태였다. 그러나 나는 잠깐 껴안아 주고 끝내는 어머니의 포옹조차도 참 기분이 좋았다. 하지만 나는 너무 자주 어머니의 비위를 거슬리게 했다. 말대꾸를 했고, 옷을 더럽히거나 머리 끈을 잃어 버렸으며, 우유를 엎지르거나 그녀에게 들리는 곳에서 욕을 하고, 놀다가 늦게야 집에 돌아왔기 때문이다. 이런 갖가지 종류의 일들에 어머니는 몹시 화를 냈다. 그럴 때면 나는 엄마가 너무 미워져서, 엄마 미워, 미워! 하고 씩씩거리면서 부엌 뒤쪽으로 나가 버렸다. 그렇다고 그 일이 다음에 엄마 사랑해, 사랑해라고 속삭일 것이라는 희망을 포기하게 만들지는 않았다.[15]

앨런은 자신의 사랑이 통하지 않는 어머니에 대해 화가 났음을 부인하지는 않았지만, 어머니를 그저 냉정하거나 무관심한 부모라고 비난하기보다 이해하려고 노력했다고 말한다. "세월과 모성애, 그리고 명확한 시각을 얻은 덕분에, 나는 기꺼이 어머니에게 공감할 수 있었어요. 어머니한테는 맞붙어 싸워야 할 일들이 많았던 거죠. 하나뿐인 제 아이에 대해 그럭저럭 대처할 수 있고, 제가 정신적으로 세 배나 컸을 때에야, 아버지에 대해 어느 정도 점수를 줄 수 있고 어머니의 격분을 이해할 수 있었어요. 이제 전 알아요. 어머니가 저를 사랑했다는 것을. 그 사랑이 단지 제가 원했던 방식으로 표현되지 않았을 뿐이죠."[16]

어머니에 대한 여성들의 묘사는 슬픔으로 가득 차 있는 반면, 남성들의 문헌에는 어머니의 부재가 편의상 말하기 좋게 또는 농담조로 묘사된 게 일반적이다. 성인 여성의 역겨운 표본으로 조롱거리가 된 롤리타의 어머니는 험버트의 계획에 심각한 장애물이 될 우려가 있자, 이 우스꽝스러운 사건에서 무대 뒤로 사라진다. 어머니에 대한 이야기는 이게 마지막이다. 이처럼 남성 잡지에서 어머니의 부재는 아주 하찮은 상황, 말하자면 '장을 보러 나갔다.'든지, '친척을 방문 중'이라든지, 또는 '미미한 질병에서 회복 중'이라든지 등으로 축소된다. 어머니의 부재에 대한 정서적 반응은 전혀 기록되지 않았다.

대조적으로 임상 문헌에서 어머니의 부재라는 주제는 어떤 다른 것은 다 배제해도 된다 싶을 정도로 강조된다. 근친 성 학대 가정의 어머니는 모성애가 결핍된 상태로 판단된다. 마땅히 이래야 한다는 전통적이고 이상화된 기대대로 살지 않으므로, 어머니가 근친 성 학대 관계로 발전하도록 조장했다는 비난을 은연중에 받는 것이다.

근친 성 학대 가정의 어머니는 병을 앓아 무능력하거나 이런저런 이유로 남편과 자녀들에게 정서적으로 가깝지 않다는 점이 자주 관찰되어 왔다. 근친 성 학대 가정들은 어머니가 감당해야 할 전통적인 의무들을 맏딸에게 할당함으로써 이러한 긴장 상황에 적응한다. 가사와 어린 동생 돌보기와 정서적 지지와 위안의 대부분을 맏딸에게 의존하는 식이다. 딸은 아버지의 성적 요구를 채워 줄 의무까지 부여받아 어쩌면 가족의 '작은 어머니' 역할까지 떠맡는다.

임상 문헌에서 어머니와 딸 사이의 '역할 전도'라고 자주 묘사되는 이러한 상황은 일반적으로 딸에게 파괴적이라고 인식된다. 왜냐하면 역할이 전도됨으로써 딸은 나이에 맞지 않는 의무를 수행해야 하며, 따라서 정상적인 성숙 과정에 방해를 받기 때문이다. 그러나 평범한 가정의 역할이 일그러짐으로써 모든 가족이 그 영향을 받는데도, 임상 문헌은 일반적으로 오직 어머니에게만 그 책임을 지운다. 상황이 어떤지와 무관하게, 책임을 포기한 것에 대해 어머니만 비난을 받는다. 블레어와 리타 저스티스는 "어머니는 딸과 역할을 바꾸려고 한다. 자신이 어린이가 되고 자녀가 어머니가 되기를 원한다. 이런 기본적 공생 관계는 남편과 딸이 근친 성관계를 맺은 가정의 거의 모든 어머니에게서 나타나는 특성이다. 그것은 그녀가 아동기에 받지 못했던 보살핌과 양육을 얻으려는 시도를 나타낸다. 딸을 자신의 역할에 불러들임으로써 그녀는 딸 또한 자기 배우자의 성적 파트너가 되라는 암시를 하는 것이다."[17]라고 판단한다. 로라 헤임스(Lora Heims)와 어빙 코프먼도 "이런 가정의 어머니들은 너무 이른 나이에 딸에게 어머니의 역할을 부여하고, 딸을 아버지와 근친 성관계를 맺는 상황으로 몰아넣은 유아적(幼兒的)인 사람이다."[18]라고 말한다.

이 같은 묘사는 정신의학 저술에 수두룩하다. 이런 묘사에는 가족 내에서 아버지는 특권을 지니고 어머니는 의무적으로 따른다는 일련의 규범적인 가정(加定)이 명시됐다. 아버지는 자녀들처럼 어머니의 사랑과 양육, 보살핌을 받을 자격이 있다고 생각하는 것이다. 사실 아버지의 의존 욕구는 어른에게 의존하고 싶어 하는 자녀의 욕구를 능가해 버린다. 왜냐하면 만일 어머니가 언제나 그래 왔듯이 아버지를 보살피지 못하면 그녀를 대신할 누군가 다른 여성을 찾는 일이 당연시되기 때문이다. 이 경우 가장 흔하게는 맏딸이 선택된다. 이런 가정에서 누군가를 양육하는 어머니의 역할을 아버지가 떠맡는 것이 바람직하다는 생각은 절대 받아들여지지 않는다. 상황이 어떻든 계속해서 여성의 보살핌을 받고자 하는 아버지의 바람, 실제로는 아버지의 권리가 의문의 여지없이 용납된다.

어머니를 기소하는 세 번째 이유는 그녀가 정사를 알면서도 묵인한다는 것과 관계있다. 더 나아가 어떤 임상의들은 어느 경우든 어머니는 근친 성 학대 관계를 안다고 주장한다.[19] 외설 잡지에 실린 글에서도 비슷한 주장을 볼 수 있는데, 때로는 어머니가 근친 성 학대를 지켜봄으로써 스릴을 느낀다는 자극을 살짝 첨가해 넣기도 한다.[20]

모든 어머니들이 부녀간 근친 성 학대의 공범자라는 논법에 대한 이의는, 어머니들이 근친 성 학대를 발견하자마자 충격을 받고 딸을 방어하는 신속한 행동을 취한 수많은 사례를 통해 확인할 수 있다. 예컨대, 나르키즈 루키아노비츠(Narcyz Lukianowicz)의 연구를 보면, 26명 가운데 16명의 어머니가 근친 성 학대를 모르다가 딸이 그 비밀을 밝히고 난 후에야 알았으며, 2명은 사실을 알자마자 즉시 남편에게 형사상의 책임을 물었다.[21] 커슨 와인버그(Kirson Weinberg)가 남편을 경찰에 신고한 한 어머니로부터 받은 진술은 다음과 같다. "아유, 망신스러워! 창피해요. …… 남편은 자기밖에 생각 안 해요. 만일 남편이 감옥에서 나온다면 내 양손으로 붙들어 전기의자로 끌고 갈 거예요. 그는 우리를 학대할 만큼 학대했다고요!"[22]

그런가 하면 모든 어머니들이 근친 성 학대 상황을 전혀 모르는 건 아니며, 알면서도 그냥 묵인하는 일부 경우도 있다는 것이 확실하다. 가령 뉴욕 아동보호소가 보고한 다음 사례를 살펴보자.

딸이 여덟 살이었을 때, 아버지가 치근거린다고 어머니에게 말했다. 어머니는 딸의 뺨을 때리며 나쁜 계집애라고 욕했다. 이 사례는 7년 후 피해자인 딸이 자살을 시도하자 어머니에 의해 알려졌다. (아버지는 첫 고소가 제기된 지 한 달 후 집으로 돌아왔다.)

애들을 다른 방에 모두 가두고 아버지가 맏딸과 같이 있다고 여동생이 어머니에게 알려 주었다. 남동생은 두 사람이 침대에 같이 있는 것을 창문으로 들여다본 적이 있다고 말했다. 이 사례는 정기적으로 성관계가 이뤄진 6년 후에 삼촌에 의해 보고되었다. 딸은 임신했다.

네 명의 딸이 모두, 아버지가 가슴과 질을 손으로 만지거나 만지려 한다고 어머니에게 불평했다. 어머니는 딸들에게 아버지는 단지 애정을 표시하려 그러는 거라며 오해하지 말라고 했다. 이 사례는 아버지에 의해 맏딸이 임신을 하자 친척에 의해 보고되었다.[23]

이 일화들은 어머니가 딸을 보호하는데 실패한 극단적인 사례이다. 이 것을 어떻게 설명해야 할까? 대답은 가족 내 어머니의 위치를 분석해 보면 나온다. 강하고 건강하며 유능한 어머니들은 근친 성 학대를 묵인하지 않는다. 그러나 대개 가족 안에서 힘이 없는 어머니들은 어떤 이유로건 자녀들의 성적 학대를 포함한 모든 형태의 학대를 묵인하는 일이 흔하다.

어머니가 부재 상태거나 어떠한 형태로든 무능한 경우, 딸들이 성적으로 희생될 위험이 아주 높다는 주장은 수많은 연구가 입증한다. 예를 들면 데이비드 핑켈로는 대학생 795명을 대상으로 한 연구에서, 어머니가 자주 아픈 가정의 딸들은 일반 가정의 딸들에 비해 아동기에 거의 두 배나 성폭행을 당했다는 사실을 발견했다. 일반 여학생의 19퍼센트가 아동기에 성인과 성적 접촉을 한 반면, 어머니가 만성적으로 아픈 여성들의 35퍼센트가 그런 경험을 당한 적이 있다고 보고했다. 어머니가 안 계신 시기를 보낸 여학생들은 세 배나 더 피해를 당했다. 이 여학생들의 58퍼센트가 성학대를 경험했다. 모녀 사이가 정서적으로 소원한 경우 역시 아동의 위험이 증가하는 것으로 보였다. 이런 데이터로 볼 때, 건강한 어머니와의 강한 친화 관계만이 최소한으로나마 성 학대로부터 딸을 보호할 수 있다.[24]

근친 성 학대가 있는 가정의 어머니가 무능력하다는 특성은 다양하게 설명되어 왔다. 마이슈의 연구에 따르면, 상당한 비율(33퍼센트)의 어머니들이 심각한 신체적 질병으로 고통을 받았다.[25] 다이앤 브라우닝(Diane Browning)과 보니 보우트먼(Bonny Boatman)은 여덟 가정을 대상으로 한 임상 연구에서 어머니들이 원인이 규명되지 않은 우울증을 앓는 것으로 결론을 내렸다. 이 어머니들은 일단 문제를 인지하자 치료에 잘 응한 것으로 보고됐다.[26] 이 어머니들을 수동적이고 의존적인 성격을 지닌 사람으로 분류하는 임상의들도 여럿 있다. 예컨대 근친 성 학대 가정들을 관찰한 리처드 살레스(Richard Sarles)는 "이런 가정의 아내는 매우 수동적이고 자기 어머니에게 강한 애착과 의존 경향을 드러내는 미성숙하고 유아적인 사람들이다. 이 여성들은 평균보다 이른 나이에, 가부장적 역할을 하는 남자들과 결혼하는 경향이 있는데, 그 남자들은 그녀들이 가정 내에서 자기 만족감을 얻지 못하게 한다."는 사실을 알아냈다.[27]

　근친 성 학대 가정의 어떤 어머니들은 실제로 인격 장애를 가진 사람들일 수도 있다. 그러나 그보다는 오히려 어머니들의 상대적인 무능력을 설명하는 사회적 요소가 고려되어야 한다. 이를테면, 핑켈로는 어머니가 제대로 교육받지 못한 가정의 딸들은 일반 가정의 딸들보다 두 배나 더 성적 학대를 당했음을 주목하였다.[28] 아동보호 활동가인 이본 토르메스(Yvonne Tormes) 또한 딸이 성적으로 피해를 당하는 가정에서 부부 사이의 교육 수준이 심하게 불균형하다는 사실에 주목하였다. 핑켈로는 근친 성 학대 가정의 어머니들이, 어려서 결혼하고 너무 일찍 임신을 하며, 비슷한 사회경제적 수준으로 가정을 잘 통제하는 어머니들에 비해 가정 밖에서 일한 경험이 적다는 사실을 알아냈다.

　근친 성 학대 집단의 어머니도 여느 다른 어머니들과 마찬가지로 가정과 가족 안에서만 생활상의 기본적인 만족감을 얻으려는 경향이 있다. 그녀를 여느 어머니들과 구분하는 것은 심지어 가족 안에서조차 그녀가 자신의 욕구 충족을 박탈당해 왔다는 점이다. 잔인함과 우월한 주도권을 지닌 남편은 그녀가 지닌 아내이자 어머니의 역할을 무력화시킨다. 심지어 근친 성 학대를 묵인하기 이전에도, 그녀는 남편으로부터 점점 더해가는 비정상적 행위와 폭력·비폭력 행동들을 견디어 온 것 같다. 이렇게 남편의 행동을 오랫동안 참고 묵인해 온 어머니의 태도가 남편이 근친 성 학대라는 범죄 행위까지 하도록 조장한 것 같다.[29]

간단히 말하면, 근친 성 학대 가정의 어머니는 가부장적인 기준에 의해서도 억압받는 일이 흔하다. 보통의 아내와 어머니보다 남편에게 극심하게 의존적이며 추종적이다. 어쩌면 신체적, 정서적 무능력이 독립적인 생존 전망을 아주 비현실적으로 만드는지도 모른다. 남편의 화를 돋우어 남편이 가족을 버리고 도망가게 만들 위험을 초래하느니 차라리 굴복하고 마는 것이다. 만일 딸이 성적 희생을 치르는 대가로 결혼 생활을 유지할 수 있다면, 어머니는 동원할 수 있는 어떤 반대도 하지 않으려 한다. 남편이 어떤 행동을 하든 어머니는 최우선으로 남편에게 충성할 뿐이다. 그녀에게 다른 선택의 여지는 없어 보인다. 근친 성 학대에 어머니의 공모가 있었다면, 그것은 어머니의 무능력을 가늠하는 척도이다.

어머니의 책임 문제와 관련해, 문자 그대로든 심리적으로든 어머니의 부재는 근친 성 학대가 벌어지는 많은 가정의 현실인 것 같다. 강하고, 유능하며, 보호하는 어머니의 부재는 딸들을 더 상처받기 쉽게 하고 성적으로 학대당하게 만드는 듯하다. 어떤 상태든 어머니의 무능력은 가정의 긴장 상태가 심각함을 뜻하며, 모든 가족 구성원이 박탈을 겪게 한다.

그러나 환경이 어떻다 하더라도 아버지가 여성의 시중을 받을 자격이 있다는 생각을 용인하지 않는 한, 어머니의 부재나 방임 정도가 어떻든 그것이 아버지의 근친 성 학대에 대한 구실이 되지는 못한다. 근친 성 학대를 하는 아버지는 은연중에 집에서 시중을 받는 것이 자신의 특권이라고 생각하며, 아내가 자신을 만족시켜 주지 못하면 딸을 대용할 수 있다고 생각한다. 사랑과 봉사와 성관계의 권리에 대한 이런 태도야말로 궁극적으로 근친 성 학대를 하는 아버지와 그런 아버지를 옹호하는 사람들의 특성이다. 가부장적인 사회에서 아버지가 가족 내 여자들, 특히 딸들을 이용할 권리가 있다는 관념은 근친 성 학대를 금기시하는 구조 속에서조차도 내재했기 때문이다.

4 장
아버지의 규율

근친상간 금지는 어머니나 여자 형제, 딸과의 혼인을 금지하는 규율이라 기보다 어머니, 여자 형제, 딸을 다른 사람에게 증여하려는 규율이다. 선물이라는 최상의 규율이다. 이런 측면은 너무나 자주 제대로 인식되지 못하는 경향이 있지만, 그 본질이 명확하게 이해되어야 한다.

— 클로드 레비스트로스, 『친족의 기본구조』(1949)

근친상간 금기는 인간 문화에 보편적이다. 금기에 대한 하나의 정의가 모든 민족에게 적용되는 것은 아니지만, 친족 사이에 무제한의 성적 결합을 허용하는 문화는 없다. 거의 대부분의 문화가 핵가족이라 알려진 구조, 부모와 자녀 사이, 남자 형제와 여자 형제 사이의 성교와 결혼을 금지한다.[1] 근친상간 금기의 특별한 형태들, 금지된 행동 유형들, 금지 규율이 적용되는 사람의 범위, 그리고 규율을 위반했을 때 수반되는 처벌 등은 사회마다 매우 다양하다. 그러나 대부분의 문화권에 공통된 점은 그 금기에 부여된 심각성이다. 근친상간 금기는 모든 사회에 공통적으로 작동하는 사회질서의 근본적인 규율로 이해된다. 그것은 자연 세계와 초자연 세계 사이에 존재하는 인간 세계의 특별한 위치를 규정하는 근원적인 법이며, 인간성을 특징짓는 요인이다. 많은 문화권에서 근친상간 금기의 위반은 수간(獸姦), 동족을 잡아먹는 야만적인 행동, 마법과 더불어 기본적인 사회계약을 모독하는 일과 연관된다.[2] 이런 신념들은 서구 문화 전통에서 공통적인데, 그런 전통의 아주 최근 산물 가운데 하나인 인류학 분야에서도 마찬가지이다. 인류학 분야의 위대한 이론가인 클로드 레비스트로스(Claude Levi-Strauss)의 말에 따르면, "인류 최초의 사회 조직은 근친상간 금지 안에 존재했을 것이다. 왜냐하면 근친상간 금지는 사실상 (동물 생활의 관찰을 통하여 드러난 것처럼 아무 규칙이 없다고 알려진) 짝짓기와 생식의 생물학 조건을 개조한 하나의 형태로, 짝짓기와 생식을 금기와 의무라는 인위적인 틀 안에서만 영속하도록 만든 것이기 때문이다. 바로 그 틀 속에서 우리는 자연에서 문명으로, 동물계에서 인간계로 가는 통로를 발견할 수 있다."[3]

근친상간 금기에 대한 설명은 지난 수백 년 동안 인류학의 핵심적인 관심사였다. 금기의 기원과 금기를 영구화해야 할 이유는 끊임없이 관심을 끄는 논쟁의 주제였다. 그러나 기묘하게도 근친상간 금기를 지키는 일에서 남녀 성차에 대한 의문은 상대적으로 별 관심을 끌지 못했다. 근친상간 금기에 대한 세 가지 주요 이론—생물학, 심리학, 사회학—가운데 어느 이론도 자녀를 대하는 어머니와 아버지의 행동에서 드러나는 수수께끼 같은 불일치를 완전히 설명하지 못했다.

생물학 이론은 근친상간 금지의 근본 목적을 동종 내 번식의 예방으로 설명한다. 따라서 근친상간 금기는 번식 능력이 있는 혈족 사이의 성관계 금지로 이해된다. 금기의 기능은 재생산 조절이다. 이 이론에 따르면, 인간이 동종 번식으로부터 선택할 수 있는 장점은 거의 없는 반면, 단점들은 상당히 많다.[4] 이런 주장은 핵가족 내 근친 간의 결합에서 태어난 자녀 가운데 사산아, 조기 유아 사망, 선천적인 기형, 정신 지체의 비율이 매우 높고, 사촌들 간의 혼인에서 태어난 자녀들에서도 비율은 좀 낮지만 여전히 눈에 띌 정도로 같은 문제가 발생하고 있음을 보여 주는 자료에 의해 입증된다.[5]

생물학 이론은 근친상간 금지가 인간에게만 독특하게 존재하는 금기가 아니라고 주장한다. 언어와 문화의 개입이 없는 수많은 동물 종들조차 동종 번식을 막으려는 어떤 메커니즘을 발전시켜 왔다. 이것은 특히 외관상으로 몸집이 더 크고, 더 오래 살고, 성숙 기간이 오래 걸리며 지능이 더 발달한 동물들, 그리고 가족 집단을 이루어 모여 사는 동물들의 경우에 더 잘 적용된다.[6] 따라서 '근친상간이라는 장벽'은 자연도태의 산물로 이해된다. 핵가족의 동종 번식을 막으려는 메커니즘을 발달시켜 온 동물들과 인간 사회는 그런 메커니즘이 주는 선택적인 장점 덕분에 수천 년 동안 우세를 누려 왔다. 인간 의식의 작동은 생물학 법칙의 작용에 비하면 사실 부수적인 요인으로 간주될 뿐이다.

이 이론은 근친상간 금기의 모든 다른 설명과 마찬가지로 강점과 약점을 가졌다. 이 이론이 지닌 명백한 흡인 요인은 인간의 근친상간 금기를 생겨나게 만들었을 전례를 상상할 수 있게 한 인간과 동물의 행동 사이 연계에 있다. 이 이론은 유전적 데이터와 근친상간적 결합을 괴물 같은 후손

의 출산과 연관시킨 수많은 인간 신화의 내용과 일치한다.[7]

생물학 이론의 주된 약점은 핵가족 밖의 성교와 정교하게 규정된 근친 상간 금기가 아닌 그 밖의 성적 표현 금지를 설명하지 못한다는 점이다. 많은 문화권에서 근친상간 규칙이 작동할 때 생물학적인 관련성 정도에서는 아무 일치점을 찾아볼 수 없는데도 갖가지 차별이 이루어진다. 예컨대 많은 사회에서 어떤 사촌끼리 혼인하는 것은 금지되지만, 다른 사촌끼리는 허용된다. 그런 규칙은 유전적인 원리나 자연도태 원리에 기초해서는 설명될 수 없다.

생물학적 학설은 또한, 아버지와 딸 사이의 짝짓기에 대한 장벽이 어머니와 아들의 짝짓기에 대한 것보다 왜 더 약한지에 대한 이유를 설명하지 못한다. 두 짝짓기 유형이 지닌 유전적인 단점은 거의 똑같다. 차이가 있다면, 아버지와 딸 사이의 짝짓기가 오히려 더 좋지 않은 결과를 초래하리라는 점을 예상할 수 있다. 왜냐하면 미성숙한 여성의 임신으로 인해 더 높은 유산과 사산 가능성, 그리고 모든 종류의 합병증이 생길 수 있기 때문이다.[8] 그러나 동물계 어디에도 아버지와 딸 사이의 짝짓기에 대한 장벽이 어머니와 아들 사이의 장벽에 비해 더 철저하게 작동하는지는 관찰되지 않는다. 오히려 사실상 많은 동물 종에서 인간계에서와 마찬가지로, 아버지와 딸 사이의 짝짓기에 대한 장벽이 상대적으로 약한 것으로 보인다. 이런 특징은 특히 무리를 통솔하는 지배적인 수컷이 존재하며 강한 서열 구조를 수립한 종에서, 또한 어린 수컷과 암컷의 사회화가 뚜렷이 구분된 종에서 두드러지게 관찰된다. 긴팔원숭이나 붉은털원숭이 무리처럼 수컷의 지배가 수립된 종에서, 가족 집단 내 모든 암컷에 대한 성적 접근은 지배적인 수컷의 특권이다. 젊은 수컷들은 성적 완숙기에 이르면 종종 나이든 수컷에 의해 가족 집단 밖으로 내쫓긴다. 노동 분화가 성별에 따라 강하게 구별된 패턴을 따르는 동물들 안에서, 젊은 수컷은 대개 성숙기에 접어듦에 따라 가족을 떠나는 '해방적인 변화'를 경험하는 반면, 젊은 암컷은 가족 집단에 남아 새끼들을 기르도록 훈육된다. 이 두 사례에서, 젊은 수컷을 가족 집단으로부터 분리시키는 것은 어머니와 아들, 남매간의 짝짓기를 효과적으로 예방하는 반면, 젊은 암컷을 집단 내에 머무르게 하는 것은 아버지와 딸의 짝짓기 가능성을 증가시킨다.[9] 실제로 몇몇 종에서 아버지와 딸의 짝짓기는 젊은 수컷들이 저지른 가족 집단에 대한 '습격'으로 젊은 암컷들이 붙잡히는 경우에만 예방된다.[10] 암컷들 스스로는 자신의 성적 운명을 결정할 아무런 힘이 없다. 마음 불편한 일이지만 수컷이 지배하는 영장류의 사회 세계와 근친 성 학대가 이루어지는 인간 가족 사이의 유사성은 매우 크다는 사실이 판명된다.

만약 근친상간 금기가 생물학적 법칙으로 이해된다 하더라도, 그 법칙 자체가 작동할 때 왜 수컷과 암컷이 준수해야 할 사항이 불균형을 드러내는지 설명할 방도는 없다. 자연도태설이 아버지와 딸의 근친상간에 대해 특별히 관대한 것도 아니다. 오히려 근친상간이라는 장벽은 인간 세계와 마찬가지로 동물계에 널리 퍼진 제도인 수컷의 지배와 노동의 성적 분화를 통해 작동되는데, 바로 이 제도가 아버지와 딸의 짝짓기를 막는 장벽의 상대적인 취약성을 결정한다.

인류학에서 중요한 두 번째 이론은 근친상간 금기를 주로 심리학적 기능이라는 관점에서 설명한다. 금기는 가족 관계 내 단순한 성관계만이 아니라, 가족 내 모든 성적 표현 형태를 지배하는 규칙으로 여겨진다. 금기의 목적은 가족의 삶에 필요한 필수 조건들을 구축하기 위해서이다. 곧 성적 갈등과 경쟁의 규제, 자녀들의 사회화를 위한 적절한 환경 확보, 그리고 궁극적으로는 핵가족의 해체와 새로운 가족 형성의 보장 등이다.

이 이론을 처음으로 제창한 사람은 지그문트 프로이트였다. 가장 미약한 인류학적 증거에 기초하여, 프로이트는 금기가 원래의 족장이 그의 아들들, 곧 '남자 형제들의 무리'에 의해 살해당한 뒤 만들어졌다고 추론했다. 통제되지 않는 성적 경쟁심으로 인해 종족이 끊임없는 싸움을 벌이는 것을 막기 위해서라는 것이다.[11] 이런 프로이트의 견해가 공표되고 거의 70년이나 지난 뒤, 더 세련된 이론으로 무장한 인류학자들은 프로이트의 데이터에 대해서는 반대했지만, 금기가 주로 남성들의 성적 경쟁을 통제하고 가족 내 평화의 촉진을 위해 존재한다는 프로이트의 학설을 받아들였다.[12]

이 학자들 가운데 가장 잘 알려진 사회학자인 탤컷 파슨스(Talcott Parsons)는 아동들의 사회화에 적합한 환경을 조성할 때 근친상간 금기의 기능을 강조해 왔다.[13] 이 견해는 자녀가 초기 성적 애착(erotic attachments)을 형성하고, 부모와 성기 접촉 성행위(genital sexuality)를 할 때 좌절을 겪을 필요성을 강조한다. 성적 유대(erotic bond)는 아동이 책임감과 자아의식을 형성할 수 있는 능력과, 삶에서 불가피하게 겪을 좌절과 실망감을 이겨낼 수 있는 기본적인 행복감(sense of well-being)을 발달시키기 위한 전제 조건이다. 성적 좌절은 자녀가 궁극적으로 부모로부터 분리되어, 자신의 성적 욕구를 사회 규제에 종속시키는 능력을 갖추는 데 필수적이다. 근친상간 금기로 인해 생겨난 실망감을 수용하고 통제하려는 투쟁은 자녀의 성숙 과정에 꼭 필요하다. 그런 과정을 거치지 못한다면, 자녀는 적응성을 잘 갖춘 어른의 필수적인 특징인, 독자적인 정체성과 내면화된 사회윤리 감각을 발달시키지 못한다. 따라서 각 개인이 아동기를 지나 성숙한 어른으로 성공적으로 성장했음을 확인시켜 준다는 면에서, 금기는 필수적이다. 마찬가지로 본래 가족의 해체와 새로운 가족의 생성 과정을 포함해, 아동이 어른의 기능을 충분히 수행할 수 있음을 확인시켜 준다는 의미에서, 금기는 사회에도 마찬가지로 꼭 필요하다.[14]

심리학 이론의 매력은 셀 수 없이 많다. 생물학 이론과 달리, 심리학 이론은 금기를 가족 내에서 일어나는 모든 형태의 성적 행위라는 차원에서, 혈연이 아닌 입양이나 결혼과 관련된 가족 구성원 사이의 성적 접촉이라는 차원에서 설명한다. 심리학 이론은 친족 구조가 상대적으로 덜 중요하고, 출산 조절 가능성이 유전적 논쟁을 진부한 것으로 만드는 진보된 산업화 사회에서도 금기가 보존되는 현상을 설명한다. 이 이론은 금기가 지닌 이중의 본질, 곧 금기를 내면에 깊이 내재된 심리학적 욕구들을 충족시키거나 좌절시키는 하나의 관행으로 설명한다. 이 이론의 중요한 약점은, 생물학적 이론과 마찬가지로, 근친상간의 금기를 핵가족 범위 밖으로까지 널리 확장시킨 이유를 설명할 수 없다는 점이다.

심리학적 이론 역시 금기를 준수하는 일에서 드러나는 성별상의 차이를 이론적으로 설명하지 못한다. 가족의 조화라는 관점에서 볼 때, 아버지와 딸의 근친상간이 다른 어느 종류의 성관계보다 덜 파괴적일 거라고 추정할 이유는 전혀 없다. 아동 발달의 관점에서 보아도, 소녀들이, 근친상간으로 인해, 소년들보다 덜 성숙하리라고 추정할 이유는 없다. 사회 전체적으로 보더라도, 건강한 성인 남성보다 건강한 성인 여성에게 요구되는 조건이 더 적다고 추정할 이유가 없다. 따라서 아버지와 딸의 근친상간이 왜 유독 더 관대하게 받아들여져야 하는지 이해하기는 힘들다.

근친상간 금기 준수의 불균형은 특정한 종류의 가족에서만 심리학적으로 의미를 지닌다. 곧 엄격하게 노동의 성적 분리가 이루어져 있으며 아버지가 지배하는 가족, 어머니만 양성의 자녀들을 돌보고 아버지는 돌보지 않는 가족에서이다. 가부장적 가족 구조는 아버지에게 아내와 자녀를 통제할 강력한 권한을 제공한다. 전통적으로 이러한 권한은 가족들의 신체를 무제한으로 통제할 수 있는 권리, 아내에 대한 무제한의 성적 권리(따라서 강간은 결혼 생활 안에서 아무 법률적 의미가 없다.), 그리고 자녀들에게까지 확대된 성적 권리를 포함한다. 아버지는 자기 자녀들의 성적 활동을 제한할 권리를 가지며, 자녀의 성 상대자나 혼인 상대자 선택을 결정한다(그래서 아버지들은 혼인할 때 딸들을 '건네준다.'). 현대 서구 사회에서는 자녀가 성인이 되면 이러한 권리들은 법적으로 폐기된다. 하지만 다른 많은 사회에서, 아버지의 권리, 특히 딸에 대한 권리는 오로지 혼인에 의해서만 종결되거나, 때로는 고대 그리스에서처럼 심지어 혼인을 해도 종결되지 않았다.[15] 어느 사회에서든 아버지가 갖지 못하는 유일한 권리인 자녀의 성적인 권리는 그 개인만이 사용할 수 있는 권리이다. 그러나 다른 모든 권한이 주어졌으므로, 아버지는 자녀들에게 가장 먼저 성적으로 접근하는 일까지 포함해서 자신의 특권을 쉽게 확장시킬 수 있다.

그러나 가부장적 구조 내에서조차 아버지들뿐 아니라 어머니들도 자녀에 대해 상당한 힘을 지닌다. 더욱이 자녀에 대한 제1의 보육자로서 어머니들은 마음만 먹으면 자신의 근친상간적 욕망을 행사할 기회를 충분히 갖는다. 따라서 가족 내 힘의 관계만 가지고서는 왜 어머니는 그렇지 않은 반면 아버지는 자녀들을 성적으로 이용하려고 자신의 우세한 지위를 자주 활용하는지를 충분히 설명할 수 없다. 어머니들은 자기 억제 능력이 훨씬 큰 반면, 아버지들은 성적인 착취 행동을 나타내는 경향이 더 큰 이유는, 남성과 여성의 사회화의 심오한 차이를 낳은 노동의 성적 분화 때문이다.

최근의 정신분석이론에 대한 여성주의적 관점 가운데, 특히 줄리엣 미첼(Juliet Mitchell), 헬렌 블럭 루이스(Helen Block Lewis), 그리고 낸시 초도로프(Nancy Chodorow)의 연구는 자녀 양육에서 노동의 성적 분화가 만들어 낸 심리적 결과에 초점을 맞추어 왔다.[16] 이 연구자들은 반복해서 아버지가 아닌 어머니들이 자녀를 양육한다는 사실에서 생겨나는 심오한 성적 차이에 대해 관심을 불러일으켰다. 종속된 여성들의 자녀 양육은 성 정체성 형성과 양심의 습득, 양육 능력의 배양, 그리고 근친상간 금기의 내면화를 포함한 거의 모든 차원에서, 남자 아이들과 여자 아이들의 인격적 발달이 다르게 이루어질 것이라는 사실을 확인시킨다. 결과는 지배하려는 남성 심리와 피해자로 사는 여성 심리의 재생산이다.

자녀를 양육하는 사람이 아버지가 아니라 어머니이기 때문에, 어머니는 양쪽 성의 자녀들에게 일차적인 사랑의 대상이다. 애초부터 어머니에 대한 자녀의 애착은 시대와 장소, 성별, 또는 어떤 다른 사회적 현실 등을 구별하여 생기는 것이 아니다. 따라서 성의 의미, 근친상간 금기, 그리고 남성과 여성의 상대적인 지위에 대한 아이들의 발견은 심오한 위기를 초래하는데, 프로이트는 이것을 오이디푸스 콤플렉스(Oedipus Complex)라 불렀다. 소년들이나 소녀들은 똑같이 그들이 맨 처음으로 사랑한 대상이 사회적으로 열등한 존재로 여겨진다는 사실, 곧 강력한 아버지의 소유물이라는 사실과 맞닥뜨려야만 한다. 이런 위기의 해결은 자녀들이 성인의 사회질서 안으로 들어가는 과정을 통해 이루어진다.

소년들의 경우를 생각해 보자. 소년이 사회적인 세계에서 여성의 위치를 배울 때, 그는 자신의 첫사랑이 열등하고 그와 다르다는 사실을 발견한다. 특권을 지닌 남성의 세계 안으로 들어가려면 그는 자기 내면에 들어 있던 모든 여성적인 특성을 무자비하게 억압해야 하는 대가를 치러야 한다. 따라서 누군가를 양육할 수 있는 능력과 여성들의 애정 어린 동일시는 체계적으로 억압된다. 여성들에 대한 경멸적인 태도를 배양하는 일은 이런 남성 정체성을 확립해 가는 데 아주 정상적이며 심지어 필수적인 요소가 된다.[17]

또 소년은 어머니를 사랑하려면 무시무시한 경쟁자에게 도전해야 한다는 사실을 발견한다. 아버지는 어머니를 소유하고, 가족을 지배하기 때문이다. 소년이 근친상간 금기를 위배하는 일은 자기 자신에게 가장 끔찍하고 두려운 형벌을 부과하는 일이다. 왜냐하면 아버지는 어린 아들을 성인 남성들만의 형제적 관계에 들어오지 못하도록 거부할 힘을 지녔기 때문이다. 프로이트가 거세 콤플렉스라고 표현한 것은 바로 이런 처벌에 대한 두려움이다. 어머니에 대한 사랑을 포기하는 일은 소년이 아버지의 권위에 복종하고 특권을 지닌 남성의 질서 안으로 들어갈 출입증을 얻기 위해 치러야 할 희생이다. 프로이트의 말에 따르면, 아들이 어머니에 대해 지닌 유아적 사랑은 오이디푸스적 위기를 해소함으로써 초월되는 것이 아니라, "산산이 부서져" 버린다.[18] 그것에 대한 보상으로, 소년은 어른이 되면 자기보다 더 어리고 약한 여성들에 대한 성적 권리를 포함하여 많은 특권을 물려받으리라는 사실을 배운다.

이런 식의 발달 과정에서 남성들에게 생겨나는 당연한 귀결은 누군가를 양육할 수 있는 능력이 심하게 손상되고, 애정 어린 관계를 형성할 능력이 제한된다는 점이다. 또 남성의 정체성은 그를 처음으로 돌봐 준 사람

(어머니)과 동일시를 거절하는 일에 따라 좌우되기 때문에, 정체성에 대한 의문은 영원히 계속된다.[19] 열등한 지위의 여성들과의 성적 접촉은, 이 심리적으로 매우 심약하고 위축된 존재에게 친밀해지고, 편안해지고, 재확인을 받고 싶은 욕구와 같은 다양한 정서적 욕구를 표현하도록 허용된 유일한 출구가 된다. 따라서 종속된 여성들과 성적인 관계를 시작하고 완료할 권리는 질투심으로 무장한 남성의 특권, 모든 남성의 노골적 또는 암묵적 동의에 의해 보증된 특권이다.

따라서 강간, 아동 성추행, 그리고 근친 성 학대를 포함하여, 남성들에게서 나타나는 모든 형태의 성적 착취 행동 경향은 가부장적 가족 내에서 이루어진 남성 사회화의 결과물로 이해할 수 있다.[20] 성인 남성들의 애정 어린 관계 맺기 능력의 축소는 그에게서 피해를 당한 사람에 대해 공감하거나 동일시를 하지 못하게 만든다. 공감 능력이 없으므로, 그는 학대 행위를 막아 줄 중요한 내면의 장치를 마련하지 못한다. 동시에 다른 유형의 관계가 제한되기 때문에, 고분고분하고 복종하는 여성과 성적인 관계를 맺으려는 욕구는 더 격화된다. 성인 남성들이 그렇게도 자주 자기보다 더 어리고 약한 성인 여성들뿐만 아니라 어린 여자 아이들과 성관계를 맺으려는 것은 그 때문이다.

여자 아이들이 성인으로 가는 과정은 남자 아이들의 그것과는 매우 다르다. 처음으로 성인 질서로 편입하는 단계에서, 소녀는 그녀의 첫사랑인 어머니가 열등하고 자기 자신과 비슷한 처지에 있다는 사실을 안다. 처음 이 사실을 발견했을 때 소녀도 소년과 마찬가지로 어머니를 거부하고 어머니부터 단절을 시도한다. 그러나 소년과 달리, 소녀는 자신과 어머니 사이의 동일성을 완전히 거부하지 못하는데, 왜냐하면 어머니와 딸은 같은 여성이기 때문이다. 그러므로 어머니와 딸의 최초 연대는 성인이 된 이후까지도 더 완전하게 보존되며, 이것을 기반으로 소녀는 자녀를 양육하는 능력, 친밀감, 자녀에 대한 애정 어린 동일성을 발전시킨다.[21]

아버지에 대한 소녀의 성적인 관심은 양육자인 아버지와 초기에 맺었던 유대에서 생기는 것이 아니다. 오히려 그것은 남성이 여성보다 어디서나 더 사랑받는다는 사실, 처음으로 사랑한 대상인 어머니조차 여성보다 남성을, 곧 딸보다 아버지나 남자 형제들을 먼저 선택한다는 사실을 발견한 뒤 보이는 반응이다. 소녀는 아버지가 그녀를 명예로운 소년으로 만들어 줄 거라는 희망에 부풀어 아버지에게 의존한다. 소녀의 상상 속에서, 아버지는 그녀에게 남성의 상징(남근 또는 남근 상)을 부여할 권한을 가진다. 소녀가 아버지를 유혹하거나 유혹당하고 싶어 하는 것도 그 때문이다. 아버지와 특별하고도 특권적인 관계를 만들어서, 소녀는 남성이라는 우월한 무리로 자신의 위치가 상승하기를 기대한다.[22]

소녀들의 근친상간적 욕망의 표현에는 소년들이 두려워하는 처벌에 필적할 만한 어떤 위협도 작동하지 않는다. 만일 소녀가 어머니의 대항을 두려워한다면, 그것은 어머니가 그녀에게서 남자다움을 빼앗아 갈 힘을 가졌기 때문이 아니라, 어머니의 사랑을 잃어버리고 싶지 않아서다. 어머니는 이미 여성으로 만들어졌고, 이보다 더 나쁜 일은 일어날 리 없으니 말이다.

소년들은 근친상간적 욕망의 억제 대신에 남성의 특권을 전수받는 것으로 보상받는다. 그러나 소녀의 근친상간적인 욕망의 포기는 소년들의 그것에 필적할 만한 아무 보상이 없다. 오히려 소녀는 근친상간을 완수함으로써, 그렇지 않고서는 그녀에게 영원히 거부된 특권을 얻을 수 있다. 따라서 소녀는 아버지에 대한 유아기적 애착을 극복해야 할 어떤 유인 요인을 지니지 않는다. 소녀는 근친상간 금기에 복종한다고 해서 보상받는 것도 아니고, 복종하지 않는다고 해서 처벌당하지도 않는다.[23] 만일 소녀가 근친 성관계라는 특별한 관계를 통하여 남성의 지위를 얻으려는 희망을 포기한다면, 그것은 오로지 이런 희망이 결국 이루어지지 못할 것이기 때문이다. 따라서 아버지가 딸에게 어떤 행동을 취할 것인가는 엄청난 중요성을 지닌다. 만약 아버지가 딸과 성적인 관계를 갖기로 작정한다면, 아버지는 딸로부터 거의, 아니 어떤 저항도 만나지 않을 것이다.

심지어 아버지에 대한 성적인 애착을 포기한다 해도, 소녀는 언젠가 아버지와 같은 어떤 다른 남성이 그녀를 사로잡아, 그녀를 평범한 여성들보다 더 우월한 위치로 격상시켜 주리라는 환상에 매달리도록 자극된다. 사실상 성인의 이성애를 하나의 관행으로서 성공적으로 구축하려면 불완전하게나마 여성 오이디푸스 콤플렉스를 해소시키고 여성의 성(female sexuality) 개념을 더 나이가 많고, 더 강하고, 더 부유하고, 더 힘을 가진 남성과의 순종적인 관계 수립으로 유도해야 한다. 여성주의 심리학자인 필리스 체슬러 (Phyllis Chesler)는 이 같은 관점을 더 노골적으로 진술한다. "여성들은 생활 방편의 하나로 근친상간을 저지르도록 조장되어 왔다. …… 아버지와의 결혼은 금지되므로, 우리는 아버지 같은 남성과 결혼한다. …… 우리보다 나이가 많고, 돈이 많고, 힘이 세고, 키가 더 큰 …… 아버지 같은 남성들."[24] 이 뒤틀리고 좁은 통로를 가로질러 나아가는 사이 너무나 많은 여성들이 '성숙한' 여성성에 도달하는 데 성공하지 못하고, 성적으로 여전히 성숙하지 못한 채 살아가는 것도 그리 놀라운 일이 아니다.

전통적인 정신분석학의 권위자들은 심지어 정상적인 여성의 발달이 어느 정도의 아버지의 유혹 없이는 일어나지 못할 거라는 사실을 암시해 왔다. 예컨대 헬렌 도이치(Helen Deutsch)는 아버지와의 성적인 관계를 '여성의 마조히즘(masochism, 피학대 음란증)'의 발생과 연관시키는데, 언뜻 모호해 보이는 이 용어는 사실 여성이 자신의 열등한 사회적 지위를 수용하고, 자기 아닌 다른 사람을 기꺼이 자신의 도덕적 우주의 중심으로 만들려는 태도를 묘사한다. 도이치는 여성의 발달 과정에서 '마조히즘으로 향하려는 경향'을 아버지에 의해 강요된 사회적 요구에 맞서 적극적이고 공격적인 거부 시도를 포기하는 일과 연관시킨다. "가족이라는 환경의 대표자인 아버지가 어린 딸에게 주는 뇌물은 사랑과 자상함이다. 그것을 얻으려고 딸은 그녀의 행동, 특히 공격성을 더 강화하는 일을 포기한다." 어느 정도 아버지의 유혹이 없었더라면, 어린 소녀가 적절하게 순종적인 여성이 되도록 '매수하는' 일도 성공할 수 없었을 거라고 도이치는 경고한다. "아버지와의 관계에 내포된 피학대적인 요소는 아버지와의 적극적인 게임에서 생겨나고, 나중에는 점점 더 성적인 특징을 띤다. …… 아버지 쪽에서 이런 유혹이 부족하면, 소녀는 여성으로 성장해 가는 데 어려움을 겪을 것이다."[25]

가부장제 아래서 이루어진 여성 사회화의 공통적인 결과는, 내면 깊은 곳에서는 여성으로서 정체성에 분개하지만 그것을 의심하지는 않는 성인 여성, 자기 자신보다 더 힘 있는 남성과의 성적인 관계에서, 또 자기보다 더 어리고, 더 작고, 더 약한 다른 사람들을 돌보는 일에서 자신의 중요성을 확인하려 하는 성인 여성이다. 여성의 경우, 자신을 성적으로 완전히 표현할 수 있는 능력이 상당히 둔화되지만, 자녀를 양육하고, 다른 사람에게 공감하고, 애정을 표현하는 능력은 매우 발달한다. 따라서 일상적인 친밀성으로부터 부여되는 기회가 얼마든지 많은데도, 여성은 아동을 거의 괴롭히지 않는다.

요컨대 근친상간 금기의 심리적 기능 가운데 어떤 것도 왜 남성과 여성이 금기를 준수하는 태도가 다르게 나타나는지를 설명하지 못한다. 오히려 남성과 여성이 금기를 아주 다르게 내면화하는 태도를 결정하는 것은 자녀 양육을 순종적인 여성에게 위탁시킨 가부장적 사회 구조이다. 아버지는 지배하고 어머니는 양육하는 가족 안에서, 가장 엄격히 지켜지는 근친상간 금기는 어머니와 아들 사이의 성적인 관계를 금지하는 일임에 틀림없다. 반면 가장 자주 깨어지는 금기는 아버지와 딸 사이의 관계임에 틀림없다.

인류학에서 세 번째이자 마지막으로 중요한 사상(사회 이론)은 근친상간 금기가 원래 혼인을 규제하는 사회법이었다고 설명한다. 이러한 관점에서 보면, 근친상간 금기는 혼인이 가족 집단 밖에서 이루어질 것을 요구하는 족외혼 법과 동일하다. 근친상간 금기의 기능은 가족 혼자가 아니라, 가족들 사이의 친족 관계를 창조하는 것이다. 가족 집단 내 결혼을 금지함으로써, 근친상간 금기는 가족 집단 그 자체로만 고립되려는 자연스러운 경향을 막는다. 결혼 교섭을 통하여 가족 구성원을 교환함으로써, 가족 집단들은 근친상간 금기를 작동시켜 하나의 사회를 조직해 나간다. 가족 집단 밖의 결혼이 사회적 동맹의 근본적인 형태가 되는 것이다.[26]

이러한 견지에 비추어 보아도, 근친상간 금기는 역시 사회를 조직하는 데 필요한 일반적인 원칙 가운데 하나의 특별한 경우로, 레비스트로스는 이를 "선물의 규율"[27]이라 부른다. 이 견해에 따르면, 선물의 규정화된 교환이라는 메커니즘을 통하여 협력적인 사회생활이 창조된다. 이런 교환은 신뢰와 상호 협력이라는 특별한 관계를 형성한다. 생산물과 대상의 교환은 거래 규칙이나 우정이라는 의식에 의해 통제된다. 혼인을 통한 사람의 교환은, 선물 증여(gift-giving)의 가장 진지하고도 오래 지속된 형태로서, 족외혼이나 근친상간 금기 규율에 의해 통제된다.

사회 이론의 강점은 많은 문화권에서 직계가족이라는 제한을 초월하여 더 많고 먼 친척까지 확대된 근친상간 금기의 폭넓은 다양성을 설명할 수 있다는 데 있다. 또 사회 이론은 경제·정치 생활이 친족을 통해 조직되는 소위 원시 문화권에서 왜 근친상간 금기가 가장 정교하고 복잡했는지, 그리고 친족의 경제, 정치적 중요성이 감소된 서구의 산업화된 문화권에서는 왜 근친상간 금기의 범위가 축소되었는지를 설명한다.[28]

생물학이나 심리학 이론과 마찬가지로, 가장 순수한 형태의 사회 이론은 성-중립적이다. 근친상간 금기 또는 족외혼 법은 가족 집단 사이에서 사람들의 교환을 요구한다. 그 규율 자체에 여성들만 교환한다거나 남성의 교환은 막는다는 내용은 포함되지 않았다. 그러나 실제로 규율을 실행할 때 교환의 조정은 거의 남성들에 의해 이루어지며, 교환 대상은 여성들이다. 레비스트로스는 이렇게 말한다. "결혼을 구성하는 교환이라는 전체 관계는 남성과 여성 사이에서가 아니라 두 집단의 남성 사이에서 이루어지며, 여성은 동반자(partner)의 한 사람으로서가 아니라 교환할 하나의 대상으로 간주된다. …… 이것은 소녀의 감정이 고려되어야 할 때조차도 그렇고, 더욱이 대부분의 경우 그렇다. 제안된 결합에 순순히 따르면서, 소녀는 교환이 이루어지도록 재촉하거나 허락한다. 소녀는 교환의 본질을 변경시킬 수 없다."[29]

근친상간 금기의 불균형은 선물 증여에 담긴 어떤 추상적인 조건 때문이 아니라, 선물을 주고받는 사람들이 남성이며 증여되는 선물은 여성이라는 사실에서 기인한다. 여성이 남성의 소유물로 간주되는 곳에서는 어디서든 근친상간 금기가 교환을 지배하는 규율이 된다. 이 규율은 남성에 의해 만들어지고 시행되기 때문에, 여성과 아동의 적극적 참여 없이, 사회 집단 전체의 이해관계가 아니라 남성들만의 지배적인 이해관계를 표현한다.[30]

서구 사회를 포함한 가부장 사회에서, 가족 내 여성을 소유하고 교환할 권한은 일차적으로 아버지에게 부여된다. 이러한 권리는 아버지와 딸 사이의 관계에서 가장 완벽하게 표출된다. 다른 모든 관계에서, 여성 친척을 성적으로 이용해서는 안 된다는 규율은 다른 친족의 주장에 의해 강화된다. 어머니와의 근친상간은 가장 격렬하게 금지되는데, 왜냐하면 그것은 아버지의 특권에 대한 모욕이기 때문이다. 여자 형제와의 근친상간 역시 아버지의 권리에 대한 공격이다. 아버지의 권리에는 여성을 성적으로 이용할 권리만이 아니라 소유와 교환의 권리가 망라됐기 때문이다. 유사하게, 이모와 사촌들은 삼촌에게 속한 사람이기 때문에 근친상간이 금지된다. 형수와 제수나 조카딸은 남자 형제의 소유물이고, 며느리나 손녀딸은 아들의 소유물이다. 그러나 딸은 아버지 혼자만의 소유물이다. 근친상간 금기는 아버지가 자기 딸을 성적으로 이용하는 것을 금지하지만, 만일 아버지가 이 규율을 무시하기로 작정한다면, 특정한 어떤 남성의 권리도 침해되지 않는다. 궁극적으로 아버지가 딸을 결혼시켜 선물로 주기만 한다면, 그는 선물이라는 규율이 지닌 사회적 목적을 충족시킨다. 아버지가 딸을 떠나보내기로 작정할 때까지, 아버지는 누구와도 겨룰 필요 없이 딸에게 자신이 원하는 행동을 할 수 있는 힘을 지닌다. 따라서 있을 수 있는 근친상간의 모든 형태 가운데, 아버지와 딸 사이의 근친상간이 가장 쉽게 간과되는 것이다.

『성경』에 나타난 근친상간 금지 명령이, 생각할 수 있는 거의 모든 금기 위반을 일일이 명시하여 비난하면서도, 아버지와 딸 사이의 성적인 관계에 대해서는 아무런 구체적인 언급을 하지 않은 것이 이런 이유 때문이라는 점은 의심의 여지가 없다.

너희 가운데 어느 누구도 가까운 살붙이에게 접근하여 그 몸을 범하면 안 된다.

나는 주다.

너는 네 아버지의 몸이나 마찬가지인 네 어머니의 몸을 범하면 안 된다. 그는 네 어머니인 만큼, 너는 그의 몸을 범하면 안 된다.

너는 네 아버지가 데리고 사는 여자의 몸을 범하면 안 된다. 그 여자는 네 아버지의 몸이기 때문이다.

너는 네 누이의 몸을 범하면 안 된다. 네 아버지의 딸이든지 네 어머니의 딸이든지, 집에서 낳았든지 낳아서 데리고 왔든지, 그 여자의 몸을 범하면 안 된다.

너는 네 아들이 낳은 딸이나, 네 딸이 낳은 딸의 몸을 범하면 안 된다. 그들의 몸은 네 자신의 몸이나 마찬가지이기 때문이다.

너는 네 아버지가 데리고 사는 여자가 네 아버지와 관계하여 낳은 딸의 몸을 범하면 안 된다. 그 딸은 바로 네 누이이기 때문이다.

너는 네 아버지의 누이, 곧 고모의 몸을 범하면 안 된다. 그 여자는 네 아버지의 가까운 살붙이이기 때문이다.

너는 네 어머니의 형제, 곧 이모의 몸을 범하면 안 된다. 그 여자는 네 어머니의 가까운 살붙이이기 때문이다.

너는 네 아버지의 형제, 곧 네 삼촌이 데리고 사는 여자에게 가까이하여 범하면 안 된다. 그 여자를 범하는 것은, 곧 네 삼촌의 몸을 부끄럽게 하는 것이기 때문이다. 그 여자는 네 숙모이다.

너는 네 며느리의 몸을 범하면 안 된다. 그 여자는 네 아들의 아내이기 때문이다. 그러므로 너는 그 여자의 몸을 범하면 안 된다.

너는 네 형제의 아내, 곧 형수나 제수의 몸을 범하면 안 된다. 그 여자는 네 형제의 몸이기 때문이다.

너는 한 여자를 데리고 살면서, 그 여자의 딸의 몸을 아울러 범하면 안 된다. 너는 또한 그 여자의 친손녀나 외손녀를 아울러 데려다가 그 몸을 범하면 안 된다. 그 여자의 딸이나 손녀들은 바로 그의 살붙이이기 때문이다. 그들을 범하는 일은 악한 짓이다.

너는 네 아내가 살아 있는 동안에는, 네 아내의 형제를 첩으로 데려다가 그 몸을 범하면 안 된다.[31]

『성경』에 드러난 법규는 남성을 향해 언급된다. 의문의 여지없이 성적인 관계는 남성에 의해 시작되고, 여성은 복종한다는 의미이다. 법규의 어투로 보아, 근친상간 위반은 여성을 성적으로 이용한 범법 행위가 아니라 남성에게 주어진, 소유하고 사용하고 교환할 권리를 침해한 범법 행위이다. 금지된 것은 이런저런 방식으로 다른 친척이 소유한 여성들을 성적으로 이용하는 일이다. 따라서 모든 남성에게 친척의 딸을 취하는 행위는 명시적으로 금지된 반면, 자기 딸을 취하는 행위는 암시적으로만 금지됐다. 가부장적인 하느님은 아버지와 딸의 근친상간에 대해서는 아무 언급도 하지 않은 채 간과하기로 작정하신 듯하다.

요컨대 근친상간 금기의 기원과 기능에 대해 알려진 어떤 이론도 왜 어머니와 아버지가 실제로 금기를 준수하는 정도가 그토록 다른지 설명하지 못한다. 근친상간 금기는 근친교배나 동종 번식을 막으려는 생물학적 법으로서, 가족을 창조하는 심리학적 법으로서, 친족 사회를 창조하는 사회학적 법으로서, 또는 이 모든 이론의 총체로서 이해될 수도 있다. 근친상간 금기가 어떻게 이해되든, 추상적인 형태에서 근친상간 금기는 양성에 똑같이 적용된다. 그런데 근친상간 금기는 남성 우월주의라는 제도와 노동의 성적 분화를 통해 굴절된다. 남성과 여성에게 금기가 불균등하게 적용되는 것은 바로 그 때문이다. 남성 우월주의 아래서만, 여성은 교환 대상이 된다. 남성 우월주의만이 남성이 혼인이나 내연 관계를 위해 여성을 증여할 권리를 지닌 반면, 여성은 남성에 대해서나 자기 자신에 대해 그것에 필적할 만한 아무 권리도 가지지 않는다는 것을 규정한다. 남성 우월주의 아래서만, 근친상간 금기는 여성을 어떻게 처분할지를 결정하는 남성들만의 협약이 된다.

여성을 증여할 힘을 지닌 남성은 또 자기 자신을 위해 여성을 취할 힘도 지닌다. 그 힘은 증여되거나 취해지는 대상인 여성이 아니라, 다른 남성들에 의해서만 도전받을 수 있다. 친족이나 가족 밖에 있는 남성이 아닌 (가정 내) 어떤 남성도 딸에 대한 아버지의 힘에 도전할 위치에 있지 않다. 따라서 선물의 규율은 그 규율을 강제할 능력이 가장 최소한으로 작동되는 곳, 곧 아버지와 딸 사이의 관계에서 가장 일반적으로 위반된다.

남성 우월주의가 아버지와 딸 사이의 근친상간을 조장하는 사회적 조건을 만들어 내는 반면, 노동의 성적인 분화는 동일한 결과를 초래하는 심리적 조건을 만들어 낸다. 남성 우월주의는 아버지들에게 자녀들, 특히 딸들을 지배할 엄청난 권력을 부여한다. 여성은 자녀를 돌보지만 아버지는 돌보지 않는 구조인 노동의 성적 분화는, 자신의 권력을 착취적인 형태로 사용하려 드는 아버지를 만들어 낸다. 순종적인 여성이 양육한 자녀들은 세대를 이어 남성 우월주의의 심리를 재생산한다. 남성 우월주의는 양육할 능력은 거의 없으면서 성적으로 공격적인 남성과, 성적 능력은 잘 발달되지 못한 채 양육하는 능력만 갖춘 여성, 그리고 아버지의 권력을 경외하는 양성의 자녀들을 만들어 낸다.

이러한 조건이 형성된 어느 곳에서든, 아버지와 딸의 근친상간은 아주 흔히 일어나는 사건인 것 같다. 어느 문화권에서든, 남성 우월주의의 정도가 크면 클수록, 노동의 성적 분화는 더욱 엄격하게 이루어지며, 아버지와 딸 사이의 근친상간 금기는 더 빈번하게 위반되는 것으로 보인다. 반대로 평등한 문화적 토양이 발달하면 할수록 자녀 양육은 남성과 여성 모두에 의해 더욱 공유되며, 아버지와 딸 사이의 노골적인 근친상간은 덜 발생하리라 기대할 수 있다. 동일한 논리를 어떤 하나의 문화권 내에 있는 특정 가족들에게도 적용할 수 있다. 아버지의 지배가 강하면 강할수록, 자녀 양육은 어머니에게만 더 위탁되며, 아버지와 딸 사이의 근친상간 가능성은 더욱 커진다. 반면 가정이 민주적일수록, 노동의 성적 분화는 덜 엄격해지고, 아버지가 딸을 학대할 가능성은 줄어들 것이다.

이 가설은 근친상간의 확산에 대한 비교 문화 연구에 의해서는 확인할 수도 논박할 수도 없다. 비교 연구에 필요한 신빙성 있는 자료를 확보할 수 없기 때문이다. 이 가설은 오로지 근친 성 학대가 이루어진 가족들 자체를 조사함으로써만 확인될 수 있다. 단적으로 말해서, 근친 성 학대는 독재적인 아버지의 규율이 존재한다는 사실을 명시적으로 보여 주는 지표이다.

2부

딸들의 인생

5 장

근친 성 학대를 하는 아버지와 그 가족

이 아버지들은 …… 생각할 수 있는 모든 종류의 권위를 남용하는 경향
이 있고, 가족 구성원들을 바깥세상으로부터 사회적으로 고립시킴으로써
가족 내에서 자신의 위치를 확고하게 만들려고 안간힘을 쓴다. 스웨덴, 미
국, 프랑스에서 이루어진 조사들도 '원시적인 가족 질서'를 유지하려는 그
런 아버지들의 가부장적 지위에 대해 반복해서 지적한다.

— 허버트 마이슈, 『근친 성 학대』(1972)

아버지와 근친 성관계 경험을 지닌 40명의 여성이 우리와 이야기를 나
눴다. 대부분 20대나 30대 초반의 젊은 여성들이었다. 우리와 만났을 때,
이 여성들은 대부분 기혼자였는데 몇몇 여성은 이미 이혼했고, 그중 반 정
도는 자녀가 있었다. 그들은 여성들이 흔히 갖는 직업을 가졌는데, 어머
니, 전업 주부, 타이피스트, 비서, 식당 종업원, 공장노동자, 교사, 간호사

였다. 대략 반 정도는 노동자 계급, 반 정도는 중산층 가정 출신이었다.[1] 인종적·종교적 배경을 보면 여성들 대다수가 거주하던 매사추세츠 주의 뚜렷한 가톨릭적인 특징을 드러냈다(표 5.1, 5.2 참조). 외모상으로도 보통의 여성 집단이었다.

조사에 참여한 여성은 모두 백인이었다. 우리가 확보할 정보가 인종적 차이와 관련된 쓸데없는 공론에 불을 지피는 데 이용될 가능성을 미연에 방지하고자, 우리는 인터뷰를 백인 여성들에 한정시키기로 결정했다. 백인들은 너무나 오랫동안 흑인들의 성적 능력과 행동, 비행에 관한 논의를 즐겨 왔다. 그러나 근친 성 학대는 흑인 가정에서만이 아니라 백인 가정에서도 벌어지고 있음은 말할 나위도 없다. 근친 성 학대에 관한 대중적인 논의를 최초로 가장 대담하고 정직하게 시작한 것은 흑인 여성들이었고, 우리의 연구 작업 대부분은 그들로부터 많은 영향을 받았다.[2]

피조사자는 모두 정신과 외래 환자들이었다. 일부 여성은 우리가 치료자들과 그들의 성 경험에 대해 상의하도록 허락했다. 또 일부 여성은 직접 인터뷰하는 것에 동의했다. 그리고 몇몇 여성들은 우리 연구에 대해 듣고 서신을 교환하기로 했다. 우리는 연구 영역을 정신과에 통원하는 여성들로 제한하기로 했는데, 우리의 작업에는 필연적으로 심리적 고통이 수반될 것이기 때문이었다. 우리가 실행한 인터뷰는 조사 참가자들에게나 우리 자신에게도 스트레스를 주었다. 한 여성은 "그 일에 대해 이야기할 때마다, 새로운 곳이 아파 온다."고 말하기도 했다. 연구를 치료받는 환자로 한정한 것은, 적어도 피조사자들이 새롭게 상기된 기억을 안전하게 처리할 수 있으리라 생각했기 때문이다.

우리는 주로 보스턴 지역에서 개업한 치료자들의 비공식적인 연계망을

표 5.1 근친 성 학대 피해자와 비교 집단 사이의 인구 통계학적 특징

인구 통계학적 특징	근친 성 학대 피해자 No. = 40%		비교 집단 No. = 20%	
나이				
18~25	23	57.5	11	55
26~30	7	17.5	6	30
31~35	5	12.5	2	10
36+	5	12.5	1	5
평균	27.7		26.8	
혼인 상태				
독신	15	37.5	11	55
혼인	14	35.	4	20
별거나 이혼	11	27.5	5	25
자녀				
있음	20	50	5	25
없음	20	50	15	75
종교적 배경				
가톨릭	17	42.5	8	40
개신교	14	35	9	45
유대교	5	12.5	3	15
기타	2	5		
교육 수준				
대학원 이상	3	7.5	6	30
학사	12	30	7	35
단과대	11	27.5	7	35
고졸	10	25	0	0
고졸 미만	4	10	0	0

*표 5.1에서 5.3 그리고 5.5의 비교 집단은 아버지의 성적 유혹에 시달렸던 딸들임.

표 5.2 근친 성 학대 피해자와 비교 집단의 가정환경

가정환경	근친 성 학대 피해자		비교 집단	
	No. = 40%		No. = 20%	
아버지의 직업				
노동 계급	19	47.5	11	55
중산층 직업/자영업	21	52.5	9	45
어머니의 직업 유무				
있음	9	22.5	6	30
없음	31	77.5	14	70
부모의 별거나 이혼 경력				
있음	9	22.5	5	25
없음	31	77.5	15	75
피해자의 형제 관계				
독녀	15	37.5	11	55
장녀	17	42.5	4	20
다른 형제 있음	8	20	5	25

통해 피조사자들과 만날 수 있었다. 경험 사례는 먼저 치료자들과 논의했
는데, 치료자들은 해당 환자에게 접근해도 좋은지 어떤지 기초적인 판단
을 내렸다. 심각한 고통을 겪거나 치료자와 건강한 제휴를 맺지 않은 환자
들은 연구에서 제외되었다. 치료자는 우리 연구에 대한 정보를 환자에게
제공하고 참여해 보도록 권유하였다. 연구에 참여하기로 수락하고, 더 나
아가 직접 인터뷰에 응한 여성들은 이미 어느 정도는 치료를 통해 근친 성
학대로 인한 정신적 외상에 대처한다는 인상을 주었다.

피조사자에 대한 정보는 반쯤 구조화된 인터뷰 원문을 통해 확보했는데, 거기에는 환자의 현재 직업, 사생활, 환자의 본래 가족에 대한 상세한 기술, 근친 성관계 경험, 그리고 근친 성 학대 이후 장기간에 걸쳐 받은 영향에 대한 평가 등이 담겼다. 인터뷰는 대개 2~3시간쯤 걸렸다. 치료자와의 사례 토의는 다방면에 걸친 초고 형태로 기록되었다. 환자와 가진 인터뷰는 축어록으로 정리되었다. 40명과 행한 인터뷰는 1975년 초부터 시작하여 4년에 걸쳐 이루어졌다.

피조사자들 모두 심리 치료를 받는 환자였지만, 어떤 명확한 형태의 신경증을 나타내는 집단은 아니었다. 대부분 일상생활에서 여러 기능을 잘 수행하였고, 일부 여성은 특히 직장에서 주목할 만한 성취를 거두기도 했다. 이들은 자신의 개인 생활에서 어떤 문제가 있으며 그것을 바로잡으려고 뭔가 시도하고자 한다는 사실을 스스로 인정한다는 점에서만, 특별한 사람들이었다. 우리는 상대적으로 건강한 환자 집단 가운데서 피조사자들을 선택하려 했다.

근친 성 학대에 대한 우리의 정의는 그 금기에 대한 생물학적·사회학적 개념보다 심리학적 개념을 반영하는 면이 더 강하다. 근친 성 학대는 부권(父權)을 보유하는 위치에 있는 성인과 아동 사이의 어떤 성관계를 의미하는 것으로 정의된다. 심리학적 관점에서 보면 아버지와 아동이 혈연 관계냐 아니냐는 중요하지 않다. 중요한 것은 그런 관계가 의존 상태에 놓인 아동에 대해 아버지 입장에 있는 힘을 가진 성인에 의해 발생한다는 점이다. 실제로 피조사자의 대부분(31명, 78퍼센트)은 생물학적 아버지에 의해, 5명은 계부에 의해, 4명은 양부에 의해 성 학대를 당했다.

더 나아가 우리는 성관계를, 비밀에 부쳐야만 하는 신체적 접촉을 의미하는 것으로 정의했다. 생물학적 또는 사회학적 관점에서는 처녀성을 잃게 하거나 임신에 이르게 한, 곧 질 삽입 접촉만을 근친 성 학대라는 이름으로 정의하기에 걸맞다고 본다. 이런 협의의 정의는 대부분의 주에서 시행하는 형법이나 이 문제에 대한 일반 대중의 사고에 반영되어 있다. 성인 남성의 관점에서 보면, 음경 삽입 없이 끝난 성행위는 마치 별로 '대수롭지' 않은 것인 양 흔히 '완전하지 못한' 것으로 기술된다. 그러나 심리학적 관점, 특히 아동의 관점에서 보면, 성적으로 접근하려는 동기가 비밀에 부쳐져야 한다는 사실이, 행위 그 자체의 세세한 본질보다 훨씬 더 중요하다. 아버지가 아동에게 자신의 성적인 욕구를 충족시키는 행위를 가르치고, 그것을 다른 사람에게 숨기도록 한 바로 그 순간부터, 아버지와 아동의 유대는 이미 타락한 것이다.

피조사자의 증언을 통해 밝혀진 근친 성 학대 가정의 여러 모습은 이 가정의 복합적인 현실의 한 변형에 불과하다. 지나치게 단순화되거나 왜곡될 소지가 있는데도, 무엇보다 이런 가정의 예전 모습을 회고해 보면 성인이 아동기에 대해 지닐 수 있는 기억의 가치를 떨어뜨린다. 둘째로, 이것은 피해자만의 관점으로부터 도출된 그림이지만, 조사가 진행됨에 따라 우리는 피조사자가 내놓은 설명의 정확성을 점점 더 신뢰했다. 각 개인의 증언은 생생하고 통합된 기억에 바탕을 두었고, 피조사자들의 설명이 너무나 비슷해서 설명들끼리 서로의 정당성을 확인해 주는 듯했다. 마지막으로 피조사자들의 모든 증언에서 드러난 전체 상은, 근친 성 학대를 한 아버지, 어머니, 가족 전체를 직접 관찰해 온 다른 연구자들에 의해서도 다른 여러 측면에서 확인되었다.

피조사자들이 성장한 가정은 하나같이 너무도 판에 박힌 틀을 지녔다.

가족들은 대개 교회에 다녔고 재정적으로도 안정적이었다. 그들은 체면 존중이라는 외양을 가졌다. 이 가족들은 정신건강 센터, 사회복지 기관 또는 경찰에 거의 알려지지 않았다. 가족 구성원들이 전통적인 가족 규범에 순응했기 때문에, 사사로운 말썽 정도는 쉽게 간과되었다.

> 마리온: 맞아요. 우리는 소위 흠잡을 데 하나 없는 가족이었죠. 어머니는 교회에 살다시피 하면서 교회 일을 하셨어요. 성가대원이던 아버지는 어머니가 주일학교 모임에 가 계시는 동안 나를 괴롭혔어요. 술도 담배도 안 하고, 세상 사람들이 흉볼 만한 일이라곤 없었죠. 하느님만은 아실까.

피조사자들은 아버지를 완벽한 가장으로 묘사하였다. 아버지는 한 치 의심할 여지없이 절대적이었고, 때로는 힘을 과시했다. 아버지는 또한 가족의 사교 생활 중재자였고, 사실상 여성들을 가정 안에 고립시키는 데 성공했다. 그러나 가족 내에서는 주로 두려움의 대상이었던 반면, 외부인에게는 공감적이고 심지어 찬미를 받을 만한 사람으로 비치게 행동했다.

아버지가 많은 강점을 지녔기 때문에 딸들 역시 아버지에 대해 좋은 인상을 가졌다. 아버지들은 대부분 매우 진지하게 가족에 대한 부양 책임을 졌다. 딸들은 아버지들이 열심히 일하고, 능력 있고, 매우 성공적인 사람이라는 사실을 알았다.

> 이본: 아버지는 못하는 게 없는 재주꾼이었어요. 아버지는 평생 온갖 일에 대해 흥미를 가지셨죠. 주 관리 직원, 건설 회사 관리도 했고, 심지어

는 경찰까지 하다가, 주 상원 의원에 입후보했어요. 아버지는 인기가 많아서, 그가 곤경에 처했을 때 사람들에게 구명 활동을 돕게 할 만큼 말주변이 좋았어요. 내 기억에 180센티미터가 넘는 거구에다 인상도 좋았어요.

크리스틴: 여동생들과 나는 제복을 차려입은 아버지를 보는 게 정말 자랑스러웠어요. 비행 당번으로 불려 나갔을 때, 아버지가 폭탄 이야기나 우리나라를 어떻게 지키고 있는지에 대해 말하면서 얼마나 흥분했는지 몰라요.

근친 성 학대를 한 아버지들이 직장과 사교 생활에서 보인 능력은 이전의 많은 연구에도 기록됐다. 외래 치료에 회부된 아버지 5명을 임상 연구한 웨이너(I. B. Weiner)는 아버지들이 모두 '성공적인 업무 경력'을 지녀, 그 가족들이 '경제적인 곤경'을 겪지 않았다고 기술했다.[3] 독일 법원에 신고된 72건의 사례를 연구한 허버트 마이슈는 피해자가 평균적인 또는 평균 이상의 기술을 지닌 노동계급 출신 남성이라고 특징지었다.[4] 몇몇 조사자들은 아버지들이 지닌 평균 이상의 지적 능력에 대해서도 주목했다.[5] 근친 성 학대 범죄를 저지른 6명의 군인 남성을 연구한 노엘 러스티그는 이 아버지들이 "세상 사람들의 눈에 가장의 역할을 잘 해낸다는 외양을 유지하도록 강하게 동기화됐다."고 기술했다.[6]

덧붙여 피조사자들의 가정은 성별에 따른 노동 분화라는 전통적인 규범을 엄격하게 고수했다. 어머니들은 대부분 생계를 전적으로 남편에게 의존하는 전업 주부였다. 6명의 어머니는 밖에 나가 시간제로 일했고, 단

3명의 어머니만이 전일제로 근무했다. 어느 어머니도 현실적으로 독립적인 생존 방식을 선택할 만한 기술이나 업무 경험을 갖지 않았다.

어머니는 업무 성취 능력에서만이 아니라 단지 여성이라는 신분상 아버지보다 열등한 사람으로 간주되었다. 성 역할이 엄격하게 규정된 이런 가정에서 남성의 우월주의는 의문의 여지조차 없었다.

> 크리스틴: 아버지는 여성들이 멍청하다고 생각했어요. 여성을 아주 낮게 평가하고, 어머니가 뭔가 가치 있는 사람이라는 느낌이 들지 않게 했어요. 어머니가 한 일 치고 잘된 게 하나도 없다고 말하곤 했죠.

이런 가정들에서는 남아 선호 사상이 수없이 많은 방식으로 표현되었다. 아들들에게는 딸들에 비해 더 많은 자유와 권한이 주어졌고, 잡다한 가사도 면제되었다. 아들만 교육시키고 딸들은 교육시키지 않는 가정도 있었다. 한 여성은 어머니가 임신할 때마다 아버지가 친척들에게 자랑스럽게 아내가 아들을 기대한다고 말하는 걸 들은 기억이 생생하다고 말했다.

많은 가정에서 여성의 활동을 감독하고 제한하는 일이 남성의 특권으로 간주되었다. 아버지들은 아내와 딸의 생활을 세세하게 통제하려 들었고, 사실 그들을 집안에 묶어 두었다. 이런 가정의 아들들에게는 경찰 역할을 대신하는 권한이 주어졌다. 많은 여성들이 아버지가 어머니에게 운전을 하지도 친구를 만나지도 못하게 하고, 집 밖의 활동에도 참여하지 못하게 했다고 진술했다.

> 이본: 어머니가 아버지를 만났을 때 비서였다는데, 나중엔 아버지의 비서

가 되었죠. 결혼하면서 부모님은 어머니의 고향에서 버몬트로 이사를 갔대요. 아버지는 어머니에게 일하지도 말고 운전도 하지 말라고 했대요. 밖에 눈이 많이 와서 너무 춥고 위험하다는 게 이유였죠. 어머니는 다시는 운전도 일도 하지 못했어요.

딸들은 독립적인 사교 생활에 접촉하지 못하도록 제지당했다. 아버지는 아내와 자녀들을 바깥세상으로부터 고립시킴으로써 가정 내 자신의 힘을 공고하게 했다.

실러: 우리 집에는 아무도 찾아오지 않았어요. 아버지는 너무 배타적인 사람이었고 어머니는 아버지가 술을 마실 때 누군가 찾아오는 걸 두려워했어요. 사람들은 우리 집에 오지 않았어요. 길 건너 살던 가장 친했던 친구가 생각나네요. 사람들은 그랜드 센트럴 정거장을 지나치듯 우리 집을 스쳐 지나갔어요. 나도 그럴 수 있으면 좋겠다고 생각하곤 했죠.

근친 성 학대를 하는 아버지들의 가장 중요하고도 두드러진 특징 가운데 하나는 힘을 사용하여 가족들을 지배하려는 경향이다. 피조사자의 반정도가 아버지가 습관적으로 폭력성을 드러냈으며 어머니가 맞는 걸 본적도 있다고 진술했다(표 5.3). 이 가족의 다른 자녀들 역시 자주 매를 맞았다. 아버지들은 구타 대상을 고르는 데 선택적이어서, 귀여워하는 아이에게는 매를 들지 않은 반면, 다른 아이는 속죄양으로 자주 매를 맞아야 했다. 이런 교훈은 딸들에게 큰 효과를 발휘하여, 딸들은 아버지의 총애를 받는 아이가 됨으로써 얻을 수 있는 이점을 재빨리 인식했다.

> 이스터: 아버지는 엄청난 마초(macho)에다 이기적인 사람이며, 늘 자기
> 보다 못한 사람과 결혼했다고 생각하는 고등교육을 받은 엘리트예요.
> 사실 아버지는 매우 지적이고 예술적인 창의성을 가졌어요. 나는 늘
> 아버지의 탁월한 지성과 재능에 감탄하곤 했죠. 그러나 그는 또한 고
> 집이 매우 세고, 언제나 어린애같이 모든 일이 자기가 원하는 대로 되
> 기를 요구하는 사람이에요. 전에도 그랬고 지금도 아버지는 언제나
> 정말 말도 안 되는 발작적인 폭력성에 사로잡히곤 해서, 가족들 모두
> 아버지를 엄청 무서워해요. 나를 제외하고는요.

아버지의 폭력은 어머니와 자녀들을 두려움에 떨게 했지만 어떤 명확
한 한계를 넘어서지는 않았다. 가족 가운데 어느 누구도 병원 치료를 받아
야 할 만큼 상처를 입지도 않았고, 내밀한 사람끼리 전화는 주고받을망정,
외부의 개입을 불러일으키지는 않았다. 아버지들은, 가정이라는 사적인
공간에서는 완전히 통제력을 잃은 것처럼 보일지라도, 절대로 외부인을
공격하는 실수를 저지르지는 않았다. 그들은 약한 사람을 괴롭히거나 문
제를 일으키는 사람으로 알려지지도 않았다. 우월한 권위를 지닌 사람 앞
에서 아버지들은 대개 그들에게 경의를 표하고 비위를 잘 맞추고 온순해
보이기도 했다. 이런 식으로 가정생활의 다양한 모습에서와 마찬가지로
이들은 남성의 특권이라는 영역에 대단히 민감하여, 사회적으로 용인되는
한도를 넘어서는 폭력을 휘두르지는 않았다.

이전에 나온 많은 연구 역시 근친 성 학대 가정의 아버지들이 전제적인

역할을 했음을 인식했다. 한 연구는 아버지의 "지배적 지위"가 "가족들에 대한 위협과 통제"에서 기인한다고 설명했다.[7] 아버지를 "가정의 독재자"로 묘사한 연구도 있었다.[8] 또 다른 관찰자는 "거의 대부분의 사례에서, 가족 구조는 남편이자 아버지의 지배적인 영향력에 의해 …… 형성되었다."고 밝혔다.[9]

그러나 다른 관찰자들은 같은 아버지들에 대해 "무력하고 의존적"이며, "능력이 없고", "심약하고 불안하며 상처받기 쉬운" 사람이라고 묘사했다.[10] 전제군주로 보이는 것과는 달리, 이런 아버지들은 오히려 불쌍한 남성들이며 심지어 때로는 "지배하거나 관리하려 드는 아내"에게 시달리는 피해자로 드러나기도 한다.[11] 이런 명백한 모습이 생기는 이유는 아버지가 상황에 따라 자신의 상대적인 힘을 평가하고 그에 따라 자신의 행동을 변화시키는 능력을 발휘하기 때문이다. 경찰이나 검사, 심리 치료사, 연구자들과 같이 자기보다 훨씬 더 큰 힘을 지닌 남성들 앞에서 이런 아버지는 스스로 얼마나 불쌍하고 힘이 없으며 혼란스러워하는 사람으로 보여야 할지 잘 알았다. 오로지 눈에 띄는 반항에 직면하지 않아도 되는, 집이라는 사적인 영역에서만 아버지들은 지배 욕구를 마음껏 휘둘렀다. 하지만 동등하거나 더 우월한 권위를 지닌 남성들과 대면하면 그들은 관심을 끌려 하고 순종적이 되곤 했다.

협박당해 본 적이 없는 남성 전문가들은 여성들과 자녀들이 어떻게 그렇게 되는지 상상하기 힘들 것이다. 아동 학대 문제를 다루는 한 전문가는 이렇게 말한다. "성적으로 학대하는 많은 아버지들은 집안의 폭군으로 묘사됩니다. …… 성 학대를 다루는 전문가들은 이런 용어로 정의되어 온 아버지와 자주 대면하죠. 그런 아버지가 인터뷰를 하러 사무실로 들어올

때 전문가는 '난폭하고 어디로 튈지 모르는' 사나이가 170센티미터의 키와 70킬로그램 정도의 몸매에 옷도 말끔하게 차려입은 사람이라는 걸 발견하고는 깜짝 놀라곤 합니다. 그는 차분한 성품으로, 최근에 일어난 사건 때문에 난처해하며 약간 불안해하고, 심적인 부담에 시달리는 남자로 보이거든요."[12] 남들이 보기에 170센티미터의 키와 70킬로그램으로 건장하고 행동거지가 반듯한 남자이므로 권위를 지닌 위치에 있는 더 큰 남성에게는 위협적으로 보이지 않을지도 모른다. 그러나 바로 이 똑같은 사람이 폐쇄된 문 뒤에 있는 그의 아내와 자녀들에게는 두려움에 떨어야 할 만큼 충분히 거대한 존재일 것이다.

알코올의존증은 아주 두드러진 것은 아닐지 몰라도 성 학대 아버지들의 공통적인 특징 가운데 하나였다. 피조사자의 3분의 1이상이 아버지가 술과 관련된 문제를 지녔다고 생각했다. 그러나 폭력과 마찬가지로 아버지의 술버릇도 외부인들에게는 효과적으로 감춰졌다. 가족 관계는 아버지의 과도한 음주로 인해 심하게 분열됐고, 몇 사례에서는 아버지의 건강이 심각한 상태이기도 했지만, 대부분의 아버지들은 일하고 사회생활에 필요한 정상적인 기준에 따를 능력을 보유했다. 만일 아버지의 음주 문제가 알려지더라도, 그것은 '좋은 사람이 지닌 약점' 정도의 범주에 들 것이었다. 알코올의존증 같은 문제나 어떤 다른 문제로 의학적이거나 정신과적인 치료를 받은 아버지는 거의 없었다.

알코올의존증은 근친 성 학대 행동과 빈번하게 연관되어 왔다. 수감된 성범죄 가해자에 관한 연구에서, 근친 성 학대 범죄를 저지른 아버지의 46퍼센트는 알코올의존자로 진단받았는데 그것은 우리 연구에서 조사한 수치에 근접했다. 그러나 그 연구에서 지적됐듯이, 알코올의존증을

표 5.3. 근친 성 학대 가족과 비교 집단의 두드러진 특징

가족의 특징	근친 성 학대 가족		비교 집단	
	No. = 40%		No. = 20%	
아버지의 폭력 a				
있음	20	50	4	20
없음	20	50	16	80
아버지의 알코올의존 여부				
있음	15	37.5	7	35
없음	25	62.5	13	65
어머니의 질환				
있음	22	55	3	15
없음	18	45	17	85
어머니-자녀 간의 별거 b				
있음	15	37.5	0	0
없음	25	62.5	20	100
딸의 역할 b				
모성적	18	45	1	5
중재자	6	15	3	15
비모성적	16	40	16	80
자녀 수				
1	6	15	4	20
2	9	22.5	6	30
3	8	20	4	20
4	10	25	3	15
5	2	5	2	10
6	0	0	0	0
7	0	0	1	5
8	3	7.5	0	0
9	1	2.5	0	0
10~13	0	0	0	0
14	1	2.5	0	0
평균	3.6 c		2.85	

a. 두 집단 사이의 차이는 $p < .05$ 수준으로 의미 있음

b. 두 집단 사이의 차이는 $p < .01$ 수준으로 의미 있음

c. 이 평균치와 국민 전체 평균인 2.2의 차이는 $p < .01$ 수준으로 의미 있음

지닌 성범죄 가해자들은 술을 마신 상태로 범죄를 저지르기도 하지만, 그 범죄를 알코올이라는 악마적인 물질 탓으로 돌리는 것은 초보적인 접근에 불과하다. 성폭행은 대개 미리 계획된 것이다. 주의 깊게 조사해 보면, 가해자들은 범죄에 접근할 용기를 얻으려고 술을 마셨다는 사실을 인정한다.[13]

피조사자들의 아버지가 사회적으로 능력 있게 기능하는 외양을 유지한 데 비해, 어머니는 전통적인 역할조차 충족시킬 수 없는 사람이었다. 피조사자의 절반 이상(55퍼센트)이 어머니가 몸을 잘 움직일 수 없는 질병으로 자주 병원 신세를 지거나 집안에서 병자로 생활한 기간이 길었다고 기억했다. 여성의 3분의 1이상(38퍼센트)은 어린 시절 일정 기간 동안 어머니와 떨어져 지냈다. 자녀와의 별거는 어머니가 입원했거나 아이를 돌볼 수 없는 상태에 놓여 딸들을 일시적으로 친척 집에 맡겨진 데서 비롯했다. 3명의 어머니는 딸이 성장하기 전에 사망했고, 1명은 자살했다. 또 다른 어머니는 딸이 가출하자 자살을 기도했다.

우울증, 알코올의존증, 그리고 정신 질환은 무력한 어머니가 드러내는 공통 질환이었다. 많은 딸들이 어머니가 뭔가 알 수 없는 병에 시달리며 집안에만 틀어박혀 희한하게도 아무 일도 하지 못하는 상태였다고 기억했다. 암에 걸렸다는 망상에 사로잡혀 1년이나 자리보전을 한 어머니에 대한, 자신의 10세 때 기억을 이야기한 여성도 있다. 다른 많은 여성들도 뭐라 콕 집어 말할 수 없는 어머니의 이상한 질병에 대해 이야기했다.

재닛: 어머니는 거의 은둔 생활을 했어요. 완전 외톨이였죠. 내가 고등학생이 되었을 무렵 어머니가 정말 이상해졌다고 느꼈어요. 여동생들과

나는 그 일에 대해 수다를 떨곤 했죠.

아버지의 경우와 마찬가지로, 어머니들의 정신적이고 의료적인 문제 역시 어떤 진단이나 치료를 받지 못했다.

어머니가 지닌 질병의 원인이 때로는 모호해 보일지라도, 매우 분명한 것 하나는 반복적으로 강요된 임신이었다. 이 집단에 속한 어머니들의 평균 자녀 수는 3.6명으로 국민 전체 평균인 2.2명보다 훨씬 많았다. 17명의 어머니는 4명 이상의 자녀가 있었고, 5명의 어머니는 자녀가 8명 이상이었다(표 5.3 참조). 일부 여성들은 자기 어머니가 아기를 아주 좋아했고 늘 대가족을 원했다고 밝혔지만, 많은 경우 잦은 임신은 그것을 막을 능력이 없는 여성들에게는 적지 않은 부담이 되었을 것이다.

> 리타: 어머니가 돌아가신 책임이 어느 정도는 아버지에게 있다고 생각했어요. 일곱 번째 아이를 낳고 어머니가 암에 걸렸다는 사실을 알았죠. 이제 두 번 다시 임신해서는 안 된다고 했지만, 어머니는 그걸 통제할 수 없었죠. 아버지는 그런 사람이었으니까요. 아버지는 섹스를 한다면 아기도 가져야 한다고 생각하고 있었어요. 아내에게서 그걸 얻지 못한다면 다른 데 가서 얻겠다고 말하는 남자였으니까요. 어머니가 다리를 벌리려 들지 않으면 허벅다리를 꼬집어서라도 다리를 벌려 놓을 사람이었거든요.

어머니가 많은 자녀를 갖고 싶었든 아니든, 대가족을 거느린 어머니는 잦은 임신으로 인한 육체적인 고통과 나이 어린 여러 자녀들을 돌보아야 한다는 부담에 압도당했을 것이다.

> 크리스틴: 어머니는 스물다섯 살에 체중이 45kg 정도밖에 되지 않았어요. 어머니는 안색이 노란 것이 황달기가 있었죠. 신장과 관련된 어떤 병이 있었어요. 게다가 임신할 때마다 아팠죠. 우리 형제들은 거의 한 살 터울이었어요. 그렇게 연이어 아이를 가졌으니 어머니는 녹초가 될 수밖에 없었을 거예요.

또 4명의 어머니는 심한 장애를 지닌 아이를 낳았는데, 그 아이의 양육은 말 그대로 어머니의 모든 에너지를 소모시켰다.

많은 연구자들이 근친 성 학대 가정에 놀라울 정도로 많은 수의 자녀가 있다는 점에 대해 언급해 왔다. 독일에서 이루어진 마이슈의 연구에서, 이런 가정의 평균 자녀 수는 국민 전체 평균 1.8명을 훨씬 뛰어 넘는 3.48명이었다.[14] 다른 인구 관련 연구는 훨씬 더 높은 평균치를 드러냈다. 예를 들어 미국의 대도시 저소득층 인구에 관한 한 연구에 따르면 근친 성 학대 가정의 평균 자녀 수는 4.7명으로, 비교 집단의 평균 3.9명보다 높았다.[15] 근친 성 학대로 수감된 아버지에 관한 한 연구는 그들이 평균 5.1명의 자녀를 두었다고 보고했다.[16] 아일랜드 농촌 지역 인구에 관한 한 연구는 근친 성 학대 가정에 평균 7명의 자녀가 있는데, 이것은 지방 평균 4.5명보다 높은 것이라고 밝혔다[17]. 그러나 단 한 연구자만 가족의 크기와 어머니의 상대적인 무기력성 사이의 연관성을 분명하게 이해하고 이렇게 말했다. "근친 성 학대 가정이 많은 자녀를 두었다는 조사 결과는 어머니가 너무 이른 나이부터 장기간에 걸쳐 자녀 양육이라는 부담에 시달려 몹시 지쳤을 거라는 사실을 암시한다. …… 우리는 이런 가정에서 대부분의 어머니가 근친 성 학대 가해자의 괴상한 행동을 그냥 참거나 수동적으로 수용할 수밖에 없으리라는 통찰을 할 수 있다."[18]

경제적으로 의존적이고 사회적으로 고립됐으며 건강도 썩 좋지 않고, 나이 어린 여러 자녀를 돌보는 일에 시달리는 어머니는 남편의 지배에 도전하거나 학대에 저항할 아무 힘도 지니지 않았다. 어머니가 아무리 가혹한 대접을 받더라도 대부분은 남편에게 복종하는 것 이외에는 다른 방도를 찾을 수 없었다. 이로써 어머니는 여성이 남성에게 대항할 수 없는 존재이며, 결혼은 무슨 일이 있더라도 유지해야 하고, 아내의 의무는 봉사하고 참는 것이라는 믿음을 딸들에게 물려주었다.

피조사자 대부분은 어머니가 병약하고 힘이 없는 사람이었으며, 어머니의 태도에서 순교자와 같은 위엄이 느껴졌다고 기억했다. 고통을 참아넘기는 능력에 끝이 없는 것 같다는 면에서 어머니를 강인하다고 묘사한 사람도 몇 명 있었다.

리타: 어머니는 버텼어요. 그게 어머니가 가진 전부였기 때문이죠. 어머니가 한 일이라곤 자기희생뿐이었어요. 식구들의 밥그릇에 음식이 있는지 확인하고, 우리가 먹다 남긴 것을 먹었죠. 늘 똑같은 옷에 신발 한 켤레뿐, 새 옷이라고는 없었죠. 화장도 염색도 한 번 한 적 없고, 자신을 위해서는 절대 돈을 쓰지 않으셨어요. 그저 늘 자식이 우선이었죠.

앤 마리: 어머니는 한 손으로 주면 다른 손으로 받을 거라고 늘 말씀하셨어요. 하지만 어머니는 언제나 두 손으로 퍼 주시기만 했어요. 어머니

는 바닥 깔개나 다름없었죠. 어머니는 자기 자신과 자존감조차 몽땅 팔아넘겼어요. 아버지에게 어머니는 사랑의 노예였죠.

어떤 아버지도 가족 내에서 어머니의 역할을 취함으로써 아내의 무력감을 조절하려 들지 않았다. 오히려 그들은 아내의 질병에 대해 마치 어머니로서 능력이 박탈되기라도 한 듯이 반응했다. 가족 부양자로서 아버지는 가정에서 아내가 못한다면 대신 딸로부터라도 음식이나 기타 여러 가지 대접을 받을 권리가 있다고 생각했다.

피조사자 가운데 32명(80퍼센트)이 그 가정의 장녀거나 무남독녀였다.[19] 거의 절반(45퍼센트) 정도가 10세도 되기 전에 가정의 '작은 어머니'로서 가사를 도맡아야 했다. 그들은 어린 형제들을 보살피고 밥, 청소, 빨래 등의 가사를 책임져야 했다. 많은 여성들이 이 역할을 놀라울 정도로 잘 수행했다. 꼬마 어른으로서 집안일을 잘 해냈다는 자부심이 잃어버린 어린 시절에 대한 보상이었다.

> 크리스틴: 어머니는 도움이 필요했지만, 도움을 청하지 않으셨어요. 대신 잔소리와 불평을 퍼부어 동생들을 달아나게 했지요. 동생들은 전혀 도움이 되지 않았어요. 그래서 도움을 청해 오지도 않았지만 내가 끼어든 거죠. 청소기를 돌리고 빨래, 설거지 등 이런저런 일을 했어요. 아마 내가 아홉 살 때쯤이었을 거예요. 내가 어머니보다 많은 일을 더 잘했던 거 같아요.

딸들은 가사의 책임을 떠맡았든 아니든, 대부분 '아빠를 기분 좋게 할'

특별한 의무를 떠안았다. 딸들은 부모님의 싸움을 말리고, 어머니가 아버지에게서 떨어져 있을 때 아버지를 달래곤 했다. 딸들은 아버지에게 어떤 불만이나 비밀까지도 털어놓을 수 있는 친구가 되었다.

작은 어머니이자 아버지의 동지라는 특별한 역할을 맡은 딸들은 가족 전체를 떠맡는 책임을 졌다. 피조사자 가운데 어느 누구도 부모님이 행복한 결혼 생활을 했다고 생각하지 않았고, 부모님 둘 다 비참하게 산다는 걸 잘 알았다. 부모님이 이혼하기를 간절히 바라는 여성도 몇 명 있었지만, 대부분의 여성은 이혼 가능성을 두려워했고, 그걸 피하려면 무엇이든 할 수 있다고 생각했다. 그들은 아버지가 가족을 버리거나 어머니와 완전히 떨어져 살지 않을까 하는 두려움에 떨며 지냈다.

아버지의 말에 공감하며 들어주어야 하는 임무를 부여받았기 때문에 딸들은 부모의 결혼 생활에서 발생하는 시시콜콜한 불평까지 들어야 했다. 아버지의 불만은 단조로우리만큼 너무 단순했다. 가정에서 응당 받아야 하는 보살핌을 받지 못한다는 것이었다. 아내가 충분한 사랑을 주지 않는다는 게 아버지들의 불만이었다. 아내가 돌덩이처럼 무뚝뚝하고 냉정하며 성관계를 거부하고 사랑을 주지 않는다는 것이다.

이런 불만은 어머니에게 충분히 사랑받지 못한다고 느꼈던 딸들에게 충분히 그럴듯해 보였다. 어떤 여성은 어머니가 성에 대해 매우 부정적인 태도를 지녔었다고 덧붙였다.

> 재닛: 우리 엄마는 엄청 얌전한 체하는 사람이었어요. 엄마가 한 말은 기억나지 않지만, 그 말 속에 든 느낌은 생생해요. 섹스가 아주 추접스럽고 이 세상에서 가장 더러운 것처럼 느껴지게 했거든요.

그러나 예전 일을 떠올리면서 딸들 대부분은 아버지의 불만이 어딘지 빈약하고, 부모의 문제는 아버지가 믿게 하려는 설명에 비해 훨씬 복잡한 것임에 틀림없다고 생각했다. 어른이 되어서도 이 여성들은 무엇이 잘못되었고, 누구 잘못이 더 큰지 구분하기 힘들어했다.

> 마리온: 내 경우는 어머니 쪽의 책임이 더 크다고 생각해요. 어머니는 냉혹한 분이셨어요. 아기들을 제외하고는 누구에게도 사랑 표현을 하지 못했거든요. 결혼 초부터 대가족이었는데 아기를 가진 날부터 아버지를 무시했어요. 어머니가 아버지를 밀어내는 걸 여러 번 봤거든요. 나는 어머니가 아버지를 이렇게 만들었다고 생각해요. 아버지는 사랑에 굶주렸던 거죠. 아버지는 아마 더 심각한 문제를 지녔는지도 모르죠. 나는 절대 알 수 없겠지만요. 아버지는 손을 가만두지 못하는 거 같았어요. 나는 친구를 집에 데려올 수 없었어요. 아버지는 동네 아주머니들을 만나면 이상한 데를 꽉 잡곤 했거든요. 우리가 그를 보는지 어떤지도 전혀 상관하지 않는 것 같았어요. 아버지를 생각하면 속이 메스꺼워요.

> 재닛: 아버지는 거절당한 적이 얼마나 많은지 자기 식대로 말하곤 했어요. 하지만 그럴 때마다 어머니는 늘 성관계를 했다고 했죠. 도대체 누구 말이 사실인지 모르겠어요.

그 당시 딸들은 대개 아버지 편을 들었다고 했다. 대부분의 딸들 자신도 어머니로부터 무시당하거나 제대로 보살핌을 받지 못한다고 느꼈기 때문에, 거절당했다고 느끼는 아버지의 기분에 충분히 공감하기 쉬웠을 것이다. 딸들도 자기 어머니가 질병이나 갖가지 문제 때문에 엄청난 곤경에 처한 상태라는 걸 알 수 있었겠지만, 공감이라는 사치를 베풀 수 있는 어린 아이는 거의 없었다. 딸들은 어머니가 결함이 많은 사람이라는 부담을 짊어진 채, 보살핌 받고 싶은 자신의 욕구는 충족되지 않았지만 다른 가족을 보살피지 않으면 안 된다는 사실만 알았다. 이런 상황에서 딸들은 어머니에 대한 깊은 실망감에서 벗어날 수 없었다.

어머니가 지닌 약점을 될 수 있는 한 변명하면서, 어머니에 대해 양가 감정을 드러내는 게, 딸들이 할 수 있는 최대의 호의였다. 40명 가운데 단 1명의 여성만이 어머니에 대해 긍정적인 이미지를 지녔는데, 이 여성은 어머니가 사망한 뒤 스스로 창조해 낸 환상에 근거해서 어머니에 대한 양가감정을 드러냈다. 이 여성은 어머니가 야만적인 구타를 참으며 자녀들에 대한 학대를 막는 데 아무 힘도 발휘하지 못했지만, 어머니가 살았다면 딸을 보호하려는 행동을 취했을 거라는 믿음에 집착했다.

최악의 상태는 어머니와 딸 사이의 관계를 적극적인 적대감으로 특징지어야 하는 경우였다. 많은 여성들이 어머니를 떠올리며 원한과 경멸을 드러냈다. 그들은 자신을 낳은 이 여성을 이기적이고 부주의하며 잔인한 사람으로 묘사했다. 가장 절망스러운 시기에 딸들은 어머니의 보살핌과 신뢰라는 가장 기본적인 유대가 없었다고 생각했다. 그들은 어머니가 자신을 원하지도 않으면서 낳았다고 믿었고, 자신을 세상에 낳아 놓은 어머니를 저주하기까지 했다.

이스터: 어머니는 엄청나게 거부 반응을 보였겠죠. 오빠를 낳은 지 열 달

만에 나를 낳았으니까요. 내가 태어난 건 확실히 진짜 유감스러운 '사건'이었을 거예요.

파울라: 엄마라면 지긋지긋해요. 정말 싫어요. 내가 원망하는 것 같아요. 엄마는 정말 이기적이죠. 나를 가졌을 때 엄마는 열일곱 살이어서, 할머니가 집 안에 가뒀대요. 나를 임신해서 자기 인생을 망쳤다며 엄마는 나를 탓하더군요. 하지만 다리를 벌린 건 내가 아니라고요.

샌드라: 사람들은 왜 귀찮게 아기를 갖을까요? 우리 어머니는 왜 나를 임신했을까요? 옛날 사람들도 아기를 지우는 방법을 알았을 텐데요. 어머니도 알았던 거 같은데. 나는 어머니가 죽어서 내가 그녀를 잊을 수 있기를, 아니면 내가 죽어서 어머니가 고통스러워하길 바랐어요. 도대체 하느님은 왜 우리 엄마 같은 사람을 살게 할까요?

다른 연구자들도 근친 성 학대 가정에 만연한 어머니와 딸 사이의 거리감에 대해 언급하였다. 마이슈는 연구에 참여한 어머니와 딸의 61퍼센트가 명백한 근친 성 학대가 시작되기 이전부터 서로 냉담하고 적대적이었다는 사실을 발견했다.[20]

대조적으로, 피조사자 대부분이 아버지에 대해서는 어느 정도 좋은 기억을 지녔다. 아버지를 두려워하긴 했지만, 아버지의 능력과 힘을 존경하기도 했다. 많은 여성들이 아버지에 대해, 재능 있고 호감을 주며 지적이라는 등, 어머니에게는 전혀 부여하지 않았던 용어로 묘사했다. 일부 여성은 솔직히 어렸을 때는 아버지를 연모했었던 것 같다고 말했다.

실러: 당신과 뭔가 같이 해 주는 아버지가 있다는 건 정말 멋진 일이죠. 아버지는 우리를 여행에 데려가 여기저기 구경시켜 주었어요. 함께 있으면 즐거운 분이셨죠.

레노어: 우리는 지적인 대화를 오래 나누기도 했어요. 아버지는 나에게 역사에 대해 이야기하셨는데 나는 아버지의 이야기에 쏙 빠질 만큼 감동받았죠. 아버지는 내 우상이었어요.

아버지를 가엾이 여기는 감정 역시 공통적이었다. 몇몇 예외는 있었지만, 딸들은 아버지의 결함에 대해 더 관대하고, 아버지의 실패를 어머니나 자기 자신의 실패보다 훨씬 쉽게 용서하는 듯했다.

이스터: 내가 지닌 분노는 아버지가 아니라 대부분 어머니에 대해서라고 생각해요. 이치에 딱 맞는지 어떤지는 모르겠지만, 어머니와 자녀 사이의 유대는 자녀가 확실하게 보호받는 것이어야 한다고 생각해요. 나는 아버지에게는 어머니에게만큼 자녀의 복지에 대해 책임지기를 기대하지 않거든요.

딸들 모두가 선물이나 권한의 부여, 또는 처벌보다는 면제라는 형태로 아버지로부터 호의적인 대접을 받았다. 많은 여성들이 아버지와 단 둘이서만 긴 시간을 보내거나, 나머지 가족들에게는 비밀에 부친 모험에 나서기도 했다.

크리스틴: 아버지는 나를 마마상이라 불렀고, 그러면 나는 아버지에게 발마사지를 해 줬어요. 아버지는 나를 남자들만 오는 술집에 데려가기도 했어요. 정말 근사했죠. 아버지를 정말 좋아했어요. 나는 완전히 아빠의 소녀였죠.

많은 여성들은 아버지와 특별한 유대를 통해 그들이 갈망하던, 다른 어떤 곳에서도 얻을 수 없는 보살핌 받는다는 느낌을 찾아낸 것이다. 아버지의 관심은 어머니와의 관계에서 결핍됐던 것을 보상한다는 의미를 주었다.

어머니들은 이런 특별한 관계에 의심의 눈초리를 보내며 분개했다. 어머니들은 아버지와 딸을 묶은 것이 부분적으로는 어머니에 대해 공유하는 적대감이라는 걸 정확하게 인식했다. 어머니들의 분개는 딸에게 죄의식을 느끼게 했지만, 귀여움을 독차지한 위치에서 생겨나는 기쁨을 소멸시킬 수는 없었다. 어머니가 느끼는 굴욕감에서 오히려 희열을 느꼈다는 여성도 있었다.

파울라: 어머니는 샘을 냈어요. 어머니가 사랑하는 남자가 나를 더 좋아했거든요!

단적으로 말해서 이 딸들은 유약하고 무력하며 딸을 돌보거나 보호할 수 없다고 생각되는 어머니에게서 완전히 소원한 상태였다. 딸들은 아버지에 의해 가족 내에서 특별한 위치로 격상되었고, 어머니가 지녔던 많은 의무와 권한을 부여받았다. 딸들은 가족을 탄탄히 유지하려면 이 역할을 수행하지 않으면 안 된다고 생각했다. 더욱이 아버지와의 특별한 관계는 유일한 애정의 원천으로 인식되었다. 이런 상황에 놓였으므로, 아버지로부터 성적인 봉사를 요구받았을 딸들은 아버지의 뜻에 따르는 일 이외에 그 어떤 선택권도 없다고 생각했다.

아버지가 처음 성적인 접근을 시도했을 때 딸들은 대개(80퍼센트) 13세 이하였다. 평균 나이는 9세였다(표 5.4 참조). 성적인 접촉은 처음에는 애무하는 것에 한정되었지만, 점차 자위나 구강 성기 접촉으로 진행되었다. 대부분의 아버지들은 딸이 적어도 사춘기에 이르기 전까지는 질 삽입 성관계를 시도하지는 않았다. 힘은 거의 사용하지 않았다. 힘을 사용할 필요가 없었다.

> 이본: 내 기억에 처음으로 성적인 접근이 있었던 건 내가 네 살인가 다섯
> 살 때였어요. 아직 학교도 가기 전이었죠. 부모님은 파티를 하고 계셨
> 는데, 어머니가 다른 여성들을 대접하고 있었어요. 아버지가 오빠와
> 나를 침대로 데려갔어요. 오빠는 아버지 한쪽에 눕히고 나는 다른 쪽
> 에 눕혔죠. 아버지가 나를 감싸 안더니 내 몸을 자기한테 밀착시켜서
> 뒤에서 내 아랫부분을 만지던 기억이 나요. 또 내 엉덩이를 주무르기
> 도 했어요. 거기 누워서 아담과 이브가 한 일이니 괜찮다는 아버지의
> 말을 들었죠.

근친 성 학대를 성교(intercourse)로 한정시키는 연구자들은 그런 관계가 시작되는 것은 딸들이 평균적으로 훨씬 더 나이가 들어서라고 한다. 마이슈의 연구에서는 접촉이 시작되었을 때 딸의 평균 연령이 12년 3개월이

표 5.4. 근친 성 학대 경험

학대 경험	수	%
시작 연령		
5세 미만	4	10
5~6세	5	12.5
7~8세	8	20
9~10세	9	22.5
11~12세	4	10
13세 미만	8	20
정확히 모름(13세 이하)	2	5
평균	9.4	
지속 기간		
한번	7	17.5
0~2년	13	32.5
3~5년	8	20
5년 초과	9	22.5
모름	3	7.5
평균	3.3	
여자 형제들에게 반복 유무		
있음	11	27.5
모름	10	25
없음	6	15
여자 형제 없음	13	32.5
집에서 비밀이 발각된 일		
있음	17	42.5
없음	23	57.5
알려지기까지의 평균 지속 기간	3.8 년	
관계 기관의 개입		
있음	3	7.5
없음	37	92.5
법원의 개입		
있음	3	7.5
없음	37	92.5

었다.[21] 근친 성 학대를 우리처럼 어떤 성적인 접촉을 의미하는 것으로 정의하는 다른 연구자들은 대부분의 관계가 우리 연구에서처럼 자녀가 학교에 들어갈 무렵부터 시작한다는 사실을 발견했다. 한 연구에서 관계를 한 소녀들은 5세에서 14세 정도의 연령이었다. 다른 연구에서는 6세에서 14세 사이의 연령이었다.[22]

피조사자들에게 한 아버지들의 설명은 되돌아보면 정말 말도 안 되는 것이었다. 어린 소녀들이 들은 이야기는 이랬다. "이게 새들과 벌들에 대해 배운 방법이란다.", "이건 우리만의 특별한 놀이야."라거나, "아빠를 기분 좋게 해 주고 싶지 않니?"였다. 좀 더 나이가 든 소녀들에게는, "네 남편을 위해 미리 준비시켜 주려는 거야.", "성에 대해 편안하게 느껴야 되는 거야."라거나 "인생의 여러 일들을 배우려면 아빠가 필요하지."라고 말했다. 많은 아버지들은 딸들에게 성을 소개해 주는 것이 아버지의 특권이라 생각하는 것 같았다.

때때로 성적인 접촉은 하나의 통과의례 같은 양상을 띠었다. 아버지들은 딸들에게 비밀스럽고 금지된 지식을 알려줌으로써, 딸들에게 소녀다움을 뒤로하고 세상에서 여성으로서 위치를 갖도록 가르치는 거라고 생각했다.

재키: 내가 부쩍 큰 때가 바로 그때였어요. 생리를 시작하면서 나는 인형을 던져 버리고 말괄량이 소녀이기를 그만두었죠.

새라: 어릴 때 나는 내가 사랑하고 나를 사랑하는 누군가가 왜 내게 나쁜 짓을 할까 생각했죠. 다른 대답은 찾을 수 없었던 거 같은데 …… 그건 당

연한 일이고 그렇게 돌아가는 거구나 싶었죠. 어쩌면, 정말 어쩌면 이것이 내가 여자이게 하는 개인적인 가르침일지 모른다고 생각했어요.[23]

7명의 여성만이 아버지에게서 괴롭힘을 당한 기억이 단 한 번뿐이라고 했다. 그러나 대다수 여성은 성 접촉이 일단 시작되자 아버지는 기회가 있을 때마다 그것을 반복했다고 회상했다. 평균적으로 근친 성 학대 관계는 3년 정도 지속되었다. 다른 연구들도 대부분의 근친 성 학대 관계가 장기간에 걸쳐 지속된다는 데 동의했다.[24]

우리의 피조사자 가운데 많은 여성은 그때는 너무 어린 나이여서 아버지의 행동에 담긴 의미를 명확하게 깨닫지 못했지만, 남의 눈을 속이려 드는 아버지의 태도에서 아버지가 하는 행동이 뭔가 나쁜 짓이라는 것을 알수 있었다.

> 레노어: 일곱 살 정도일 무렵, 아버지와 처음으로 성적인 접촉이 있었어요. 때때로 부모님은 우리들과 같이 자곤 했는데, 어머니가 병원에 입원하셨을 때도 아버지는 우리와 같이 자곤 했죠. 나는 기분 좋은 관심을 더 많이 받았어요. 한번은 아버지가 나를 침대로 불러들여서는 음부에 콘돔을 끼우고는 자위를 시키는 거예요. 거기를 꽉 잡으라고 하더니 사정을 하더군요. 나는 순진한 꼬맹이였고 외로웠어요. 그게 뭔지도 몰랐어요. 아버지가 말하지 말라고 했는지 어떤지도 잘 기억나지 않는데, 아버지는 감정이 격해서는 뭔가 서두르고 부끄러워하는 것 같았어요. 사정을 하고 난 뒤 곧바로 나에게 가라고 했어요. 아버지는 부인하겠죠. 하지만 난 그 일을 생생하게 기억해요.

성적인 접촉 자체에 대해 긍정적으로 말한 여성은 한 사람도 없었다. 많은 여성들이 아버지와의 특별한 관계가 지닌 다른 측면은 즐겼지만, 성적인 접촉은 모두 두려워했고, 그 상황을 피하려고 애처로울 정도의 계략을 고안해 내기도 했다.

> 리타: 나는 언제나 그것을 싫어했어요. 악몽과도 같았지만, 내가 할 수 있는 일은 아무것도 없었어요. 난 아버지의 계획을 따랐어요. 내가 응하지도 않았는데 왜 아버지는 그렇게 하려는 건지 몰랐어요. 그럴 때마다 나는 '아빠 소변 마려워.'라고 했죠. 그렇게 해서 거기서 빠져 나올 수 있었거든요.

두려움과 매스꺼움 그리고 수치심이 가장 공통적으로 기억되는 느낌이었다. 딸들 대부분은 자기 자신을 그 일로부터 정신적으로 분리시킴으로써 성적인 사건에 대처했다. 그들은 '냉담해지거나(froze up)', 그 일이 실제로 일어나지 않은 척했다.

> 실러: 내 머리는 그때 죽어 버렸어요. 내가 처리하기엔 불가능한 일이었고, 그래요, 처리하지 못했어요. 절대 일어나지 않은 일 같아요. 그 일에 대해 이야기하려 할 때마다 정신이 텅 비어 버려요. 머릿속에 든 모든 게 폭파되어 버린 것 같아요.

몇몇 피조사자들은 성적인 접촉에서 어떤 기쁨을 경험하기도 하고 성관계가 일상의 과정으로 정해지고 나니 때로는 그런 관계를 먼저 시작하기도 했다고 기억했다. 이런 기억은 혼란과 수치라는 감정을 악화시킬 뿐이었다.

> 파울라: 아버지와 마찬가지로 나도 공격자였어요. 아버지는 내 침대로 와서 꼭 껴안고 나를 가졌어요. 그러고 말하지 말라고 위협했죠. 아버지는 나를 아주 사랑해 주셨어요. 그저 그런 병을 가진 거죠. 다른 모든 면에서 아버지는 아주 좋은 사람이었어요. 교회에 다니고 주 중에는 열심히 일하는 사람이었죠. 아마 내가 먼저 아버지에게 가서 그를 껴안기도 했을 텐데, 나는 어린아이였으니까요. 당신이라도 대수롭지 않게 생각했을 거예요.

이 몇 가지 사례를 보면, 아버지들은 딸들이 성적인 관심을 갈망하고 즐긴 거라고 스스로를 확신시킬 수 있을지 모르겠다. 그러나 대부분의 사례에서 아버지들은 딸들이 분명히 마지못한 태도를 취했는데도 자신의 성적인 욕구를 고집했다. 아버지들이 그렇게 한 이유를 추측해 보면, 아마도 자기 욕구가 너무 강렬한 것이어서 딸들의 불행을 무시하기로 작정한 게 아닌가 싶다.

근친 성 학대 아버지들을 관찰한 일부 연구자들은 이들의 행동이 바로 충족되지 못한 의존적인 소망과 버림받지 않을까 하는 두려움에서 기인한다고 강조한다. 아버지의 환상 속에서 딸은 보살핌과 사랑받고 싶은 아버지의 모든 유아적인 갈망의 원천이 된다. 아버지는 처음에는 딸을 어린 시절에 이상화시켰던 신부이자 애인으로 생각하다가, 종국에는 언제나 선량하고 자기가 가진 모든 것을 제공하는 어머니로 여긴다. 자신은 어른이고 딸은 어린아이라는 현실은 아버지에게는 전혀 중요하지 않다. 억지로 하는 성행위를 통해, 아버지는 딸이 결코 그를 거부하거나 좌절시키지 않으리라는 사실을 거듭 재확인하려 한다.[25]

게다가 아버지는 성행위 그 자체를 강력한 보상으로 경험함에 틀림없다. 그는 자신의 행위가 심판이나 조롱을 당하게 되리라는 한 치의 두려움 없이, 성적인 만남을 자기 마음에 드는 취미로 구축한다. 비밀에 부치고 금지된 일을 탐닉하려는 욕구는 그를 더욱 흥분시킨다. 성 접촉은 중독성을 지니되, 아침이면 숙취로 고통을 주는 알코올이나 약물과는 달리 죄의식 이외에는 몸에 아무 해도 끼치지 않는다. 따라서 근친 성 학대를 하는 아버지는 이런 습관을 반복적으로 탐닉하고, 신체적으로는 아무런 고통을 겪지 않아도 된다. 고통당하는 사람은 오히려 딸이다.

마지막으로, 일부 사례에서 딸의 불행은 실제로 아버지의 즐거움을 배가시키기도 한다. 많은 연구자들이 다른 성범죄와 마찬가지로 근친 성 학대가 가해자의 적대적이고 공격적인 욕구를 충족시킨다는 점에 주목해 왔다. 성적인 쾌락보다 힘과 지배력을 휘두르려는 욕구가 기본 동기인지 모른다. 근친 성 학대 가해자 판결을 받은 사람들에게 심리 테스트를 실시한 한 연구자는, 근친 성 학대가 모든 여성에 대한 혐오의 표현이며, 여성 가운데서 자신에게 어떤 보복도 할 수 없으리라 여겨지는 딸을 희생자로 고른 것이라고 결론 내렸다.[26]

피조사자 대부분은 두 사람 사이의 성적인 사건에 대해 누구에게도 이야기해서는 안 된다는 경고를 받았다. 다른 사람에게 이야기했다가는, 어머니가 충격으로 신경쇠약에 걸리고, 부모님은 이혼하며, 아버지가 감옥에 갇히거나 자신들은 처벌당할 것이고, 어쩌면 집에서 쫓겨날지도 모르는 끔찍한 결과를 맞으리라는 협박을 받았다. 이런저런 방식으로 딸들은 비밀을 깨는 날에는 부모님 둘 다와, 또는 한 사람과 결별하리라는 사실을 이해해야 했다. 아버지가 어떤 경고를 한 기억은 없다고 말한 여성들도 아버지와의 관계를 비밀에 부치는 일이 가족 전체를 유지할 수 있는 하나의 의무라는 것을 이미 직관적으로 깨달았다.

> 재닛: 내가 이야기를 했다간 끔찍한 결과가 생기리라는 것을 알았어요. 어머니가 떠나거나 두 분이 별거를 했겠죠. 어떤 일이 생길지 생각하고 싶지도 않았어요.

어떤 사례에서는 가혹한 신체상의 해를 가하겠다고 협박한 아버지도 있었다.

> 매기: 아버지는 나더러 누군가에게 그 이야기를 하면 총을 쏘아 죽여 버리겠다고 했어요. 아버지가 경찰이어서 난 그렇게 할 거라고 믿었어요. 난 지금 서른 살인데도 여전히 아버지가 무서워요.

여성 대다수(58퍼센트)가 집에 머물러 있는 동안에는 어머니나 다른 사람에게 그 일에 대해 노골적으로 말하지는 않았다. 그들은 어머니가 자신들을 구하러 와 주기를 바랐다. 그들은 간접적으로 어머니에게 뭔가 잘못된 일이 벌어진다는 암시를 주기도 했다. 많은 여성들이 약간의 심리적 통증을 나타내는 증상을 가졌는데, 배가 자주 아프거나 소변볼 때 아프고, 뭔가 무서워하거나 집 안에만 틀어박혀 지내고 악몽을 자주 꾸기도 했다.

많은 임상의들은 이런 '불특정한(nonspecific)' 증상들이 근친 사이에서 성학대를 당한 아동에게서 관찰되는 전형적인 특징이라고 말한다.[27] 피조사자 가운데 몇 사람은 어렸을 때 강박적이고 의식화된 성 행동을 하여 식견이 있는 관찰자로 하여금 뭔가 잘못됐다는 사실을 눈치 채게 했다. 예를 들어 한 소녀는 5세 때 아는 친척 남성들을 만나면 다가가 바지를 내리기 시작했다. 자기보다 더 어린 아이들을 데리고 성적인 '실험 놀이'를 한 아이들도 있었는데, 그들 자신이 당한 대로 똑같은 짓을 저지르기도 했다고 한다. 이런 식으로 다른 사람들에게 간접적으로 도움을 청하는 갖가지 시도들은 어머니로부터 무시되거나 오해되었다. 많은 여성들이 당시에 어머니가 그 일에 대해 알고 계셨거나 알았어야 한다고 믿었지만, 어머니가 개입하지 않았다는 사실에 대단히 원망스러워했다.

> 실러: 하루는 어머니가 일을 나가셨다가, 아무래도 집안에서 뭔가 정말로 나쁜 일이 일어나는 것 같아 걱정스럽다며 집에 오셨어요. 어머니가 집에 도착했을 때 난 목욕탕에 갇혀 울었는데, 아버지에게 '도대체 저 애한테 무슨 짓을 한 거예요?'라고 물으신 기억이 나요. 그런 일이 일어났고, 그래서 내가 곤경에 처했다는 걸 어머니가 눈치 채지 못했다는 사실을 받아들이기가 참 힘들었어요. 도대체 어머니는 무슨 일이 일어났는지 왜 내게 묻지 않을 수 있죠? 내가 어떤 기분이었는지 왜 알아내려 하지 않느냐고요?

> 크리스틴: 어머니의 신조는 일어난 일들을 무시하고 그냥 망각되길 바라는 거예요. 어머니는 늘 피해자였죠. 아주 사소한 일에서조차 어머니

는 그런 상황에 대해 왜 아무런 대처를 하지 않는지에 대해 말도 안 되는 이유를 붙이곤 하셨어요. 어머니 역시 아버지와의 관계에 대해 알았을 거예요. 몰랐을 리가 없어요. 하지만 그 일을 절대 인정하려 들지 않았죠. 어머니는 남자들이란 다 그런 식이고, 당신이 할 수 있는 일은 아무것도 없다고 말씀하곤 했어요.

어머니에게 비밀을 털어놓은 딸들도 마찬가지로 어머니의 반응에 좌절해야 했다. 대부분의 어머니들이 그런 정황을 알았을 때조차 딸들을 옹호하는 걸 달갑지 않게 여기거나 옹호할 수 없었다. 어머니들은 아버지에게 너무 의존적이거나 겁에 질린 상태여서 감히 이런 사태에 대응할 수 없었다. 어머니들이 딸의 말을 믿었든 믿지 않았든, 아무 행동을 취하지 않기는 마찬가지였다. 어머니는 딸에게 아버지가 우선이고, 필요하다면 딸이 희생되어야 할지도 모른다는 사실을 인식시켰다.

이본: 아버지가 나에게 성적인 구애를 마지막으로 한 때가 여덟 살인가 아홉 살 때였어요. 어머니한테 들켰는데, 아버지는 다시는 그러지 않겠다고 약속했죠. 그러더니 술을 마시고 밖으로 나가더니 나무 아래 누워 버린 거예요. 밤이 되자 어머니가 나를 깨우더니 아버지가 술에 취해 나무 아래서 잠이 들어 집 안으로 들어오지 않았다고 하셨어요. 나더러 아버지가 폐렴에 걸리지 않도록 들어오게 하라는 거예요. 난 일어나서 마당으로 나갔죠. 밖은 축축하고 추웠어요. 어머니 말대로, 아버지더러 들어오시라고 말씀드렸죠. 아버지는 집 안으로 들어오셨어요. 그런 일을 보면서 어머니나 아버지나 둘 다 정말 어쩔 수 없는 인

간들이라고 생각했어요.

단 3명의 어머니만이 성 학대에 대해 안 뒤 남편과 별거하기로 반응했고, 이 몇 안 되는 사례에서조차 별거는 아주 단기간이었다. 어머니들은 남편 없이 생활하는 일을 무척 견디기 힘들어했고, 몇 달도 되지 않아 아버지를 다시 불러들였다. 성 학대를 한 사실을 발견한 또 다른 3명의 어머니는 딸들을 다른 곳으로 보내 버렸다.

> 파울라: 어머니는 내가 동성애자나 창녀가 될까 봐 두려워했어요. 그래서
> 나를 정신병원에 집어넣었어요. 날 없애 버릴 아주 멋진 핑계였죠.

이렇듯 대개 어머니에게 비밀을 털어놓은 딸들은 말한 것을 후회할 만한 이유가 있었다. 말해도 아무런 보호도 못 받으리라는 사실을 정확하게 알았으므로, 대부분의 여성들은 좀 더 자라서 집을 떠날 수 있을 때를 기다리면서 성 학대 사실을 비밀로 간직했다.

일부 여성들은 가족 이외의 성인 여성들과 밀접한 관계를 맺었는데, 그런 사람들과의 관계는 어머니에 대한 실망감을 부분적으로 보충해 주었다. 이런 외부인들에게 자신의 비밀을 털어놓은 사람은 거의 없었지만, 그들과의 관계로 딸들은 자신의 비참한 가성생활을 견딜 수 있었다.

> 마리온: 어렸을 때와 관련해 생각나는 유일한 사람은 우리 이모예요. 이모
> 는 세 자녀와 농장에서 살았는데, 여름이면 그곳에 놀러 가곤 했죠. 농
> 장에서 온종일 뛰어노는 것이 너무 좋았어요. 그럴 수만 있다면 집에

가지 않으려 했어요. 이모에게 아버지 일을 말하지는 않았지만, 우리는 어머니에 대해, 그리고 어머니가 때때로 얼마나 이상하게 행동하는지에 대해 수다 떨곤 했어요. 이모는 우리 엄마가 어떤 사람인지 잘 아니까 제 말을 충분히 이해한다고 말씀하셨지요. 이모가 우리 엄마라면 얼마나 좋을까 생각했던 기억이 나요.

샌드라: 우리 엄마가 날 내쫓았을 때 가장 친한 친구의 어머니가 날 집으로 데려가셨지요. 친구 어머니가 아니었더라면 복도에서 자야 했을 거예요. 생각할 머리와 뭔가 느낄 심장이 있는 사람이라면 누구든 문을 열어 주었겠지만, 실제로 그렇게 행동하는 사람은 거의 없더군요. 그 집에서 잘 지냈어요. 일자리를 잡을 때까지 그 댁에서 지냈어요. 결혼으로 상황은 더 악화되었지요. 차라리 그 집 식구들과 같이 지냈더라면 하는 생각이 들어요.

어머니를 대신할 사람을 발견한 딸들은 가장 운이 좋은 사람이었을 것이다. 모든 여성들은 강하고 능력 있고 애정 깊은 어머니를 갈구했다. 절망에 빠진 많은 여성들은 평범한 어머니를 가진 것으로 보이는 학교나 동네 친구들을 부러워했다.

레노어: 다른 여자 애들이 자기 엄마에 대해 불평하는 소리를 들으면, '이 바보들아, 너희가 얼마나 운이 좋은지 너희는 모를 거다!'라고 소리 지르고 싶어져요.

부모 모두에 대해 실망한 나머지, 자신은 입양된 것이고 언젠가 진짜 부모가 나타나 자신을 구원해 줄 거라는 환상을 만들어 냈던 여성도 있었다. 또 정서적인 차원에서 자신은 고아라는 사실에 스스로를 체념한 여성도 있었다.

> 재닛: 아홉 살 때 부모가 이혼한다 해도 어느 누구와도 같이 살지 않겠다고 결심했던 기억이 생생해요.

사춘기에 이르자, 딸들은 자기주장이 강해지고 반항적이 되었다. 아버지들은 이런 딸에 대해 편집증이라 할 정도의 강한 질투심으로 반응했다. 아버지들은 딸들을 다른 사람들로부터 분리하거나 소외시키려고 할 수 있는 모든 수단을 강구하여 또래들과 정상적인 관계를 형성하지 못하게 막았다. 아버지들은 바깥세상을 성적인 위험과 온갖 나쁜 기회가 득실대는 곳으로 간주했고, 종종 딸들을 철저하게 감시해야만 하는 믿을 수 없는 천덕꾸러기로 여겼다. 많은 여성들은 아버지가 그들의 옷을 찢고 화장하지 못하게 했으며 파티나 데이트하러 나가지 못하게 했다고 진술했다.

> 실러: 아버지는 내가 입은 옷이나 차리고 나서는 모양 때문에 고래고래 소리를 지르곤 했어요. 또래 가운데서 아마 내가 립스틱을 가장 늦게 바른 아이였는데도 말이에요. 무엇 때문에 그러시는지 도무지 이해할 수 없었어요. 아버지는 내가 몇 가지 이유에서 못된 아이라면서, 어떤 성적인 것과 연관시켜 화를 냈던 것 같아요.

어떤 아버지는 결국 피할 수 없다는 사실을 받아들이고 딸들에게 약간의 사교 생활을 허용했지만, 딸들의 성행위에 대해 집요하게 캐묻기도 했다.

> 레노어: 아버지는 남자 아이들에게 빠져서 배운 걸 망쳐 버려서는 안 된다고 말씀하시곤 했어요. 성적인 매력이 아니라 머리에 든 게 있어야 한다는 말을 귀에 못이 박히게 들었죠. 나중에서야 아버지가 나를 가둬 두고 싶어 했다는 걸 깨달았지요. 난 아버지의 어린 소녀였으니까요. 열다섯 살 무렵 고등학교에 들어갔을 때 이런저런 애들을 만나고 다녔어요. 난 너무 소외됐고 친구도 사귀지 못했거든요. 이게 사람들을 만날 수 있는 가장 쉬운 방법인 것 같았어요. 나를 찾아낼 때마다, 아버지는 나를 쓰레기 같은 애들로부터 떼어 놓을 변명을 찾아내곤 했죠. 새로운 남자 친구를 사귈 때마다 그랬어요. 추측건대 아버지의 태도는 난봉꾼의 그것이었어요. 아버지는 내가 무슨 짓을 하고 다녔는지 듣고 싶어 했어요. 아버지는 일종의 호색한이었던 거 같아요.

아버지의 질투심과 성적인 요구가 점점 더 참을 수 없는 지경에 이르자, 딸들은 집에서 탈출하기로 작정했다. 13명의 딸들이 최소한 한 번 이상 가출했다(표 5.5 참조). 대부분의 시도는 단기간이었다. 소녀들은 자기가 거리에서 살기에는 가진 게 너무 없다는 사실을 깨닫고 마지못해 집으로 돌아온 것이다. 단 2명의 소녀가 탈출에 성공했다. 사춘기 중반 무렵이었던 이 두 소녀는 술집에서 일하거나 매춘으로 생활했다.

표 5.5 근친 성 학대 피해자와 비교 집단의 다양한 심리적 고통들

우울 증상	근친 성 학대 피해자		비교 집단	
	No. = 40	%	No. = 20	%
사춘기 임신 경험				
있음	18	45	3	15
없음	22	55	17	85
가출 시도 경험				
있음	13	32.5	1	5
없음	27	67.5	19	95
주요 우울 증상				
있음	24	60	11	55
없음	16	40	9	45
자살 시도 경험				
있음	15	37.5	1	5
없음	25	62.5	19	95
마약/알코올 남용				
있음	8	35	1	5
없음	32	65	19	95
성적인 문제				
있음	21	55	10	50
없음	19	45	10	50
난잡한 성관계				
있음	14	35	3	15
없음	26	65	17	85
2차 피해 경험	6	15	3	15
있음(강간, 구타)	11	27.5	0	0
없음	24	60	17	85
자기 이미지				
특히 높음 +	3	7.5	2	10
이중적이거나 혼돈	13	32.5	16	80
특히 낮음 -	24	60	2	10

파울라: 가출해서 뉴욕으로 갔어요. 열여섯 살에 독립한 거죠. 난 포주를 두지는 않았어요. 그 정도로 정신 나가지는 않았거든요. 그 일을 하는 많은 여성들을 알았어요. 벌이가 좋을 때도 나쁠 때도 있었죠. 남자 친구를 만나지 않았더라면 아마 죽었을 거예요.

가출했던 3명의 소녀는 붙잡혀서 '다루기 힘든 아이'라는 명목으로 병원에 위탁되었다. 입원한 동안 그들이 근친 성 학대를 받은 사실은 드러나지 않았다. 다른 3명의 소녀는 집에서 벗어나고자 양자로 갈 수 있는 거처나 기숙학교에 입학하기를 요청했다. 그들 역시 소망을 이루지는 못했다.

이스터: 아버지로부터 벗어날 수 있는 방법은 더 나이 든 남성과 같이 달아나는 것이었어요. 그러기 전에 소녀들만 살 수 있는 거처를 구하려고 전문 기관의 도움을 받으려고 했어요. 사회복지사와 몇 번 만났는데, 그렇게 간절히 집을 떠나고 싶어 하는 이유를 말할 수는 없었어요. 사회복지사는 아버지를 만났는데, 나에 대한 엄청난 사랑과 관심에 완전히 감동받았더라고요. 결국 그는 내가 여학생 거처의 입학 허가를 얻을 수 있도록 도와주지 않았어요.

소녀들이 어린 시절에 드러낸 갖가지 고통스러운 심리 증상들이 무시되었던 것처럼, 사춘기의 탈출 시도 역시 이해받지 못했다. 이 소녀들과 만난 전문가들 어느 누구도 왜 그들이 그토록 필사적으로 가족으로부터 달아나려 하는지 알아내려는 조치를 취하지 않았다.

얼마 지나지 않아 대부분의 여성들은 아버지로부터 도망칠 수 있는 유일한 방법은 힘을 지닌 다른 남성 보호자를 찾는 일이라는 것을 깨달았다. 많은 여성들은 아직 어린 나이에 임신을 하고 결혼했다. 40명의 여성 가운데 18명(45퍼센트)이 사춘기 때 임신했다. 대부분의 사례에서 여성들은 특별히 아기를 갖고 싶어 하지는 않았다. 의도하지 않은 임신이었다. 그러나 계획했든 아니든 임신은 근친 성 학대에 종지부를 찍는 일이었다.[28]

많은 딸들에게 결혼은 자유로 가는 통행권인 것 같았다. 일부 여성들은 근친 성 학대의 비밀을 남편이나 약혼자에게 처음으로 고백했다. 많은 남성들이 상대의 마음을 잘 헤아려 적절한 방식으로 반응했다. 아버지에 대해 분노하고 여성에게 가해진 상처를 걱정해 주었다. 이런 식으로 반응한 남성을 만난 여성은 정말 행운아였고, 그녀는 그것을 정말 감사하게 생각했다.

아버지들은 딸들이 자신의 통제권을 빠져나가자, 그 자리를 대신할 사람을 찾기 시작했다. 그 가정에 더 나이 어린 딸이 있다면 아버지는 자신의 성적인 관심을 그 아이에게로 옮겼다. 11군데 가정에서(28퍼센트) 근친 성 학대는 여동생에게도 반복되었다. 다른 10군데 가정에서(25퍼센트) 딸들은 여동생이 괴롭힘을 당하는 것 같은 혐의를 발견했지만, 확인할 수는 없었다. 그런 가정의 3분의 1에서는 상대할 만한 자매가 없었기 때문에 성 학대가 반복되지 않았다. 많은 연구자들은, 아버지의 행동이 어린 여동생에게로 '전이'되는 현상을 관찰했는데, 일부 연구자들은 이런 가정의 비율이 매우 높다고 진술했다.[29]

피조사자들의 말에 의하면, 남자 형제들은 괴롭힘을 당하지 않았다. 그러나 많은 남자 형제들도 신체적인 학대를 당했는데, 몇몇의 경우는 아버지와 자신을 동일시하여 공격적이고 학대적인 행동을 드러내기도 했다. 여성 가운데 한 사람은 아버지로부터뿐만 아니라 오빠로부터도 괴롭힘을 당했다. 그녀는 근친 성 학대 금기를 깬 아버지가 오빠에게 같은 행동을 해도 괜찮다고 은밀하게 허용한 거라고 생각했다. 오빠들이 그런 가족의 전통을 다음 세대로 대물림해 나가지 않을지 우려하는 여성들도 있었다.

> 마리온 : 연구를 하셨다니 여쭤 보는 건데요, 그게 대물림된 거라고 생각하지 않나요? 이런 말은 하기 싫지만, 우리 오빠도 그런 문제를 가졌다고 생각해요. 조카가 세 살인가 네 살 때 바닷가에 오두막을 하나 가지고 있었어요. 한번은 오빠랑 조카가 한 침대에서 자는 걸 봤어요. 모두 잠들었다고 생각했죠. 오빠가 조카애를 애무하는 걸 봤어요. 정말 구역질이 나더군요. 그 후론 최근까지 오빠를 거의 만나지 않았어요. 지금 오빠는 손녀가 둘인데, 유독 한 애를 비정상적으로 자랑스러워하는 것 같아요. 뭐라 설명할 수는 없지만, 뭔가 있어요. 이런 이야기는 아무에게도 할 수 없었죠.

몇몇 가정에서는 딸이 집을 떠나면 아버지는 그 아이를 돌보지 않았다. 이것은 딸들에게 아버지는 가족을 유지하려는 책임을 지지 않았으며, 부모의 결혼이 지속되는지의 여부는 근친 성 학대 관계에 달렸다는 믿음을 확인시켰다.

어떤 사례에서도 근친 성 학대 관계가 아버지에 의해 끝나는 일은 없었다. 딸들은 그들이 취할 수 있는 어떤 수단을 동원해서라도 될 수 있는 한 빨리 성 접촉을 중단하려 했다. 그러나 여성들 대부분은, 아버지의 마음속에서 근친 성 학대 사건은 결코 끝나지 않았으며, 아버지들은 기회만 주어진다면 기꺼이 성관계를 다시 시작하려 들 거라고 생각했다. 모든 딸들이 결국 가족으로부터 벗어나는 데 성공했지만, 인터뷰를 하는 순간에도 아버지로부터 절대로 안전하지 못하며 아버지가 살아 있는 한 스스로를 방어해야 한다고 생각했다.

6 장
딸이 남긴 유산

아버지는 나에게 나와 내 동료 인간 사이에 영원불멸의 장막을 친 기억만을 남긴 채 나를 버렸다. …… 그의 부도덕하고 혐오스러운 열정은 내 귓속에 독약을 부어 온몸의 피를 바꾸어 놓았다. 그래서 이제 내 혈관에는 삶을 지탱하는 따뜻한 피 대신, 오로지 원한이라는 냉혹한 피가 생명의 원천 자체를 물들여 버렸다. 내면의 과도한 광기는 이제 나는 이 세상에서 혼자일 뿐이며, 인간계로부터 제명되었고, 남성, 여성 누구와도 친밀해질 수 없고, 조물주로부터 추방당한 비참한 인간이라고 생각하게 만들었다.

— 메리 울스톤크래프트 셸리, 『마틸다』(1819)

근친 간의 성적인 관계가 중단된 후 삶의 시간은 많이 흘러갔다. 우리와 면담했던 그 여성들에게서도 삶의 시간은 흘러갔으며, 그 가운데 많은 사람들이 자기 가족을 꾸렸다. 모두 그들이 할 수 있는 최선을 다했으며, 근친 성 학대와 관련한 기억은 뒤로한 채 자신들의 삶을 살아 나갔다. 하지만 다른 사람과의 관계나 자신의 이미지를 떠올릴 때, 이들에게 근친 성 학대와 관련된 기억은 끈질기게 따라다녔다. 이들은 자신에게 낙인이 찍혔거나 성 학대의 흔적이 남겨졌다고 생각했다.

마리온: 그걸 어떻게 잊을 수 있겠어요? 처음엔 내 속에 들어왔다가 다 없어져 버렸다고 믿었지요. 어떤 작은 일이 그 기억을 다시 상기시킬 때까지는 그렇게 다 잊어버렸다고 생각했어요. 하지만 그 기억은 다시 되살아났어요.

이 여성들의 가장 일반적인 불평은 다른 사람으로부터 분리됐다는 감정이었다. 많은 여성들은 자신이 '다르거'나, 다른 사람들에겐 평범해 보였지만 스스로는 결코 '평범할' 수 없음을 깨달았다고 말했다. 평범하게 다른 사람과 교제할 수 없도록 차단된 아웃사이더가 되었다는 느낌은 종종 극단적인 결론에 다다르게 했다.

이본: 나같이 문제가 있는 여성을 아무도 원하지 않을 거란 생각이 들었어요.

크리스틴: 내가 다른 사람과 너무 다르다고 생각했기 때문에, 틀림없이 신이 나를 위해 뭔가 계획하셨고 그래서 내가 정말 특별하다고 생각했어요. 내가 다른 사람들보다 훨씬 뛰어나다고 느꼈지요. 사실은 친구

가 하나도 없었기 때문에, 정말 그렇게 느껴야 했어요.

샌드라: 난 내가 항상 다른 세계의 사람들로부터 …… 한 발짝 멀찍이 비
켜 있다고 생각하곤 했어요. 한번은 침대 밑으로 떨어진 조그만 소녀
에 대해 꿈을 꾸었지요. 사람들이 그 애를 찾았지만 발견하지는 못했
어요. 왜냐하면 그 애는 다른 세계에 있었거든요. 아이는 어찌된 일인
지 울고 있었어요. 아이가 비명을 질렀지만 아무도 듣지 못했어요.

많은 여성들은 소외되었다는 감정과 근친 성관계의 비밀 사이에 어떤
뚜렷한 고리를 만들었다. 그들은 비록 아동이어서 근친 성관계를 예방할
힘이 없었는데도, 영원히 낙인찍히고 용서받을 수 없는 죄를 지었다고 느
꼈다. 근친 간의 성적인 '사건'은 끝났으나 성인의 삶이 지속되는 이상, 부
끄러운 감정은 쉽게 해결되지 않았다. 많은 여성들은 자신이 다른 사람들
로부터 분리된 이유가 그들이 가진 악마성 때문이라고 생각했다. 이 여성
들은 주기적으로 우울해하면서, 자기 자신을 음탕한 계집이나, 마녀 또는
창녀와 연관을 지었다. 근친 성 학대의 비밀이 이들이 지닌 정체성의 핵심
이었다.

이본: 아버지와 내 관계가 잘못된 거였고, 그 관계로 인해 내 인생 전체가
바뀌었다는 생각이 들어요. 평범한 인생을 살기에는 내 자신이 우울
하고 무가치하다는 생각이 들었어요.

마리온: 그냥 스스로가 더럽다고 느껴져요.

샌드라: 내 자신이 아무것도 아닌, 그냥 좀 치장한 창녀 같아요.

몇몇 여성들조차도 저항심과 긍지를 가진 죄인으로서 자신의 정체성을 받아들였다. 금지된 성적 지식을 처음 접하면서 그들은 자신이 대부분 마술적인 힘, 특히 남성을 유혹하는 힘을 지녔다고 느꼈다. 그들은 친아버지를 유혹했고 따라서 어떤 남성이라도 유혹할 수 있다고 믿는 듯 했다.

샌드라: 난 안 해 본 게 없어요! 내가 얼마나 남성을 잘 유혹하는지 보여 드리지요. 이런 상황에선 내가 한 수 위예요. 상대방이 '널 사랑해.'라고 말하게 한 다음, '그럼 나를 한 번 더 흥분시켜 봐.'라고 말하지요.

하지만 그렇게 말한 여성이 현실에서는 애인에게 계속 얻어맞고 착취당하고 방치되었다. 그녀의 자기 과장은 절대적인 무기력감을 억누르려는 방어 수단으로 기능했다. 자신이 나쁜 기운에 점령되어 남성을 미치게 만들기 때문에 학대당하는 것이라는 믿음이 무기력함에서 오는 수치심을 견디는 것보다 오히려 더 쉬웠기 때문이다.

몇몇 다른 여성들 역시 자신이 타인을 능가하는 놀랄 만한 힘, 특히 남성을 능가하는 성적 능력의 힘과 남녀 모두를 제압할 수 있는 파괴적인 힘을 가진 것 같다고 이야기했다. 한 여성은 자신을 '나쁜 마녀'로 묘사하면서 자신이 생각만으로도 다른 사람을 아프게 만들 수 있다며 두려운 마음을 표현했다. 이런 환상들은 한결같이 아동기에 겪은 근친 간의 성적인 상황들로 거슬러 올라갔다. 부분적으로 이들은 아버지에 의해 지배당하고 압도당한 것으로 인해 너무도 자주 느끼는 감정으로부터 자신을 방어하려고 했다. 또 일부는 자신이 특별하다고 느꼈고, 아버지에게 가장 사랑받는 존재였기 때문에 생긴 특권에 대해 얘기했다. 결국 이 환상들은 오랫동안 이 여성들이 자신의 가족을 파괴할 수 있는 가능성을 가진 힘이 있었다는 것을 의미했다. 근친 성 학대 비밀을 지키는 수호자로서, 그들에겐 자신이 아는 것을 폭로하면 가족에게 재앙을 불러올 수 있음이 몇 번이고 주지되었다. 의심할 여지없이, 모든 아동은 부모를 파괴하는 데 사용할 수도 있는 비밀스러운 힘을 가졌으면 하는 환상을 꿈꾼다. 하지만 이런 환상을 실현시킬 수 있는 지식을 가진 아이는 거의 없다.

게다가 많은 여성들이 자신의 근친 성 학대 경험이 남성들에게 성적인 흥분을 불러온다는 사실을 알았기 때문에, 자신이 남성을 유혹하는 범상치 않은 능력을 가졌다는 환상은 현실에서 자주 확인할 수 있는 일이 되었다. 우리와 면담을 한 여성들 가운데 일곱 명은 자기 아버지뿐만 아니라 다른 친척들로부터도 성적인 괴롭힘을 당해야 했다. 근친 성 학대의 비밀을 노골적으로는 드러내지 않는 것처럼 행동했지만, 아버지들은 다른 가족 구성원들에게 자기 딸이 특별한 성적 흥미의 대상이라고 소곤댔다. 또한 반복적인 추행 경험은 무의식적으로 여성들에게 자신이 '그걸 요구했음이' 틀림없다는 믿음을 스스로에게 주었다. 아버지에게서 벗어나자, 많은 여성들은 자신들의 근친 간 성적 내력이 다른 남성들의 관심을 끌도록 이용될 수도 있음을 깨달았다. 한 여성은 애인을 유혹하려고 자신의 근친 성 학대 경험을 이용하는 것과 매춘부가 남성들을 흥분시키려고 남성들이 지닌 환상을 이용하는 속임수 사이에 어떤 연관이 있음을 알았다.

크리스틴: 남성들은 매번 그걸 알고 쾌감을 느꼈지요. 왜 그런 건지는 모

르겠어요. 빅토리아 시대의 창녀인, 넬 킴볼에 대한 책을 읽었는데 그녀의 고객은 항상 왜 그녀가 이런 일을 하는지 알고 싶어 했대요. 그들은 가장 중요한 이야기는 별로 듣고 싶어 하지 않았어요. 대신 좀 끔찍해도 그녀가 어떻게 이용당했고 어떻게 해서 나쁜 길로 빠졌는지를 듣고 싶어 했지요. 어쩌면 그렇게 해서 남성들은 자신의 잔인함에 도취했던 거 같아요.

불길한 존재로 낙인찍히고 평범한 사회적 관계의 계약에서 제외되었다는 느낌은 많은 여성들에게 격렬한 고통을 느끼게 했다. 그들은 어떤 부분에선 자초했다고 생각한 심한 외로움을 호소했다.

이본: 확실한 이유도 없이 자주 우울해져서는, 만나는 사람들이 내가 누군지 아는 게, 나와 가까워지는 게 고통스러워요. 어느 누구하고도 내 마음속의 깊은 생각과 고통을 결코 나눌 수가 없어요.

비비안: (다른 사람이 다가오지 못하도록) 내 주변에 장막을 쳐 놓은 거 같아요.

근친 성 학대 피해자들 가운데 60피센트(25명)는 성인기가 되어 두드러진 우울 증상을 호소했다. 38퍼센트는 인생의 어느 순간 너무 우울해져 자살을 시도했다(표 5.5 참조). 그리고 20퍼센트는 알코올중독이 되거나 약물에 의존하기도 한다. 약물은 대부분 비효과적이었는데도 외로움과 우울한 감정을 다스리려면 사용할 수밖에 없었다고 설명했다. 몇몇 사람은 인간

관계에 대해 절망감을 느꼈고 신과의 관계를 통해 안정을 찾았다. 어느 여성은 스스로가 너무 죄스럽다고 느껴져서 교회 안으로 들어갈 수 없었다. 교회가 인간의 조직으로서 자신을 거부해서 그녀는 개인적으로 신에게 편지를 썼다. 다른 여성은 자신 안에 숨은 악마를 쫓아내길 바라면서 즉시 수녀원에 들어갔지만, 어느 누구도 자신의 내적인 혼란을 눈치 채지 못해 실망감을 안고 수녀원을 나와야 했다.

> 실러: 신의 심판이 두렵진 않아요. 마음속으로, '그래, 신은 아실거야. 신은 내가 마음속으로 뭘 느끼는지 아는 유일한 분이지.'라고 생각했어요. 내 마음속을 털어놓을 수 있는 오직 유일한 한 분은 신이었죠. 이 세상에 있는 사람에게는 내 마음을 열어 보일 수 없었어요.

이 여성들이 느낀 소외감은 사람들과 신뢰할 수 있는 관계를 형성하기 힘겨워하는 태도로 인해 더 가중되었다. 양쪽 부모에게서 철저하게 배신당했던 느낌은 그들에게 남겨진 아동기의 유산이었다. 그 결과 이 여성들은 모든 친밀한 관계에 있는 사람들에게 학대당하고 실망하리라 우려했는데, 어머니가 자신들을 버렸던 것처럼 다른 사람으로부터 버림을 당하거나, 아버지가 착취했던 것처럼 착취당하리라는 우려였다. 이렇게 우려하면서, 대개의 여성들은 버림받느니 차라리 학대당하는 쪽을 택했다.

동시에 어느 누군가와 서로 보상을 주고받는 뜻깊은 관계를 맺길 희망했고, 아동기에 받아 보지 못했던 애정 어린 돌봄과 배려를 간절히 갈망했다. 그래서 그들은 종종 보잘 것 없는 친밀함이나 따뜻한 감정조차도 쉽게 지나치지 못하고 붙잡아 두려는 절망적인 시도를 했다. 그들은 아버지와의 경험을 통해 성관계가 다른 사람의 관심을 끄는 확실한 방법이라는 것을 배웠다. 많은 여성들은 아버지의 호감을 샀던 성적으로 정형화된 일련의 행동[1]을 개발했는데, 이것은 또 다른 남성들에게도 효과가 있었다. 근친 성 학대 경험은 성관계를 제외하면 괜찮았다는 생각이 들게 했다. 그결과는 종종 간략하면서도 만족스럽지 않은 성적 관계의 연속이었다. 면담한 여성들 가운데 3분의 1(35퍼센트)은 그들의 언어적 정의에 의하면 성적으로 난잡했던 기간이 있었다고 했다. 많은 사람들은 강박적인 성적 행동과 금욕 및 절제의 시기 사이에서 갈팡질팡했다.

이 여성들은 조금만 오래 지속되는 애정 관계를 구축해도 종종 몸부림칠 정도의 격렬한 고통에 시달렸다. 자기 자신을 보호하는 방법을 결코 배운 적이 없었기 때문에, 이 여성들은 기껏해야 냉담하고 믿을 수 없는 남성이나 가장 심하게는 노골적으로 다른 사람을 착취하는 남성에게 빠져드는 것 같았다.

크리스틴: 남편은 때로 나를 강간하곤 했어요. 이상하게 들리겠지만, 때로는 그가 나를 강간했어요. 남편은 청소를 시키고, 내 돈을 가져가고, 아니면 여분의 돈을 마련하려고 나를 팔아서 이득을 얻었어요. 그는 정말 내게 많은 압력을 가했어요. 내가 그냥 아무 남성하고 그걸 하고 싶어 하지 않았더니 내가 뭘 모른다고 하도 비난을 해서 죄의식조차 들었을 정도예요. 그래서 정말 심적으로 충격이 컸어요. 남편은 내가 다른 남성들과 침대로 가서 어떻게 하는지 보고 싶어 했어요. 그래서 몇 번은 그가 원한 대로 했어요. 그가 나쁘다는 것을 잘 알았기 때문에 내 스스로가 바보 같았지만, 그를 사랑했어요.

인터뷰 당시, 40명 가운데 25명은(63퍼센트) 적어도 한 번은 결혼했고, 14명은(35퍼센트) 아직 혼인 중이었다. 그리고 아주 적은 수의 사람들만이 자신의 결혼 생활에 꽤 만족했다. 그들의 가장 평범한 호소는 남편이 자신을 가치 있게 평가하지 않거나 존중하지 않는다는 느낌이었다. 많은 여성들은, 아버지에 의해 이미 더럽혀진 것을 알면서 자신과 결혼한 남편에게 감사하는 마음을 가지고 순종해야 한다고, 생각했다. 여성들은 남편에게 근친 성 학대의 비밀을 알려 주면서, 막강한 힘을 양도한 셈인데, 왜냐하면 그 비밀이 자신들을 수치스럽게 하는 데 사용될 수 있고, 분수를 알게 하기 때문이다.

다른 여성들도 그들을 존중하는 남편이나 연인을 선택하지 못했다고 호소했다. 한 피조사자는, "게으름뱅이하고 사는 것보단 한결 더 낫지요. 어쨌든 내가 상황은 조절할 수 있잖아요."라고 말했다. 어떤 여성은 자신의 근친 성 학대 경험과 불행한 결혼을 직접적으로 연결시켰다.

> 이스터: 난 아주 어린 나이에 결혼했는데, 나중에 후회를 했어요. 그렇지만 아직까지는 남편을 떠나는 것이 불가능하다고 생각해요. 대체로 다른 사람들은 남편이 나보다 수준이 떨어진다고 생각해요. 남편은 일을 지속적으로 갖지 못하고 가족을 책임지지도 못해요. 우리 아이들의 인생에선 내가 정말 소중한 사람이에요. 근친 성 학대적인 내력을 지녔으니 시궁창 같은 남성과 사는 것으로 내가 스스로에게 벌을 줄 필요가 있다고 생각해요.

11명의 여성들은 지속적으로 남편이나 연인으로부터 구타를 당했다. 많은 사례에서 그들은 자신들이 맞아도 될 만하다고 생각하는 듯 보였다.

> 이본: 남편하고 난 전혀 잘 지내지 못해요. 남편이 나를 때리는 건 내가 그
> 사람을 자극하기 때문인 것 같아요.

> 파울라: 우리의 싸움은 믿어지지 않을 정도였어요. 내 눈 주위엔 검은 멍
> 이 들었으니까요. 때로는 내가 말이 많아 맞을 만도 했어요.

근친 성 학대의 피해자는 어머니가 맞는 것을 보아 왔기 때문에, 자기 남편이 지속적으로 자신을 학대하는 것을 당연한 일로 생각하는 듯 보였다. 많은 여성들은 결혼 생활에서 극단적인 학대로 인해 고통 받았지만, 생명이 확실하게 위험할 때만 자신을 보호할 방도를 구했다. 아리조나 주 피닉스에 위치한 매 맞는 여성들을 위한 쉼터, 레인보우 리트리트(Rainbow Retreat)는 근친 성 학대의 내력과 나중에 입은 피해와의 연관을 보고했다. 쉼터의 23퍼센트에 달하는 내담자가 15세 전에 부모 또는 가까운 친척과 성적 접촉을 가졌다고 보고했다.[2]

40명 가운데 6명의 피해자들은 맞기만 한 것이 아니라 성폭행까지 당했다. 그중 3명은 한 번 이상 성폭행을 당했다. 어떤 여성들은 근친 성 학대적인 가족 상황으로 인해 성폭행을 당할 위험이 확실히 더 높았다. 예컨대 두 여성은 가출하여 길을 헤매던 상황에서 성폭행을 당했다.

> 레노어: 열다섯 살에 처음으로 성폭행을 당했어요. 손목을 그어 병원에 옮
> 겨졌는데 그때 부모님은 멀리 있었어요. 그 일은 가출을 시도했을 때

일어났어요. 경찰은 가방 속에서 속옷과 한 꾸러미의 약을 본 다음엔 무척 적대적이 됐어요. 부모님에게 알리고 싶지 않았지만, 경찰이 연락을 했고 난 부모님에게 그 일에 대해 얘기를 했지요. 부모님은 날 믿지 않았어요. 처음엔 새어머니는 믿었는데, 아버진 절대 믿지 않았어요. 내가 집을 다시 나간 후 그런 일이 또 일어났어요. 성폭행을 당하고 이가 몇 개 부러져서 치료비를 달라고 했어요. 부모님은 또 믿지 않았고, 내 남자 친구가 그랬다고 생각하셨어요. 아버지는 행실이 올바르지 않으니 그런 일을 당해도 싸다고 내 형제들에게 말씀하셨어요.

이 여성들 사이에선 폭행이 꽤 많이 일어나는 편이지만, 사실 일반적인 여성들 사이에서 일어나는 사건들과 별반 다르지 않을 수도 있다. 성폭행 사건의 추정치는 정의를 어떻게 내리느냐에 따라 매우 다양하다. 예를 들면 대학생을 대상으로 한 연구에서, 24퍼센트의 여성이 12세 이후 '강제적인 성 경험'을 가졌다고 보고했다.[3] 실제 성폭행 사건보다 더 놀라운 것은 성폭행에 대한 여성들의 태도였다. 소수의 여성들만이 성폭행에 대해 분노했고 대부분의 여성들은 마치 자신들이 벌을 받을 만하다는 듯 반응했다. 술집에서 만난 남성에게 성폭행을 당한 어느 여성은 폭행당한 지 일주일 만에 그 가해자와 결혼했다.

비록 많은 여성들이 학대당한 방식에 대해 노골적인 분노를 표현하지는 않았지만, 반복된 학대 경험으로 인해 다른 사람에 대한 불신은 깊어졌으며 고립감은 훨씬 더 증가했다. 그렇게 악순환이 반복되고 실망감이 거듭될 때마다 여성들은 더 큰 괴로움에 빠졌지만 필사적으로 사람들과 친밀해지고 그들로부터 이해받는 일에 매달렸다. 하지만 아주 적은 수의 여성들만이 실수로부터 교훈을 얻었으며 나머지 사람들은 그 실수를 반복해서 저지를 수밖에 없었다.

반복된 실수에도 불구하고, 근친 성 학대 피해자 대부분은 남성들을 향해 큰 분노를 보이진 않았다. 대부분은 '남성들은 정말 나빠요.' 또는 '사내녀석들이란 오직 한 가지만 원하죠.' 라고 비난할 뿐이었다.

스테파니: 버스에 탄 남성들을 보면, '정말 사내들이 원하는 거라곤 여자들한테 지들 물건을 쑤셔 넣는 것밖엔 없구나.' 라는 생각이 들어요.

그렇게 단 3명의 여성들만이 남성을 향해 두드러지게 적의나 두려운 태도를 나타냈으며 대부분은 전적으로 남성들을 피했다.

사실 근친 성 학대 피해자들 대부분은 남성들을 과대평가하거나 이상화하는 경향을 보였다. 그들은 타인과의 성적인 친밀함을 추구하면서 아버지와의 관계에서 느낄 수 있었던 특별한 무언가를 찾으려고 했다. 많은 여성들이 비밀스러운 관계에서 오는 자극을 또다시 느끼려고 자신보다 훨씬 나이가 많은 남성이나 유부남과 관계를 가졌다. '다른 여성'과 마찬가지로, 어떤 관계를 맺는 것이 좋을지 정의할 수 있는 능력이 거의 없었으므로, 변덕스럽고 정작 필요할 땐 옆에 있지도 않은 연인에게 만족해야 했다. 몇몇 여성들은 사랑하는 남성에게 전적으로 지배당하는 것이 아주 당연하다고 생각하는 듯 보였다. 그들은 연인에게 종속되는 것으로 보호받고 돌봄을 갈구했던 아동기의 불만족감을 채웠다. 어느 여성은 다음과 같이 솔직하게 자신의 연인을 부모로 묘사했다.

앤머리: 난 그에게 최면이 걸렸어요. 그는 사람을 조종하는 힘이 있었거든요. 그를 항상 만나야만 할 만큼 그 사람한테 중독됐었어요. 그의 존재 자체가 내게 큰 의미였고, 그는 힘이 넘쳐흘렀어요. 어느 날 그 사람이 내 코트 깃까지 단추를 채워 주면서 내가 스스로를 돌봐야 한다고 말했어요. 난 그가 마치 엄마나 아빠처럼 나를 사랑한다고 느껴요.

이들은 대부분 남성보다는 여성에게 분노를 느꼈다. 의식 있는 여성주의자가 된 사람들을 제외하고는, 대부분의 근친 성 학대 피해자들은 자신을 포함한 모든 여성들을 경멸했다. 가끔 아버지의 귀염둥이 딸이었던 특별한 위치를 추억하면서 여성에 대한 일반적인 비난으로부터 자신들 스스로는 제외시켰다. 힘 있는 아버지와 자신을 계속 동일시하는 것으로 성인기의 자존감을 지킬 수 있었다. 하지만 마음속 깊은 곳에서는 오히려 증오했던 어머니와 자신을 동일시했으며, 스스로를 타락하고 가치 없는 여성으로 간주했다.

근친 성 학대 피해자들이 여성 일반에 대해 지녔던 적개심 때문에 그들은 여성들과 상호 우정을 쌓지 못했다. 그들은 여성들을 남성 때문에 서로 배반할 수 있는 잠재적인 라이벌로 보거나, 악의적인 추문의 대상 또는 단순히 아무것도 줄 게 없는 쓸모없는 사람들로 여겼다.

많은 근친 성 학대의 피해자들이 가졌던 여성을 향한 노골적인 적개심의 이면에는 따뜻한 여성들과의 관계에 대한 깊은 갈망이 숨겨져 있었다. 그러나 피해자 대부분은 어떤 형태로든 여성과의 만족스러운 관계를 가지는 것을 단념했기 때문에, 그들의 이런 갈망은 거의 표현되지 않았다. 어떤 피해자들은 서로 경쟁할 만하면서도 존경할 수 있는 이상적인 여성 보호자면서 선생님 같은 사람을 만나고 싶다는 환상을 지녔다.

> 레지나: 절대로 우리 엄마 같은 사람 말고, 많은 것을 겪었지만 정말 지혜
> 로운 오십 대의 나이 든 여성을 만났으면 했어요. 그런 사람이 있다는
> 것을 알기만 해도 한결 마음이 좋아졌을 거예요.

소수의 근친 성 학대 피해 여성들은 동성애적인 관계를 경험했다. 이런
관계를 통해 이들은 여성적인 배려에 대한 강렬한 소망과 착취적이기보다
는 상호 간에 만족을 얻을 수 있는 성적 관계를 갖길 바랐다.

> 샌드라: 친구들은 제가 다시 즐거운 기분을 되찾길 바랐어요. 어느 토요일
> 밤, 오랫동안 알고 지내던 여자 친구와 함께 열아홉 살 이후론 전혀 가
> 보지 않았던 게이 바에 갔어요. 처음엔 매우 걱정했지만 막상 거기 있
> 으니까 별로 놀랄 만한 일은 일어나지 않았어요. 편안했고, 즐겁게 시
> 간을 보냈어요. 그 사람들이 이상하게 느껴지진 않았어요. 오히려 그
> 들과 더 많은 공통점이 있다는 것을 느꼈고 관계도 더 좋더라고요. 만
> 약 내게 아이 셋이 없었더라면, 나도 그랬을 거예요.

어떤 연구자들은 근친 성 학대의 경험과 후에 발전될 수 있는 레즈비언
정체성과의 실현 가능한 연결 고리에 대해 설명했다. 어느 임상 연구에 의
하면, 3분의 1이 넘는 근친 성 학대 피해자들은 스스로를 레즈비언으로 인
식했다.[4] 또 다른 심리학자가 실행한 225명의 레즈비언 여성들을 대상으
로 실시한 전국적인 설문 조사를 보면, 이 여성들 가운데 상당한 여성이

이성애자인 다른 비교 집단 여성에 비해 아동기에 강간이나 추행을 당한 경험이 많았다.[5] 우리의 연구에서는 적어도 숫자상으로 이런 관련 사실을 입증할 수는 없었다. 단지 40명의 근친 성 학대 희생자들 가운데 2명만이 확실하게 레즈비언 정체성을 발전시켰다. 다른 세 사람은 스스로를 양성 애자로 인식했다. 대다수의 희생자들은 더 확실한 이성애자로 남았다. 레즈비언으로 발전한 두 여성은 근친 성 학대의 경험이 자신의 성적 정체성에 영향을 미쳤다고 생각했다. 그들은 레즈비언 정체성을 가지면서 아동기에 겪은 정신적 외상을 어느 정도 다스리고, 그렇게 해서 생각했던 것보다 훨씬 더 건강하고 보상받을 수 있는 삶을 성취했다.

> 레노어: 다른 사람들도 본질적으로는 양성애자라고 생각하지만, 아버지 때문에 이렇게 바뀌지 않았더라면 나도 양성애자가 되었으리라 생각합니다. 그 일로 인해 난 남성들과 성적인 관계를 가질 수 없었어요. 남성들과의 관계에서 나 자신을 정신병자와 같이 내던져 버리는 기분이었어요. 남성과 함께 있으면 정말 미칠 것 같고 분열되는 기분인데, 남성들이 그렇게 만들었다고 생각해요. 이게 바로 아버지가 사소한 마사지라고 부른 일의 직접적인 결과였어요. 하지만 여성들과의 관계에서는 그런 역할을 하지도 않았고, 혹시 그렇더라도 바로 그만두고 내 행동을 통제할 수 있었어요.

이 여성들에게 레즈비언으로 발전한 성 정체성은 근친 성 학대로 인한 외상에 적응하려고 적극적으로 선택한 방법처럼 보였다.[6]

성적인 목적이 무엇이든지 상관없이, 반 이상이 넘는(55퍼센트) 근친 성 학대 피해자들은 성적인 즐거움을 느끼는 데 장애를 느낀다고 호소했다. 많은 피해자들은 성적인 즐거움을 최소로 느끼거나, 아니면 전적으로 느끼기 어렵다고 고백했다. 근친 성 학대의 기억은 그들의 내면을 자주 침범해서 무력화시켰다. 어떤 여성들은 혼란스러운 '플래시백'이나, 성관계를 하면서 이전에 겪었던 어떤 행위의 기억으로 인해 고통스러움을 호소했다.

> 재닛: 아주 오랫동안 난 성관계를 전혀 가질 수가 없었어요. 스티브가 다가오면 아버지에 대한 기억이 났어요. 매일 울었어요. 그가 내 근처에 오는 것도 참을 수가 없을 정도였어요. 지금도 관계를 가져야만 한다는 생각이 들거나, 또는 그게 내 생각이었는데도, 아버지가 한 행동이 떠오르기 시작하면, 관계를 그만둬야만 해요. 물론 스스로에게 이건 아버지하고 하는 게 아니라 스티브하고 하는 거니까 괜찮다고 말하지만, 사실 전혀 괜찮지 않아요.

또 어떤 여성들은 '섹스' 하면 타인에 의해 지배당하고 통제당하는 것만 떠올라 전혀 편안하게 받아들일 수 없었다.

> 레노어: 난 성적으로도 많은 문제가 있었어요. 오르가슴이 전혀 느껴지지 않아서 괴롭고 정말 우울했어요. 왜 내가 오르가슴을 느낄 수 없었냐면 실은 통제력을 잃게 될까 봐 두려웠던 거예요. 그건 바로 아버지가 가르쳐 준 교훈이었어요. 아버진, 성적으로 흥분하면 조절력을 잃을 거고, 그러면 내 자신을 잃기 때문에 상대방의 노예가 된다고 했어요. 그래서 내 스스로 오르가슴을 느끼지 못하게 한 것 같아요. 아직도 섹

스에 대해서는 긴장이 되는 게 사실이에요. 그렇지만 이건 내가 겪었던 일에 대한 당연한 결과라고 생각해요.

비록 개인적인 삶은 불행했으나, 근친 성 학대에서 생존한 여성들은 감동적인 내면의 힘을 보여 줬다. 아동기 이후 열심히 일하고 책임감에 익숙해지면서 많은 여성들은 규율을 잘 따르고 헌신적이면서 생산적으로 일했다. 그들의 성취는 다른 상황에서도 주목할 만한 것이었다. 15세 때부터 독립적인 생활을 한 어느 여성은 대학을 거쳐 박사과정에 진학했다. 또 다른 여성은 지역 정치계에선 꽤나 알려진 인물이었는데, 직업을 두 개나 가지고 노조를 대변하면서 동생들의 학비까지 댔다. 다섯 아이들의 어머니인 세 번째 여성은 공장에서 정규직 노동자로 일했을 뿐만 아니라 지역사회에서는 기금 조성과 시민 활동을 조직했다. 네 번째 여성은 혼자 아이 둘을 기르면서 자기 사업체를 운영했다. 이처럼 개인적인 삶에서는 비록 보상을 받지 못했지만 이 여성들의 직업적 성취는 주목할 만한 것이었다.

성인기의 삶을 살면서도 수많은 근친 성 학대 피해자들에게는 아동기 때부터 지워진 보호자의 역할이 지속되었다. 몇몇 여성들은 어려움을 겪는 젊은 여성들에게 집과 은신처를 제공했으며 가출 청소년이나 집 없는 아동들을 받아 줬다. 많은 사람들은 자신들이 고통을 받았던 것처럼 아들과 딸이 같은 고통을 겪지 않도록 명확하게 아이들을 기르고자 최선을 다했다.

이스터: 내가 결혼한 이유 가운데 하나는 내 아이들에게 더 나은 엄마가 되고 싶다는 열망 때문이었어요.

수많은 근친 성 학대 피해자들은 자녀들에 대한 자신의 의무와 책임 때문에 살아갈 수 있었다고 말했다.

> 마리온: 일에 몰두하는 게 내겐 실제로 다른 어떤 것들보다 더 도움이 됐어요. 사람들을 좋아했고 사람들이 말하는 문제에 귀를 기울였는데, 시간이 갈수록 다른 사람들의 문제보다 내 문제를 해결하는 게 더 어려운 것 같아요. 난 진짜 일 중독자예요. 일을 정말 사랑했고 집에서 가게를 운영했는데, 아이들에게 좋은 가정을 제공할 수 있었어요. 아이들이 집에 올 땐 항상 집에 있었고, 제대로 된 음식을 아이들에게 줬지요. 아이들도 안락하다고 느꼈어요. 결혼 생활을 하면서 여러 가지 끔찍한 일들을 겪었지만 항상 아이들을 우선으로 한 것은 잘했다고 생각해요.

하지만 그들의 헌신에도 불구하고, 엄마가 된 많은 피해자들은 자기 어머니가 그랬던 것처럼 자신도 나쁜 엄마가 될 수 있다는 두려움 때문에 괴로워하기도 했다.

> 파울라: 좋은 엄마가 되고 싶었지만 그걸로 끝이었어요. 내 안에는 다른 면이 존재했거든요. 아이들한테 고함을 질러 댈 때 때로는 정말 죄책감을 느껴요. 우리 엄마 때문에 겪었던 것을 나로 인해 아이가 겪는다면, 난 죽어 버릴 거예요.

많은 여성들이 자신의 양육 방식에 대해 비이성적으로 높은 기준을 적용했다. 어쩌다 이 기준에서 벗어나면, 그들은 자신을 너무나 무가치하다고 느꼈고 극심한 죄책감에 빠졌다. 완벽하게 거룩한 모성애를 가진 어머니의 이미지에 반대되는 것은 오로지 추락한 여성 아니면 심술궂은 계모밖에 없었다. 근친 성 학대 피해자들은 자신들이 적합하고 만족할 만한 어머니를 대변할 내적 힘이 부족하다는 듯, 그들이 꿈꾸어 왔던 이상적인 어머니상이나, 아니면 그들이 경험했던 방임하는 어머니상, 둘 가운데 하나만을 상상할 수 있었다.

아이들한테 나쁜 엄마일지도 모른다는 두려움에 더해, 많은 근친 성 학대 피해자들은 성적인 학대로부터 딸들을 보호할 수 없을지도 모른다는 좀 더 구체적인 두려움을 지녔다. 오로지 극소수의 여성만이 딸 주변의 남편이나 연인을 신뢰했다.

> 이스터: 오랫동안 연인 관계였던 남성이 나와 헤어진 후 다른 여성과 결혼했다는 사실을 알았어요. 헤어진 이유는 정말 다양하고 복잡한데, 가장 확실한 것은 내게 십 대의 딸 둘이 있고, 아이들이 그 사람으로 인해 해를 입을 것 같아 남성을 집 안에 들이는 것이 두려웠다는 거예요. 현실적으로 말해서, 문제의 그 남성이 그렇게 도덕적이고 친절한 사람인 거 같지 않았거든요.

몇 건의 사례에서, 이런 두려움을 가질 만한 근거는 확실했다. 몇몇 여성들은 자녀들에게도 신체적인 학대를 가한 남성과 결혼했고, 한 여성은 성적으로 학대하는 남성과 결혼했다. 게다가 또 다른 세 여성은 자기 자녀에게 직접 폭력을 휘두르기도 했다. 그러나 대개의 경우 엄마로서 부적합하다는 걱정과 불안감은 실제 현실 상황과 조화를 이루지 못했다. 여성들 대부분은 자기 자신을 돌보는 일보다 아이들을 더 잘 보호하고 돌보았다.

일반적으로 이 여성들은 힘든 노동으로부터 얻는 이득을 즐기지도, 자신의 능력과 강점에 대한 만족감을 느끼지도 못했다. 다른 사람들 특히 자녀를 보살피려고 엄청나게 움직이면서도, 이들은 사실 자기 자신의 이익을 위해서는 분투하려 들지 않았다.

> 샌드라: '마음대로 짓밟아라.'라는 표지판이 몸에 붙어 있는 거 같아요. 질까 봐 싸우기가 두려워요. 내가 스스로 어떤 권리를 가졌는지 잘 모르겠어요.

이 여성들은 심리적 손상이라는 결과 때문에 홀로 고통을 겪어야만 했다. 거의 언제나 그들의 분노와 실망은 원하지 않은 임신을 하거나 강간 또는 폭력을 당하거나, 알코올이나 약물에 중독되거나, 자살을 시도하는 등의 자기 파괴적인 행동으로 표출되었다.

따라서 근친 성 학대의 피해자들은 원형적인 여성의 특징을 지닌 사람, 곧 섹스를 즐기지는 않지만 섹시하고, 지속적으로 피해자가 되면서도 계속해서 강압적인 남성과의 사랑을 갈구하고, 자기 자신이나 다른 여성들을 경멸하고, 죽어라 일하며, 아낌없이 베풀면서 자신을 희생하는 사람이 되어야 했다. 분노를 안으로 삭이면서 타인과는 문제를 일으키지 않았지만 내적으로는 갖가지 갈등상태에 놓여 있었다. 아동기에 그들에게 저질러진 범죄에 대해, 여성 피해자들은 자기 신체에 거듭거듭 벌을 주었다.

7 장

유혹하는 아버지와 그 가족

아버지의 태도는 여성의 성장 발달에 결정적인 중요성을 담보하는 요소 가운데 하나이다. 이것을 의식하지 못하면 아버지는 유혹자로서, 딸이 본 능적으로 지닌 공격적인 요소를 피학대성 변태 성욕으로 변형되도록 조 장한다.

— 헬렌 도이치, 『여성의 심리』(1944)

아버지가 노골적인 근친 성 학대를 저지르지는 않았지만 유혹적인 태 도를 보였던 20명의 여성들이 자신들의 이야기를 들려주었다. 그들의 사 회 계급, 인종, 종교적 배경은 우리가 인터뷰했던 근친 성 학대 피해자들 (표 5.1 참조)과 비슷했다. 근친 성 학대 피해자들과 마찬가지로, 그들 대부 분이 젊은 백인 여성이며 평범한 여성들이 갖는 직업을 가졌다. 또한 근친 성 학대 피해자들과 마찬가지로, 모두 심리 치료를 받는 환자였다.

우리는 아버지 쪽의 유혹을, 분명히 성적인 동기를 가졌으나 신체적 접촉이나 비밀을 강요하지는 않는 행동으로, 정의했다. 예를 들어, 어떤 아버지는 자신이 벌인 정사(情事)를 자세히 털어놓으면서 딸에게 성 경험에 대해 끊임없이 질문을 퍼붓는 등, 계속해서 딸에게 성에 대해 언급했다. 어떤 아버지는 외설스러운 그림이나 책 등을 습관적으로 방치하여 딸이 보도록 했다. 그런가 하면 딸에게 자신의 몸을 보여 주거나, 딸이 옷을 벗는 동안 몰래 염탐한 아버지들도 있었다. 그보다 더한 경우로, 시샘하는 연인처럼 딸을 유혹하여 꽃이나 비싼 보석, 또는 섹시한 속옷을 선물로 사준 아버지들도 있었다. 비록 아버지들의 모든 행동이 성기 접촉까지는 가지 않았지만, 그런 행동은 분명 딸에 대한 주제넘은 성적 관심을 드러낸 것으로, 은밀한 근친 성 학대의 한 형태였다.

우리는 세 가지 이유에서 이 두 집단의 여성들을 비교하기로 결정했다. 첫째, 우리는 노골적인 근친 성 학대를, 전통적인 가족 패턴이 가장 극단적인 형태로 나아간 상태에 다름 아니라고 생각한다. 근친 성 학대 관계에 말려든 소녀들 가운데는, 근친 사이에 은밀하게 성적인 유혹이 이루어지던 가정에서 성장한 여성들이 상당히 많았다. 이런 종류의 가정을 재구성함으로써, 우리는 근친 성 학대 피해자 가정과 근친 유혹 피해자 가정 사이의 많은 유사성을 찾아낼 수 있을 것으로 예상했다. 또 노골적인 근친 성 학대는 유혹하는 아버지가 있는 가정과, 연속성을 지니면서 거기서 극단으로까지 나아간 것이라는 점, 곧 가부장적 가정 내 규범에서 출발하는 것이 아니라 그 규범이 극대화된 것이라는 개념을 수립할 수 있기를 기대했다.

이 두 집단의 여성들을 비교하기로 한 두 번째 이유는, 노골적인 근친 성 학대의 위험을 증가시키는 것으로 보이는 가족의 특성은 물론, 근친 성 학대가 일어나지 않게 하는 가족의 특성을 규명하고 싶었기 때문이다. 마지막 세 번째 이유는, 근친 성 학대가 오랜 시간에 걸쳐 진행되었을 때의 특정한 결과를 확인하고, 노골적인 근친 성 학대와 은밀한 근친 성 학대의 해로움을 비교 평가하기 위해서였다. 양 집단의 정보 제공자들 모두 심리 치료를 받던 환자였기 때문에, 이들이 성인으로서 심리적 기능에서 드러내는 차이가 근친 성 학대 피해를 당한 환자라는 신분에서 기인하는 것으로는 볼 수 없었다.

근친 성 학대 가정과 마찬가지로, 유혹하는 아버지가 있는 가정도 평범한 모습을 띠었다. 흔히 그들은 가정 형편이 부유했으며 공동체 사회에서 평판이 아주 좋았다. 집안에서 일어나는 어떤 문제든 친구들이나 이웃의 눈길에서 벗어났으며, 물론 사회 기관이나 경찰에 알려지지도 않았다.

칼라: 내 부모님은 매우 안전을 의식하고 이웃을 의식해요. 남에게 보이는 모습을 가장 중시하셨죠.

근친 성 학대 가정에서와 마찬가지로, 은밀한 유혹이 이루어지던 가족에게 성에 대한 청교도적이고 부정적인 태도는 공통적이었다. 성은 금기된 주제였고, 성교육은 사실상 존재하지 않았다. 부모의 관계는 대개 팽팽하고 냉랭하게 지각되었다. 가족 구성원들 사이의 신체적 애정 표시는 드물고 거북했다. 몸, 특히 여성의 몸은 불결하게 간주되었고, 청결과 옷, 용모가 몹시 강조되었다. 아버지와 딸 사이의 로맨스가 넘쳤지만, 그것은 관용적이고 애정 넘치는 가정생활의 따사로움 속에서가 아니라, 불신과 애정 결핍으로 인한 냉랭한 분위기에서였다.

근친 성 학대 가정에서와 마찬가지로, 유혹하는 아버지가 있는 가정에서는 전통적인 성 역할 또한 우세한 것 같았다. 유혹하는 아버지들은 대개 가족 가운데 경제력을 지닌 유일한 사람이었다. 그들은 사무실과 공장에서 착실하게 일하는 사람들이었으며, 사업가고 판매원이고 의사고 기술자였다. 어머니들은 때로 시간제로 일하거나 가족의 사업을 '거들기도' 했지만, 주로 아내와 주부의 역할을 가장 우선시했다. 결혼이 이 어머니들의 생활 중심이었다.

근친 성 학대 가정에서와 같이, 유혹하는 아버지들이 가족의 우두머리였음은 의문의 여지가 없다. 하지만 자신의 지배적 위치를 강화시키려고 폭력에 의지할 자격이 있다고 생각한 아버지 수가 근친 성 학대 가정의 아버지 경우보다 더 적은 것은 의미심장하다. 근친 성 학대 피해자의 50퍼센트가 아버지로부터 폭력을 당했던 것에 반해, 아버지가 유혹하는 가정의 딸들은 20퍼센트만이 아버지가 습관적으로 폭력을 행사했다고 보고했다 (표 5.3 참조). 딸들에게서 알 수 있는 것처럼 이런 가정에는 아주 권위적이고 협박을 일삼는 아버지가 많았고 아버지들이 완력으로 가족을 지배하는 능력을 가졌지만, 근친 성 학대를 저지른 아버지들과 대조해 볼 때, 완력을 사용하는 경우는 매우 드물었다.

메리: 아빠는 다혈질에 화를 아주 잘 내는 사람으로, 모두를 통제하려 했어요. 그러면서도 사랑받고 싶어 하셨지요.

샬린: 그는 큰 체구에 곰 같은 사람으로, 매우 정의로우면서 지배적이에요.

수잔: 아빠는 아주 엄격하고 도덕에 대해 완고하며 엄청 권위주의적이지만, 아주 매력적이기도 해요.

메릴: 그는 몹시 거만하고 고집이 세요. 그렇지만 정직하고 근면하며 자수성가한 사람이에요.

근친 성 학대 피해자 가운데 딱 1명만이 아버지를 '활기 없는 겁쟁이'라고 말한 것과 달리, 아버지가 유혹하는 가정의 딸들 가운데는 아버지가 공격성을 조절하고 억제할 수 있다고 본 딸들이 많았다. 일부 여성은 아버지가 온순하고 내성적이며 점잖고 심지어 온순하다고 말하기도 했다.

페니: 아빠는 천사예요. 사려 깊고 말을 부드럽게 하는 조용한 사람이지요.

비록 이들 가정에서 폭력의 위협이 극도로 심하지는 않았지만, 아버지가 자신을 버릴지도 모른다는 위협은 근친 성 학대 피해자들의 마음에서와 마찬가지로 유혹하는 아버지의 딸들에게도 어렴풋하게 자리 잡았다. 유혹하는 아버지들은 위협이나 완력에 의해서보다는 움츠러들고 도움이 되지 않음으로써 가족을 통제할 수 있었다. 근친 성 학대 피해자들과 마찬가지로, 유혹하는 아버지의 딸들은 자기 아버지가 불행한 결혼 생활을 한다고 보았으며, 아버지가 가족을 버릴까 두려워했다.
근친 성 학대를 하는 아버지들과 달리, 유혹하는 아버지들은 종종 여색에 빠지는 남자들이었다. 그들은 남편으로서 불만족을 숨기지 않았으며, 아내에게 외도 사실을 숨기려는 노력도 하지 않는 경우가 흔했다. 혼외정사의 비밀이 유지된다 하더라도 아버지의 총애를 받는 딸은 그런 정보에 은밀하게 관여하였고, 이런 식으로 딸은 아버지와의 공모 관계에 말려들었다. 몇몇 아버지들은 딸이 사춘기일 때 아주 어린 여성들과 내연 관계를 가졌는데, 그중 두 건은 딸의 여자 친구들과 가진 관계였다.

근친 성 학대 아버지들과 마찬가지로, 유혹하는 아버지들 가운데도 술버릇이 나쁜 사람이 많았다. 사실 음주 문제와 관련해서 두 집단 아버지들 사이에 유의미한 차이는 없었다. 양쪽 집단 여성의 35퍼센트가 아버지가 술을 지나치게 마신다고 생각했다. 이것은 의미심장한 발견인데, 왜냐하면 그것은 아마도 중독이 근친 성 학대를 하는 아버지들의 통제력 상실을 설명하기에 충분하지 못하다는 것을 나타내기 때문이다. 유혹하는 아버지들은, 비록 근친 성 학대를 하는 아버지들과 같은 정도로 술을 남용했지만, 자기 딸에게 노골적인 성관계를 강요하진 않았으며, 다른 가족 구성원에 대해서도 근친 성 학대 아버지들과 같은 정도의 폭력에 호소하지도 않았다.

유혹하는 아버지들이 근친 성 학대 하는 아버지들보다 더 자제하는 이유들에 대해서는 추측만 해 볼 수 있을 따름이다. 그들이 어른다운 인격이 더 잘 발달했고 힘들여 내적인 통제를 더 잘했다는 건 당연하다. 그러나 두 아버지 집단 모두 직접 인터뷰한 것이 아니기 때문에, 그런 판단을 확증할 수는 없다. 어쩌면 아버지의 인격이 아니라 어머니의 인격과 사교적 수단이 아버지를 자제시킨 요인이었는지도 모른다.

왜냐하면 유혹하는 아버지의 딸들이 어머니에 대해 근친 성 학대 피해자들과 아주 다르게 묘사했기 때문이다. 보편적으로 그들의 어머니는 근친 성 학대 가족의 어머니들보다 더 건강하고 더 단호하며, 더 유능하고 사회적으로 더 활동적이며, 덜 고립되어 보였다. 근친 성 학대 피해자 어머니들의 55퍼센트가 중병을 앓은 데 비해, 유혹하는 아버지 가정의 어머니는 불과 15퍼센트만 중병을 앓은 적이 있었다. 이 집단에는 어머니와 딸이 격리되어야 할 정도로, 심각한 병을 앓은 어머니가 없었으며, 어머니가 사망한 경우도 없었다. 어머니의 임신도 더 적었다. 이 집단의 가족은 평균 자녀 수가 2.85명이었는데, 근친 성 학대 가족의 자녀 수가 평균 3.6명이었던 것에 비교해 볼 때, 이 수는 국민 전체 평균 자녀 수보다 유의미하게 더 높지도 않았다. 보살펴야 할 자녀 수가 더 적으므로 유혹하는 아버지가 있는 가정의 어머니는 가사 의무에 덜 짓눌렸으며, 유혹하는 아버지를 가진 20명의 딸들 가운데 어머니의 대리로 가족에게 봉사하느라 억눌린 사람은 오직 1명밖에 없었다.

근친 성 학대 가정의 어머니들과 마찬가지로 이 어머니들도 남편에게 순종적이며, 어떤 희생을 치르더라도 결혼을 유지하려고 굳게 작정한 것으로 묘사되었다. 그러나 근친 성 학대 피해자들의 어머니가 심한 학대를 묵인한 데 비해, 이 어머니들은 묵인하지 않았다. 그들은 언어적인 인격 유린과 학대를 참으면서, 존경이나 애정은 없었지만 그럭저럭 견뎌 나갔고, 과도한 소문이 나지 않는 한, 남편의 음주나 호색을 눈감아 주는 쪽을 택했다. 그렇지만 그들은 구타는 참지 않았으며, 스스로를 집안에 격리되도록 내버려 두지도 않았고 강요된 임신에 굴복하지도 않았다.

이 어머니들은 스스로를 잘 보호할 수 있었기 때문에, 딸도 노골적인 성 학대로부터 더 잘 보호할 수 있었던 것 같다. 대부분의 사례에서 모녀 관계의 소외가 두드러졌지만, 딸은 보호했다. 하지만 적어도 딸의 관점에서 볼 때, 모녀 사이에는 애정과 협력, 신뢰가 거의 없었다. 정보 제공자 가운데 다수가, 근친 성 학대 피해자들과 마찬가지로, 어머니를 무정하고 냉랭하며 적대적이라고 말했다.

> 메리: 어머니는 얼음장같이 차고, 베풀 줄 몰랐어요. 나더러 지옥에나 가라는 비난을 자주 했어요.

> 몰리: 엄마는 나를 어루만진 적이 없어요. 엄마한테서 뽀뽀를 받아 본 기억도 없고요. 나는 엄마가 애초부터 나를 원하지 않았다는 걸 알아요.

> 베스: 엄마는 '일만 생겼다 하면 내가 다 해야 하다니.'라면서, 스스로를 가족의 순교자요 피해자라고 생각했어요. 사실 엄마는 많이 아팠어요. 그래서 나는 늘 엄마를 기쁘게 하고 돌봐 드리려 노력했어요. 하지만 엄마는 전혀 만족하지 않으셨죠. 엄마는 제 동생을 가장 예뻐했는데, 동생은 '미스 예쁜 구두(Miss Goody-two-shoes)'였죠. 엄마 눈에 동생은 잘못하는 게 없었고, 나는 제대로 하는 게 없었지요.

20명의 딸들 가운데 3명이 아주 동일한 가족 신화를 보고했다. 자신이 태어날 때 어머니에게 심하게 손상을 입히고 아프게 했다는 것이다. 이런 신화는 어머니가 딸을 거부한 것을 설명하고 합리화하고자 생긴 것으로, 모녀 관계의 깊은 갈등을 상징했다.

베스: 엄마는 내가 어떻게 당신 몸을 엉망으로 만들었는지 늘 상기시키곤 했어요. 난 심한 죄책감을 느꼈지요. 그러나 나중에 나는 엄마가 상처를 치료하려고 수술을 받을 수도 있었다는 걸 알았어요. 뭐 그리 심한 수술도 아니었는데, 거절하셨대요. 엄마는 자기 몸에 이상이 있는 채로 생활하면서 그것으로 나를 마구 위협한 거예요.

노골적인 경쟁 또한 많은 모녀 관계에서 두드러지는 특징이었다. 이 어머니들은 딸에게 인생에서 가장, 아마도 유일하게 중요한 일은 남자를 잘 만나서 사는 것이며, 여자의 가치는 전적으로 남자의 주의를 끄느냐 못 끄느냐에 달렸다고 가르쳤다. 어머니들은 딸에게 이 세상에서는 남자가 우선이라는 생각을 각인시켰는데, 모두 여성 자신을 위해 그게 마땅하다는 것이었다.

몰리: 내가 남자와 가까워지기만 하면, 바로 그 지점에서 엄마는 내 영역에 끼어들어 간섭하곤 했어요.

아버지의 주의를 끄는 경쟁은 특히 심했다.

페니: 엄마는 지긋지긋한 잔소리꾼이에요. 엄마가 아빠 인생을 그토록 비참하게 만드는데 아빠는 왜 엄마랑 사는지 모르겠어요. 아빠와 나는 정말로 서로를 이해해요. 엄마가 그걸 맘에 안 들어 한다면, 유감이지만 말이에요.

이렇게 경쟁하는 느낌은 종종, 어머니로부터 관심과 보호를 받고자 하는 딸의 깊은 갈망을 숨겼다. 근친 성 학대 피해자와 마찬가지로, 이 가운데 많은 여성들이 어머니가 어느 정도는 아버지에게 자신들을 희생시켰다고 생각했다. 겉으로는 어머니가 부녀 사이의 특별한 관계에 대해 분개했지만, 은밀하게는 어머니가 그런 관계를 조장했거나 적어도 묵인한 것 같다는 것이다.

> 바바라: 그때 아빠는 엄마랑 이혼하고 다른 여자와 결혼하고 싶어 했어요. 아빠는 한동안 여색에 빠졌었거든요. 엄마는 이혼 여성이 되는 걸 원치 않았기 때문에, 또는 아빠가 번 돈을 다른 여자가 받는 걸 원치 않았기 때문에, 아빠랑 이혼하지 않으려 했어요. 아빠가 가난했을 때 엄마가 함께 나서서 사업을 일으키는 걸 도왔으므로 엄마는 그 결실을 얻고 싶었던 거예요. 또 엄마는 '자식들' 때문에 사네 마네 하는 소리를 늘어놓았지만, 아빠랑 같이 사는 한 '자식들'은 그 일과 거의 아무 관계가 없었어요. 언젠가, 내가 열네 살이었을 때였던 것 같은데, 아빠는 절대로 엄마를 떠나지 않을 것이고(아내 동의가 없이 이혼하는 것은 거의 불가능했거든요), 결국 내가 그 거래의 일부로 내던져질 거라는 생각이 더 분명해졌어요.

근친 성 학대 가정에서와 마찬가지로, 유혹하는 아버지의 딸들도 아버지와의 관계를 특별하고 특권적인 것으로 경험했다. 근친 성 학대 가정에서와는 달리, 이 여성들은 근친 성관계 그 자체에 대해 비밀을 지킬 짐을 질 필요가 없었다. 아버지는 대개 딸에 대한 편애를 숨기려 하지 않았기 때문이다. 가족 안에서 딸은 '아빠의 공주'나 '아빠의 특별한 여자애'로 여겨지는 경우가 흔했다. 아버지는 다른 자녀나 아내와 함께 보내는 시간보다 딸이랑 보내는 시간이 더 많았다. 그리고 아버지가 화가 나 있거나 기분이 상한 것으로 보이면, 가족들은 딸더러 아버지를 위로하고 편안히 해드리라고 부추겼다.

일반적으로 딸은 자신의 특별한 지위를 즐기면서도, 여러 가지 이유에서 상반되는 감정을 느끼기도 했다. 우선 지금은 아무리 아버지로부터 주목을 끈다 하더라도 이런 편애는 언제든지 거둬들여질 수 있다는 것을 알았다.

> 에일린: 아빠의 딸인 게 편안하질 않았어요. 나는 결코 나였던 적이 없는 것 같아요. 나이가 더 들자 마치 내가 아빠의 아내인 듯한 느낌이 들었어요. 아빠 노릇을 그런 식으로 한다고 생각했지요. 아빠가 언제 거기에 계실지 안 계실지 전혀 알 수 없었어요. 아빠가 계속 그대로 똑같을지 예상하지도 못했어요. 난 아빠의 관심을 끌지 못했어요. 관심을 끌어야만 했는데 말이죠. 아빠의 관심을 끄는 유일한 방법은 매력적인 여자 아이가 되는 것뿐이었어요.

아버지가 유혹하는 가정의 딸들은, 아버지의 특별한 관심이 딸을 양육하는 데 필요해서가 아니라, 오히려 아버지 자신의 욕구 때문에 생긴 것이라고 느꼈다. 편애하는 딸을 통해 아버지는 딸이 자신의 비위를 맞추고 섬기며 자신에게 전적으로 의존하는 존재임을, 그래서 자기 맘대로 부릴 수 있는 존재임을 알았다. 편애를 받는 딸은 또 부부 싸움의 볼모가 되기도 했다. 딸과의 특별한 관계를 과시함으로써 아버지는 실재의 또는 상상 속의 불만에 대해 아내에게 복수하면서 아내가 적극적으로 자신의 관심을 끌도록 경쟁하게 만들었다.

딸은 부부 사이의 갈등에서 엄마의 경쟁자가 되었기 때문에 갈기갈기 찢기는 느낌을 자주 받았다. 사실 딸은 마치 자신이 엄마를 소외시킴으로써만 아버지를 기쁘게 할 수 있는 것처럼 느꼈다. 딸은 가족 안에서 특별한 지위를 얻으려고 엄마의 질투와 분개는 물론이거니와 종종 다른 형제자매들로부터 질투와 분개의 대상이 됨으로써 그 값을 지불했다.

한 가족 안에 딸이 탄생할 때부터 모녀간의 경쟁이 시작되었다는 신화는 노골적으로 아내를 거부하고 딸을 더 좋아하는 아버지들 덕분에 대단히 중요한 의미 비중을 차지했다.

> 메리: 아마 내가 태어났을 때 나 때문에 엄마가 거의 돌아가실 뻔했대요. 아빠는 '만일 엄마와 딸의 생명 사이에서 선택을 해야 한다면, 딸을 구해야지.'라고 말씀하셨어요.

간담을 서늘하게 하는 이런 가족 로맨스는 모녀 사이의 극심한 소외와 딸이 떠맡아야 하는 책임('나 때문에 엄마가 돌아가실 뻔했다.')이 어느 정도인지를 여실히 보여 준다. 뿐만 아니라, 모든 가족 구성원이 그들의 운명을 통제할 권한, 심지어 누가 죽고 누가 살아야 하는지를 결정하는 통제권을 아버지가 가졌다고 생각했음을 확실하게 보여 준다.

이런 통제의 문제는 아버지와의 특별한 관계에서 독립과 자율성을 확보해 나가려는 딸들의 시도를 자주 방해했기 때문에 갈등을 불러일으켰다. 아버지의 관심을 즐기고 고마워할 때조차도, 딸은 자신의 시간을 독점하고 행동을 통제하려는 아버지의 노력에 분노를 느꼈다.

> 베스: 아빠는 나하고만 있었어요. 때로는 나머지 식구들과 따로 떨어져서 우리 둘이서 식사를 한 적도 있었죠. 날마다 학교가 끝나는 즉시 귀가해야 했어요. 아빠가 기다리고 계시기 때문이었죠. 우리는 함께 나가서 꼭 부둥켜안고 승마를 했어요. 나는 그렇게 아빠가 내게 관심을 쏟는 게 좋았어요. 하지만 이따금 곧바로 집에 오고 싶지 않았어요. 다른 아이들이랑 놀고 싶었거든요.

아버지가 딸에게 쏟는 관심은 종종 딸의 의상과 외모에 세세하게 관여하는 데까지 나아가기도 했다. 딸은 자기 몸이 자기 소유가 아닌 것 같다고 느꼈다.

> 메리: 한번은 엄마가 내 머리를 잘랐어요. 그러자 아빠가 엄청 화를 내시는 거예요. 마치 내 머리가 내 것이 아니라 자신의 머리인 것처럼 그랬죠. 그런 식으로 난 내 머리를 자를 권리도 없었어요.

아버지가 성적인 관심을 나타내는 게 명백했을 때는 침범당한 느낌이 아주 강렬하게 들었다.

> 칼라: 아버지하고만 있으면 항상 긴장했어요. 아버지는 술에 취하면 감상적이 되어서 눈물을 흘리셨거든요. 내 방에 오셔서 침대 위에 앉으시

고는 뽀뽀를 하고 당신이 얼마나 나를 사랑하는지 말씀하시곤 했어요. 언젠가 한번은 나를 침대 위로 꽉 누르신 적도 있어요. 숨을 거칠게 쉬면서요. 그러니 아빠의 숨결에서 술 냄새가 나서 구역질이 났어요. 난 이렇게 생각했죠, '이 술주정꾼을 내게서 떨어뜨려줘요.'

아동기에 이미 드러난 이런 갈등은 딸이 사춘기에 이르면서 더욱 심해졌다. 근친 성 학대를 저지른 아버지와 마찬가지로, 유혹하는 아버지도 딸이 성적으로 성숙해 가는 것에 대해 더 민감하게 반응했다. 많은 아버지들이 질투가 극심해져 딸의 사회생활 하나하나까지 제한하거나 감시했다.

샐리: 아빠는 내가 데이트를 할 때면 자동차 안까지 뒤따라왔어요. 남자 친구와 피자를 먹는데 별안간 거기에 아빠가 나타나신 거예요. 그건 결코 우연이 아니었어요.

바바라: 아버지는 나를 육체적으로 범하진 않았어요. 그렇지만 기억나요. 아버지가 온통 '애정'의 키스를 퍼부었기 때문에 설거지를 하기 싫었어요. 아버지는 일요일 아침마다 전날 밤에 내가 뭘 했는지 꼬치꼬치 캐물으셨어요. 그뿐이 아니에요. 내 남자 친구와 겨뤄야 한다며 내 방에 와서 근육 자랑을 하셨어요. 또 내게 늘 이런 말을 하시곤 했어요. 첫째, 때가 오면 아버지가 네 남자 친구를 찾아 주겠다. 둘째, 거리를 활보하며 다니지 마라. 셋째, 어떤 남자도 처녀가 아닌 여자와 결혼하지 않는다. 넷째, 만일 네가 임신하더라도, 집을 나가서는 안 된다.

섹스에 대한 청교도적인 혐오가 이런 감시의 근본 이유였다. 아버지들은 딸에게 섹스는 악하고 수치스러운 것이라는 생각을 주입하는 동시에, 아버지 자신이 딸의 섹스에서 우선권을 가졌다는 사실을 지속적으로 드러냈다. 일부 여성은 자신이 불러일으킨 성적 관심에 대해 아버지가 딸만을 비난하면서, 책임을 전가했다고 생각했다.

> 샬린: 아빠는 '난 네가 온 마을에 음부를 흔들며 다니지 않기 바란다.'라고 말씀하시곤 했어요.

> 메리: 열두 살 때였는데, 술을 마시다가 아빠한테 들켰어요. 그것을 완벽한 구실로 삼아 아버지는 나를 방에 가두고, 감시해야 한다고 말씀하셨죠. 아버지는 정말로 그렇게 하셨어요. 특히 내가 옷을 갈아입을 때 말이죠.

많은 유혹하는 아버지들이 습관적으로 폭력을 휘두르지는 않았지만, 딸이 사춘기를 보내는 동안에는 폭력적이 되곤 했다. 어떤 아버지들은 딸이 또래의 남자 아이들에게 성적인 관심을 보이기 시작하면 딸에게서 완전히 물러났는데, 아마 폭력적이고 편집적이 되지 않으려고 그랬던 것 같다. 딸의 성적 관심이 드러나기 시작할 때, 아버지들의 반응은 전적으로 통제하거나 아니면 완전히 무시하거나 둘 가운데 하나였다. 그들이 딸에게 전한 메시지는 사실상 '네가 내 어린 딸로 남아 있는 한 모든 게 잘 되겠지만, 성장하려고 노력한다면 지옥을 맛보게 될 게다.'였다.

도나: 내가 여성이 되기 시작했을 때, 우리는 친밀한 관계를 상실했어요. 아빠는 내 남자 친구 가운데 누구도 결코 좋아하지 않았고, 늘 비판만 했어요. 아빠는 마치 내가 함께 어울려서는 안 될 사람이기라도 하듯이 나를 무서워하는 것 같았어요. 나는 그것을 전적인 거부로 받아들였고, 무슨 잘못이라도 했나 의아했어요.

결과적으로 유혹하는 아버지의 딸들은 삶에서 선택할 수 있는 두 가지 방도가 있음을 알았다. 성적인 면이 존재하지만 결코 성적이라고 인정되지 않는 희롱하는 관계의 테두리 안에서 아빠의 착한 어린 소녀로 남거나, 아니면 어머니로부터 어떤 도움도 받지 않고 독립된 여성이 되어 아버지로부터 분노나 무시를 당하는 위험을 무릅쓰거나, 그 둘 가운데 하나를 선택할 수 있었다. 그들은 남자를 즐겁게 하는 복잡한 기술을 익혀서 성인이 되었으나 스스로 즐기는 방법에 대해서는 사실상 아무것도 알지 못했다. 간단히 말해서, 그들은 전통적인 여자다움에 대한 준비를 잘 갖춘 것이었다.

사춘기 동안 가족으로 인한 스트레스가 증가했는데도, 유혹하는 아버지의 딸들은 근친 성 학대 피해자만큼 절망적이지는 않았다. 가정에서 긴장이 불편하긴 했지만 참을 수 없을 정도는 아니었다. 근친 성 학대 피해자들과 달리, 유혹하는 아버지의 딸들은 가족을 벗어나려고 극단으로 치닫지는 않았기 때문이다. 20명의 여자들 가운데 오직 1명만이 도피를 시도했는데, 그에 반해 근친 성 학대 피해자는 13명이 도피를 시도했다. 집에서 도망친 여성들 가운데 어느 누구도 학교나 양육 기관에 거처를 잡지는 않았다(표 5.5 참조). 근친 성 학대 피해자들과 대조적으로, 유혹하는 아버지의 딸들은 또한 훨씬 성공적으로 조기 임신과 결혼을 피했다. 20명 가운데 오직 3명만이 사춘기에 임신을 했으며(15퍼센트, 반면 근친 성 학대 피해자의 경우는 45퍼센트), 대다수가 20대에 독신으로 지냈다. 연구를 할 당시, 두 집단 여성의 평균 연령이 1년 미만의 차이밖에 없었는데도, 유혹하는 아버지의 딸들은 반 이상이 아직 미혼이었다. 반면 근친 성 학대 피해자의 경우는 63퍼센트가 결혼했다. 유혹하는 아버지들은 노골적인 성관계를 요구하지 않았기 때문에, 딸들은 자신들을 보호할 수 있을 것으로 여겨지는 첫 번째 남성에게 내몰리지 않았다. 딸에게 성장할 시간을 좀 더 부여했다고 말할 수 있다.

유혹하는 아버지의 딸 집단에 속한 여성들은 가족으로부터 너무 일찍 내몰리진 않았기 때문에 교육도 초기에 중단하지 않고 계속 받을 수 있었다. 따라서 그들의 학업 성취도는 근친 성 학대 피해자의 학업 성취도보다 상당히 높았다. 근친 성 학대 피해자의 경우 8퍼센트밖에 대학을 졸업하지 못한 데 비해, 이 집단의 경우는 30퍼센트가 졸업했다. 두 집단 모두 비슷한 사회계층과 종교적 배경의 출신이라는 사실, 그리고 두 집단 모두 여성의 학력이 장려되지 않는 가정 출신이라는 사실에도 불구하고 이런 차이가 드러났다. 이런 불일치는 근친 성 학대 피해자의 인상적인 작업 능력에 비추어 보면 한층 더 두드러진다. 유혹하는 아버지의 딸들은, 근친 성 학대 피해자와 달리, 사춘기와 성인기 초기에 이르기까지 사회적 지원을 충분히 받아 공식적인 고등교육 과정을 마칠 수 있었다. 그러나 근친 성 학대 피해자는 그들이 지닌 능력에도 불구하고 전혀 그렇게 할 처지에 있지 못했다.

어른이 되어 생활하면서, 유혹하는 아버지의 딸들은 일반적으로 근친 성 학대 피해자들보다, 신체적으로나 심리적으로 더 잘 지냈다. 그들은 대개 스스로에 대해 낙인이 찍혔으며 오점이 있거나, 또는 정상적인 사회로부터 돌이킬 수 없이 단절되었다고 생각하지는 않았다. 그들은 고정된 부정적 정체성을 갖지도 않았다. 스스로를 마녀라든가 음란한 여자, 매춘부로 평가하지도 않았다. 비록 그들 가운데 다수가 우울증을 호소했으나, 근친 성 학대 피해자들의 우울 증세만큼 심각하지는 않았다. 이 집단에 속한 20명의 여성 가운데 단 1명(5퍼센트)만이 마약이나 알코올을 남용했으며, 오직 1명만이 자살을 시도한 적이 있었는데 반해, 근친 성 학대 피해자들의 경우는 35퍼센트가 마약이나 알코올을 남용했고, 38퍼센트가 자살을 시도했다.

이 집단의 여성들은 또한 극심한 학대나 파괴적 관계로부터 스스로를 더 잘 보호할 수 있었다는 사실이 입증되었다. 이들 가운데는 남편이나 연인의 구타를 용인한 사람은 단 한 명도 없었던 반면, 근친 성 학대 피해자 여성들은 28퍼센트가 구타당했다. 이 집단에서 3명(15퍼센트)의 여성이 거리에서 강간을 당한 피해자였는데, 이것은 이 집단 전체의 강간 발생률이 근친 성 학대 피해자 그룹의 전체적인 강간 발생률과 동일했다는 뜻이다. 그러나 강간에 대한 그들의 반응은 아주 달랐다. 위기의 시간 동안 유혹하는 아버지의 딸들은 근친 성 학대 피해자들보다 일반적으로 사람들에게 더 많은 도움을 요청했으며, 가해자에게 더 큰 분노를 표현했다. 강간을 당한 후에 취한 그들의 대처 전략을 보아도, 근친 성 학대 피해자들보다 확실히 더 적합했다.[1] 그들은 자신이 강간을 당할 만하다고 생각하지 않았다.

비록 유혹하는 아버지의 딸들이 여러 면에서 근친 성 학대 피해자들보다 더 잘 살아가긴 했지만, 자신의 가족 경험으로부터 전혀 아무렇지도 않게 벗어나지는 못했다. 그들이 지닌 많은 문제가 근친 성 학대 피해자들이 지닌 문제들과 비슷해 보였지만 정도는 더 미약했다. 예를 들면, 그들은 대체로 근친 성 학대 피해자들만큼 우울증이 심각하지는 않았지만, 과반수(55퍼센트)가 우울증의 주요 증세를 가졌다. 근친 성 학대 피해자는 60퍼센트인 데 반해 유혹하는 아버지의 딸들은 상대적으로 낮은 10퍼센트 정도만 부정적인 자기상(self-image)을 가졌지만, 두드러지게 긍정적인 용어로 자신을 묘사한 사람의 비율은 양쪽 모두 비슷하게 낮았다. 그리고 대다수(80퍼센트)는 '착한 여자 아이'와 '나쁜 여자 아이' 사이를 오락가락하면서 이중적이거나 혼란된 자기상을 지녔었다. 한편에서는 자신을 이상적인 '아빠의 공주'로 생각했고, 다른 한편에서는 아버지와의 관계에서 은밀한 근친상간 요소를 완전히 감출 수는 없었기 때문에, 자신을 아버지의 관능적인 관심과 어머니의 질투 섞인 적대감을 불러일으킨 꼬마 요부로 생각했다.

많은 여성들은 자신이 '이중생활'을 한다고 말했는데, 사실 일부 여성은 남몰래 성생활을 했다. 예컨대, 한 여성은 가족과 친구들에게 숨기고 마사지 업소에서 일하면서, 무보수로 아버지의 사업을 돕는 일을 병행했다. 여기에는 그녀가 두 상황에서 매춘을 한다고 느꼈다는 점이 함축됐다. 또 한 여성은 매우 분열된 '선'과 '악'의 인격을 발전시켰는데, 분열된 선과 악이 제각기 다른 명칭, 다른 옷, 습관과 친구들을 가졌다. '선'한 여성은 시키는 대로 잘 따르고 고분고분하며 마음에 들려고 열심이고, 집에 머물면서 남편을 위해 요리를 했다. '악'한 여성은 술집에 데이트를 나가고, 술에 취하고, 남성들을 꼬였다. 그녀는 활기차고 적극적이며 거칠었다. 이 여성은 끊임없이 싸우는 두 개의 자아를 경험하면서, 어떤 순간에 어느 인격이 지배하는지 통제할 수 없다고 생각했다. 그러나 고전적인 다중 인격의 경우와 달리 그녀는 인격 갈등상태에 대해 기억하지 못하지는 않았다.

이와 같이 성인으로서 생활에서 유혹하는 아버지의 딸들은 가족에서 기원한 이중의 정체성을 유지했다. 그들은 충실하게 아버지를 섬기고 기쁘게 하는, 그리고 함께 가족을 지켜야 한다는 암묵적인 업무를 수행하는 '착한 여성'이었다. 하지만 동시에 그들은 성인의 성욕을 지니고 위험하게 희롱하며, 근친상간 금기를 위반하는 정도에까지 위험스럽게 접근한 '나쁜 여성'이었다. 이미 성숙한 여성이지만, 그들은 어느 것이 '진짜' 자기 자아인지 확신하지 못하는 혼란스러운 상태에 놓여 있었다. 대부분이 '착한 여성'의 모습으로 생활하려고 노력하면서, 종종 스스로에게 성취하기 불가능한 기준을 강요했다. 여성들은 모두 꾸며 낸 겉모습 아래 숨겨진 경멸스러운 면모가 결국은 밝혀져 본색을 드러내고 말리라는 두려움에 가위눌리고 있었다.

근친 성 학대 피해자들이 흔히 너무 이른 나이에 갑작스럽게 가족과 단절되지 않을 수 없었던 반면, 유혹하는 아버지의 딸들은 가족과 전혀 떨어질 수 없었던 것 같다. 심지어 결혼하거나 독립된 가정을 이룬 뒤에도 유혹하는 아버지의 딸 집단에 속한 여성들 다수가 아버지와 가까운 관계를 유지했다. 일부 여성은 아버지와 맺은 유혹적인 관계를 여전히 끝내지 못하기도 했다. 성인 여성으로서 그들은 집으로 돌아와 아버지를 섬기고 돌보기를 계속하거나, 아버지가 사생활에 간섭하는 것을 허용했다. 그 관계의 성적인 특징은 경계를 정하기 더 힘들기 때문에, 유혹하는 아버지의 딸들이 그것을 끝내는 것은 종종 더 힘들었다. 한 여성은 이십 대 중반이고 여러 해 동안 자신의 생활을 꾸려 왔으니, 이제 아버지의 구애 행위에 어떤 한계를 정해야 한다고 결심하기도 했다.

> 수잔: 한 달에 한 번씩 아버지는 꽃과 선물을 들고 내 아파트에 나타나셨어요. 아버지는 내가 애인처럼 촛불을 켜 놓은 저녁 식탁을 차려 시중들기를 바랐지요. 그러는 동안 아버지는 내게 자신의 애정 생활에 대해 이야기하셨어요. 이제 더 이상 이러고 싶지 않다고 하자 아버지는 분노한 파샤(Pasha: 터키의 문무 고관의 존칭 ─옮긴이 주)처럼 반응하셨어요.

다른 여성들은 아버지와의 '관계'를 계속해서 받아들이거나 이에 집착했는데, 심지어 결혼한 후에도 그랬다.

> 페니: 아무리 나이 들어도 아빠 무릎에 앉지 못할 일은 없을 걸요.

일부 여성은 아버지와 자신 사이에 신체적으로 겨우 어느 정도의 거리를 두었지만, 여전히 아버지가 공상 속에서 떠오르는 것을 느꼈다. 한 여성은 아버지가 그녀의 아파트로 들이닥치는 꿈을 반복해서 꾸었다. 또 한 여성은 그녀가 남성과 있을 때마다 아버지가 그걸 알고 당장에라도 들이닥쳐 자신을 집으로 끌고 가는 환상을 떠올렸다. 많은 여성이 감시당하거나 침범당하는 것 같은, 또는 끊임없이 아버지에게 둘러싸여 있는 느낌에 시달리며, 마치 자신만의 사생활을 절대로 확립하지 못하거나, 아버지가 관여하지 않는 영역을 결코 확보하지 못할 것같이 느꼈다. 마침내 자율성을 확보한 여성들도 자신들을 어린아이처럼 취급하는 관계로 돌려놓으려는 아버지의 노력에 맞서 끊임없이 스스로를 지켜야 한다고 생각했다.

> 아만다: 아버지는 늘 내게 교육을 받으라고 말씀하셨지요. 하지만 석사 학위를 땄을 때 아버지는 나한테 축하한다는 편지조차 쓰지 않았어요. 제 결혼식에도 오시지 않으려 했는데, 이혼을 하자 온갖 도움을 주셨어요.

근친 성 학대 피해자들과 마찬가지로, 유혹하는 아버지의 딸들 역시 인간관계에서 어려움을 겪었다. 그들 역시 남성을 과대평가하고 여성을 평가 절하하는 경향이 있었다. 여성과의 우정은 피상적이거나 아예 없었다. 기껏해야 여성을 남성들에 대해 이야기를 나누는 사람쯤으로 여기거나, 최악의 경우 위협적인 경쟁 상대로 여겼다. 정보 제공 여성들 가운데는 다른 여성들과 삼각관계에 말려든 사람이 많았다.

> 오딜: 그녀는 단짝 친구였어요. 저는 그녀를 믿었는데 그녀는 현재 제 남편과 만나요. 남편은 제게 했던 그대로 똑같이 그녀에게 해 주고 있어요. 나는 그가 없는 게 행복하다고 생각하지만, 그녀에 대해서는 오히려 더 질투가 나요.

남성과의 관계에서 여성들 가운데 다수가 여전히 힘 있고 매력적인 보호자, 곧 '좋은 아빠'를 찾았다. 그러나 그들이 실제로 만난 남성들 대부분은 이런 이상화된 이미지에 부응하지 못했다. 그 결과 비현실적으로 열중하는 패턴이 되풀이되면서 실망과 분노가 뒤따랐다.

비록 이 여성들이 근친 성 학대 피해자들과 같은 정도의 학대를 견디어 낸 것은 아니지만, 그중 다수가 남성들과의 관계를 만족스럽게 유지하지 못했다. 그들은 자신들이 쌀쌀하고 냉담한 남성이나 지배적이며 포악한 남성들에게 끌린다는 것을 알았다. 이 여성들 가운데 다수가 연인과 아버지 사이에 닮은 점이 있음을 의식했다.

> 도나: 나는 선택의 여지가 거의 없었어요. 남편이 결혼하자고 했는데, 그 말에 내 마음이 편안해졌어요. 난 극도로 지배적인 남성을 골라잡았던 거예요. 남편이 어찌나 날 속 타게 했는지 그 덕에 난 계속 성장할 수 있었다니까요.

> 칼라: 내 남자 친구는 아버지랑 똑같았어요. 아주 지배적이고, 내게 늘 이래라저래라 명령했어요. 난 인간쓰레기처럼 느껴졌어요. 그가 떠난 후에도, 나는 뜻대로 할 수 없는 남성들에게 엄청 반하곤 했어요. 그런 타입에게만 끌리는 것 같았어요.

한 여성은 남성을 선택하는 데 아버지와의 밀착 관계가 얼마나 악영향을 끼쳤는지를 토로했다.

> 도나: 나는 정서적으로 불안정한, 오토바이를 타는 사람들을 성 상대자로 택했어요. 그런 식으로 아버지한테 집착했던 셈이죠.

이 여성들에게는 뜻대로 할 수 없고 지배적인 남성만이 추구할 만한 가치가 있고 매력적인 사람으로 보였다. 따라서 상호성을 바탕으로 남성과 관계를 맺을 수 있는 여성은 거의 없었다. 그들의 정사는 부모의 결혼 패턴을 재현하는 경향이 있었다. 많은 여성들이 그토록 싫어했던 어머니의 행동을 되풀이하면서도, 변덕스럽고 까다로운 남자를 사로잡는 데 자신들이 혼신의 힘을 쏟는다는 사실을 발견했다.

> 에일린: 어머니는 언제나 나를 돌봐 주는 남성과 만나는 게 얼마나 중요한지 말씀하셨어요. 나는 여전히 어머니와 아버지를 결합한, 완벽한 남성을 찾았던 것 같아요. 나는 여전히 교태를 부리는 어린 소녀 역할을 했어요.

근친 성 학대 피해자들과 비슷하게, 유혹하는 아버지의 딸들 역시 성 문제에 대해 호소했다(50퍼센트). 아버지의 강제와 어머니의 비난에 대한 기억이 합쳐져 성적인 반응이 억압됐다.

> 에일린: 섹스에 대해 제가 처음 안 것은 그것이 나쁘다는 것이었어요. 그래서 나 자신의 성적 관심을 물리쳐야 한다고 생각했지요. 분명히 전 잠자리에 감응하고, 남자들은 내가 섹시하다고 말해요. 하지만 성적 쾌감을 느끼지는 못해요. 심하게 자극을 받으면 끝내 울고 말아요.

근친 성 학대 피해자들의 사례에서와 같이, 여러 임상의들은 유혹하는 아버지의 딸들에게서 나타나는 징후를 통제된 연구를 통해서가 아니라 일화를 통해 묘사해 왔다. 1934년, 정신분석 전문의인 카렌 호니(Karen Horney)는 유혹하는 아버지의 딸들 가운데 많은 여성에게서 부각되는 유사성을 묘사하는 말로 "오늘날 공통적으로 드러나는 여성형(a common present-day feminine type)"이라는 표현을 사용했다. 호니는 "이 여성들의 주된 문제는 애정을 억제하는 데 있는 것이 아니라, 너무나 지나치게 남자에게만 몰두한다는 점에 있다. 이 여성들은 마치 '남자가 있어야 해.'라는 단 하나의 생각에만 사로잡혀 있는 듯했다. 그리고 그런 생각에 대한 집착이 다른 모든 생각을 집어 삼켜 버렸다고 해도 좋을 정도까지 과대평가되어, 그것과 비교하면 삶의 나머지 부분은 모두 맥 빠지고 단조로우며 아무 이익도 없는 일처럼 보인 것 같다."[2]라고 말했다.

호니는 더 나아가 딸들이 지닌 이런 종류의 성격적인 문제가, 어머니와 딸이 심한 경쟁 관계를 형성한 가족적 경험과 아버지와 손위 남자 형제들로부터 일찍부터 성적으로 자극받았던 것에 그 기원을 두었음을 관찰했다. 비록 '유혹하는(seductive)'이라는 단어를 자기 환자들의 아버지에게 적용하지는 않았지만, "또 하나의 사례에서, 내 환자의 아버지는 딸이 네 살 때부터 성적으로 유혹했는데, 사춘기가 다가오자 그런 행동을 더욱 거리낌 없이 행했다. 동시에 아버지는 아내에게 심하게 의존했을 뿐만 아니라 …… 마찬가지로 다른 여성들의 매력에도 아주 민감해졌다. 그러자 딸은 자신이 아버지의 노리개처럼 아버지의 편의에 따라 내버려진 듯한 느낌을 받았다."[3]고 말한 것을 보면, 이런 유형에 속하는 아버지의 딸들을 환자로 만난 사례가 호니에게도 여럿 있었음을 분명히 알 수 있다.

마지막으로 호니는 여성들에게 가해진 파괴적 충동에 대해, 그리고 이런 적대적 소망이 야기한 죄책감을 폭로해 하나하나 함께 대처해 나감으로써, 이 여성들에 대한 치료가 성공적으로 이루어졌다고 말했다.[4] 우리는 똑같은 사실을 근친 성 학대 피해자들에 대한 치료와 유혹하는 아버지의 딸들에 대한 치료 모두에서 발견했다. 이 딸들은 어머니를 향한 쓰라린 고통을 극복했을 때에야 비로소 자신을 포함한 모든 여성을 존중할 수 있었다.

일반적으로 볼 때 유혹하는 아버지의 딸들은 은밀하거나 가벼운 형태의 근친 성 학대를 겪으며 성장했고, 어른이 되어 생활하면서 근친 성 학대 피해자들에 비해서는 심하지 않은 징후를 보였다. 근친 성 학대 피해자들과 마찬가지로 그들은 여성에게는 경멸을 느끼고 남성은 과대평가하는 경향을 가졌다. 또한 근친 성 학대 피해자들처럼, 가치 있는 인간관계나 성적인 관계를 맺는 데 많은 어려움을 겪었으며, 궁극적으로 자존감 결핍과 연관된 어려움을 겪었다. 그러나 근친 성 학대 피해자들과 달리, 이들은 유해한 비밀을 지키는 보호막이라는, 부정적으로 고착된 정체성을 지니지 않았다. 그들 스스로를 구제할 수 없을 정도로 사악하다고 여기지도 않았으며, 정상적인 사회로부터 배척당할 운명이라고 느끼지도 않았다. 따라서 근친 성 학대 피해자들이 겪어야 했던 몇 가지 최악의 벌은 면할 수 있었다. 또 다른 사람들로부터 신체적으로 학대당하는 것을 억지로 감수해야 한다고 생각하지 않았으며, 자신을 파괴하는 시도를 하려는 생각도 하지 않았다.

유혹하는 아버지의 딸들이 행한 증언을 근친 성 학대 피해자들의 증언과 비교하면 다른 중요한 차이점들이 드러난다. 특히 이런 비교는 아동의 보호자로서 어머니가 지닌 힘의 중요성을 입증한다. 가정 폭력이나 신체장애, 정신장애, 또는 반복되는 출산의 부담으로 인해 어머니가 대단히 무력한 상태에 있는 가정은 노골적인 근친 성 학대가 있을 우려가 현저하게 높은 것으로 나타났다. 부모의 힘 균형이 거의 동등하게 유지되는 가정에서는, 비록 딸에 대한 아버지의 성적 관심이 아주 분명하더라도, 노골적인 근친 성 학대는 발생하지 않았다. 전통적인 역할을 완전히 수행해 낼 수 있고 신체 학대에 굴복하지 않은 어머니는, 설사 딸과 종종 사이가 틀어지더라도, 근친 성 학대로부터 딸을 효과적으로 보호했다. 노골적인 근친 성 학대의 가장 효과적인 방패막이는 아버지의 충동 조절이 아니라 어머니가 행사하는 사회적인 통제 정도(the degree of social control)이다.

그러나 유혹하는 아버지의 딸이든 근친 성 학대 피해자든, 그들의 가정에는 두드러지게 유사한 점들이 있었다. 두 집단의 여성들 모두 다 전통적인 가부장 가족 출신이었으며, 가족의 신체적인 면과 경제적인 면을 모두 아버지가 지배했다. 성 역할은 전통에 따랐으며 엄격하게 제한되었다. 성 행위에 대한 엄격한 이중 잣대를 포함하여, 보수적인 종교적 태도와 성도덕이 우세하였다. 이 두 유형에 속하는 가정의 차이는 종류의 차이가 아니라 정도의 차이였다. 노골적인 근친 성 학대 가정은 극단적인 남성 우위의 병리를 나타냈고, 은밀한 근친 성 학대 가정은 더 일반적으로 변형된 양상을 나타냈다. 양 유형의 가정 모두에서, 딸들은, 아버지가 지배하고 어머니는 복종한다는 것, 평범한 여성의 조건은 경멸스럽다는 것, 그리고 힘 있는 남성의 총애를 받을 수 있는 예외적인 요소가 있다는 사실들을 배웠다. 이런 배움은 유별나기는커녕 소녀 시절에 겪을 수 있는 평범한 경험의 일부였다.

또한 양쪽 유형에 속한 가정의 딸들이 행한 증언으로, 노골적인 근친 성 학대는 은밀한 근친 성 학대 행위보다 많은 면에서 더 파괴적이라는 것이 분명해졌다. 근친 성 학대 피해자들과는 대조적으로, 유혹하는 아버지의 딸들은 아동기와 사춘기에 극심한 고통의 징후를 보이지는 않았다. 비록 가정에서는 몹시 불행하고 불편했을지 모르지만, 가족들로 인해 너무 때 이르게 가정으로부터 내몰리지는 않았다. 그들의 정상적인 성숙이 방해를 받은 것은 확실하지만 일찍 닫혀 버린 것은 아니었다.

불안한 모녀 관계의 파괴적인 심리적 영향은 두 집단 여성들 모두에게 성인 생활까지 지속했다는 것을 알 수 있었다. 노골적인 근친 성 학대와 은밀한 근친 성 학대 둘 다 병리적인 결과는 사실상 비슷했으며 주로 정도 에 차이를 보였다. 곧 근친 성 학대 피해자들에게서 아주 심각한 정도로 전개된 동일한 많은 징후들이 유혹하는 아버지의 딸들에게서는 더 약한 형태로 나타났다. 이러한 관찰로부터 노골적인 근친 성 학대와 은밀한 근 친 성 학대 두 가지 모두 딸들에게 해롭지만, 노골적인 근친 성 학대가 더 해롭다는 결론을 내릴 수 있다.

근친 성 학대 피해자들과 유혹하는 아버지의 딸들 사이의 유사점들은, 근친 성 학대가 전통적인 여성 사회화의 일반적인 패턴을 병리적인 극단으 로까지 몰고 간다는 주장을, 다시 한 번 확인해 준다. 은밀한 근친 성 학대 는 여성으로 하여금 남성을 과대평가하고 자기 자신을 포함하여 여성을 평 가 절하하게 만든다. 그러나 노골적인 근친 성 학대는 순교자나 성적인 노 예와 같은 생활에 굴종하는 여성들을 양산한다. 피학대 음란증(masoch- ism), 자기를 돌보지 않음, 남성에 대한 복종을 성숙한 여성의 바람직한 특 성으로 생각하는 사람들은 근친 성 학대의 해로움을 깨닫지 못하거나, 심지 어 아버지가 약간 유혹하는 것이 여성의 적절한 발전에 바람직하다고 생각 할지도 모른다. 그러나 자유로운 여성상을 갈망하는 사람들에게, 근친 성 학대는 여성의 생식기를 절단하거나 두 발을 꽁꽁 묶는 것만큼이나 여성에 게 파괴적이다.

3부

비밀 깨뜨리기

8 장

폭로로 인한 위기

우린 매주 아무 생각 없이 교회에 간 게 아니라 굳건한 신념과 믿음과 양심을 가지고 간 가족이었어요. 그래서 이런 사실이 밝혀졌다는 것 자체가 진짜 큰 충격이었습니다. 처음엔 아이들이 저에게 말한 사실을 믿을 수가 없었어요. 마치 끔찍하고 무서운 영화를 보는 것 같았죠. 내가 그냥 낭떠러지에 있는 게 아니라 거기서 떨어져서 구덩이에 처박힌 느낌이었습니다.

— 한 어머니의 증언, 1977

근친 성 학대 피해자 대부분은 비밀을 폭로하고 싶은 열망과 두려움을 동시에 갖는다. 아동기에는 대개 두려움이, 구원받고자 하는 희망을 압도한다. 대부분의 여성 아동들은 근친 성 학대의 비밀 폭로를 매우 걱정하며, 가족 외부 사람들 누구에게도 이 비밀에 대해 털어놓지 않는다. 왜냐하면 말해 봤자 아무 정보도 얻을 수 없고, 비밀의 폭로가 재앙으로 이어질 수 있다고 믿기 때문이다. 그러나 딸들이 성장하면서 비밀을 지키려는 부담을 참아 내기는 점점 더 어려워진다. 오랫동안 침묵한 아동은 마침내 외부의 도움을 구하도록 막다른 골목으로까지 내몰릴 수 있다.

불행하게도 현행 법 집행 기관, 아동보호 서비스, 정신 건강 전문가들이 보여 주는 대처 상태로 볼 때, 피해 아동이 자신들에게 가해진 학대를 폭로하는 일을 충분히 두려워할 만하다. 부모와 아동에게 도움을 주어야 할 전문가와 형법 체계(criminal justice system)가 지닌 편견과 무지로 인해, 외부의 개입이 부모와 아동 모두에게 파괴적으로 작용하는 일이 너무도 빈번하다. 암묵적으로라도 비밀을 드러내려는 피해자는 전통적으로 소중히 간직되어 온 사회적인 가치와, 가정을 자기 마음대로 하려 드는 남성의 권리에 도전해야 하기 때문이다. 그리고 고의는 아니라 하더라도 사실 사회는 결과적으로 아버지를 고발하려 드는 아동을 처벌한다. 예컨대 아동보호 실무자 한 팀은, 아이다호 주 어느 농촌 마을에서 근친 성 학대 사례가 폭로되자 그 지역 주민들이 처음에는 가해자를 응징해야 한다는 반응을 보였으나, 곧이어 사건에 대해 부인(denial)하거나 아무 행동을 취하지 않는 것을 지켜보아야 했다.

> 지역사회의 반응은 경박하고 예측할 수 없는 것이었는데 …… 어떤 신중한 계획이 시작되었다 하더라도 거의 잘 이루어지지 않았어요. …… 대개 지역사회의 첫 반응은 '그런 망할 놈들은 거세시켜 버려야 한다, 마을에서 쫓아내서 죽여 버려야 한다, 모두 미친 것들이니까 감방에 처넣어야 한다.'와 같은 극단적인 분노였습니다. 그런데 근친 성 학대를 저지른 가

족과 오랜 친분을 맺어 온 사람들이 보인 초기의 이런 강렬한 감정은 결국 가해자에 대한 조건부 수용이나 회피로 귀결되었습니다. 진술의 정당성을 뒷받침할 수 있는 증거가 많을 때 배우자나, 변호사, 판사 그리고 의사들은 그런 불쾌한 행동이 일어날 가능성에 대해 피해자에게 더 도전적으로 질문하곤 했습니다. …… 어머니나 배우자로 하여금 의식적인 자각을 하지 못하게 만드는 동일한 회피 심리 기제가 지역사회 전체에 작동하는 것입니다.[1]

처음엔 충격을 받고 분개를 드러냈다가 곧 사건에 대한 부인으로 발전하는 이런 일반적인 반응은 아동에게 어떤 적절한 보호도 제공하지 못한 채 아버지의 분노만을 자극하여 가족을 분열시키고 위협하는 일이 된다. 그 결과 아동은 전보다 더 아버지의 자비를 구해야 하는 처지에 놓인다. 하지만 이런 그림들의 전망이 한결같이 어두운 것은 아니다. 지난 몇 년 사이에 근친 성 학대 피해자를 치료하기 위한 복합적인 프로그램들이 독립적으로 발전해 왔다. 적은 수지만 충실하면서도 창조적인 정신 건강 실무자들에 의해 조직된 이런 프로그램은 근친 성 학대 가족을 발견했을 때 효과적인 사회적 개입을 보장하는 모델을 제공한다.

그들의 경험을 학습하려고 우리는 전국에 있는 다섯 곳의 치료 센터를 방문했다. 우리가 이 센터들을 선택한 이유는 이들이 오래 전부터 존재해 왔고, 근친 성 학대 가족들에게 나타날 수 있는 문제에 개입하는 데 각각 독특한 접근법을 발전시켜 왔기 때문이다. 각 센터에서 우리는 직원들과 면담하고, 어떤 때는 치료 집단을 관찰했으며, 치료 프로그램에 참가하는 개인과 면담하기도 했다. 가장 오래된 프로그램으로 알려진 것은 캘리포니아 주 산호세 아동 성 학대 치료 프로그램(Child Sexual Abuse Treatment Program)이다. 주 정부와 연방 정부로부터 권한을 위임받은 시 법원의 청소년보호관찰국(Juvenile Probation Department of an urban county court)에 기반을 둔 이 프로그램은 지난 8년 동안 1000명이 넘는 가족들을 치료해 왔고, 성 학대를 어떻게 다룰 것인지에 대해 전문가들을 가르쳤다. 다른 네 개의 프로그램도 비록 산호세에 있는 것보다 작긴 하지만, 각각 근친 성 학대 가족에 개입하는 데 효과적이면서 조직적인 방식을 발전시켜 왔다. 워싱턴 주 시애틀 하버뷰 성학대센터(Harborview Sexual Assault Center)와 필라델피아 강간위기센터(Center for Rape Concerns)가 운영하는 두 프로그램은 사설 강간 위기 센터에서 발전했다. 다른 두 기관인, 코네티컷 주 하트포드 성적외상치료프로그램(Sexual Trauma Treatment Program)과 워싱턴 주 타코마아동보호서비스(Child Protective Service)도 아동 학대를 다루도록 위임받은 주 정부 기관에서 발전했다. 아동 피해자에게 제도적으로 더 계몽적이고 인간적으로 반응할 가능성을 보여 준다는 면에서, 이런 시설이 있다는 사실 자체만으로도 고무적이다.

이 다섯 개 치료 프로그램은 각자의 이론적인 바탕과 이데올로기, 내적인 구조, 직원 구성, 그리고 서비스를 받을 대상자에 이르기까지 매우 다양하다. 그런데도 실천에 있어서는 놀랄 정도로 공통된 특징을 드러낸다. 임상의들과의 면담이나 우리의 경험을 통해서뿐만 아니라 이 프로그램들을 지켜본 결과, 우리는 근친 성 학대 가족을 치료하려면 무엇을 추천해야 할지 그 방법을 발전시키는 일이 가능해졌다. 새롭고, 빠르게 발전하는 임상 현장에서 나온 의미 있는 자료에 바탕을 둔 것이기는 하지만, 우리의 제안은 시험적이다. 그러나 이 제안은 가장 일반적인 최근의 실천으로부터 분명하게 발전해 나온 것임을 보여 준다.

출신 배경이나 이론적 경향이 무엇이든 근친 성 학대 가족과 접촉하여 폭넓은 활동을 벌여 온 전문가들은 모두 세 가지 중요한 관점에 동의하는 것 같다. 근친 성 학대 아버지들의 힘을 제한하고 조절할 필요성, 어머니들의 힘을 강화하고 촉진시킬 필요성, 모녀 관계를 회복할 필요성이 그것이다. 이 세 가지 일치점은 부녀 사이에 일어난 근친 성 학대 역학에 대한 우리의 분석 내용을 입증한다.

숙련된 실무자들은 모두 근친 성 학대의 비밀을 폭로하는 일이 가족에 심각한 위기를 초래한다는 점에 동의한다. 대개 비밀이 드러날 때쯤 학대는 수년간 지속되었을 것이고, 이미 가족생활에 꼭 필요한 요소가 되어 버린 상태일 것이다. 깨지기 쉬운 균형이 무엇이든지 간에 비밀의 폭로는 가족들을 혼란스럽게 할 것이며, 가족들이 자신들의 역할을 제대로 할 수 없게 하고, 폭력적이고 무모한 행동을 할 가능성을 증가시키며, 모든 사람들, 특히 딸을 보복의 위험에 노출시킨다.

더 이상 견디기 불가능한 상태로 치달으면서 이루어지는 딸의 폭로는 근친 성 학대 관계에 커다란 변화를 불러온다. 딸이 성숙하면서 아버지는 성교를 시도하려 들 수 있다. 이 새로운 침입은 임신 위험을 느끼게 해서 딸로 하여금 어떤 대가를 치르더라도 관계를 끝내려는 시도를 하게 만든다. 비밀을 끝내려는 또 다른 일반적인 시도는 아버지가 사춘기 딸을 격리시키고 그녀의 사회적 관계에 제한을 가할 때 일어난다. 아버지의 질투가 점점 더 도를 넘어서면, 딸은 마침내 운명을 감수하기보다는 위협적이기는 하지만 보복 위험에 맞서기로 결심할 수 있다. 마지막으로 도움조차 구할 수 없는 어린 자매들을 보호하고자 딸이 비밀을 깨기로 결정하기도 한다.

> 리타: 동생들이 자라면서 난 아버지가 그 애들한테도 그럴까 두려웠어요.
> 그걸 두고 볼 수는 없었어요. 나 자신을 위해서라면 그냥 참아 보려 했
> 겠지만, 동생들한테도 시도하는 것은 더 이상 참을 수 없었어요. 그때
> 바로 도움을 줄 수 있는 기관으로 간 거예요.

일단 비밀을 깨기로 결심한 이상, 딸은 확실히 신뢰할 수 있는 사람을 찾는다. 딸과 어머니의 관계는 너무나 소원한 상태라서, 딸은 어머니에게 이 비밀을 털어놓을 수 없다. 보호해 줄 수 있을까 하는 반응을 확인할 때, 딸은 종종 어머니가 아닌 가족 외의 다른 누군가에게 도움을 청한다. 시애틀 하버뷰 성학대센터에서 본 97건의 사례를 보면, 50퍼센트가 약간 넘는(52.5퍼센트) 아동들이 친구, 친척, 보모, 이웃, 그리고 기관에 고백하는 것으로 나타났다. 나머지 46.5퍼센트의 아동들이 어머니에게 처음 털어놓는다.[2]

근친 성 학대 관계를 의심했든 아니든, 비밀의 폭로는 어머니에게 그녀의 생활 전체를 뒤흔들어 놓는 일이 된다. 첫째로, 그녀는 남편과 딸에게 배신감을 느낀다. 상처 받고 괘씸한 감정과 더불어 어머니는 자신의 결혼과 생계가 위험에 빠졌다는 사실에 대처해야만 한다. 만약 딸의 고발이 사실이라면, 어머니는 이혼, 홀로 아이들을 키우는 엄마, 복지 수당, 사회적 배척, 그리고 남편에 맞서 법적 소송 절차를 밟아야 할 가능성과도 맞닥뜨려야 한다. 이런 가능성들은 혼자서도 세상을 잘 살아갈 자신이 있는 건강한 여성뿐 아니라 어떤 여성에게도 위협적일 수 있다. 정신적으로나 신체

적으로 건강하지 않은 여성, 자녀 양육으로 진이 빠진 여성, 남편으로부터 위협을 당하는 여성, 자기 가족 이외의 사회적 접촉이나 지원이 완전히 단절된 여성들에게 이런 미래는 얼마나 끔찍한 것으로 다가오겠는가. 근친 성 학대 비밀의 폭로에 직면한 많은 어머니들이 필사적으로 딸의 호소를 부인하려 드는 것도 놀랄 만한 일은 아니다. 만약 그녀가 딸의 말을 믿는다면 얻을 것은 하나도 없고 모든 것을 잃기 때문이다.

마찬가지로 아버지에게도 폭로는 그의 생활 방식 전체를 뒤흔드는 위협이다. 그는 갈망했던 성적인 접촉뿐만 아니라 아내, 가족, 직업, 그리고 어쩌면 자유까지도 잃을 위기에 놓인다. 이런 불가항력적인 위협에 처하면 아버지는 대부분 격렬하게 부인한다. 할 수 있는 한 딸의 평판을 나쁘게 만들면서 아내가 자기편에 서도록 한다. 이런 전략은 너무 자주 성공한다. 어머니도 처음에는 딸의 말을 믿어 주지만, 곧이어 남편의 애원과 집중적인 위협, 그리고 전에 없이 유별나게 구는 관심에 굴복하고 만다.

외부의 적극적인 개입이 없다면, 딸은 가족 내에서 엄청난 위험에 빠진다. 비밀을 지키라는 아버지의 명령을 거역하였기 때문에 딸은 아버지의 적이 된다. 어머니는 그녀에게 강력한 지원군이었던 적이 한 번도 없었고, 위험에 빠진 이상 딸은 어머니에게 기대기가 힘들다. 그 어떤 것도 딸을 보호하지 못한다면, 부모는 서로 동맹을 맺어 딸에 맞서기 때문에 사실상 딸을 가족으로부터 몰아낼 가능성은 더 높아진다.

이런 이유 때문에 근친 성 학대의 비밀을 안 사람은 너무도 막중한 책임감을 느낀다. 하지만 비밀이 드러났다는 사실 자체가, 가족이 위기에 빠졌고 딸도 위험에 처했으니 어떤 조치를 취해야 한다는 것을 뜻한다. 하지만 외부인이 가족들만큼 더 적절하게 대처를 준비할 수는 없다. 대부분의 친구나 친지, 이웃, 그리고 도움을 줄 수 있는 전문가들조차 처음 근친 성 학대에 대해 알았을 때, 충격과 걱정을 감춘다는 것이 쉽지는 않다. 한 사회복지사는 "기분이 너무 불쾌해서, 정말이지 그 일에 대해 더 듣고 싶지 않았어요. '으악' 하면서 비전문가적인 반응을 보였습니다."라며 그때의 심정을 솔직하게 인정한다. 날마다 학대받는 아동과 대면하는 전문가들조차 근친 성 학대를 다룰 때는 힘들어한다. 예를 들어 플로리다 아동보호서비스 직원을 대상으로 행한 조사를 보면, 관계자 가운데 거의 3분의 1(31퍼센트)이 성 학대 사례 다루기를 불편해하고, 그 일을 하지 않기를 바라는 것으로 나타났다. 실무자들은 부녀간 근친 성 학대를 가장 어려운 사례 유형으로 인식했다.[3]

미국의 모든 주는 주립 아동보호 기관 같은 적합한 기관에 아동 학대 사례를 의무적으로 신고하도록 규정한 법률을 가졌다. 물론 주에 따라 신고가 의무화된 사람이나 신고 의무 절차의 세세한 규정에는 편차가 있다. 아이다호 주는 "18세 이하의 아동이 학대를 당한다고 믿을 만한 합리적인 이유를 가진 사람은 …… 24시간 안에 적합한 법 집행 기관에 신고해야 한다."[4]고 규정한다. 대조적으로 매사추세츠 주 법령은 신고 의무를 전문가에게만 요구하며, 보건복지국(Department of Public Welfare)에 신고하도록 명문화했다.[5] 거의 모든 주의 법령은 변호사와 내담자 사이를 제외하고는 전문가와 내담자 사이에 비밀을 지키도록 한 특권이 신고하지 않아도 되는 근거가 되지 않도록 규정했다. 신고 의무자들은 신념을 가지고 신고한 이상 일반적으로 형사상 소추로부터 자유롭다.

그러나 근친 성 학대를 발견한 전문가들은 법적으로 신고해야 할 의무가 있다는 것을 알면서도, 어떤 다른 조치를 취해야 할지 몰라 신고하지 않을 때가 많다. 근친 성 학대의 현실에 맞닥뜨린 전문가들 역시 어머니나 다른 가족 구성원들과 마찬가지로 부인과 회피 같은 심리적 방어기제를 보인다. 아무 조치도 취하지 않으면서 문제가 사라지길 바라는 것이다.

비밀을 지켜야만 하는 환경에서 일하는 것에 익숙한 정신보건 전문가들은, 특히 아동이 비밀을 지켜 줄 것을 간청한 경우, 종종 신고하는 것을 부담스러워할 수 있다. 성적으로 학대받은 청소년들을 대상으로 활동하는 전문가들이 공식적인 아동보호 기구와 연계하는 것을 피하고, 자신들만의 개입 체계를 마련하려 하는 것은 아주 빈번한 일이다. 지역 정신 건강 센터에서 일하는 한 간호사는 사춘기 소녀들과 관련된 광범위한 경험을 했는데, 개인적으로 고안해 낸 개입 체계에 대해 이렇게 설명했다.

처음엔 신고하지 않습니다. 아이들이 신고하는 걸 원하지 않고, 나도 그 점을 존중합니다. 게다가 아동보호 전문 기관이 이런 사례에 대해 매우 염려하면서 잘 다룬다고 생각하지 않습니다. 대신 아이 어머니에게 전화해서 아이가 말한 내용을 전하면서, 아이의 말을 믿으며 만일 그런 일이 멈춰지지 않는다면 내가 신고할 거라고 얘기하지요. 종종 어머니들은 제게 매우 화를 냅니다. 저더러 미쳤다, 더러운 생각을 한다고 말하고, 아이 역시 엉터리 같은 상상을 하는 거라 말합니다. 대개 아이들은 어머니가 뭐라고 말할지 예측해요. 모든 사람이 그런 일에 대해 부인합니다. 그러나 일단 사태에 직면하면 학대를 멈출 수 있을 거라고 생각합니다. 그런 뒤 아이들과 같이 치료 프로그램을 시작하지요. 아이들이 가능하면 빨리 그 일에서 벗어날 수 있도록 계획 세우는 일을 도와줍니다.

위 실무자는 내담자에 대한 충실성과 헌신에 대해 얘기했고, 그 말에는 설득력이 있다. 그러나 이런 접근이나 근친 성 학대를 법적인 기관에 신고하지 않는 것은 문제를 해결하기는커녕 더 많은 문제를 야기한다. 첫째, 어머니에게 전화하는 것과 같은 단순한 대응이 성 학대를 멈추기에 충분하다는 근거는 전혀 없다. 둘째, 그런 개입이 치료를 받는 한 아동을 보호하는 데는 충분할지 몰라도, 그 가족 내 다른 아동의 안전을 보장하는 데는 불충분하다. 셋째, 기관이 가해자에게 가하는 위협 때문에 신고한다면 아동보호 기관은 그저 징벌하는 곳이라는 인상을 준다. 만일 성 학대가 지속적으로 일어나 결국 신고해야 한다면, 보호 기관의 사례 관리자와 긍정적인 동맹을 맺을 가능성은 이미 심각하게 낮아지고 만다. 학대 가족에 개입할 의무를 가진 기관의 실무자들은 특히 이런 입장에 놓이는 것을 가장 불쾌하게 생각한다. 한 사례 관리자는 "사람들은 어떻게 신고해야 하는지조차 모르는데, 그게 바로 치료자들이 저지르는 가장 큰 실수입니다. 당장 그 짓을 그만 두지 않거나, 또 다시 그런 짓을 저지르면 아동보호 기관에 신고할 거라고 말하거든요. 그건 우리를 처벌 기관으로 여기게 만드는 공갈 협박이에요. 정말 화가 납니다."라며 불만을 터뜨렸다.

마지막으로 성 학대를 신고하지 않음으로써 생기는 가장 심각한 폐해는 외부인이 아버지와 공모하게 만든다는 것이다. 외부인이 딸이나 어머니, 또는 가족 전체와 맺는 관계는 근친 성 학대 범죄가 알려지는 것을 억제함으로써 암묵적으로 아버지를 보호하고 법률을 위반한다.

이런 모든 이유들을 고려할 때, 도움을 줄 수 있는 위치에 있는 어떤 전문가든 근친 성 학대 상황에 대해 알면 반드시 신고해야 한다. 신고하는 사람은 아동과 가족에게, 신고가 처벌하기 위해서가 아니라 행정절차상한 부분이자 가정 내 안전한 환경을 위한 하나의 건설적인 과정이라는 점을 설명할 수 있다. 신고를 받은 아동보호 기관의 실무자는 가족을 급습해서 아이들을 데려가려고 대기하는 정부의 무자비한 앞잡이가 아니라, 앞으로 그 가족에게 도움을 줄 수 있는 사람으로서 접근해야 한다. 경험이 풍부한 한 치료자는 이렇게 말한다.

> 대부분의 아동보호 기관 실무자들은 자신들에게 일을 쏟아 붓는 사람이 아니라 함께 협력해 나갈 수 있는 사람을 만나길 원해요. 왜냐하면 보통 전문가들은 자기가 해야 할 일을 다른 사람에게 떠맡기고는 해 놓은 일에 대해 이러쿵저러쿵 불평만 하거든요. 어려운 일을 떠맡고 싶어 하는 사람이 어디 있겠어요. 부담스러운 일은 다른 사람에게 떠넘기고, 자기는 근사한 일만 하는 거야 쉽지요. 이런 일 때문에 보호 기관의 실무자들과 대부분의 정신 건강 전문가들 사이에 뿌리 깊은 적대감이 자리 잡은 겁니다. 우리가 보호 기관 실무자들과 서로 신뢰하는 관계를 가지려는 이유도, 부담을 지는 입장에 놓이는 것을 꺼리기 때문입니다. 만약 당신이 어떤 종류든 학대를 당한 아동을 대상으로 일해야 한다면 그게 가장 중요하게 다뤄져야 할 부분이라고 생각합니다.

신고를 받는 것이 기관의 의무인데도, 성 학대 신고가 언제나 효과적이거나 적합하게 문제에 대응하는 것은 아니라고 생각된다. 대부분의 주 정부 산하 아동보호 기관들은 매우 과중한 업무에 시달리는데 인원은 턱없이 부족한 것이 현실이다. 미국인도협회(American Humane Association)의 설문 조사에 의하면, "어느 주나 지역사회도 접수된 모든 아동 방임과 학대 사례가 요구하는 서비스 욕구를 충족시킬 정도의 적절한 보호 서비스 프로그램을 가지진 않았다."[6] 이 조사는 1967년, 곧 아동 학대에 대한 대중의 관심이 증가하고, 신고를 의무화하는 법령이 통과되어 신고 수치가 엄청나게 증가하기 이전에 이루어졌다. 일부 주에서 아동 학대와 방임 신고는 몇 년 사이 10배 이상 증가했다. 1976과 1977년 사이, '아동 학대와 방임 신고에 대한 전국 조사(National Study of Child Abuse and Neglect Reporting)'에 접수된 총 신고 수치는 41만 2972명에서 50만 7494명으로 23퍼센트가 증가했다. 일곱 개 주에서는 한 해 사이에 100퍼센트 이상의 증가를 기록했다.[7]

이렇게 압도적으로 증가한 신고 수치에 걸맞게 아동보호 기관의 실무자를 늘이거나 보호 서비스 실무자들을 훈련시키는 활동을 동반한 곳은 한 군데도 없었다. 그래서 많은 아동보호 기관이 자신에게 의무로 부과된 일들을 책임감 있게 수행해 나가기란 실질적으로 불가능하다. 많은 기관들이 끊임없이 응급 상황에서 기능한다. 현재의 상황은 적절하게 통제도 받지 못한 채 엄청난 양의 학대와 방임 사례를 감당해야 하는 부담에 시달리는 비숙련 실무자들에게 신속한 대응을 요구하고, 24시간 안에 수시로 새로운 신고에 응답하여 생명을 위협하는 상황인지 아닌지를 순식간에 평가하고, 가장 절망적이고 일촉즉발의 순간에 있는 가족들에게 효과적으로 재빨리 개입하도록 밀어붙인다. 사례 실무자들이 자주 사기가 저하되거나 '완전히 기력이 소진되고', 기관들은 직원의 높은 이직율, 극도의 피로, 불안정한 분위기 등으로 고통을 당하는 것도 전혀 놀랄 일이 아니다.[8]

이미 구타를 당했거나 급박한 신체적 학대의 위험에 놓인 아동을 구출할 필요성에 온 신경을 쏟는 실무자에겐 성 학대 사례가 최우선으로 배정되어선 안 된다. 매사추세츠 주의 한 아동보호 기관에 근무하는 실무자는 "구태여 우리가 하지 않아도 되는데 끊임없이 판단을 내려야 하는 사례들이 산더미같이 쌓였어요. 팔이 부러진 두 살 먹은 아이를 담뱃불에 덴 네 살 먹은 아이보다 먼저 돌봐야 할까요? 우선순위에 두지 않아도 되는 사례들이 실제로는 마구 밀려듭니다."[9]라며 탄식조로 말했다. 그리고 학대와 방임 사례 가운데 소수(5.8퍼센트)의 경우만이 처음부터 성 학대로 신고가 되기 때문에, 어느 기관에 있는 실무자든 그런 사례에 각별히 친숙해지거나 전문적인 능력을 계발한다는 것은 아주 드문 일이다.[10] 그 결과 성 학대 신고에 대한 대응은 종종 아주 우연적이거나 특이한 일로 간주된다. 때로 실무자나 감독관이 아주 당황스러워하거나 노골적으로 공격적인 태도를 취하면서 불필요하게 아동을 집에서 떼어 놓기도 한다. 하지만 더 일반적인 실수에 대해 말하자면, 직무상 이루어지는 실수보다 직무를 소홀히 하는 실수가 더 많다. 일반인들이 근친 성 학대 신고를 마음 불편해 하는 것과 마찬가지로, 아동 성 학대 실무자들은 너무 세세하게 또는 너무 깊이 조사하지 않아도 될 만한 핑계 거리를 찾을 수도 있다.

예컨대 우리가 아는 한 어머니가 주 당국자에게 남편의 근친 성 학대를 신고하기로 결정했다. 그 결정은 그녀를 엄청난 고뇌에 빠뜨렸고, 온 가족이 심한 불안에 떨며 기관의 대응을 기다렸다. 상당한 시일을 지체한 뒤, 한 사례 관리자가 그 집을 찾아왔다. 실무자는 집이 너무 깔끔하다, 카펫이 아름답다는 등 안주인을 칭찬하면서, 이 가족은 '우리가 흔히 접해 온 그런 부류의' 사람들이 아니라는 점, 곧 그들이 빈곤하지 않다는 사실을 확인했다. 실무자는 아이들과 면담하지 않았으며 더 이상 아무 조치도 취하지 않았다. 아버지는 그대로 집에 남아 계속해서 딸을 괴롭혔다. 그로부터 몇 달 뒤, 이 기관에 전화를 해 보니 이 사례 관련 서류는 소실되었으며 서류를 찾는 일에 관심을 보인 사람은 아무도 없었다는 사실이 드러났다.

대부분의 보호 기관은 갖가지 제한이 주어진 상태에서 일하기 때문에 그런 직무 태만은 너무도 흔히 일어나는 일이다. 예를 들어 매사추세츠 주에서 성 학대 신고에 대처하는 아동보호 기관의 태도에 대한 연구를 보면, 사례의 26퍼센트에 대해서는 아무도 아동 면담을 통해 신고 내용을 확인하려 들지 않았으며, 3분의 1정도(32퍼센트)의 사례에서는 가정방문조차 이루어지지 않았다. 신고가 된 방임이나 신체 학대 사례를 접하면서 실무자들은 아동과 부모를 같이 면담하는 것이 더 중요하다고 생각하는 것 같았다. 오직 성 학대 사례의 절반가량(52퍼센트)에 대해서만 그 가족에게 추후 상담이 권고되었다. 그러나 사례 가운데 39퍼센트에서는 조사 결과로 인해 아동이 결국 거처를 집 밖으로 옮겨야 했다. 이 데이터로 볼 때, 아동을 다른 곳으로 옮기는 식의 과격한 조치는 논외로 하더라도 주 정부 기관은 이 문제에 효과적으로 개입할 능력이 결여됐음이 명백하게 드러난다.[11]

처리 불가능에 가까운 엄청난 업무량에도 불구하고, 일부 실무자들은 근친 성 학대 가족에 개입하는 효과적이고도 창조적인 방법들을 고안해 냈다. 헌신적인 한 사람의 개인이나 작지만 응결력 있는 집단은 때로 어느 정도의 효과를 내는 체계를 만들어 낼 수 있다. 이렇게 경험적으로 창안된 모든 체계들이 지닌 공통적 특징은 신속하고도 즉각적인 위기 개입에 초점을 맞춘다는 점이다. 여기엔 비밀이 발각되자마자 아동과 어머니는 즉각적이고 신속한 지원을 필요로 한다는 암묵적인 동의가 전제됐다. 한 실무자는 "만일 여러분에게 제한된 자원이라도 있다면 그것을 그 첫 주의 첫 날에 투입하세요. 부수적인 일들은 나중에 해결하면 돼요."라고 권고했다.

비밀을 누설하고 나면, 딸은 상당한 재확인을 필요로 한다. 먼저 그녀의 말을 믿는다는 것, 둘째로 그녀의 잘못이 아니라는 것, 셋째로 앞으로 성 학대로부터, 비밀을 깼다는 이유로 아버지가 자행할지도 모르는 앙갚음으로부터, 보호될 것이라는 내용을 그녀에게 확실하게 전달할 필요가 있다. 그녀가 비밀을 털어놓은 일은 칭찬받아야 하며, 길게 보면 가족 전체를 도우리라는 확신을 주어야 한다. 그대로 집에 머무르는 것이 얼마나 안전한지 그녀에게 확신시켜야 하고, 그녀를 보호하려고 선택할 수 있는 모든 방안에 대해서도 설명해 주어야 한다.

어머니에게 이 끔찍한 뉴스가 폭로된 이상, 오히려 딸보다 어머니에게 더 많은 지원이 필요할지 모른다. 남편과 딸 사이에서 상처받고 결혼 생활이 붕괴할지도 모른다는 우려 때문에 두려움에 떨면서, 어머니는 사실상 무력화되어 혼자서는 아무 행동도 취할 수 없다. 가족 외부로부터 공감과 효과적인 지원을 받지 못한다면, 그녀는 남편의 지시와 영향에 굴복하여 딸로부터는 물러설 것이다. 한 실무자는 "그런 일을 당한 어머니는 무얼 해야 좋을지 모릅니다. 충격에 빠졌기 때문에 적절한 지도와 지침이 필요하지요. 이들에게 열여덟 가지 선택 사항이나 비지시적인 접근은 필요하지 않습니다. 이런 상황에 처한 사람들에게 그런 방법은 무용지물이지요. 어머니들은 스스로 그런 일들을 처리할 수 있다고 생각하지 않기 때문에 남편이 시키는 대로 따르려는 경향을 보일 것입니다. 누구라도 어머니를 자녀에게 맞서는 쪽을 선택해야 하는 입장에 놓이게 하고 싶지는 않겠지만요."라고 말했다.

어머니를 위한 집중적 지원이란, 비밀이 폭로된 뒤 첫 주 동안에는 날마다 어머니를 만나고, 둘째 주에도 거의 비슷한 정도로 자주 만나야 한다는 것을 뜻한다. 이 기간 동안에는 가족들을 아버지로부터 떨어뜨리는 결정, 곧 형사 고발 결정과 재정적인 지원이나 보육 지원 같은 실제적인 문제들을 가능하면 빨리 처리해야 한다. 이런 문제가 신속하게 해결되면 될수록 위기는 감소하고 치료와 회복 과정도 더 빨리 시작될 수 있다.

경험이 풍부한 대부분의 실무자들은 이런 위기를 처리하는 동안 부녀가 한 지붕 아래에 있어서는 안 된다는 사실에 동의한다. 사실이 폭로된 후 아버지가 즉각 자기 잘못을 고백한다 하더라도, 집으로 돌아가서 아버지와 얼굴을 마주하고 그의 권위 아래서 계속 생활해야 하는 일 자체가 딸에겐 너무 위험하고 스트레스를 받는 상황이기 때문이다.

여러 가지 이유에서, 딸보다는 아버지가 집을 떠나는 것이 더 바람직하다. 첫째, 아버지는 성인이므로 생활 전반에 걸쳐 대안적인 방안을 찾을 가능성이 더 크다. 아버지는 위탁 보호시설로 보내질 필요가 없으며, 그저 어딘가에 방을 구하기만 하면 된다. 둘째, 소녀들을 수많은 임시 쉼터에 배치하는 일은 근친 성 학대 피해자에겐 부적절하거나 안전하지 않다. 만약 딸이 청소년 유치(留置) 시설이나 수용 시설로 보내진다면, 딸은 오히려 자신이 범죄자로 취급당한다는 감정을 떨치기 힘들 것이다. 대안으로 딸을 위탁 가정에 배치한다 해도, 그녀는 반복된 성 피해 위험에서 자유롭지 못할 수 있다. 소녀가 일단 근친 성 학대의 피해자로 낙인이 찍히면, 많은 남성들이 그녀를 마치 공공재산처럼 취급하며 성적인 관심을 보일지도 모른다. 그 결과 이 소녀가 위탁 가정의 아버지나 다른 가족 구성원들로부터 성적인 관심을 받는 것도 드문 일이 아니다.

마지막으로 딸에게 적절한 이상적인 장소를 찾았다 하더라도, 아버지는 집에 남고 딸이 가족으로부터 배제된다면, 딸은 결국 처벌받는 건 자신이라는 생각을 갖는다. 딸을 집에서 분리하는 일은 딸에게 맞서 부모가 서로 결탁하는 경향을 강화시키는 반면, 아버지의 분리는 딸에게 어머니와 관계를 회복할 기회를 주고, 어머니에게는 스스로 기능할 기회를 제공한다.

하지만 남성을 자기 집에서 분리하는 일은 남성 지배에 대한 엄청난 도전이다. 그 자체로, 이런 절차는 대개 아버지 자신들뿐만 아니라 거의 모든 기존 사회 조직의 저항에 부딪힌다. 오로지 법정의 명령이 있어야만 아버지에게 자기 집을 떠나도록 강요할 수 있다. 이런 명령을 얻으려면 대개 딸이나 어머니가 아버지에 대해 형사상의 기소를 해야 한다. 경찰이 아버지를 체포하려면 반드시 이 기소에 따라 행동해야 한다. 심문 과정에서 판사는 석방 유예 심판이라는 조건으로, 아버지가 집을 떠나도록 지시하는 퇴거 명령과, 딸과 접촉할 권한을 금지하는 제지 명령을 내릴 수 있다. 결국 경찰도 일단 법원의 명령이 발부되어야 법을 집행할 수 있다. 딸에 의해 형사 기소가 이루어진 소수의 사례에서조차, 경찰과 법원이 아버지를 집에서 분리시키는 현명한 처사를 보여 주리라 기대할 수 없다. 현재 27개 주가 가정 폭력 피해자를 위한 민사상의 개선책을 제공하는데, 이로써 몇몇 사례에서 형사 기소가 아니라 민사소송을 통해 가해자에 대해 퇴거 명령이나 접촉 제한 명령을 내리는 일이 가능해졌다. 그러나 아버지를 집에서 분리시키는 데 필요한 수많은 절차상 장애는 아직도 있다.[12]

주 정부 아동보호 기관은 부모 가운데 한 사람이 집을 떠나도록 강요할 권한을 갖지 않았다. 그들에게는 아동을 분리시킬 권한만 주어졌으며, 이 힘조차도 제한적이고 가정법원이나 소년 법원의 협조에 의지해야 한다. 따라서 근친 성 학대 가족 문제에 개입하는 외부인들은 일시적으로나마 아버지를 분리시키는 것이 훨씬 낫다는 것을 잘 알면서도 종종 딸을 분리시키지 않을 수 없다. 한 아동보호 실무자는 다음과 같이 논평했다.

정보를 받았을 때, 우리의 근본적인 목표는 아버지에게 집을 떠나도록 요청하거나 어떻게든 설득하는 일입니다. 가능한 한 빨리 분리시켜야 합니다. 최선책은 아버지가 집을 떠나는 일이며, 아동을 분리시켜서는 안 된다는 것이지요. 그러나 그런 시도가 먹혀들지 않을 때가 많아요. 왜냐하면 아버지들이 너무 강경하게 아무것도 인정하지 않으려 들고, 어머니들은 너무 의존적이어서 자기 혼자서는 아무것도 할 수 없다고 생각하기 때문입니다. 아동은 자신이 가정 파괴자가 되었다는 사실에 예민해지고, 아버지는 가족들이 자신을 집에서 쫓아낼 진술서를 작성하지 못하도록 가족 모두에게 압력을 행사하려 듭니다. 결국 보호 양육권(protective custody)을 취득하려고 법원에 가는 경우가 너무 많습니다. 물론 그렇게 하고 싶지는 않지만, 때로는 그렇게 해야 하죠.

제한된 권한을 지녔긴 하지만, 아동보호 기관 실무자들은 아버지가 자발적으로 집을 떠나도록 권유하는 자신들만의 전략을 고안했다. 부모들이 자율 집단을 형성해 운영하는 이 프로그램은 이런 상황에서 확실히 강점을 지녔는데, 전에 가해자였던 사람이 새로 범죄 사실이 발견된 아버지들을 전문가보다 더 잘 설득할 수 있기 때문이다. 산호세에 있는 아동 성 학대 치료 프로그램의 예를 보면, 근친 성 학대를 저지른 아버지는 24시간 안에 이미 프로그램에 관여한 다른 아버지의 방문을 받는다. 부모 자원봉사자들은 근친 성 학대 아버지에게, 싸울 듯이 부인하는 자세를 취하기보다 협조함으로써 얻을 수 있는 것이 더 많다고 설득할 수 있다. 근친 성 학대 아버지는 딸이 겪은 고초에 대해 용서를 청하라는 식의 이타적인 이유에서가 아니라 자신의 이익을 위해 협조하도록 요청받는다. 만약 아버지가 즉시 고백을 하고 딸의 인생을 편안하게 만드는 데 할 수 있는 어떤 일이든 한다면, 법정에서 훨씬 더 유리할 수 있다는 사실도 알려 준다.

설득은 힘의 행사가 뒷받침될 때 가장 성공적이다. 여기에는 경찰의 적극적인 협조가 긴요하다. 아이다호 보너 군(Bonner County, Idaho)에서는 사복 경찰을 대동한 아동보호 서비스 관계자가 성 학대 신고를 조사한다. 체포될 가능성에 직면하면, 대부분의 아버지들은 그 자리에서 고백하며 소년 법원의 지도를 받는 가족 치료 프로그램에 참여하겠다고 즉시 동의한다.[13]

아동보호와 관련해 강력한 법적 지원을 받는 한 프로그램에서 아버지들은 치료 자격을 얻으려고 중범죄를 저질렀음을 인정하도록 요구받는다. 그 대가로 아버지들은 경찰의 도움을 받으며 사려 깊은 치료를 받고, 법원으로부터 관대한 판결을 받으리라는 사실을 확신할 수 있다. 아버지들은 체포되지 않으며 때와 장소를 지정하여 진술할 기회를 갖는다.

법 집행 기관과 연계하여 활동할 계기가 마련되지 않거나 자원 봉사하는 부모 집단이 없는 프로그램에서는, 아동보호 기관 관계자들이 설득보다는 엄포에 의존하지 않을 수 없다. 예를 들면 어느 프로그램에서는, 어머니와 딸이 강한 동맹을 맺었다고 판단될 때까지, 어머니와 딸의 초기 만남이 아버지에게는 철저히 비밀에 부쳐진다. 실무자들의 목표는 근친 성학대가 폭로됐다는 사실을 아버지가 인식하기 전에 어머니와 아동이 경찰에 먼저 기소할 수 있게 준비시키는 것이다. 이런 전략은 아버지의 갑작스러운 구속으로 정점을 이룬다. 목표는 아버지가 가장 취약하고 방어할 수 없는 순간에 그를 체포하여, 범죄 사실을 고백하게 하고, 법원의 퇴거 명령이 발부되지 않았다 하더라도, 그가 자발적으로 집을 떠나는 데 동의할 수 있게 만드는 것이다.

이 마지막 접근 방식은 비밀리에 처리할 수 있다는 면에서는 최상이지만, 법의 집행 과정을 침해한다는 점에서는 최악이다. 이 접근 방식을 실행하는 아동보호 기관 실무자 어느 누구도 이 방법이 이상적인 전략이라고는 생각하지 않는다. 하지만 아무것도 하지 않는 것보다는, 근친 성 학대를 부인하고 아버지에게 복종하는, 가족의 행동 양식을 깨뜨리려고 시도하는 것이 더 낫다. 가족 구성원 모두, 특히 아버지는 비밀의 발각이 이제 돌이킬 수 없으며 이전의 생활로 다시 돌아갈 수 없다는 사실을 분명히 인식해야 한다. 위기에 대한 개입이 더 신속하고 결정적으로 이루어질수록, 가족도 회복 작업을 더 빨리 시작할 수 있다.

몇 가지 예를 보더라도 위기에 대한 개입이 철저하고 적합하게 진행되었는데도, 비밀이 발각되었을 때 이미 어머니와 딸의 관계는 너무 심하게 멀어져 그들 사이 유대는 회복 불가능한 것처럼 보이는 경우가 있다. 이런 상황에서는, 아버지와 어머니를 분리시키고 딸을 집에 남겨 두어 봐야 아무 소용이 없다. 이미 정서적으로 딸은 가족으로부터 추방된 상태이다. 오히려 어머니로부터 양육권을 박탈하는 것이 그 가족의 현실을 구체적으로 표현하는 일이 된다. 많은 기관들은 이런 사례들을 '비극'이라 지칭한다. 아동보호 기관 실무자가 밝힌 다음 사례 기록은 아동을 가정에서 분리시키는 일이 가장 합리적인 조치였음을 보여 준다.

가족 및 아동 서비스 부서(Division of Family and Children's Services)
는 9월 14일 익명의 남성에게서 전화를 한 통 받았는데, 그는 트레이시 W
라는 여덟 살짜리 여아가 자기 딸에게 구강 성폭행을 당했다는 이야기를
했고, 추정컨대 범행은 어머니의 남자 친구인 레이몬드 S가 저지른 것 같
다는 내용이었다.

9월 17일 두 명의 실무자가 W의 가정을 방문했다. 기록에 의하면 방문
당시 W 부인은 심하게 술에 취한 상태였다고 한다. W 부인은 S 씨가 '그
녀의 딸에게 상처'를 줬기 때문에 두 실무자가 자신을 만나고 싶어 했던
것으로 안다고 대답했다. 면담 중에, W 부인은 범죄 사실을 인정했으며
어떻게 S 씨가 트레이시에게 강요하여 관계를 가졌는지 묘사했다. 그다음
실무자는 트레이시와 면담을 가졌는데, 트레이시는 어머니가 말한 그대
로 사실을 인정했다. W 부인의 말에 따르면, S 씨는 술에 취해서 아무것
도 기억할 수 없다고 주장했지만 성폭행을 인정했다. 어머니는 실무자들
에게 S 씨를 집에서 내쫓았다고 단언했다.

나는 9월 20일 어머니와 아동을 집에서 처음 만났으며, 그 후 일주일에
한 번씩 이 가족을 만났다. 어머니는 대개 취했거나 내가 만나러 갔을 때
맥주를 마셨다.

내가 두 번째 방문했을 때 S 씨를 만났다. S 씨는 트레이시와 그 어떤 성
관계도 없었다고 부인했다. 어머니는 자격증을 하나 땄고 S 씨와 결혼할
계획이었다고 설명했다.

세 번째 방문에서, 전에 내가 방문하는 동안에는 술을 마셔서는 안 된다는
요청을 했는데도, W 부인은 또 다시 취했거나 맥주를 마셨다. 어머니는 S
씨가 다른 주로 갔으며 다시는 그를 만나지 않을 거라고 진술했다. 이번

방문에서 어머니는 트레이시더러 나에게 S 씨와 가졌던 성적 관계를 자세하게 설명하라고 요구했다.

네 번째 방문했을 때, S 씨 부부가 함께 있었다. 어머니는 지난 토요일에 두 사람이 결혼했다고 설명했다.

다섯 번째 방문에서 S 씨는 집에 없었다. 면담 중에 어머니는 '레이가 트레이시를 범한 첫 번째 남성이 아니었다.'고 말했다. 이 진술에 대해 트레이시와 어머니와 이야기를 나눈 결과, 트레이시는 여섯 살 때 S 부인의 남자 친구 가운데 한 사람으로부터 똑같은 방법으로 성 학대를 당했다는 사실이 드러났다.

여섯 번째 방문에서, S 부인은 트레이시에게 그녀를 포기한 것이 엄마의 결정이 아니었다는 사실만 전달할 수 있다면, 트레이시를 다른 가정에 위탁하는 것을 받아들이겠다고 진술했다. 어머니는 '그 아이를 낳지 않았더라면 좋았을 걸.'이라고 덧붙였다.

S 부인에게는 트레이시 외에 다른 여러 아이들이 있었으나 모두 친척들과 살거나 위탁 가정으로 옮겨졌음이 밝혀졌다. 트레이시 역시 다섯 살 때까지 고모와 같이 살았다. 어머니는 이번에는 법원의 조치를 받았다.

요컨대, 상기에 명시된 아동은 위기에 처했으며 양육과 보호가 필요하다는 것이 가족 및 아동 서비스 부서의 의견임을 밝혀 둔다.

많은 사람들은, "그 아이를 낳지 않았더라면 좋았을 걸."이라는 어머니의 말을 성 학대보다 더 큰 충격으로 생각할 것이다. 모성애를 너무도 감상적으로만 받아들인 나머지, 아이를 없애 버리고 싶어 하는 어머니는 괴물로 간주될 수 있다. 실제로 여성들은 최상의 환경에서조차 모성이라는 부담에 대해 늘 양가감정을 지닌 채 받아들이거나, 비자발적으로 아이를 갖는 경우도 많다. 하지만 자진해서 아이를 포기한 여성에게 가해질 비난을 감당하기가 너무 버거워, 어떤 어머니들은 아이를 돌볼 수 없다는 사실을 인정하기보다 계속 데리고 있으면서 학대한다. 때때로 방임 사실이 발각되면 어머니는 아이를 양육하는 책임으로부터 벗어나고 싶은 게 사실임을 드러내면서 외부의 개입을 탄원한다. 이런 경우 어머니에게는 새로운 인생을 시작하도록 하고, 딸 역시 새로운 가정에서 살게 하는 게 마땅하다.

폭로의 위기에서 드러난 결과는 결국 이 모든 일이 모녀 관계의 상태에 달렸다는 사실이다. 만약 발생한 모든 사태에도 불구하고 어머니가 딸에 대해 애정을 지녔다면, 어머니와 아동을 함께 있게 하고 그들 사이의 유대를 회복할 수 있도록 최선의 노력을 경주해야 한다. 그러나 만일 두 사람의 관계가 이미 파괴되었다면 어머니와 딸을 분리하는 것이 마땅하다.

9 장
가족 관계의 회복

판단하거나 비난하기 위해서가 아니라, 우정과 이해, 그리고 공감의 손을
펼칠 수 있기를.

많은 회원들의 도움과 전문적인 안내를 통해 우리 자신과 자녀들에 대한
이해를 더 깊게 할 수 있기를.

우리가 지닌 분노와 좌절감을 자녀에 대해서가 아니라 다른 방향으로 돌
리거나 재구성할 수 있기를.

우리는 인간이므로 분노와 좌절감을 갖는 것이 정상이라는 사실을 깨달
을 수 있기를.

우리도 도움을 필요로 하며 같은 배에 타고 있다는 사실을 깨달을 수 있
기를.

우리는 한 번에 하루만 가질 수 있으므로, 날마다 약속한다는 생각으로
시작할 수 있기를.

활기차게 살아 있으며, 새롭게 만들어 나가며, 자기가 가진 것을 다른 이
에게 베푸는 부모이자 사람이 되기를 희망합니다.

— 부모연대 헌장, 1975

비밀의 노출이라는 위기가 찾아온 뒤에는, 가족의 생활을 다시 되돌리
려는 느리고 수고스러운 임무가 찾아온다. 가족을 다시 추스르는 시간은
가족 구성원 모두에게 극도로 불안한 시기이기도 하다. 이전의 상태로 돌
아가는 것도 불가능한 일이지만, 특히 부모에게, 새로운 생활 방식을 생각
하는 일 역시 불가능할 수도 있다. 근친 성 학대 범죄를 저지른 아버지는
아내와 자녀들에 대해 지녔던 통제력과 딸에게 성적으로 접근할 수 있던
힘을 상실한 뒤의 생활을 어떻게 견뎌 낼 수 있을지 상상하기조차 엄청나
게 힘들어할 것이다. 싸움 한 번 하지 않고 오랫동안 몸에 젖었던 자신의
힘과 권위를 포기하는 일은 예상조차 할 수 없어 한다. 아내와 딸이 확고
하게 저항하면, 아버지의 심적 고통은 극에 달한다. 이 시기에 아버지가
어디론가 도망쳐 버리거나 자살을 시도하거나 가족을 살해하겠다며 협박
하는 등의 일은 드물지가 않다. 어머니 두 명은 남편의 반응에 대해 이렇
게 진술했다.

그는 모든 것을 되돌리고 싶어 했어요. 그 사람은 내내 제가 결국 그를 받
아들여 줄 거라고 생각했을 거예요. 제가 이혼 서류를 작성했을 때, 그는
그 사실을 믿을 수 없어 했지요. 그는 정말 미친 듯이 날뛰었어요. 매일 밤
마다 우리 집 앞을 차로 돌아다니기 시작했어요. 아이들은 두려워했는데,

만일 남편이 집 안으로 들어오려 하면 즉시 경찰을 부르겠다고 아이들을 안심시켰어요. 어느 날 밤에는 남편이 술에 취해 집에 와서는 우리를 칼로 위협하기도 했어요. 아이들과 저는 뒷문으로 빠져나가 옆집으로 도망쳤지요. 우리를 잡을 수 없다는 걸 알자, 그는 현관문으로 나가서 자기 손목을 그은 겁니다.

우리는 2주 정도 여성 쉼터에 머물렀어요. 그동안 딸애를 학교에 보내지 않았어요. 남편이 그 애를 찾아내면 무슨 짓을 할지 모르니까요. 어느 날 한 번도 본 적이 없는 남성이 길에서 다가오더니, 나무 십자가를 건네더군요. 남편이 주라고 했다면서요. 그날 밤, 저희는 다른 주에 있는 쉼터로 거처를 옮겼습니다.

어머니 역시 극도의 스트레스 상태에 놓인다. 인생의 어느 시기보다 이 시기에 어머니는 혼자라는 생각에 빠진다. 아버지의 압력과 협박에 대처해야 하는 일에 더해, 어머니는 그러고 싶지도 않고, 감당할 수 있다고 생각조차 해 본 적이 없는, 가족에 대한 책임을 전적으로 혼자 짊어지지 않을 수 없다. 또 어머니는 그동안 자녀라기보다 경쟁자로 보였던 딸을 보호하려고, 혼인 관계가 보장했던 재정적, 정서적인 안정감을 희생해야 한다. 어머니는 절망감과 극도의 공포, 분노에 사로잡히기도 한다. 딸을 비난하지 않으려고 아무리 애를 써도, 딸애를 미워하는 때도 있을 것이다.

비밀 누설 이후 찾아온 위기가 지나가자마자, 딸은 그토록 바라던 안도감을 느끼지 못할지도 모른다. 사실, 성적인 학대는 멈추었지만, 변한 것은 아무것도 없다. 부모는 여전히 지금까지 그래 왔듯이 그녀의 욕구를 충족시켜 주지 못하는 고통스런 상태에 머물러 있다. 가족 관계를 유지해 주던 성적인 유대가 파괴되면, 자녀와 부모 사이에 가로 놓였던 엄청난 간극을 메울 것은 아무것도 없기 때문이다.

가족 관계를 다시 추스르는 일은 어머니와 딸의 유대를 회복하는 데서 시작한다. 이 점에 관해서는 우리가 알아 본 다섯 군데 치료 프로그램에 참여한 숙련된 치료자들 사이에, 특히 부모 역할을 하는 부부를 재결합시키는 데 힘을 쏟는 치료자들 사이에서조차, 의견의 일치가 이루어지지 않았다. 캘리포니아 주 산호세에 있는 아동 성 학대 치료 프로그램(Child Sexual Abuse Treatment Program) 담당자인 헨리 지아레토(Henry Giarretto)는 이렇게 말한다. "우리는 핵심적인 문제가 어머니와 딸이라고 생각합니다. 딸이 비난받아서는 안 된다는 사실을 어머니와 딸이 서로 알면, 회복 과정은 이미 시작된 거죠."[1]

예전과는 달리 딸을 보호하고 지지하려면, 어머니 역시 전에는 한 번도 누려 보지 못했던 일종의 지지를 필요로 한다. 일상적 가사에 대한 실질적 조력과, 자신의 감정을 표현하고 목표를 계발하며 동료들과 더 많은 접촉을 할 수 있는 안전한 장소를 필요로 한다. 그녀 자신에게 도움이 되는 뭔가를 얻었다는 사실을 깨닫지 못하면, 어머니에게 딸을 위해 뭔가 하도록 기대하는 일은 소용없을 것이다. 어머니에게는 순교자가 되기를 요구하는 사람이 아니라 힘이 되는 사람이 필요하다. 힘이 되는 사람은 어머니의 사례를 다루는 사회복지사일 수도 있고, 살면서 비슷한 소용돌이 시기를 이겨 낸 다른 어머니일 수도 있다. 둘 다 있다면 아주 이상적일 것이다.

산호세 프로그램이나 타코마 아동보호 서비스와 같은 일부 치료 프로그램은 사회 경험을 교정하거나 성장시키는 집중 프로그램을 제공하는 부모들의 조직에 의존하기도 한다. 산호세의 부모연대(Parents United)나 타코마의 가족재결합(Families Re-United)이라 불리는 이 조직들은 부분적으로 자조 집단 모델을 바탕으로 조직되었다. 조직들은 부모 자신들에 의해 조직되고 운영되지만, 진정한 자조 집단들이 그렇듯이 전문가들의 참여를 배제하지 않는다. 모임은 전문가와, 프로그램의 고급 단계에 이른 부모들에 의해 긴밀하게 이루어진다.

부모들로 이루어진 지지 집단이 어머니들에게 부여하는 이점은 여러 가지이다. 첫째로, 지지 집단은 어머니에게 어떤 상담가—아무리 그 사람이 지칠 줄 모르는 사람이라 하더라도—가 해 줄 수 있는 것보다 훨씬 더 완벽한 방식으로 편안하고 실제적인 도움을 줄 수 있다. 예컨대 부모연대는 24시간 언제든 정서적인 지지를 받을 수 있도록 도와줄 뿐 아니라, 재정적인 도움과 법률, 의료 전문가의 도움, 자녀를 위한 임시 쉼터, 교통수단 지원, 취업 지원 등을 제공한다. 둘째로, 부모들의 지지 집단은 어머니에게 새롭고 건설적인 사회관계를 제공하여 집 안에 갇혀 지내지 않도록 해 준다. 셋째로, 지지 집단은 비슷한 경험을 지닌 어머니들과 어울리면서 어머니가 지닌 수치심을 누그러뜨리고, 심신의 준비가 되었을 때 자신의 경험으로부터 얻은 이점을 다른 사람에게 내놓을 기회를 제공함으로써 자존감을 향상시켜 준다. 가장 곤경에 처했을 때 엄청난 도움을 받았지만, 어머니가 그저 환자 역할에 그친 것은 아니라는 생각을 갖게 하는 것이다.

부모들의 자조 집단이 지닌 핵심적인 요소는 후원(sponsorship) 개념이다. 처음으로 프로그램에 참여하는 어머니는 자신의 문제를 해결하는 데 충분한 성과를 거두어 다른 사람에게 도움을 줄 준비가 된 다른 어머니에게 '맡겨진다.' 후원의 중요성은 한 어머니의 다음과 같은 경험에서 잘 나타난다.

> 프로그램에 처음 참여했을 때, 저는 문에서 멀찍이 떨어져 앉아 있었어요. 설령 문 옆에 앉았다 하더라도 일어날 힘이라도 가졌었는지 모르겠고, 일어서고 싶은 생각이 들었다면 아마 창밖으로 뛰어내리고 싶었을 거예요. 그때 그런 상태였죠. 실제로 저는 방에서 뛰쳐나갔는데, 누군가가 저를 붙잡더니, '처음이라 그럴 거예요. 저도 그랬거든요.'라고 말하더군요. 제 곁에 앉아 손잡아 주고, 말을 걸어 준 그 사람이 아니었더라면, 저는 아마 절대로 그 프로그램에 다시 참여할 수 없었을 거예요. 그 프로그램 덕택에 저는 제 인생에서 완전히 새로운 방향을 찾았지요.

적절한 보호와 지원이 주어지면서, 많은 어머니들은 그들의 삶에서 원치 않은 혼란이 일어났긴 했지만 이 기회를 이용하여 주목할 만한 이익을 얻을 수 있다. 이 프로그램에 참여함으로써 여성들은 그동안 돌보지 못했던 신체적·정서적 문제에 처음으로 주의를 기울이고, 가정에서의 역할 이외에 그들 자신의 열망을 계발할 수 있는 최초의 기회를 얻는다. 어머니들이 얻는 구체적인 성과는 신체 건강의 증진, 사회적 접촉의 증가, 운전 기술과 같은 새로운 기술 습득이라는 기준으로 확인할 수 있다. 학교나 일터로 다시 돌아가는 것은 가장 흔한 결과이다.

성공적인 프로그램은 새로 들어 온 어머니들의 후원자가 되어 더 많은 사람들을 교육시킴으로써 프로그램 자체에 들어 있는 여러 능력과 기술을 배울 수 있는 기회를 제공한다. 예컨대 타코마 프로그램에서는 고급 단계에 이른 부모들이 새로 가입한 가족과 사적인 만남에서나 대중적인 의식 고양 포럼에서 자신들의 경험을 공유하는 '프레젠테이션'에 참여한다. 산호세 프로그램에서 고급 단계에 이른 부모들은 새로운 집단을 이끌거나 부모연대의 새로운 지부를 조직하는 데 도움을 주는 리더십 훈련 집단에 초대된다. 그런 활동들은 엄청나게 창의적인 에너지를 만들어 내고 참가자들로 하여금 성취감과 힘이라는 감각을 북돋워 준다.

어머니는, 자신감 증진과 복지에 대한 감각을 회복하고 나면, 억압적인 혼인 생활로 돌아가기를 주저한다. 혼인 생활을 스스로 꾸려 나갈 수 있다는 확신이 들 때야, 그녀는 남편과 화해할지, 이혼할지를 자유롭게 선택할 수 있다. 어머니에게 힘을 북돋우는 일은 어머니와 딸 사이의 경쟁의식 역시 감소시킨다. 아버지가 더 이상 가족 부양의 유일한 원천으로 여겨지지 않아야, 아버지의 호의를 얻으려는 필사적인 경쟁도 줄어든다.

어머니가 치료를 받는 동안, 딸에게도 집중적인 지원이 필요하다. 어머니들의 사례에서와 마찬가지로, 개별적인 연대가 필수적이며, 가능하다면 동료 집단의 지원이 바람직하다. 집단에 참여하는 일은 성 학대로 인한 수치심을 감소시켜 줄 뿐만 아니라, 어머니에 대해 딸들이 느끼는 감정을 배출시킬 안전한 장소를 마련해 준다. 종종 치료의 초점은, 성적인 문제에서 어머니의 보호를 갈망하는 딸의 욕구와, 어머니에 대해 그동안 자주 느꼈던 실망감 쪽으로 옮겨 간다. 집단은 딸들에게 문제 해결을 도와 줄 실제적인 도움은 물론 심리적인 위안을 제공한다.

집단적 지원은 성인에게만이 아니라, 어린 자녀들에게도 매우 유용하다. 타코마의 아동보호 서비스와 강간 구호 프로그램은 서로 연대하여 '햇빛소녀들(the Sunshine Girls)'이라는 집단을 운영한다. 이 집단은 8세부터 12세까지의 소녀 서른 명으로 구성되며, 매주 한 번씩 방과 후에 만난다.

집단에는 남성과 여성 치료사인 두 명의 리더가 있다. 이 모임에 오고 갈 때의 교통편은 전원 어머니들로 이루어진 자원봉사자들이 맡는다. 또 어머니들은 이 모임에 참여하여 스킨십을 원하는 소녀들을 안아 주고 심리적으로 위로하며 먹을 것을 나누어 주고, 놀이 활동도 지도한다. 소녀들은 놀라울 정도로 빨리 마음을 열고 자신의 경험을 공유하는 법을 배운다. 우리가 방문했을 때도 소녀들은 전혀 당황하지 않고 우리를 맞아 주었으며, 우리 지역사회도 비슷한 프로그램을 시작할 것을 요청하기도 했다. 열 살 짜리 한 소녀는 "틀림없이 선생님이 계신 곳에도 근친 성 학대를 당하는 아이들이 많을 텐데, 그 애들은 아마 완전히 외톨이라고 느낄 거예요."라고 말하기도 했다.

딸에 대한 치료 목표는 어머니의 경우와 유사하다. 죄책감을 덜어 내는 일, 자존감을 증진시키는 일, 아이가 지녔던 소외감을 떨쳐 내는 일, 자율성을 계발하는 일, 스스로를 보호할 권리를 지녔다는 사실을 배우는 일 등이다. 타코마 아동보호 서비스 프로그램을 맡은 피터 콜먼(Peter Coleman)은 치료 목표를 다음과 같이 정의한다.

집단에서 가장 잘 배워야 할 것은 자신을 주장하는 방법, 곧 다른 사람의 욕구나 감정을 침해하지 않으면서, 가능한 한 자신의 욕구를 말해서 충족시킬 수 있어야 한다는 것입니다. 이런 작업은 구타, 학대, 통제, 지배, 순종, 굴복, 무력감으로 이어지는 악순환의 고리를 끊어 내기 위한 것입니다. 프로그램 진행자들은, 여성은 더 강해지고 남성은 더 점잖아져야 한다고 주장합니다. 우리는 진정으로 이 어린 소녀들을 해방시키려 노력합니다. 그러나 전에는 말 잘 듣던 인형 같은 아이가 자기주장을 하기 시작하

면, 학교나 가정에서 마찰을 초래하기도 합니다.[2]

어머니와 딸 둘 다 좀 더 자신감이 생기면, 화해 과정이 시작될 수 있다. 어머니와 딸이 함께 하는 상담은 두 사람 사이의 유대를 회복하는 데 큰 도움을 준다. 두 사람 사이의 관계는, 딸이 어머니에게 다가갈 수 있다고 느낄 때, 자신의 문제를 어머니와 상의할 수 있을 때, 특히 아버지가 어떤 방법으로든 성적으로 괴롭히거나 성 접촉을 다시 시도하려 한다면 어머니가 즉각적으로 딸을 보호하는 행동을 취하리라는 것을 확신할 수 있을 때 형성된다.

특히 강한 여성주의적 방향성을 지닌 프로그램에서, 치료는 어머니와 자녀 사이의 유대 회복으로 마무리된다. 일단 어머니와 딸이 그들 자신을 옹호할 수 있으면 아버지의 운명이야 어떻게 되든 크게 관계없는 것으로 여겨진다. 이런 입장을 취하는 전문가들은 치료 결과가 의문시되거나, 아버지들을 가족으로부터 배제하는 것이 아버지들을 교정시키고 재통합시키려 노력하는 것보다 훨씬 더 안전한 전략인 것처럼 보일 때는, 그렇지 않아도 부족한 자원을 가해자 치료에 쏟아 붓는 것에 반대한다. 여성주의 사회복지사인 플로렌스 러시(Florence Rush)는 이렇게 말한다. "아버지를 없앤다는 환상과도 같은 생각을 누가 하겠습니까?"[3]

이 질문에 담긴 요지는 아버지를 제거할 방법이 전혀 없다는 점이다. 아버지들이 가족을 버리거나 가족으로부터 쫓겨날 수는 있지만, 이런 일이 그들의 학대 행위에 종지부를 찍을 수는 없다. 한 어머니의 다음과 같은 증언처럼, 끊임없이 새로운 피해자들이 생겨나기 마련이다.

소위 '완전한 자포자기' 상태에서, 당신에게 편지를 씁니다. 우선 근친 성학대는 우리 사회의 벽장으로부터 생겨남에 틀림없다는 사실을 말씀드리고 싶습니다. 이 문제를 둘러싼 두려움, 좌절감, 수치심은 단호히 제거해야 하고, 도움이 될 어떤 조치를 취해야 합니다. 심지어 의료 전문가들조차 이 문제에 대해서는 너무 모르는 게 많습니다. 제가 이런 이야기를 한다고 저더러 '너무 신랄한' 거 아니냐고 하실 것 같아, 제 상황에 대해 더 설명드리겠습니다.

4년 전, 저는 지금의 남편을 만났습니다. 그러기 얼마 전에 이혼을 했고, 세 아이, 그러니까 아들 둘에 딸 하나를 데리고 있었지요. 제 남편이 된 그 사람 역시 첫 번째 부인과 얼마 전 이혼한 상태였습니다. 만난 지 얼마 되지 않아, 그의 이혼 사유가 근친 성 학대라는 사실을 알았습니다. 그 당시 그 사람은 정신과 치료를 받던 중이었는데, 저더러도 그 의사를 만나 보라고 하더군요. 그래서 만났는데, 의사는 저더러 이렇게 말하더군요.

'톰은 모든 면에서 특히 성적인 면에서 요구 사항이 많고 지배적인 성향의 부인과 아주 불행한 혼인 생활을 했습니다. 그는 이런 면에서 위협을 당한다고 느꼈기 때문에(그의 도덕 기준은 너무 높아서 다른 여성을 찾아가지는 않고), 자신을 사랑하고 이해할 사람으로 딸에게 의지했던 것이죠. 톰이 행복하고 사랑을 주고받는 혼인 생활을 했더라면 절대 이런 일은 일어나지 않았으리라 생각합니다.'

이런 전제 조건을 들어서인지, 저는 그와 계속 만났고 2년 전에 결혼했습니다. 우리의 혼인 생활은 매우 행복하고 사랑스럽고 서로 만족을 주는 것이었지만, 그런 일이 다시 일어나는 것을 막지는 못했습니다. 두 달 전, 아홉 살인 딸이 제게 와서는, 톰이 옳지 않은 것으로 여겨지는 짓을 해 왔다고 털어놓더군요. 아이에게 조금 더 캐물으니, 톰이 딸애를 괴롭혀 왔다는 사실을 알았습니다. 물론 너무 가슴이 아팠습니다.

저는 남편에게 대놓고 말하고는 다른 정신과 의사에게 상담을 요청했습니다. 이번에는 전에 만난 의사의 말과는 완전히 정반대의 이야기를 들었습니다. 이제 제 남편의 상태는 '치료될 수 없다.'는 사실을 알았습니다. 아동 성 학대자를 치료하는 데 효과가 있다고 알려진 치료 프로그램은 없다는 것이죠. 잠깐 동안은 효과가 있을 수 있으나, 얼마 지나지 않아 강박 충동이 되살아나 그 짓을 다시 하리라는 겁니다. 결과적으로 저는 집안에서 경찰 노릇을 해야 했습니다. 딸아이를 절대로 남편과 둘만 있게 할 수 없었지요. 이제 어떤 면에서는 한순간도 남편을 믿을 수 없었습니다. 남편도 자기가 지닌 문제를 혐오했고, 혼란스러워하는 것 같았어요.

제가 그토록 절박하게 이성적이고 정확한 정보를 필요로 했던 바로 그때, 그 문제에 대해 잘못된 정보를 준 그 의사를 저는 정말 용서할 수 없어요. 제가 굳이 이런 말씀을 드리는 이유는, 더 많은 조치가 취해져야 하고, 선생님과 같은 연구 팀과 저와 같은 사람들이 더 많이 나서서 이 문제에 대해 어떤 적극적인 행동을 취해야 한다고 생각하기 때문입니다.

이 어머니의 편지는 두 가지 중요한 사항을 제기한다. 하나는 가해자 자신을 위해서가 아니라 불가피하게 그들과 관계를 맺어야 하는 여성과 자녀들을 위해 가해자를 치료할 필요가 있다는 점이다. 다른 하나는 부적절한 평가와 아무 효과 없는 치료의 위험성을 언급하였다는 점이다. 이 어머니는 자신과 남편에게 도움이 되는 방법을 찾으려 했다는 점에서 아주 특별하지만, 결국 적절한 도움을 받지 못했다는 것은 너무나 흔히 있는 일이다.

성범죄 가해자들을 치료하는 데 이런저런 잘못을 저지르기는 아주 쉽다. 정신과 치료의 전통적인 모델을 적용받는 가해자들은 자신이 전혀 가망 없는 실패자라는 사실을 발견할 것이다. 전통적인 치료 방법은 환자가 내적인 통증으로 고통스러워하면서 자발적으로 치료를 받으려 하며, 치료자를 최고의 능력을 지닌 사람으로 신뢰하고, 숨기는 게 하나도 없는 사람이길 가정한다. 반대로 치료자는 아무 판단 없이 환자의 말을 경청하고 환자의 문제에 개입하며, 환자가 한 말을 비밀에 부치는 것에 동의한다. 환자에게 기대하는 최대 목표치는 자기 인식의 증대와 내적인 변화이다. 그러나 이런 모델을 성범죄 가해자에게 적용하면 완전히 무용지물이 된다. 근친 성 학대 범죄를 저지른 아버지들은 대체로 딸에게 성적으로 접근하면서 심적인 고통으로 괴로워하지 않는다. 그들은 자발적으로는 거의 치료에 응하지 않으며, 대체로 자기가 저지른 범죄 일체를 털어놓지도 않는다. 그들이 치료에 응하는 목표는 자기 자신을 변화시키기 위해서가 아니라, 현란하게 말을 꾸며 내 치료자들을 자기편으로 만들어서는 기소에 도움이 되게 하고, 심지어 다시 피해자에게 접근할 수 있도록 돕게 만드는 데 있다. 이런 정황으로 볼 때, 통찰에 기반을 둔 심리 치료(insight-oriented psychotherapy)는 완전히 부적절하다.

성범죄 가해자들을 접해 본 경험이 없는 치료자는 감쪽같이 '속아 넘어가기' 십상이다. 한 사례에서, 수많은 임상 경험을 지닌 한 50대 심리학자는 자기 환자가 6개월 동안이나 치료를 받는데, 치료가 정체 상태에 있다면서, 자문을 요청해 왔다. 서른다섯 살의 기술자로 네 자녀를 둔 아버지인 환자는 특별히 가해자들을 위해 고안된 프로그램을 그만둔 뒤, 제 발로 치료자를 찾아왔다. 상담 치료를 받으라는 법원의 명령을 받은 상태였지만, 그의 보호 관찰관은 환자가 새로운 치료자와의 상담 치료 약속을 잘 지키는 것을 보고 겉으로 드러난 그의 변화를 인정해 주었다. 치료를 시작했을 때, 환자는 아내와 자녀들과 떨어져 생활했는데, 법원의 명령을 어기고 몰래 가족들을 만나곤 했다. 치료자는 이런 위반 사항을 보고하지 않았다. 환자는 새로운 여자 친구를 사귀었는데, 그녀에게는 다섯 살짜리 딸이 있었고 그의 범죄 경력을 전혀 몰랐다. 치료자는 그 어머니에게 자녀를 보호하라는 아무 경고도 주지 않았다.

환자의 큰 딸은 열네 살이었는데, 어머니와 떨어져 시 기숙사에 살았다. 환자는 딸애를 그녀가 다섯 살이었을 때부터 반복적으로 괴롭힌 혐의를 받았는데, 그는 딸이 열한 살 때 저지른 단 한 번의 사건만을 시인했다. 치료 기간 동안 그는 딸과 만날 수 없었기 때문에 자기가 얼마나 비참하게 생활하는지에 대해서만 하소연했다. 자문 과정에서 치료자가 다음과 같이 말한 것처럼, 환자는 치료자를 완전히 자기편으로 만드는 데 성공하였다.

> 그는 무릎 사이에 자기 얼굴을 묻고는, '오 주여, 제게는 법정에 영향을 미칠 방법이 아무것도 없는 것 같습니다. 스무 살이 될 때까지 딸애를 만날 수 없다니.'라고 말했습니다. 정말 자포자기 상태였죠. 속으로 생각해 보았지요. 신이시여, 하다못해 총을 겨눈 경찰을 대동한 상태에서라도 이 사람이 딸을 만날 수 있게 할 방법이 없을까요. 그냥 딸애를 보고 몇 마디 말이라도 건넬 수 있게 말입니다. 제 마음 한 켠에 이 남자를 지원해 주고 싶은 마음이 있어 다른 모든 일이 손에 잡히지 않더군요. 제 안에도 뭔가 저속한 부분이 있다고 생각해요. 저는 늘 뭘 해도 잘 되는 게 없다고 생각하

고, 잘 해내지 못한 것에 대해 저급한 명분을 대며 이리저리 치이며 살아왔거든요. 제가 이 남성에게서 어떤 문제를 찾았던 게 아닌가 싶어요. 모든 사람이 이 사람을 비난했기 때문에, 저는 그의 편에 서야겠다는 생각이 들었어요. 한 가지 놀랄 만한 일을 말씀드리죠. 제가 이 남성의 심정에 동감할 수 있기 때문에 저는 이 남성이 딸을 만나게 해 주었으면 합니다. 아마도 10년 전 제 딸이 열네 살이었을 무렵, 짧은 스커트를 입고 계단 위를 올라 갈 때 딸애를 쳐다보곤 했던 기억이 납니다. 제게도 그런 일은 근친성 학대의 경계 선상에 있는 것이었는지도 모르죠. 이런 저의 성적 환상을 고려할 때, 저는 이 남성에게 동질감을 느껴요.

이 사례에서 환자는 치료자를 설득하여 마침내 법정에 딸에 대한 방문권을 허용하게 하는 편지를 쓰게 만들었다. 아버지가 자신을 만나러 온다는 사실을 알자 딸은 기숙사에서 도망쳐 버렸는데, 치료자는 이런 권유에 대해 딸이 어떻게 느끼는지 아버지가 몰랐을 뿐이라고 주장했다. 치료자 역시 딸의 감정을 전혀 고려하지 못했음을 잘 드러내는 발언이다.

이 사례는 정신분석가인 로버트 랭스(Robert Langs)가 묘사한 대로, 환자와 치료자 사이의 '타락한 연대(corrupt misalliance)'를 나타낸다.[4] 치료자는 환자의 반사회적인 의도에 의해 조작되었고, 아무런 치료도 이루어지지 못했다. 성 범죄자들에 대한 정교한 이해 없이는, 많은 치료자들 역시 마찬가지로 속아 넘어갈 수 있다. 이 이야기의 교훈은 명확하다. 성 범죄자들을 치료하는 데 비밀 유지는 있을 수 없다. 그리고 치료자가 환자를 위해 어떤 일을 하도록 추천하기 전에, 반드시 그 일이 가족 전체에게 어떤 영향을 미칠지를 평가하고 이해해야 한다.

머리 보엔(Murray Bowen)과 살바도르 미누친(Salvador Minuchin) 같은 이론가가 개발한 전통적인 가족 치료 역시 근친 성폭행 범죄자에게는 적합하지 않다.[5] 이 학파는 수많은 죄악이, '지배하려는' 어머니와 '수동적인' 아버지의 결합 때문이라고 보는 경향을 드러낸다. 따라서 치료 개입은 주로 남성의 지배성을 회복하려는 형태를 취하는데, 남성의 지배성은 근친 성폭행이 이루어지는 가정에서 전혀 회복할 필요가 없는 요소이다. 아버지-딸 사이의 역동을 완전히 잘못 이해한 어떤 가족 치료사의 설명에 대해 한 학생 관찰자는 다음과 같이 토로했다. 'N 씨는 이런 아버지들을 무기력한 겁쟁이로, 어머니들은 그런 남편에게 아무 관심도 없는 사람으로 간주합니다. 그는 문제의 초점을 아버지에게 맞추는 게 아니라 다른 곳으로 분산시키려 합니다. 어떤 가정에서 아버지가 어머니 목을 조르려 하는데, N 씨는 어머니에게 '당신이 그런 일을 당할 만한 어떤 일을 했나요?' 라고 묻는 격이죠. 어머니에게 '당신은 쌀쌀맞은 여자니까요.' 라고 말하는 거나 다름없지요.'

이런 접근 방식은 아버지의 가장 가학적이고 정신병적인 경향을 강화시킬 뿐, 그 이외의 어떤 치료도 성공시킬 수 없다. 우리가 조사한 성공적인 프로그램 어느 것도 이런 치료 모델을 활용하지 않았다. 핵가족을 회복시키려는 이상에 최우선 순위를 둔 프로그램들조차 가장 바람직한 결과를 얻으려면 가정 내 힘의 균형에 급격한 변화, 특히 어머니 편에서 힘을 회복하는 일이 필요하다는 점을 전제했다.

성 범죄자들에 대해 광범위한 연구를 진행해 온 치료자들은 치료 과정이 법원의 명령과 감시 감독을 받도록 해야 한다는 주장에 만장일치를 보인다. 이런 자극 요인 없이는, 범죄자를 치료에 참여시키는 데 필요한 동기부여를 할 수 없다는 것이다. 법원 개입의 필요성은 그 문제에 대한 네 당사자의 요구에 따른 것으로, 이들 모두가 범죄자들을 치료하는 데 필요한 기술과 각자의 공감을 다음과 같이 드러낸다.

형법 제도(criminal justice system)의 권위는 근친 성 학대를 처리하는 데 절대 필수적이라는 사실이 입증되었다. 아동 성 학대 치료 프로그램 (CSATP : Child Sexual Abuse Treatment Program)으로부터 '낙오된' 일부 사례를 살펴보니 대부분 경찰의 개입이 이루어지지 않은 가정들이었다.[6]

범죄자 대부분은 근친 성 학대 행위를 부인함으로써 자기 자신과 피해자 그리고 가족 구성원들에게 해를 끼친다. 급격한 인격상의 변화를 얻으려면 가해자가 변화에 참여하도록 법원의 힘을 동원할 필요가 있다.[7]

간단히 말해서, 범죄자들은 법원과 보호관찰소의 적극적인 참여 없이 우리 같은 병원 체계만 가지고서는 적절하게 치료받을 수 없다. 초기에 법원의 협력을 구하면서 심리 치료를 통해 얻을 수 있는 것과 없는 것이 무엇인지에 대해서 보호 관찰자를 교육시키는 데 어느 정도의 시간을 들여야, 이후의 팀워크를 형성할 수 있다. 그렇게 하지 못하면 불신과 태만한 업무 태도, 그리고 무지로 인해 프로그램은 실패하고, 이 모든 결과는 반사회적 범죄자들의 저항을 더욱 강화시킨다.[8]

법원의 명령이 없다면, 아버지들은 빠져나가려 들 것이다.[9]

성 범죄자 치료를 담당한 치료자들은 경찰들, 성범죄 사건을 다루는 검사들, 판사들, 보호 관찰자들과 개인적이면서 협력적인 관계를 맺어야 한다. 상호 접촉과 사례 검토는 치료 중인 범죄자가 이렇게 구성된 팀을 만나고 있음을 확인할 수 있을 만큼 자주 이루어져야 한다. 한 사례에 참여한 당국자들 사이에 분열이 생긴다면, 근친 성 학대를 저지른 아버지는 금방 눈치 채고 그것을 이용하려 들 것이다.

범죄자들이 치료에 얼마나 성공적으로 참여하느냐는 치료 프로그램과 형사법 제도 사이의 협력 정도와 직접적으로 관련이 있는 듯하다. 예컨대, 그 지역의 모든 판사와 변호사의 반 이상이 지원하는 아동 성 학대 치료 프로그램(CSATP)은 그 프로그램에 관여한 아버지들의 약 90퍼센트가 치료되었다고 보고하였다.[10] 이런 제도상의 긴밀한 연대를 아직 완전하게 개발하지 못한 다른 프로그램에서는 결과가 긍정적이지 못했다. 예를 들어 다른 프로그램 관계자는, 초기 치료 단계에 기꺼이 응한 아버지가 3분의 1정도에 그쳤으며, 프로그램을 완전히 마친 사람은 고작 10퍼센트에 불과했다고 평가했다.

성 범죄자를 위한 가장 성공적인 치료 프로그램은 치료에 응하지 않으면 법적인 제재라는 채찍이 부가된 중독 치료 프로그램과 유사하다. 프로그램들은, 범죄자가 변화하려는 내적 동기나 자신의 행동을 통제할 능력이 부족하다는 전제에서 시작한다. 확고한 제한선을 두되 손에 잡히는 보상을 부여하는 매우 구조화된 집단적 과정을 통해 범죄자에게 동기 부여와 내적 통제력을 제공한다.

모든 프로그램은 동료와 직면하는 일, 압박받는 일, 그리고 지원에 의존한다. 예컨대 한 프로그램에서, 범죄자는 매주 집단 모임에 참여하여 자신의 성 충동과 성행위에 대해 특별한 주의를 기울여 매일 일지를 적고, 자신의 성적 일탈 행위가 진전되어 온 과정에 대해 상세한 자서전을 쓰며, 교육 자료를 읽거나 요약해야 한다. 일지, 자서전, 그리고 독서 보고서는 집단의 구성원들에게 보여 비판적인 피드백을 받게 한다. 집단의 규칙은 자기통제를 강조한다. 흡연은 금지되며 지각이나 결석은 허용되지 않는다. 만일 가해자가 금지된 성행위에 대한 환상을 여전히 지녔다면, 집단으로부터 적절한 환상으로 대체할 수 있을 때까지 자위행위를 하지 않도록 요구받는다. 수용될 수 없는 성행위에 대한 환상을 자극하는 한, 포르노그래피 시청도 금지된다. 프로그램 참가자들은 일종의 회피 조건화(aversive conditioning)를 경험한다. 수용될 수 없는 성적 충동을 느낄 때마다 가해자들이 가장 두려워하는 결과의 이미지를 떠올리도록 학습하는 방법이다. 가해자가 성적 흥분 대신 몸의 떨림이나 발한, 구역질과 같은 자율신경계 증상을 경험하면, 이런 '인지 개입'은 성공적인 것으로 본다.[11]

근친 성 학대를 저지른 아버지는 그런 프로그램이 자신의 삶의 방식에 들어온 하나의 엄청난 결핍과 도전의 계기로서 필요하다는 사실을 경험한다. 포기하지 않으면 안 되는 만족감에 대한 대가로, 가해자는 집단 구성원들과 지도자로부터 자신의 삶에서 긍정적인 변화를 이루었다는 데 대해 엄청난 지지를 받는다. 어머니나 딸 집단의 경우와 마찬가지로, 가해자 집단 역시 가해자들에게 공동체 의식과 자존감 형성의 기회를 제공한다.

집단은 근친 성 학대 아버지들이 착취적이거나 성적이지 않고 다른 사람을 격려하는 애정 어린 행위를 했을 때 강력한 보상을 한다. 예를 들어, 우리가 관찰한 어떤 부모연대 집단에서, 잘 통제된 의식에 따라 이루어진 신체 접촉은 집단 운영 과정의 필수적인 부분이었다. 온몸을 떨거나 흐느

껴 우는 등 강렬한 감정을 드러내는 구성원들은 다른 집단 구성원들로부터 포옹으로 위로를 받고, 모임은 전체 구성원들이 원을 만든 뒤 서로를 안아 주는 것으로 끝맺는다. 많은 아버지들에게 그런 경험은 너무 신선하다. 왜냐하면 그들은 지금까지 사람 사이의 가까움이나 친밀해지고 싶은 모든 욕망을 그저 성적인 행위로만 표현하는 데 익숙했기 때문이다. 집단 내 잘 통제된 신체 접촉은 즉각적인 만족감을 줄 뿐만 아니라 아버지들에게 성적인 관계 밖에서도 애정을 주고받을 수 있다는 사실을 가르쳐 준다.

동시에 아버지들은 성적인 충동과 부드러움과 애정을 표현하고 싶은 욕구를 구별하도록 학습하고, 성인끼리의 성관계를 형성하도록 강한 지지와 격려를 받는다. 따라서 아버지들은 자신들의 성적인 감정을 완전히 억제하도록 요구받는 것이 아니라, 그런 감정을 사회적으로 수용될 수 있는 방식으로 표현하도록 기대를 받는다.

보상과 처벌이라는 시스템 이외에도, 치료 집단은 가해자로 하여금 자신의 행동이 다른 사람들에게 어떤 영향을 미치는지 인식의 폭을 확대해 나가도록 훈련시킨다. 또 다른 부모연대 집단에서 지도자는 괴롭힘을 당한 자녀의 어머니들이 교실을 걸어 다니며 각각의 가해자에게 자신의 감정이 어떤지를 말하도록 훈련시킨다. 어머니는 가해자 앞에 서서 울면서, '나는 정말 상처 받았어요.'라는 말을 반복한다. 그러면 집단 지도자는 가해자에게 자신의 행동으로 다른 사람에게 상처를 주었다는 사실을 깨달았는지 묻는다. 이 직접적이고 강력한 직면의 방법은 가해자들로 하여금 자신의 소망이나 욕구에 대한 선입견을 깨뜨리고, 자기 행동이 낳은 갖가지 결과를 인식하게 하는 데 필수적이다.

화학물질 중독 치료 프로그램과 마찬가지로, 성 범죄자에 대한 많은 프로그램들은 등급별 단계로 조직화됐다. 어떤 프로그램은 AA(Alcoholics Anonymous) 12단계 프로그램[12]을 모델로 삼았다고 명시됐다. 치료 초기 단계에서는, 가해자가 자신의 행동에 대한 통제력을 잃었다는 사실을 자각하게 한다. 사다리를 하나씩 올라가는 일은 자기 통제력을 수립하고 자기 행동에 대한 책임을 수용하는 방향으로 나아감을 나타낸다. 회복의 후기 단계에서, 가해자는 자신이 저지른 범죄에 대해 전적으로 책임지고, 다른 사람들을 돕고 그들에게 봉사함으로써 자기 죄를 보상할 의향이 있는지 질문을 받는다. 특히 가장 의미심장한 형태의 보상은 근친 성 학대를 한 아버지와 딸 사이의 대면으로, 이때 아버지는 성관계에 대해 전적인 책임을 지고, 부모 노릇을 제대로 하지 못했음을 인정하며, 딸에게 준 상처에 대해 용서를 청하고, 이제 다시는 성적으로 접근하거나 학대하지 않겠다고 약속한다. 이 약속은 치료자와 가족 모두의 앞에서 이루어진다.

지도자의 역할은 가해자 집단에서 가장 중요하다. 성 학대 가해자 치료 집단은 지도자가 카리스마를 지닌 사람일 때, 곧 지도자의 권위가 명확하고, 선물의 규칙을 강화하며, 자비로운 가장의 역할을 충실히 할 때, 최상의 성과를 거둘 수 있다. 지도자는 자신의 성(Sexuality)에 대해 편안하게 생각하는 태도, 친절함, 공감, 그리고 청렴결백함 등의 이미지를 주어야 한다. 지도자가 가해자의 행위를 은밀하게 즐기거나 너그럽게 봐 주거나 변명해 주는 기미가 조금이라도 드러나면 집단으로부터 바로 감지된다. 이런 지도자가 있는 곳에서라면 집단 구성원들은 아무 거리낌 없이 거짓말하고 자기 합리화나 동료를 속이는 일에 열성을 보일 것이다. 경험이 많은 집단 지도자들은 가해자들이 '사기꾼'을 알아내는 데 명수라는 사실을 인정한다.

효과적인 리더십이 부재한 상황에서, 가해자 집단은 반사회적인 깡패 집단 형태로 회귀할 위험이 있고, 서로 회피하고 변명하려 할 것이다. 수감자 치료 집단을 관찰한 한 치료자는 그 집단의 운영 과정에 잠재된 위험성에 대해 이렇게 말한다.

> 무엇보다도 그들은 성 범죄자라 불리기를 거부했습니다. 그 용어가 '뭔가 나쁜 짓을 한 것같이 보이게 만든다.'는 거죠. 가해자들이 취하는 조작 수법입니다. 어떤 가해자는 '우리 가운데 어떤 사람이 어쩌면 한 번은 나쁜 짓을 했을 수도 있겠죠.'라고 말합니다. 우리는 그게 한 번이 아니고, 어쩌면도 아니라는 걸 압니다. 분명히 그것은 아주 많이 저질러진 일입니다. 그러나 그들은 이 집단에 들어온 지 2년이나 지난 뒤에도 여전히 '아마도!'라는 말을 반복합니다. 도대체 치료는 어디서 이루어지는 걸까요? 치료가 제대로 이루어지려면, 매우 직접적인 방식으로 이루어져야 한다고 생각합니다. 한 가해자가 '아마도'라거나 어떤 식으로든 자신의 행위를 축소시키려는 시도를 할 때마다 누군가 곧바로 그 말을 공격할 필요가 있습니다.

집단에는 패거리 성향이 내재했기 때문에, 치료 과정이나 부모들의 자조 집단에서는 결코 가해자가 지도자가 되는 일을 허용해서는 안 된다. 카리스마와 리더십 기질을 지닌 가해자는 참여자들을 지배하여 모임을 망치기 쉽고, 모임을 자신의 지속적인 약탈 행위를 가리는 수단으로 이용할 수 있기 때문이다. 이런 형태로 발전되는 것을 막는 유일한 보호 장치는 가해자에게 힘을 부여하지 않는 구조를 만드는 일이다. 치료 집단은 치료자가 지도하도록 하고, 부모연대와 같은 자조 집단은 가해자가 아니라 어린 시절에 피해를 당한 적이 있는 어머니나 성인 여성이 책임자를 맡도록 해야 한다.

이런 집중적인 외래환자 집단 치료는 성 학대를 저지른 아버지들 대부분에게 적합하지만, 그렇다고 모든 가해자에게 적합한 방법은 아니다. 일반적으로 예후가 아주 좋은 것으로 여겨지는 사람들은 폭력성이나 다른 성범죄 전력을 갖지 않고, 자신이 저지른 행위가 어떤 것인지를 받아들이며, 어느 정도 후회하는 태도를 보이면서 변화하려는 욕구를 드러내는 사람들이다. 계속 직업을 유지해 온 경력과 알코올중독 같은 다른 복합적인 문제를 지니지 않은 사람들 역시 치료 전망이 높다. 만일 아버지가 알코올 의존증 환자로, 여전히 술을 많이 마시는 상태라면 어떤 치료를 시도해 봤자 아무런 소용이 없다. 치료 형태가 무엇이든 금주(禁酒)는 치료의 전제 조건이다.

이런 요소들이 치료 가능성을 외적으로 관찰할 수 있는 요인이다. 어떤 치료자들은 또 아버지가 지닌 환상에 아주 큰 중요성을 부여하고 아동과 성관계를 갖고 싶어 하는 욕망이 아버지의 상상력을 어느 정도 지배하는지를 평가한다. 성 범죄자 평가에 전문성을 지닌 한 전문가는 이렇게 말한다. "제 가설은 성 범죄자들이 일단 그런 행위를 저질렀다면, 그들은 그런 환상을 많이 지닌 것이며, 그런 행위를 반복해서 저지를 가능성이 높다는 것입니다. 그들은 반드시 어딘가에서 허점을 찾아낼 것입니다. 가장 기본적으로 제가 그들에게 하는 질문이 있는데, 지갑을 줄 수 있겠냐는 겁니다. 그리고 확 펼쳐 봅니다. 어린 소녀의 사진을 발견하면, 바로 '이 사진을 가지고 자위를 하나요?'라고 묻습니다. 만약 그들이 '네'라고 대답하면, 조심하는 것에 비해 예후는 훨씬 더 심각할 것이라는 점을 알 수 있죠."[13]

어떤 아버지들은 겉보기에도 외래로 치료받기에 부적절하고, 그중 일부는 알려진 어떤 형태의 치료도 효과를 발휘할 수 없는 상태를 드러낸다. 가학적, 폭력적이거나, 성격이 완전히 비뚤어진 아버지들을 아무 계획 없이 사람들 무리에 함께 있게 해서는 안 된다. 이런 사람들에 대한 치료는, 시도한다 하더라도, 경비가 확실한 병원이나 감옥이라는 틀 안에서 수행되어야 한다. 유죄판결을 받은 모든 범죄자들을 주의 깊게 평가하고, 협조적인 사회 감호 체계가 잘 가동되는 시애틀에서는, 수감된 범죄자의 80퍼센트가 공동체 안에서 치료받을 수 있도록 판결되었다. 10퍼센트는 입원 상태로 치료받을 수 있게 하고, 나머지 10퍼센트는 치료가 불가능한 것으로 판결을 받는다.[14]

범죄자의 치료 예후에 관한 평가는 치료 결과에 대한 신뢰할 만한 데이터가 없기 때문에 매우 주관적일 수밖에 없다. 어떤 치료 프로그램에 대해서든 장기 효과를 평가하기란 곤란하다. 심리 치료의 결과에 관한 대부분의 연구는 치료받지 않은 비교 집단을 갖지 않았기 때문에, 치료 과정으로부터 자연히 이루어지는 개선 비율을 평가하기란 어렵다. 또 새로 개발된 시험 프로그램의 성공 여부가 방법론 덕분이라기보다 프로그램을 진행하는 스텝의 열정과 헌신 덕분인지를 평가하기도 어렵다. 따라서 성공이냐 실패냐를 규정하는 빈약한 척도와 짧은 평가 기간 때문에, 치료 결과에 관한 대부분의 연구는 신빙성이 떨어진다.

성 범죄자 치료에서 성공을 측정하는 전통적인 척도는 재발 여부이다. 원 상태로 회복된 가해자는 범죄행위를 반복하지 않는다고 규정된다. 그러나 재발 데이터는 신뢰할 만한 것이 안 되는 것으로 알려졌다. 재발 범죄는 두 번째 판결을 받았느냐의 여부로 측정된다. 대부분의 가해자들은 두 번은 고사하고 어떤 범죄로도 판결을 받은 적이 없는 것으로 보고된다. 한 번 노출의 고통을 겪고, 강제로 치료를 받아야 했던 가해자들은 두 번째 범죄를 저지를 때는 더 조심해야 하고 자신의 과거 경력을 더 능숙하게 감춰야 한다는 점을 배울 가능성이 크다.

성 학대 가해자들을 위한 치료 프로그램에 관한 연구 가운데 유일하게 이용 가능한 것은 캘리포니아 주를 위해 산호세 아동 성 학대 치료 프로그램을 평가한 제롬 크로스(Jerome Kroth)의 보고서이다. 크로스는 치료의 초기, 중기, 후기에 세 군데의 부모 집단을 인터뷰했다. 각 집단에는 9명의 가해자와 8명의 배우자가 있었다. 치료를 끝내는 중에 있던 집단은 약 14개월 동안 프로그램을 진행했는데, 이것은 평균 치료 기간보다 8개월 반이나 더 길다는 면에서 두드러진다. 치료를 마무리하면서, 모든 부모들은 성 학대가 중단되었다고 주장했지만, 연구자는 딸들과의 인터뷰를 통해 이런 진술의 내용을 확인하는 시도를 하지 않았다. 더욱이 17명의 부모 가운데 7명은, 동일한 범죄가 발생한다면 "그것을 비밀에 부치겠다."고 했다. 이런 혼란스러운 결과는 부정적인 면을 드러내는데, 많은 부모들이 치료 중일 때보다 치료가 끝나는 무렵에 범죄가 재발한다면 그 사실을 숨기겠다고 말한 것을 보아도 그렇다. 프로그램을 끝낸 부모들에 대해 어떤 사후 활동도 이루어지지 않았다.[15] 이런 종류의 증거자료에 근거해 볼 때, 재발이 전혀 이루어지지 않았다고 주장하기는 섣부른 것 같다.

이처럼 재발은 문서화하기 어렵기 때문에, 치료 프로그램의 성공 여부를 판단하는 주요 기준이어선 안 된다. 오히려 성 학대를 저지른 아버지들의 사회 복귀에 진전이 있느냐는 그들의 아내나 자녀들의 복지 상태로 측정해야 한다. 가족 구성원 가운데 어느 누구도 아버지로부터 위협이나 강요, 협박을 당하는 느낌을 갖지 않을 때, 아버지가 있는 데서도 딸이 편안해 할 때, 어머니가 아버지를 부담스러운 존재가 아니라 배우자로 관계를 맺을 수 있을 때, 치료를 성공적인 것으로 간주할 수 있다. 가해자의 상태가 개선되는지를 평가하기에 적절한 사람은 가해자 자신이 아니라 그로부터 피해를 입은 사람이어야 한다.

가해자는 결코 완전히 '치료된' 것으로 여겨져서는 안 된다. 알코올의존증 환자가 몇 년 동안 금주한 이후에도 중독에 대한 민감성을 상실하지 않듯이, 성 학대를 저지른 아버지들이 딸에 대한 성적 관심을 절대로 완전하게 잃었으리라 기대해서는 안 된다. 그가 자신의 범죄에 대한 책임을 전적으로 받아들이고 딸에게 입힌 상처를 인정한다 하더라도, 그는 여전히 근친 성관계를 열망하며, 아주 교묘한 방식으로 그런 관계를 다시 시도하려 들지도 모른다. 아주 긴 세월에 걸쳐 반사회적인 강박 충동을 은폐하고 변명하는 척하며 탐닉해 온 남성이 고작 강도 높은 치료를 몇 개월 받았다고 해서 내적으로 확고한 통제력을 지녔다고 단정할 수는 없다.

아버지의 근친 성 학대적 욕망이 얼마나 끈질긴 것인지를 인식한 일부 치료자들은 아버지들이 그들의 가족과 안전하게 재결합할 수 있다고 상상하는 것은 순진한 판단이라고 강변한다. 이 추론에 따르면, 아버지가 노골적인 성 행동은 통제했다 하더라도, 자기 가족을 지배하고 딸의 인생을 통제하려는 노력을 포기하지는 않는다는 것이다. 치료 결과 근친 성 학대를 저지른 아버지에서 유혹하는 아버지로 바뀌었다면, 어머니와 자녀들의 복지는 적절하게 보호되지 못한다. 하버뷰 성학대센터에서 사회복지사로 근무하는 루시 베를리너(Lucy Berliner)는 이렇게 말한다. "제가 만나 본 가족 가운데 부모가 함께 살기를 원하는 일부 가족에서, 자녀들은 더 이상 괴롭힘을 당하지 않는데도 가족과 함께 살자마자 집을 떠나 버렸습니다. 많은 아이들이 아버지와 같이 사는 생활을 여전히 전에 자신들을 불안하게 했던 동일한 힘겨루기 여정이며, 동일한 힘의 구조라고 말합니다."[16] 이런 시각에 따르면, 아버지보다는 부부가 영원히 헤어지는 것이 자녀의 권익(interests)을 가장 잘 보장한다.

그러나 많은 다른 치료자들은 아버지들을 가족에게 돌려보내는 것이 최선의 해결책이라고 강하게 믿는다. 부모연대나 가족재결합과 같은 자조 집단들은 핵가족의 재수립을 분명히 강조한다. 이런 시각을 지지하는 사람들은 아동들이 부모의 이혼으로 심각하게 고통을 받으며, 특히 근친 성 학대가 드러남으로써 결국 부모 사이가 영구적으로 갈라진다면 피해자는 가족 구성원들 사이에서 속죄양이 될 가능성이 있다는 점을 강조한다. 타코마 아동보호서비스의 관장인 피터 콜먼은 이렇게 말한다. "우리는 아동이 가족 내에서 사회화되어야 할 필요가 있다고 생각한다. 딸이 성 학대와 기타 부정적인 관계 요소들로 인해 피해를 당했지만, 아동의 생존에 긴요한 가족이 파괴된다면 딸은 2차 피해를 입을 것이다."[17]

이런 의견 차이는 단지 학술적인 차원의 논쟁이 아니다. 프로그램에 어떤 철학이 깔렸냐에 따라 치료 결과가 상당히 좌우되기 때문이다. 가족들은 비밀이 발각된 위기 상태에서 철저히 분열되기 때문에, 적어도 한동안 대단히 순응적이 된다. 가족 구성원들의 열망뿐만 아니라 치료 프로그램이 거둘 수 있는 목표치가 위기 해결을 좌우할지 모른다. 부모의 재결합이 바람직한 목표로 간주되는 프로그램에서 치료에 참여하는 대부분의 부부는 화해한다. 예컨대, 아동 성 학대 치료 프로그램(CSATP)은 그 프로그램에 참여한 부부의 76퍼센트가 치료를 끝내면서 재결합했다고 보고했다.[18]

반면 부모를 결합시키는 것이 바람직하지 않다고 간주한 프로그램에서는 대부분의 부모들이 결별했다.

아버지와 적절하게 재결합할지 말지는 어머니가 결정한다. 어머니는 그녀 혼자 살아나갈 수 있는지를 발견할 기회를 가져서, 딸과 유대를 회복했기 때문이다. 부모인 부부를 재결합하도록 성급하게 압박하는 일은 피해야 한다. 모든 사람이 행복한 결말을 만들어 내려는 감상적인 욕망을 지녔지만, 한번 근친 성 학대 패턴이 자리 잡았던 가정을 다시 건강한 가족으로 만들어 내는 데 필요한 엄청난 변화를, 이런 감정 때문에 퇴색시켜서는 안 된다. 어머니들은 가족을 더 통제할 수 있는 힘을 기르는 법을 배워야 하며, 반면 아버지들은 더 유순하고 자녀를 양육할 능력을 지닌 사람이 되는 방법을 배워야만 한다. 이런 변화들은 오랫동안 굳어져 온 가족의 관행뿐만 아니라 전통적인 사회규범을 부수는 역할을 한다.

어떤 경우든, 아버지들은 다음 세 조건이 합치하지 않는 한 가족들에게 다시 받아들여져서는 안 된다. 첫째, 아버지는 법원의 감독을 받아야 하며, 둘째, 적절한 치료 프로그램에 적극적으로 참여해야 하며, 셋째, 근친 성 학대 관계에 대한 전적인 책임을 수용하고 모든 가족이 보는 앞에서 딸에게 용서를 청하는 차원까지 도달해야 한다. 이 세 조건은 적어도 딸에게 최소한의 심리적 편안과 안전감을 확인시켜 줄 것이다.

부모의 재결합을 결코 치료의 최종 지점이나 성공의 규준으로 간주해서는 안 된다. 가족 관계 회복을 나타내는 가장 의미 있는 지표는 어머니-딸 관계의 건강성이다. 만일 아버지가 가족에게 다시 돌아가려면, 어머니와 딸은 지속적인 보호와 지원을 보장받을 필요가 있다. 따라서 가족에게 돌아간 아버지들은 그들의 딸이 집에 거주하는 동안에는 보호관찰

상태여야 한다. 아무렇게나 정한 6개월이나 1년간의 사후 작업은 전혀 소용이 없다.

근친 성 학대 범죄가 일어난 가족 관계가 회복되려면 엄청난 변화가 요구된다는 사실은 아무리 강조해도 지나치지 않다. 아버지들에게는 강박적이고 쾌락을 추구하는 습벽을 버리는 일뿐 아니라 가족들을 지배하려는 힘을 포기하고 다른 사람들의 욕구에 더 응답하는 일이 요청된다. 오랫동안 남편에 대한 순종과 의존에 길들여져 온 어머니들은 갑작스럽긴 하지만 더 독립적이고 자기주장이 강한 여성이 되길 요청받는다. 이런 변화는 아버지 개인의 독재뿐 아니라 가족 구조 내에 사회적으로 굳어진 남성 지배 체계에 도전하는 일이 된다. 그런 야심찬 변화는 개인적인 차원을 넘어 매우 중요한 의미를 지니는데, 어떤 면에서는 정치적 전환이나 종교적 회심의 양상을 띠기 때문이다.

사실 많은 가해자 프로그램, 특히 가족의 재결합을 강조하는 프로그램에는 강한 종교적 분위기가 있다. 집단 과정에 마련된 대단히 정서적인 환경, 고백에 대한 강조, 죄의 해소, 정신적인 재탄생, 그리고 치료 사다리를 올라가는 각 단계마다 마련된 의식들(rituals)은 종교적인 감정을 불러일으키는 요소이다. 공동체를 형성하려는 시도, 지도자에 대한 존경, 부모연대와 같은 조직에서 활동하는 사람들의 열정과 헌신은 마치 싸움터에 나서는 종교적 전사의 분위기를 부여한다. 또 많은 프로그램들은 혁명적인 사회에서 발전된 정치 재교육 체계와 공통된 특징을 공유한다. 정치재교육 프로그램과 마찬가지로, 가해자 프로그램은 다른 사람들을 억압하고 착취하는 데 자신의 힘을 사용해 왔으나, 치료되기 불가능할 정도로 타락한 것은 아니라고 판단되는 남성들을 위해 마련된다. 정치 재교육 프로그램처럼, 가해자 프로그램은 강제성을 띠며, 강도 높은 동료 집단과의 대면과 지원 방법을 사용하고, 고백과 사과, 그리고 보상을 요구한다. 정치 재교육 프로그램처럼, 가해자 프로그램은 '새로운 남성'을 창조하려는 시도를 한다.

10 장

형사 처벌

"피고가 무슨 옷을 입고 있었습니까?"라고 프리먼 씨의 변호사가 물었다.

"잘 모르겠어요."

"이 남자가 당신을 강간했다면서 그가 무슨 옷을 입었는지는 모른다는 말입니까?" 그는 마치 내가 프리먼 씨를 강간하기라도 한 것처럼 히죽거렸다. "당신이 강간당했다는 것을 알고는 있습니까?"

어떤 소리가 법정에 울려 퍼졌다. (그건 분명히 웃음 소리였다.) 엄마가 놋쇠 단추가 달린 군청색 겨울 코트를 입혀 준 것이 다행스럽게 느껴졌다. 비록 옷은 너무 작고 세인트루이스의 전형적인 뜨거운 날씨였지만, 낯설고 친근하지 않은 장소에서 외투 속에다 나를 꽁꽁 숨길 수 있었으니까.

— 마야 안젤루, 『나는 왜 새장의 새가 노래하는지 안다』(1970)

성인과 아동의 성적인 관계는 모든 주에서 법으로 금지됐다. 하지만 흥미롭게도 대부분의 부녀간 근친 성 학대 관계는 '근친상간(Incest)' 범죄의 법적 정의에 부합하지 않는다. 그보다는 '아동에 대한 육체적인 학대,' '아동에게 행한 외설적 행동,' 또는 '약자에 대한 타락한 윤리' 같은, 어떤 면으로 보면 시시한 범죄로 치부된다. 근친상간 법규(Incest Statutes)는 본래 친족 간 결혼과 동종 번식을 금지하려고 생긴 것이지, 아동을 보호하고자 만들어진 것은 아니다. 따라서 근친상간에 대한 정의는 일반적으로 친족 간 성적인 접촉을 금지하는 일과 관계가 있다. 단지 5개 주에서만 근친상간 관련 법규에 성교 외 다른 성적 행동까지 포함한다. 17개 주에서는 양부모와 아동 간 성교를 포함시키고, 24개 주에서는 계부모와 아동 간의 성교를 근친상간의 정의에 포함시킨다.[1]

대부분의 주에서는 근친상간 그 자체보다는, 아동의 나이나 성적 접촉의 범위, 강제 행위 정도에 따른 심각성을 고려하여 아동에 대한 성범죄 행위의 범위를 법적으로 인정한다. 거의 모든 주에서 어린 아동에게 가한 성폭력에 대해 가장 엄중한 형벌을 내리며, 많은 주에서는 성교(intercourse)를 어떤 성행위보다 더 엄중하게 처벌한다. 예를 들면 알래스카에서는, 13세 이하 아동에게 성적으로 삽입을 한 경우 최대 20년의 징역형에 처해진다. 아동에게 삽입이 동반되지 않은 성적 접촉이 이루어진 경우는 최대 5년의 징역형에 처해진다. 또한 몇몇 주에서는 아동에게 행한 성적 행위와 청소년에게 행한 행위를 강력하게 구별한다. 예를 들면 켄터키 주에서는 12세 이하 아동에게 행한 성교는 10년에서 20년형에 처해질 수 있는 일급 강간으로 간주한다. 하지만 12세에서 16세 사이의 아동과 성인의 성교는 3급 강간으로 간주하여 1년에서 5년 형을 선고받는다. 미시시피 주에서는 12세 이하 여성에게 성적 지식을 알려 준 경우 종신형이나 사형에 처해질 수 있다. 그렇지만 12세에서 18세의 성적 경험이 없는 여성에게 성적 지식을 알린 경우 오백 달러가 넘지 않는 벌금형에 처해지거나 아니면 6개월에서 최대 5년 형에 처해질 수 있다.[2]

법전에 나타난 아동과의 성관계에 대한 처벌은 종종 가장 가혹한 것처럼 보인다. 17개 주에서는 사춘기 전 자녀와 성교를 하면 이론적으로는 종신형을 선고받을 수 있으며, (플로리다, 미시시피, 오클라호마 같은) 3개 주에서는 이론상 사형을 선고받을 수도 있다. 하지만 실제로는 이런 범죄가 거의 기소되지도 처벌되지도 않는다. 성 학대에 대해 법을 집행할 때는 여러 가지 장애물이 있다. 피해자는 대개 고소하기를 두려워한다. 하지만 일단 고소를 하고 나면 이제 그녀는, 여성 피해자 쪽보다 오히려 남성 성 범죄자에게 더 많은 위로와 보호를 제공하는 남성 중심의 형법 체계에 자비를 간청해야 하는 처지에 놓인다.

성폭력에 대해 고소하는 여성은 흔히 앙심을 품고 보복하려 드는 사람으로 그려진다. 사실상 대부분의 근친 성 학대 피해자들은 아버지에게 법으로 명시된 벌을 받게 하느니 학대를 얼마든지 인내하려 할 것이다. 성범죄를 저지르면 무거운 형벌을 받을 수 있다는 위협도 자녀를 추행하는 아버지를 제대로 막기 어려우며, 오히려 금지된 관계에 대한 비밀을 더욱 강화시킬 수 있다. 대개 근친 성 학대를 저지르는 아버지들은 법을 위반하는 일을 예민하게 인식하고, 만약 비밀이 탄로 난다면 좋지 않은 일이 생길 거라고 위협을 하면서 딸들을 침묵에 동조하게 만든다. 딸은 자신이 얼마나 불행한지는 전혀 고려하지 않은 채 고소를 하면 아버지와 가족과 자신이 철저하게 벌을 받으리라는 걸 두려워하면서 침묵을 지키려 들 것이다.

리타: 비록 아버지는 나쁜 사람이었지만, 우리 모두가 같이 있을 수 있게 애를 썼고 그게 엄마가 가장 원하는 것이라는 걸 알아요. 내가 할 수 있는 일이란 아버지가 자녀도 없고 의지할 누구도 없이 앞으로 몇 년 동안 감옥에 있게 하는 거였지요. 내가 상상할 수 있는 것이라곤 아버지가 홀로 독방에 앉아 멍하니 생각이나 하는 거였어요. 그런 생각을 하면 마음이 아프죠. 아버지가 일터에서 집으로 와서 아파트 계단을 걸어 올라와 아이들이 뛰어노는 걸 기대하며 문을 열었는데 아무도 없는 장면을 상상하기도 했어요. 아버지가 몸을 돌렸을 때, 기다리던 형사 두 사람이 아버지를 경찰서로 데리고 가는 거죠. 하지만 그런 그림이 마음에 들진 않았어요. 그건 너무 냉정하고, 몰인정하고, 딱딱한 그런 거니까요. 전 원래 그런 사람이 아니었거든요.

딸은 아버지가 벌을 받길 원하지 않는다. 그녀는 아버지가 학대를 멈추고 신뢰할 수 있는 부모로 행동하면서 지난 잘못을 고치기를 원할 뿐이다. 만약 그녀가 아버지와 소원해지거나 아버지가 변화할 능력을 보여주지 못한다 하더라도, 딸들은 아버지가 가족으로부터 떠나기를 바랄 뿐 감옥에 갇히는 건 거의 원하지 않는다. 결국 근친 성 학대 관계를 견뎌 내기 힘들어져서 그 관계를 끝내고자 어떤 위험이라도 감수하기로 작정하고서야, 비로소 딸들은 필사적으로 법에 호소한다.

정식으로 기소된 근친 성 학대 사례 비율을 추정하기란 쉬운 일이 아니다. 우리의 연구를 살펴보면, 40명의 피해자 가운데 3명(7.5퍼센트)이 경찰에 고발했다. 캘리포니아의 치료소에 있는 환자를 대상으로 한 비슷한 연구에서도, 38건 가운데 7건의 사례(17퍼센트)가 재판 예비 단계에 머물렀다.[3] 임상 문헌이 아닌 일반 설문 조사에서 나온 추정치는 이보다 더 낮다. 우리의 연구를 보면, 13세 전에 성인과 성적인 관계를 가졌던 300명이 넘는 여성들 가운데 단지 6퍼센트 정도만 경찰에 신고했다.[4] 일리노이 주 시카고아동변호협회는 매년 약 2만 2000건의 가족 간 성 학대 사례 가운데 3퍼센트 정도만 경찰에 신고되는 것으로 추정했다.[5]

법적인 절차가 시작될 때조차 근친 성 학대를 저지른 아버지가 유죄를 선고받아 수감되는 경우는 희박하다. 성범죄로 기소된 피고인은 그를 기소한 아동보다 법적인 보호를 훨씬 더 많이 받는다. 첫째, 죄가 입증되기 전까지 그는 무죄로 간주되며 공개재판에서 그를 고소한 사람에게 대응할 수 있고, 그에 반대하는 어떤 증인에 대해서도 반대신문할 수 있는 헌법상의 권리를 가진다. 이것은 모든 형사 피고인에게 보장된 권리다. 성인 간 대항 절차의 일환으로 마련된 이런 보호 규정들은 검찰 측의 유일한 증인이 아버지의 보호에 의존하고 아버지의 권위에 관습적으로 복종해 온 아동인 경우 피고인에게 더욱 엄청난 이득을 준다. 게다가 많은 주가 피해자의 증언에 대한 확실한 입증을 요구한다. 근친 성 학대 관계가 거의 언제나 비밀리에 일어나기 때문에, 이런 요구는 아버지에 대한 기소를 실질적으로 불가능하게 만든다.

윌모어 사건(People vs. Willmore, 1974)의 예를 보면, 일리노이 주의 항소심 법원은 딸의 입증할 수 없는 증언을 "확신할 수 없다."면서 친딸을 성적으로 학대한 아버지에 대한 유죄판결을 뒤집었다. 어머니는 딸들이 자신에게 한 번도 하소연하지 않았다고 증언했으며, 아버지는 혐의를 명백히 부인했다. 성관계가 언제 시작되었는지 정확한 날짜를 기억 못하는 딸의 태도에 더해 부모의 단결된 태도는 판사로 하여금 사건을 기각하도록 만들었다. 이런 선례를 따른다면, 어머니에게 성 학대 사실을 하소연하는 딸은 극소수이며 정확히 언제 추행을 당했는지 아는 아동은 그보다 훨씬 더 적으므로, 근친 성 학대를 저지른 아버지 대부분에 대한 유죄선고는 거의 일어날 수 없다.[6]

근친 성 학대 사건 기소는 보통 4개월에서 1년이 넘게 걸린다. 고소가 일어난 첫 시점으로부터 사건에 대한 마지막 판결 때까지 법원에 의해 특별히 제한을 받지 않는 한 아버지는 자유로우며 딸과 아내에게도 자유롭게 접근할 수 있다. 다른 형사 사건과 달리 근친 성 학대 사건에서는 이런 식으로 피고인이 고소인에게 힘을 행사한다. 비록 일부 아버지들은 기소된 뒤 자기 잘못을 고백하기도 하지만, 대부분의 경우는 딸의 기소 내용을 완강히 부인하거나 딸들에게 고소를 취하하도록 집요하게 압력을 가한다. 많은 어머니들 역시 아버지 편에 선다. 설사 딸의 말을 믿을지라도 어머니는 딸에게 고소를 취하하도록 간청한다. 만약 딸이 부모의 의지에 반대해서 자기주장을 굽히지 않는다면, 그녀는 비방이나 따돌림을 당하거나 가족으로부터 쫓겨날 거라는 위협을 받을지도 모른다. 이런 압력에 한 치의 흔들림 없이 맞설 수 있을 만큼 강인한 여성은 거의 없다. 증인석에서 자신의 주장을 철회한 열두 살 소녀는 그 이유를 이렇게 설명했다. '법정에 갔을 때 어머니가 거짓말을 하라고 시켰지만, 전 거짓말은 하지 않을 거라고 말했어요. 하지만 어머니는 그렇게 하는 게 좋을 거라고 했어요. 어머니가 어떻게 하실지 몰라 법정에 나가 그게 사실이 아니라고 말했어요. 그런 뒤 형사를 만나러 가야 했는데, 형사는 제 말을 믿으며 제가 한 얘기가 사실이라는 걸 안다고 말했어요. 제가 저지른 일을 이제 바꾸어 놓을 수 없었기 때문에 울음을 터뜨리고 말았죠. 아버지가 또 접근해서 다시 성관계를 갖자고 했어요."

　가족들로부터 받는 혹독한 압박은 그럭저럭 견뎌 낸다 하더라도 형사, 검찰, 변호사 그리고 판사 같은 사람들과 대면하여 법적인 절차를 밟으면, 딸은 한순간에 무너져 버릴 수 있다. 딸들은, 의심 많고 냉담하고 노골적으로 적대적인 태도를 취하는 낯선 남성들에게 자신이 겪은 성 경험의 아주 세세하고 내밀한 부분까지 드러낼 준비를 해야 한다. 형사들과 검사들은 반복적으로 심문할 것이며, 짐작컨대 법정에서 그녀의 증언이 얼마나 잘 들어맞을 것인지를 시험하고자 고의로 그녀를 못살게 굴고, 무례하게 대하고, 창피를 줄 수 있다. 사건이 법정으로 간다면 딸의 말이 신빙성이 없음을 보여 주려고 노력하는 피고 측 변호사의 공개적인 반대신문도 참아내야 한다. 만일 딸이 믿을 수 없을 정도로 강인한 인내심을 지니고 유죄판결을 계속 확신한다 해도, 가족이 함께 있는 것이 얼마나 중요한지에 대한 판사의 설교를 듣거나 아버지를 감옥에 처넣고 어머니는 복지 수당에 의존하도록 하려는 이유를 묻는 질문에도 답변할 각오를 해야 한다. 더 이상의 보호막 없이 결국 아버지가 가족한테 돌아오는 현실과 맞닥뜨릴 준비도 해야만 한다.

　이런 장애물에 부딪히면 많은 피해자들이 자기 이야기를 철회하거나 일정 부분을 바꾼다. 하지만 법 집행관들은 형사 절차가 아동 증인에게 얼마나 부정적인 영향을 미치는지 인식하지 않는 듯하다. 피해자가 드러내는 동요 경향은 그들이 거짓말을 한다는 공식적인 의심을 강화한다. 너무 빈번하게도, 근친 성 학대 고소는 즉각 불신에 직면하는 반면, 고소 취하는 아주 빈약한 핑계만으로도 쉽게 받아들여진다. 한 판사는 어떻게 자신이 근친 성 학대로 추정되는 한 사건의 '진상을 규명'했는지 대단히 만족스러워하며 설명하기도 했다. 자신이 날카로운 질문을 계속하자, 소녀는 그녀에게 부과된 엄한 외출금지 조치에 앙갚음하려고 계부를 거짓으로 고소했다는 사실을 인정했다는 것이다. 아동이 그렇게 사소한 이유 때문에 그토록 엄청난 명예훼손 거리를 지어냈다는 것이 이 판사에게는 전혀 모순으로 보이지 않았던 모양이다. 또 이 판사는 고소를 취하할 때 소녀가 계부의 지붕 아래 산다는 사실이 과연 적절했는지 여부를 살피지도 않았다.

실제로 근친 성 학대를 허위로 부인하는 경우가 허위로 기소하는 경우보다 훨씬 더 흔하다. 대부분의 아동 피해자는 범죄 조사와 재판의 괴로운 체험을 인내할 만큼 심리적으로 강하지 않다. 성 학대 기소 내용을 철저하게 입증하려고 애를 쓰는 조사관들은 전혀 근거 없는 사례는 드물다고 보고한다. 예를 들면 산호세의 아동 성 학대 치료 프로그램을 담당하는 헨리 지아레토는 프로그램에 접수된 전체 신고 가운데 허위 신고는 1퍼센트도 채 되지 않을 거라고 추정했다.[7] 뉴멕시코 앨뷰쿼크(Albuquerque)에 있는 아동보호 기관에 인계된 마흔넷 가족을 주의 깊게 평가한 또 다른 팀은 근친 성 학대 신고 사례 가운데 오직 하나의 사례만 근거 없는 것으로 결론 내렸다. 이 사건에서 기소는 다른 문제를 가진 가족의 이목을 끌려는 도구로 이용되었으며, 아동은 자신과 가족들에게 필요한 정신과적 서비스를 받자마자 즉각 자기가 그 이야기를 꾸며 낸 거라고 밝혔다. 연구자들은 아동들이 허위로 기소를 꾸며 내기보다는 실제 사건에 근거한 기소를 철회하기가 훨씬 더 쉽다고 결론지었다.[8]

법적으로나 심리적으로 너무 유리하기 때문에, 근친 성 학대를 저지른 아버지는 법을 두려워할 필요가 전혀 없다. 혹시 법적인 고소가 이루어지더라도 사건이 재판까지 가는 경우는 희박하며, 유죄가 입증되더라도 아버지가 징역형을 선고받는 경우는 더더욱 희박하다. 뉴욕시에서 일어난 250건의 아동 성폭력에 대한 경찰 고발 사건을 보면 아버지에게 유리한 형세를 판별할 수 있다. 대다수의 사건 가운데(전체의 75퍼센트), 31퍼센트가 체포되지 않았고, 44퍼센트는 법정에 소환돼 죄상의 진위 여부를 묻기는 했지만 재판에 회부되지는 않았다. 사건에 대한 보강증거가 불충분하다는 이유에서, 또는 검사의 판단에서 볼 때 아동이 증거를 충분히 입증하지 못한다거나, 아니면 단지 법정에 출석하는 것과 같은 엄격한 법 적용을 면해줘야 한다는 이유로 고소가 취하되었다. 이 가운데 38명의 남성들은 자발적으로 유죄를 인정하여 더 낮은 처벌을 받으려 했으며, 15명은 재판을 받고서야 유죄가 확인되었다. 250건 가운데 53명이 유죄 선고를 받았고(21퍼센트), 반 이상이 벌금을 물거나 보호관찰이 부과되거나 부과되지 않은 집행유예를 선고받았다. 전체의 9퍼센트에 해당하는 23명의 남성이 대개 1년 또는 그 이하의 징역형을 선고받아 수감되었다.[9] 이론상으로 아동 성 학대에 대한 처벌은 매우 엄격했지만, 실제로 처벌은 거의 그렇게 집행되지 않았다.

아버지들이 범죄에 대해 유죄 선고를 받은 몇몇 사례를 보더라도 법 집행이 어떤 의미 있는 변화를 가져왔다는 증거는 거의 없다. 보호관찰관들이 성 학대 아버지들을 면밀하게 감독할 만한 시간도 없고 그럴 의향도 거의 없기 때문에, 이 아버지들에게 보호관찰을 부과하는 것 또한 대체로 별 의미 없는 제스처에 불과하다. 자기 가족들을 매수하거나 위협하는 데 성공한 아버지들에게 보호관찰관 한 사람을 구워삶는 일 정도는 식은 죽 먹기다. 보호관찰관 한 사람은 탄식조로 이렇게 말했다. "보호관찰관들은 이 사람들의 거짓말에 속아 넘어가기 쉽습니다. 무엇보다 그들은 그 주제에 대해 이야기하고 싶어 하지 않아요. 이야기한다 하더라도 사실은 관음증적인 욕구 때문에 하는 거겠죠. 그들이 하는 질문은 정말 역겨울 지경입니다. 대개 이런 아버지들은 마음의 문을 꼭 닫고, '과거사는 과거사로 묻어 둘 겁니다.' 아니면, '맙소사, 그게 어때서요?'라고 되묻습니다. 전 정말 여러분에게 이런 걸 얘기하는 것조차 당혹스럽습니다."

보호관찰이 아닌 징역형을 선고받는다고 해서 교정되리라는 보증은 없다. 아버지가 투옥되어 있는 동안 어쩌면 아이들은 보호되겠지만, 그가 석방된 뒤 예전의 관계로 돌아가는 것을 막기 위해선, 이미 빈약한 것으로 입증된 그의 양심 이외에 더 강하게 의존할 만한 힘은 거의 없다. 아마도 그는 감옥에서 나온 후 화가 나서 더 도전적인 행동을 할 수도 있다.

리타: 아버진 틀림없이 미성년자에 대한 강간, 법정 강간이자 근친 성 학대를 저지른 것이었는데, 아버지의 변호사는 미성년자에게 시도된 강간 혐의만 부과하더군요. 그는 2년에서 5년 정도의 형을 선고받았는데, 모범적인 행동으로 인해 2년의 보호관찰과 함께 18개월 만에 풀려났어요.

아버지에게 미안하다는 생각은 없어요. 왜냐하면 아버지는 출소한 뒤 새어머니와 결혼했고, 그녀와 세상에서 하고 싶었던 모든 섹스를 할 수 있었을 테니까요. 한번은 아버지에게 도움을 청하러 갔었어요. 수업 하나를 더 들으면 월반하는 데 도움이 될 수 있었는데, 50달러가 되는 수업료가 없어서, 아버지에게 전화해서 그 돈을 빌릴 수 있는지 물었지요. 일주일에 10달러에서 15달러씩 갚겠다고 말했어요. 동냥을 하려는 게 아니었으니까요. 그랬더니 아버진 제게, '넌 그걸 하룻밤에 벌 수 있어. 네가 해야 할 일이란 그저 드러누워서 즐기면 된다는 걸 왜 모르니?'라고 하더군요.

그제야 만약 아버지와 함께 지냈다면 우리 자매들은 매춘부가 됐을 거고, 아버지는 포주가 됐을 거라는 걸 알았어요. 아버진 분명히 그렇게 말했거든요. 신고를 해서 제가 가족을 깨버리지 않았더라면 어떻게 됐을까 싶어요. 제 말은 제가 가정을 파괴한 것이 아니라, 가족을 도왔던 거라고 믿는다는 거예요. 이제는 그걸 분명히 알아요.

50달러를 빌려 달라고 다시 요청하자, 아버지는 다시 성관계를 갖고 싶다고 유혹했어요. 그때 전 열아홉 살이었어요. 그래서 아버지에게, '아빠, 전 이제 다 컸어요. 옳고 그름이 뭔지 구분할 줄 알고, 아빠가 또다시 그런다면 뭘 해야 할지도 다 알아요.'라고 말했지요. 왜냐하면 법적으로 21살까지는 미성년자니까, 그때 전 미성년자였거든요. 게다가 제 나이가 몇 살이든 그건 어쨌든 근친 성 학대고요.

1년 정도 지난 뒤 아버지와, 감옥 생활이 어땠는지, 우리 집에 일어난 일에 대해, 누가 그 일에 대해 책임져야 하는지 등에 대해 이야기했어요. 아버지는 '내가 무슨 잘못을 저질렀다고 생각하지는 않는다.'라고 말하더군요. '감옥은 어땠나요? 힘들지 않았나요?'라고 묻자, 아버지는 '아니, 전혀 그렇지 않았다. 감옥에 있는 게 꼭 휴가 간 것 같더구나. 매일 아침 일어날 필요도 없고, 일하러 가지 않아도 되고, 식구들을 먹이고 입힐 걱정을 할 필요가 없었거든.'이라고 말했어요. 양심이라곤 털끝만큼도 없는 사람이죠. 아마 아버지는 할 수만 있다면, 분명히 또 학대를 했을 거예요.

요컨대 재판 제도는 근친 성 학대 피해자들에게 거의 아무 위안도 주지 못한다. 성문화된 법은 거의 집행되지 않고, 집행된다 하더라도 아동에겐 거의 아무 이득이 없다. 처벌하겠다는 위협은 근친 성 학대를 저지른 아버지를 억제하는 데 거의 영향을 미치지 못하며, 처벌이라는 사실 자체가 그들을 사회로 복귀시키는 데도 도움이 되지 않는다. 사실상 법체계는 그가 얼마나 학대적인 사람인가와는 상관없이 아버지의 권위를 지탱하고 보호하는 기능을 할 뿐이다.

이 암울한 법 집행 상황을 바라보면서, 많은 관찰자들은 근친 성 학대 가족에 대한 법적인 개입이 좋게 끝나기보다는 오히려 해를 입힐 수 있으며, 법체계가 아동의 이익을 위해 시행된다고 기대할 수도 없고, 오히려 그것을 피하는 것이 피해자와 가족들에게 가장 도움이 된다고 주장해 왔다.[10] 우리는 이런 주장에 동의하지 않는다. 비록 법체계가 충분하다고 할 수는 없지만, 가부장적 권위를 남용하는 행위에 대해 잠재적인 제한을 가할 수 있다. 성 학대에 반대하는 법에는 적어도 아동보호에 대한 사회적 관심이라는 기본 원리가 존재하기 때문이다. 현재는 부모의 권한에 대한 요구가 아동이 보호되어야 할 권리와 갈등을 빚을 때, 법체계에서 힘의 균형은 아버지로 기울며, 따라서 법은 집행되지 못한다. 그러나 법체계에서 힘의 균형은 아동의 권익이 더 잘 표현될 수 있도록, 그리고 부모의 권한이 자동적으로 법으로부터 면책을 받을 권한을 부여하지 않도록 잠재적으로 수정될 수 있다.

근친 성 학대 가해자에 대한 유죄판결은 아동과 가족에게 심오하고도 유익한 효과를 미친다. 아버지가 유죄를 인정하거나, 그의 행위가 유죄로 입증되면 아동 피해자는 엄청난 심리적 부담에서 벗어난다. 아동은, 성숙한 사회일수록 근친 성 학대를 묵인하지 않으며, 자기 신체를 지킬 개인의 권리가 존중되어야 한다는 확신을 갖는다. 또 아동은 다른 사람들도 모두 그녀의 진정성을 믿으며 성적인 관계에 대한 책임은 아버지가 져야 한다는 사실도 배운다.

유죄판결을 내리거나, 유죄판결을 내리겠다는 위협은 가해자의 치료와 재활에 가장 큰 희망을 부여할 수 있다. 처벌 위협이 없다면, 근친 성 학대를 저지른 대부분의 아버지들은 순순히 행동을 변화시킬 동기를 마련할 리 없다. 학대가 폭로되었다 하더라도 대부분의 아버지들이 자발적으로 치료에 참여하지는 않을 것이기 때문이다. 하지만 만일 공판 전에 시도할 수 있는 우회적인 조치, 보호관찰, 또는 가석방을 조건으로 하여 법원이 치료를 명령한다면, 이들은 치료에 참여할 것이다.

법적인 개입이 아동에게 전적으로 파괴적인 것은 아니다. 피해자를 배려와 존중으로 대하고, 고발 내용을 진지하게 받아들이며, 경찰의 개입과 재판 절차가 아동을 위해 적절하게 조절된다면, 아동이 법적 절차로 인해 받을 수 있는 심리적 상처(trauma)를 상당히 감소시킬 수 있다. 이것은 아동 피해자를 위한 변호 프로그램의 발전과 더불어 입증되어 왔다.

변호 프로그램들은 사회 개혁 운동의 산물이다. 한 세기 전 아동 착취에 대한 관심이 아동 학대 방지 협회들을 발족시켰으며, 이 가운데 몇 개는 아직까지 남았다. 예를 들면, 뉴욕 브루클린 아동학대예방협회는 강력한 아동 변호 프로그램을 가졌으며, 이 프로그램은 1880년대 이래 성 학대에 관한 전문적 의견을 제공한다.[11] 지난 십 년간, 여성주의 운동은 아동 변호 프로그램을 새롭게 발전시키는 데 지대한 공헌을 해 왔다. 강간 위기 센터를 조직하고 운영하는 여성들은 아동 성 학대라는 문제의 범위를 인식하고, 학대당한 아동을 위한 혁신적인 서비스를 발전시켰으며, 법적 개혁을 위해 싸워 온 선구적인 사람들이라 말할 수 있다. 전국 각지에 변호 프로그램이 있는 곳이라면, 법률 체계는 아동에게 덜 두려운 것, 가족들에게는 상처를 덜 주는 것이 될 수 있다. 그리고 가해자를 기소하는 일은 그렇게 해야 마땅한 일로 간주된다.

피해자의 변호인은 아동의 정서적인 욕구와 법 제도의 세세한 부분까지 이해하는 사람이다. 재판 절차가 진행되는 동안, 피해자의 변호인은 아동과 어머니에게 정보와 재확인, 그리고 윤리적인 지지를 제공하면서 두 사람을 지원한다. 변호인은 아동이 조사관과 검사를 면담하고 법원 심리에 참석할 때 동행하기도 한다. 그녀는 현재 어떤 일이 진행되며, 이후 어떤 일이 진행될 수 있는지도 설명한다. 변호인은 아동에게 사법 당국의 의견을 해석해 주고, 거꾸로 사법 당국에 아동의 상태를 설명해 주는 역할도 한다. 변호인은 불가피하게 일어날 수 있는 위기 상황에서 피해 아동에게 도움을 줄 수 있으며, 그의 존재 자체가 법의 공격과 가족 안에서 일어날 수 있는 극심한 압력으로부터 아동을 막아 주는 방패 역할을 한다.

피해자 변호의 개척자 가운데 한 사람인, 루시 베를리너는 상담자 역할의 중요성에 대해 다음과 같이 설명한다.

> 우리는 사람들에게 어떤 일이 발생할 수 있는지, 그 말이 무엇을 의미하는지 설명합니다. 왜냐하면 평범한 사람들은 변호사들이 사용하는 언어를 제대로 이해하기 힘들거든요. 검사가 꽤 오랫동안 질문을 할 텐데, 아동은 그가 무슨 말을 하는지 전혀 모를 수 있습니다. 그러니 곁에서 누군가가 아동에게 '지금 저 사람이 무슨 말을 하는지 아니?' 같은 질문을 해서 확

인할 필요가 있습니다.

우리는 아동과 반드시 함께 다니며, 가족들이 가하는 압력이 있는지, 아동이 생각을 바꾸었는지 등에 관한 갖가지 피드백을 듣습니다. 아동은 무슨 일이 일어나는지 제대로 모를 수 있으므로 재판이 진행되는 동안 언제나 이런저런 동요가 생기게 마련이거든요. 또 아버지가 '맙소사, 앞으로 20년이나 감옥에서 썩어야 하다니.'라면서 아동에게 큰 부담을 안겨 주는 경우는 아주 흔합니다. 도대체 그런 일이 언제 생기냐고요? 그러니 상담자가 제대로 관여해야 합니다. 아동이 당신을 신뢰할 수 있어야, 아이가 압력을 받을 때마다 당신에게 전화를 걸어 진상을 파악 가능하게 할 수 있습니다.

아동에게 누누이 이야기하는 것이 바로 확인하라는 것입니다. 아버지가 한 말을 곧이곧대로 받아들이지 말아야 하는데, 왜냐하면 아버지는 자기 자신이 염려되어 그러는 것이지 아이를 걱정해서 하는 말이 아니라는 걸 알아야 하기 때문입니다. 그러니 항상 확인해야 합니다. 그러고 나서 우리는 갖가지 계통의 사람들과 접촉합니다. 조사관과 검사에게 전화를 해서, '무슨 일이 일어나는 건지, 사건은 어떤지, 무엇을 기소할 것인지, 그리고 권유하고 싶은 것은 무엇인지' 등을 알아봅니다.[12]

변호인의 존재는 대부분의 사례에서 딸보다는 오히려 아버지가 법적인 대립을 피할 정도로 아동의 위치를 강화시킨다. 한 프로그램은 그들이 다루던 근친 성 학대의 75퍼센트에서 아버지들이 유죄를 인정했다고 보고했다.[13] 근친 성 학대를 저지른 아버지는 아내와 딸을 협박함으로써 자신이 원하는 걸 얻는 데 익숙하다. 그런 상황에서 변호인의 도움을 받은 딸이,

협박당하기를 거부하면, 아버지의 으름장은 더 이상 통하지 않는다.

간혹, 피해자가 포기하려 드는지 어떤지를 탐색하면서, 재판 마지막 날까지 끄는 사례들이 있습니다. 많은 경우, 어머니가 '우리 아이가 법정에 서지 않게 할 거예요, 그건 아이가 겪기엔 너무 심한 일이니까요.'라고 말하면, 나는 '좋습니다. 하지만 당장은 사람들에게 그렇게 말하지 마세요. 고발장을 내고 기소가 진심이라는 걸 남편이 알게 한 뒤 사태가 어떻게 진전되는지, 그가 범행 사실을 인정하고 유죄를 받아들이는지를 한번 지켜봅시다.'라고 말합니다. 대부분 탄원서를 내기 때문에 실제로 재판까지 가는 사건은 거의 없습니다. 대부분의 근친 성 학대 가해자들은 이런저런 수준에서 범행 사실을 인정합니다. 그들이 자기 잘못을 최소화시키거나, 합리화 또는 변명을 하기도 하지만, 재판까지 가는 사건은 거의 없습니다. 공판 날짜가 잡힌다 해도, 가해자들은 언제나 공판이 진행되는 당일 아침이나 재판에 회부되는 시점 가운데 언젠가는 탄원을 할 테니까요.[14]

변호인의 개입은 한 개인으로서 아버지와 딸 사이에 존재하는 힘의 균형을 뒤집기에 충분하다. 그러나 형법 체계 내에 아버지에게 유리하도록 구조화된 경향성을 극복하려면 상당한 정도의 조직화된 개입이 필요하다. 이런 작업에는 절차를 변화시키는 일도 포함된다. 하지만 그보다 더 큰일로 법을 집행하는 남성들의 태도를 바꾸는 일이 포함되어야 한다.

사실상 거의 남성들로 이루어진 법체계는 아무리 관대하게 평가한다 해도 아동에 대해 너무나 무지하고 부주의하다. 경찰과 검찰은 아동에게 어떻게 말해야 하고 그들의 말에 어떻게 귀 기울여 들어야 하는지 배워야 한다. 판사들은 아동 피해자를 보호하고 가해자를 통제할 권한을 올바로 사용하도록 배워야 한다. 보호관찰관들은 재범의 신호를 감지하는 방법을 배워야 한다. 무엇보다도 법 집행관들은 아동이 성 학대에 대해 거짓말을 한다는 가정을 하지 말아야 한다. 피고인의 시민적 권리에 대해 별 관심이 없는 법 집행관들이, 피해자를 희생시키면서까지 근친 성 학대를 저지른 아버지들에게 관심을 보인다면, 그것은 거의 범죄를 공모하는 일에 가깝다는 사실을 인식해야 한다.

법을 집행하는 측이 협조적인 태도를 취하면, 수많은 법 절차상의 개혁은 아동 피해자에게 유리한 방향으로 제도화될 수 있다. 그런 개혁의 주요 목적은 기소가 이루어진 첫날부터 사건이 처리되는 몇 달 사이에 아동을 보호하는 것이다. 또 그 과정을 덜 두렵게 하고 반복과 지연을 최소화하는 특별한 면담 방법이 필수적이며, 면담 절차는 피고인의 협박으로부터 아동을 보호하도록 마련되어야 한다.

만약 사건이 처리되는 동안 한 검사가 계속 배정되어 아동이 그 사람에게 익숙해진다면, 조사받는 과정은 아동에게 훨씬 덜 불안할 수 있다. 또 면접 횟수와 시간이 제한되고, 검사 사무실보다는 아동의 집과 같은 우호적인 환경에서 면담이 이루어진다면 더 도움이 될 것이다. 면접이 이루어지는 동안에는 어머니나 변호인 같은 우호적인 사람이 반드시 아동 곁에 있어야 한다. 무엇보다도 조사관은 아동에게 어떻게 질문을 해야 할지를 잘 이해해야 한다.

대부분의 조사관이나 검사는 아동과 성적인 문제에 대해 이야기하기를 불편해한다. 하지만 이것이야말로 학습 가능한 기술이다. 예를 들면 하버뷰 성학대센터가 작성한 형법 담당 직원을 위한 훈련 지침서에는 다음과 같은 몇 가지 제안이 담겼다. 어떤 지침들은 너무 기본적인 것처럼 보이지만, 이 제안은 거친 취조 방식에 익숙한 법 집행관들에겐 종종 새롭게 느껴질 수 있다.

* 아동이 단어를 이해하는지 확인한다. 사고, 사건이 일어나다, 이전에, 삽입, 사정과 같은 단어 사용에 유의한다.
* 왜라는 의문사(왜 그 집에 갔니? 왜 말하지 않았니? 등)를 사용하지 않는다. 왜라는 의문사는·비난하는 것처럼 들리기 때문이다.
* 가해자로부터 말하지 말라는 강요나 위협을 받은 아동은 매우 주저하고 불안해 한다는 점을 염두에 둔다. 우선 두려움을 완화시키는 일이 긴요하다.
* 말하기를 주저하는 아동에게 위협하거나 강요해서는 안 된다.[15]

아동에 대한 신문은 조사관이나 검사가 아닌 다른 사람에 의해서도 이루어질 수 있다. 이런 방법은 다른 여러 나라에서 도입되었다. 스웨덴과 덴마크에서는 사례 실무자와 여성 경찰이 배석하여 아동에게 질문한다.[16] 이스라엘에서는 아동심리학과 법률 수사 분야에서 훈련을 받은 '청소년 조사관'이 아동을 면담한다. 청소년 조사관에게는 사건의 모든 절차를 결정할 광범위한 권한이 주어진다. 그는 아동이 증언하도록 허용할지 말지를 결정할 수 있다. 또 아동과 함께 법정에 출석할 수 있고, 피해자를 대신하여 법정에 증거를 제출할 수도 있다. 피고인의 권리를 보호하려고 청소년 조사관 단독 증언만으로는 유죄판결이 이루어지지는 않는다. 따라서 청소년 조사관이 피해자를 대신하여 증언할 때는 확실한 증

거가 요청된다.[17]

이스라엘에서 실행되는 청소년 조사관 체계는 미국에는 적용될 수 없는데, 법정에서 소문에 의한 증거 도입을 반대하는 헌법상의 보호 장치 때문이다. 그런데도, 그 체계의 여러 요소가 미국에도 적용이 가능하다. 특히 법뿐만 아니라 아동심리학 분야에서 훈련을 받은 전문화된 조사관 집단을 계발하는 일은 미국의 어느 경찰서나 검찰 안에서도 실행될 수 있다.

또 조사 기간 동안에 있는 긴장은 아버지가 딸을 괴롭히거나 위협하지 못하도록 막는 일만으로도 완화될 수 있다. 심문 기간 동안 판사는 재판 때까지 피고의 행동을 제한하는 장치를 마련할 권한을 가진다. 아동이 아버지에 대해 형사상 기소를 할 때, 아버지는 당연히 딸의 증언에 영향을 미칠 힘을 사용하리라 예상할 수 있다. 따라서 아동을 보호하려면 재판이 진행되는 동안 아버지에게 집을 떠나도록 명령해야 하며, 감독자 없이 딸과 접촉하는 일은 금지되어야 한다.

재판 이전의 절차에 대한 개혁은 특히 중요한데, 대다수 사건이 절대 법정까지 가지 않기 때문이다. 대부분의 형사 사건들은 검사와 변호사 그리고 판사 간의 합의에 의해 해결된다. 비공식적이지만 잘 구조화된 절차에 따라, 이들은 이 사건이 유죄판결을 내리기 충분한지 어떤지를 결정한다. 만약 충분치 않다면, 사건은 기각된다. 그러나 충분하다면 혐의와 판결은 사전형량조정제도(plea bargaining, 검찰 측의 양보와 교환 조건으로 피고가 유죄를 인정하거나 증언을 하는 거래―옮긴이 주)를 통해 합의된다. 변호인의 도움으로, 아동 피해자를 보호하고 유죄 인정의 가능성을 높이도록 이 관료적 절차에 영향을 미칠 수 있다. 모든 사건 관련자들은―가족뿐만 아니라 검사, 변호사를 포함하여―대개 재판을 피하는 일에 관심이 많기 때문에,

대부분의 사건들은 이런 방식으로 매듭지어진다. 그러나 드문 경우지만 사건이 재판에 회부될 경우, 아동이 덜 상처받으면서 증언하도록 하려면 재판 진행 절차를 특별히 수정할 필요가 있다. 제안된 개정안은 아동이 대중에 노출되는 일을 통제하고, 심문받는 정도를 제한하며, 아동과 피고 사이의 직접적인 대면을 최소화하는 일을 포함한다.

어떤 상황에서는, 판사가 법정에 방청객을 들어오지 못하게 하거나 밀실에서 사건 심리를 듣는 방안을 선택한다. 이런 방법이 일반 법정에서 재판이 이루어지는 경우보다 아동에게 훨씬 덜 당혹스러우며 스트레스도 덜 준다. 시카고 아동변호협회는 아주 어린 아동이 특별히 장난감으로 꾸며진 방에서 증언할 수 있게 배려해 줄 것을 권고한다. 또 재판이 진행되는 동안 어쩔 수 없이 오래 기다리거나 처리가 지연될 수도 있는데, 이때 아동이 쉬거나 놀고 친밀한 사람들과 같이 있을 수 있는 편안한 사적인 공간이 제공되어야 한다.[18]

만약 완전한 배심원 재판이 요청되면, 일부 변호인은 아동용 특별 법정을 사용할 것을 제안하는데, 이 법정에서 피고인, 배심원, 그리고 방청객은 한쪽만 보이는 거울 뒤에서나 폐쇄 회로 티브이를 통해 재판을 지켜볼 수 있다. 그 방에는 오직 판사와 검사, 피고 측 변호사, 원고 측 변호사 또는 변호인만 아동과 함께 참석할 수 있다. 피고인과 그의 변호사는 인터폰을 통해 대화를 나눌 수 있다. 이런 방식으로 아동은 아버지와 직접 대면하도록 강요받거나 낯선 사람들 앞에서 증언하도록 강요받지 않을 수 있고, 공개재판을 받을 수 있는 피고인의 권리 역시 보호된다.[19]

아동 증인을 보호하는 데 가장 논쟁을 불러일으킨 방법은 법정에서 실제로 증언하는 것이 아닌 비디오테이프를 도입하는 방법이다. 비디오를 사용하기로 했다면, 고소장이 접수된 뒤 곧바로 아동의 증언은 피고 측 변호사의 반대신문에 대한 답변을 포함하여 한꺼번에 녹화된다. 만약 사건이 재판까지 간다면, 비디오로 녹화된 테이프는 법정에 제출된다.[20] 이런 절차는 아동이 반복된 심문에 노출되는 일을 최소화하고, 법정에서 아버지와 방청객들과 대면하는 일로부터 아동을 보호한다. 시간이 지남에 따라 성관계에 대한 아동의 기억은 더 불확실하고 혼란스러워질 수 있으므로, 기소가 이루어진 즉시 증언을 기록하는 일은 아동이 '제대로 된 증인' 역할을 할 가능성을 높인다. 하지만 그런 절차의 합헌 여부는 여전히 논의가 분분하며, 아직까지 시험을 거치지 않았다.

만약 사건이 유죄로 인정되거나 유죄 선고로 결정된다면 아버지에게 적합한 선고 형량이 논의되어야 한다. 비록 법률 조건과 사전형량조정제도에 구속되기는 하지만, 대개 판사는 선고하는 데 상당히 신중한 태도를 유지한다. 대부분의 경우 만일 적절한 치료를 받을 수 있다면, 보호관찰을 조건으로 강제 치료가 동반된 장기간의 집행유예 판결이 가장 건설적인 선택이라고 할 수 있다. 판사들은 현재 실행되는 근친 성 학대 가해자 치료 프로그램을 잘 알아야 하고, 어떤 가해자가 사회에 안전하게 되돌아갈 수 있는지를 구별하는 방법을 배워야 한다. 전문화된 근친 성 학대 가해자 치료 프로그램이 아직은 비교적 적은 수에 불과하기 때문에, 범죄를 저지른 아버지가 프로그램에 참여하려면 시간과 비용 면에서 상당한 불편을 감수해야만 한다. 하지만 대부분의 아버지들은 실형보다는 이 방법이 더 낫다는 것을 알 것이다.

아버지가 순순히 응하려는 태도를 보여 주지 않는 한, 강제적인 치료는 아무 효과가 없다. 보호관찰관들은 반드시 가족, 아동 그리고 치료의 책임을 맡은 전문가들과 자주 연락을 취해야 한다. 종종 아버지가 보호관찰 조건을 위반할 때, 관찰관은 반드시 징계 조치를 준비해야 한다. 법정이 부과한 조건을 따르지 않은 아버지들에게는 징역형이 아주 적합하다.

절차상의 개정안 이외에 법 자체는 종종 성문화될 필요가 있는데, 왜냐하면 성문법이어야 아동을 보호하려는 목적을 더 효과적으로 달성할 수 있기 때문이다. 일반적으로 개정안은 유죄 선고를 촉진하되 가해자에 대한 처벌은 경감시켜야 한다.

많은 주에서 법은 부모라는 존재가 지닌 강제적 권위가 인식되도록, 강제와 동의라는 개념을 다시 정의하도록 요구한다. 최근에 대부분의 법은 사춘기에서부터 청소년기 말까지로 성관계에 동의할 수 있는 임의적 연령을 명문화했다.[21] 그 연령이 지났더라도 물리적인 위협이나 강요에 의해, 또는 근친 성 학대를 혈족 간에 이루어진 성교라고 정의한 좁은 개념에 들어맞을 때 성적인 접촉은 불법으로 간주된다. 하지만 아동이 한 성인의 훈육권 아래 피부양자로 남아 있는 한, 성관계에 대한 부양자의 요구로부터 자유롭기란 불가능하다. 따라서 성적인 접촉을 하려고 부모가 자신이 지닌 권한을 사용하는 것은 아동이 몇 살인가에 상관없이 강제라는 범죄 형태로 인정되어야 한다. 최근에 몇몇 주에서는 그것에 대한 법률 조항을 제정했다. 예를 들면, 오하이오 주에서는 성적인 폭력이라는 중죄를 다음과 같이 폭넓게 정의했다. "만일 가해자가 A의 친부모 또는 양부모, 계부모, 보호자, 대리 양친 등의 위치에 있는 사람이라면 그 누구도 A와 성관계를 맺어서는 안 된다."[22]

근친 성 학대나 아동 성 학대 사건에서 확실히 입증된 증언에 대한 요구는 폐지되어야 한다. 이런 요구는 잘못된 고소에 대한 남성들의 과장된 염려를 반영하고, 피해자가 오히려 증거를 대야 하는 너무도 비합리적인 부담을 아동에게 부과하며, 성 학대를 처벌하려는 법률을 무력하게 만든다.

마지막으로, 아동에 대한 성 학대로 기소된 가해자에게는 더 관대하고 치료를 염두에 둔 판결이 선고되어야 한다. 더 온건한 형벌을 권유한다고 해서 이런 범죄를 묵인하려는 게 아니라, 오히려 가해자 기소에 걸림돌이 되는 부가적인 장애를 제거해야 한다는 뜻이다. 만일 비합리적일 정도로 엄격한 형벌이 판결되지 않는다는 것을 알면, 피해자는 근친 성 학대를 저지른 아버지를 신고하는 데, 검사는 기소하는 데, 배심원은 유죄를 선고하는 데, 판사는 판결을 내리는 데, 덜 주저하게 될 것이다. 알려진 어떤 형태의 치료도 거부하려 드는 가학적이고, 폭력적이거나 성격이 심하게 왜곡된 가해자를 제외하고는, 장기 징역형으로부터 얻을 수 있는 사회적인 이득은 거의 없다.

그러나 재범으로 유죄가 선고된 사람이나 보호관찰 또는 가석방 규율을 위반한 사람의 경우에는 좀 더 강력한 판결이 내려져야 한다. 최근 일부 주에서는 재범자에게 최소한의 판결을 내릴 것을 요구하는 법안이 통과되었다. 예를 들면, 뉴저지 주는 성폭력으로 두 번째 유죄 선고를 받은 사람에게는 보호관찰이나 가석방 없이 최소 5년 형을 구형하도록 요구한다.[23]

여성과 아동에 대한 다른 범죄 사례를 보아도, 법체계의 힘은 너무 오랫동안 가해자를 보호해 왔다. 그 똑같은 힘이 피해자를 보호하는 데 사용될 수 있다. 법체계가 남성을 보호하기를 지속하는 한, 아동의 권리를 옹호하는 방향으로 법 개정을 기대하기는 어려울 것이다. 이미 실행된 법 개정역시 거의 전적으로 성폭력 상담자, 아동 변호인, 법조계에서 일하는 소수의 여성들이 주도한 것이었다. 앞으로 법 개정 시도가 훨씬 더 많이 이루어져야 하며, 법 개정의 주도권 역시 의심할 여지없이 여성들이 쥘 것이다. 피해자가 되는 경우가 훨씬 더 많고 가해자가 되는 경우는 거의 드문 여성들이 대부분의 가정 폭력과 성범죄를 심판할 날을 기대해 본다.

11 장
피해자를 위한 치료

나는 근친 성 학대로 인한 참혹한 손상이 극복될 수 있다는 사실을 안다.
내 환자 수백 명도 극복해 왔으며, 나도 그랬다. 다른 피해자들도 극복할
수 있을 것이다.

― 수잔 포워드, 『순수라는 배신』(1979)

대부분의 근친 성 학대 피해자들은 자신의 비밀을 드러내지 않은 채
성인기에 이른다. 얼마나 많은 사람들이 성공적으로 자신의 과거를 가슴
에 묻은 채 생활하는지, 또 얼마나 많은 사람들이 피해의 결과로 인해 여
전히 고통 받는지는 알려지지 않았다. 상당한 비율, 어쩌면 근친 성 학대
피해자 대부분이 아동기에 겪은 경험 때문에 지속적으로 상처 입는다고
느끼는 건 아닌가 하는 의혹을 제기할 뿐이다. 우리가 인터뷰한 여성들이

자신의 경험에 대해 느끼는 불만은 너무나 비슷해서 모든 근친 성 학대 피해자들에게 공통적인 증후군, 성인으로 생활하면서도 친밀한 관계를 맺는 데 반복적으로 실패하는 증후군이 있다는 의견을 내놓아도 무리가 없을 정도다.

근친 성 학대의 심리적 영향은 성인기에까지 지속되기 때문에, 많은 피해자들은 결국 다양한 정신 건강 전문 시설의 상담가에게 도움을 구한다. 그렇게 도움을 구하는 근친 성 학대 피해자의 비율이 어느 정도인지는 알려지지 않았지만, 그 수치는 너무 많아서 일정 기간 수련을 마친 치료자라면 누구나 인식하든 그렇지 않든 환자들 가운데 상당수의 근친 성 학대 피해자를 만나지 않을 수 없는 정도이다. 예컨대 한 외래 병원의 사례 기록을 무작위로 검토하자, 아무 암시도 주지 않았는데도 상담을 청한 여성들 가운데 4퍼센트가 근친 성 학대 경험을 자발적으로 밝힌 사실이 드러났다.[1] 우리는 인터뷰에 응한 여성 환자의 2~20퍼센트 정도가 근친 성 학대 경험을 가졌으리라 추정했다. 높은 추정치를 내놓은 치료자들은 기본적으로 아동기 성 학대에 대해 꼭 질문하도록 배운 사람들이었다. 출간된 어떤 보고서에서, 개인 병원을 운영하는 한 정신과 의사는 그가 진료한 전체 여성 환자의 3분의 1이 근친 성 학대를 경험했다는 사실을 발견했다고 한다. 이런 정보를 얻는 데 어떤 특별한 인터뷰 기술이 필요한 건 아니었다. 필요한 것은 근친 성 학대의 현실에 대한 각성과 그것에 대해 기꺼이 질문하려는 태도였다.[2]

성 학대에 관한 질문은 임상의가 통상적으로 진행하는 환자의 경험 청취에 포함되어야 한다. 성 학대에 관한 통상적인 질문이 필요하다는 걸 보증할 만큼 전체 인구 가운데 드러난 아동 성 학대의 파급율은 엄청나다.

환자군에 대한 조사에서는, 성 학대 경험을 지닌 여성들, 특히 아동기의 정신적 외상 때문에 여전히 괴로워하는 성인 여성의 비율이 훨씬 높다는 사실을 예상할 수 있다. 더욱이 직접적 질문은 근친 성 학대 경험 때문에 괴로워하면서도 혼자서는 감히 그 문제를 제기하려 들지 않았던 환자들에게 커다란 이득을 가져다 줄 수 있다. 우리는 도움을 줄 수 있는 사람에게 자신의 경험에 대해 이야기할 기회를 갈망해 오던 피해자들, 이야기하도록 요청받기를 고대해 왔지만 그 바람을 이룰 수 없었던 피해자들의 증언을 듣고 또 들었다. 근친 성 학대 경험을 얻는 대가로 감당해야 할 책임은 치료자에게 있어야 한다. 치료자가 근친 성 학대 사실에 대해 배우지 않는다면, 근친 성 학대로 인해 장기간에 걸쳐 피해자가 가졌던 정신적 외상에 대해 어떤 치료도 이루어질 수 없다.

남성이든 여성이든 치료자들이 성 학대에 관하여 환자들에게 질문해야 한다는 생각에 저항하는 경우도 많다. 전부는 아니더라도 이런 저항 대부분은 이 문제를 접할 때 치료자들이 자신에게서 생겨나는 감정과 직면하기를 불편해한다는 사실을 반영한다. 근친 성 학대가 일어날 가능성으로부터 회피하고 싶은 치료자의 소망은 대개 피해자에 대한 걱정으로 위장된다. 치료자들은 성 학대에 대해 직접적인 질문을 했다가 환자에게 불쾌감이나 당혹감을 주거나, 때로는 '환자에게 그런 생각을 주입'할지도 모른다는 우려를 드러내기도 한다. 하지만 그런 염려는 불필요하다. 근친 성 학대 경험으로 고통을 받지 않은 여성이라면 그저 '그런 일 없다.'고 대답하고, 그녀를 괴롭히는 다른 문제들에 대하여 계속 이야기해 나갈 것이다. 근친 성 학대에 대해 질문하는 일은 알코올중독이나, 폭력 또는 자살처럼 말하기 꺼려지는 다른 문제들에 관해 질문하는 것과 같은 일이다. 치료자가 그 문제를 편안하게 받아들이도록 잘 처리하기만 한다면, 환자는 그 문제에 대해 편하게 답변할 것이다.

임상의들이 성 학대에 대하여 통상적으로 질문하기 않기로 결정했다 하더라도, 그들은 적어도 그런 질문의 필요성을 느끼게 하는 어떤 징후들에 대해 잘 인식해야 한다. 구타나 강간과 같은 반복적인 피해를 당한 경험이 있는 여성들에게는 혹시 성 학대 경험은 없었는지 질문해야 한다. 알코올이나 마약 의존 증세를 지닌 여성이나 사춘기에 남다른 방황이나 가출 경험을 지닌 여성들에 대해서도 마찬가지다. 어머니가 오랫동안 병석에 계셨거나 집에 계시지 않았던 여성, 아주 어린 시절부터 어른처럼 가족들을 보살펴야 했던 경험이 있는 여성들에게도 그런 질문이 있어야 한다. 이런 환경들이 아동기 성 학대 경험과 너무 빈번하게 연관됐기 때문에, 이런 사례의 환자들에게 질문을 하지 않는 것은 치료자의 직무 태만이다.

성 학대 경험이 드러나면, 환자와 치료자는 심리 치료에 초점을 맞출지 어떨지에 관해 함께 결정할 기회를 가져야 한다. 일단 자신의 비밀을 밝히고 나면, 대부분의 여성들은 앞으로 진행될 치료에 참여하지 않으려 든다. 어떤 여성들은 자기 이야기를 믿어주고 차분하고도 우호적인 태도로 반응해 준 치료자 앞에서 근친 성 학대 경험을 털어놓을 기회를 가진 것만으로 충분하다고 생각하기 때문이다. 그러나 그런 경험으로 인해 여러 면에서 여전히 고통을 당한다고 느끼는 여성들에게는 심리 치료가 매우 도움이 될 수 있다. 다음은 운 좋게도 아주 훌륭한 치료자를 만난 한 여성의 증언이다.

저는 근친 성 학대 피해 경험을 가진 사람들에게 이렇게 말하고 싶어요.

제 가족들과의 경험을 파헤치는 작업을 할 때가 제 인생에서 가장 우울하고 고통스러운 기간 가운데 하나였습니다. (여전히 그렇고요.) 마음의 준비가 될 때까지 그 작업을 시작하지 못했는데, 제 자신을 이해해야만 한다고 느끼자 정말로 그 작업을 하고 싶어지더군요. 치료로 저는 제 경험을 밀쳐 내거나 그것으로부터 도망쳐야 할 어떤 것이 아니라 선생님들처럼 고통이나 두려움으로 봤어요. 저에게 도움이 되는 관계를 맺고 싶고, 제 자신을 사랑할 수 있고, 일과 창조적 활동을 즐길 수 있고, 인생에서 발견하는 아름다운 사물들을 더욱 충만하게 보고 느끼고 싶고, 억압에 맞서 싸울 수 있을 만큼 강한 사람이 되고 싶어요. …… 거기에 무엇이 있는지 분명하게 느끼고 볼 수 있을 만큼 나의 고통과 두려움에 완전히 몸을 맡기자, 저를 그렇게 느끼고 행동하게 만든 근원에 도달할 수 있었습니다. 제 고통과 두려움이 절대 완전히 사라지지는 않으리라는 걸 알아요. 그러나 적어도 이제 더 이상 그것들이 저를 통제하지는 못할 겁니다. …… 제 자신과 환경에 대해 명확하게 이해하게 됨으로써, 저는 앞으로 생길 고통을 최대한 줄이고 만족감을 최대한 늘이면서 제 자신을 위한 긍정적인 선택들을 할 수 있었습니다.[3]

환자가 자신의 성공적인 치료를 묘사한 이 글에서 치료자가 어떻게 기여했는지는 전혀 언급되지 않았다. 치료자는 전혀 강요하지 않으면서 치료의 임무를 잘 수행한 것으로 암시되었을 뿐이다. 치료자는 근친 성 학대 경험에 대해 공감하는 태도로 들어 주었고, 환자의 삶에 개입하지 않았다. 치료자는 환자의 감정을 관대하게 받아들일 수 있을 정도로 근친 성 학대에 대한 자신의 감정에 충분히 편안해했다. 치료자는 치료에 필요한 작업에 참여하도록 환자를 격려했다.

하지만 불행하게도 근친 성 학대 피해자들이 치료자들과 이런 행복한 경험을 하는 경우는 그리 많지 않다. 너무 자주 피해자들은 그들을 도울 준비가 되지 않은 정신 건강 전문가들에게 의지한다. 이것은 단지 개개 치료자들의 문제가 아니라, 제도적인 문제이다. 대부분의 치료자들이 근친 성 학대 피해자들을 도울 능력이 결여됐다. 그 문제를 다룰 수 있도록 훈련되지 않았기 때문이다. 사실 치료자들은 그 문제를 회피하도록 훈련되어 왔다. 정신분석적 치료 전통은 정신 건강이라는 분야 내에 부인과 불신의 분위기를 만들어 냈다. 그 결과 치료자를 훈련시키는 체제 내에서 한 세대의 전문가로부터 다음 세대의 전문가들로 무지가 영속화되어 버렸다.

어떻게 심리 치료를 할지 배우는 일은 복잡한 과정으로, 그 과정 대부분은 초보 치료자와 숙련된 감독관의 관계 속에서 이루어진다. 초보 치료자가 자신의 경험 한도를 넘어선 문제들에 직면하면, 감독관은 대개 몇 가지 방법으로 도움을 준다. 첫째로, 감독관은 문제를 이해할 지적인 체계를 제공한다. 참고할 만한 문헌을 살펴보도록 제안하기도 한다. 둘째로, 감독관은 치료 전략과 더불어 문제 해결을 위한 실제적인 도움을 제공한다. 세 번째이자 가장 중요한 것으로, 감독관은 아직 경험이 많지 않은 치료자가 환자에 의해 촉발된 치료자 자신의 감정을 처리하도록 도와준다. 유능한 감독관의 지원을 받아, 치료자들은 그들 자신의 고통스러운 감정을 통제할 수 있고, 그런 감정에 균형 감각을 부여할 수 있다. 이런 과정을 거쳐, 치료자들은 공감할 수 있는 능력으로 환자들을 더 잘 보살필 수 있고, 환자를 도와줄 능력을 갖추었다는 자신감을 갖는다.

그러나 성 학대 문제에 대한 제도적인 부인이라는 전통은 감독관들이 초보 치료자들에 비해 아는 게 더 많지 않은 상황을 초래했다. 최근까지도 치료자에게 지적인 지원을 제공할 전문적 문헌이 거의 없었다. 환자가 토로한 호소 내용에 의문을 제기하는 전통만이 지속되어 왔을 뿐, 구술 전통에 의해 전수된 실제적인 경험 체계가 전혀 없었다. 가장 중요하게는 치료자들이 근친 성 학대에 대한 자신의 가설과 감정들을 시험하는 데 필요한 자료가 없었다. 따라서 제도적인 부인은 개별 치료자로 하여금 자기감정을 부인하거나, 감정에 직면하기를 피하려는 경향을 강화시켰다.

많은 치료자들이, 훈련 초창기에 환자로부터 들은 근친 성 학대 경험에 대해 부주의하게 대처했다고 회상한다. 가장 공통적으로 토로한 것은, 치료자들이 허겁지겁 감독관에게 연락하여 이 문제에 관해 어떤 지침을 받고자 했지만, 감독관들도 그들에게 가르쳐 줄 것이 전혀 없었다는 것이다. 어떤 충고가 주어졌다 해도, 대개는 성 학대에 관한 정보를 억누르려는 다음과 같은 내용이었다. "내가 정신과 수련을 받던 초창기와 레지던트 시절에는, 아마 우리 대부분이 그랬다고 생각하는데, 환자들이 묘사한 근친 성 학대적인 내용에 대해 회의적으로 검토해야 한다고 배웠다. …… 훈련을 받는 상황에서 내 자신이나 내 동료들이 지녔던 경향은, 환자가 만들어 낸 이런 정보를 어떤 실제적인 자료에 바탕으로 두고 검토한다는 것은 비웃음을 당해 마땅하거나, 무의식이라는 신비의 세계를 평가하고 이해하기에 우리가 너무 순진하고 경험이 부족하다는 사실을 드러내는 증거로 보였다."[4]

그러므로 다른 문제들은 아주 능숙하게 처리하는 숙련된 치료자도 근친 성 학대 문제에 이르면 여전히 제대로 파악을 하지 못한다. 이런 치료자들이 그 문제에 대해 계속 이야기하고 싶어 하는 환자를 만나면, 그들은 갑자기 초보자가 된 기분에 빠진다. 두 명의 치료자들은 이렇게 증언한다.

제가 그 문제에 대해 듣고 싶어 하지 않는다는 걸 알아요. 이런 사례를 어떻게 다뤄야 할지 모르겠어요. 이런 제가 특이하다고는 생각하지 않아요.

그녀가 자기 아버지 이야기를 했을 때, 도무지 제가 그녀에게 어떻게 해주어야 할지 몰랐어요. 속수무책이라는 생각이 들었습니다. 감독관은 저더러 벌레가 가득 든 깡통을 열지 말라고 충고했거든요.

치료자들 역시 다른 사람들과 마찬가지로 자신이 무력하다는 느낌에 빠지고 싶어 하지 않는다. 또 근친 성 학대에 대한 자기감정의 탐색을 기꺼워하지 않는다. 그 문제에 필요한 훈련과 감독, 그리고 제도적인 지원이 부족하기 때문에, 너무나 많은 치료자들이 이 문제에서 물러나 버린다. 남성이든 여성이든 치료자들은 자주 이런 실수에 빠지는데, 이것은 감독관들에 의해 강화되기도 하고, '너무 약해 쉽사리 무너지기 쉬운' 환자들에 대한 염려 때문이라고 합리화되기도 한다.

치료자들이 근친 성 학대 문제를 회피할 때, 그들은 암묵적으로 환자를 내몰고, 그들이 도움을 청하지 못하도록 기를 꺾는다. 이런 반응은 환자에게 고립되었다는 감정을 부채질하고, 자신의 비밀을 알면 사람들이 그녀를 피하리라는 신념을 강화시킬 뿐이다.

리타: 제가 머물렀던 시설의 책임자는 상담가로 훈련받은 사람이었어요. 지금도 그 사람한테 화가 난 것은 제가 그 시설에 4년이나 살았고, 제

게 무슨 일이 일어났었는지 알면서도, 한 번도 저를 따로 데려가 그 일에 대해 이야기하고 싶은지 어떤지 물어보지 않았다는 점이에요. 열네 살 때부터 열여덟 살 때까지, 제 감정을 어떻게 처리해야 하는지 도와줄 사람은 아무도 없었어요. 저는 매일 밤 울다가 잠들곤 했지요.

최악의 경우, 환자가 근친 성 학대 피해에 대해 이야기한 뒤, 그 사실에 대해 전문가가 부인한 것을 알면, 환자는 결국 감히 비밀을 누설한 대가로 실제로 벌을 받는다는 느낌을 지닐 수밖에 없다. 한 사례에서 환자는 근친 성 학대 기억을 되찾고 잘 통제하도록 도움을 받기는커녕, 그런 기억을 없애 버리는 데 초점을 맞춘 치료를 받지 않으면 안 되었다고 한다.

> 마리온: 여동생이 스무 살쯤 되었을 때 그 애는 무너져 내렸어요. 계속해서 울기만 하고 도무지 그치지를 않았죠. 어머니는 동생을 침대에 눕히고 계속해서 아스피린을 먹이셨죠. 결국 제가 동생을 병원에 데려갔는데 엄마는 불같이 화를 내셨죠. 동생을 병원에 데려간 것을 절대 용서하시지 않을 것 같았어요. 병원에서 인터뷰를 통해 모든 사실이 드러났어요. 저는 그때 어머니와 아버지가 완전히 겁에 질렸으리란 걸 알아요. 그러나 그 일로 인해 무슨 일이 일어나지는 않았어요. 의사들은 동생에게 충격 치료를 받게 했고, 이제 동생은 아버지와 있었던 일에 대해 말한 것을 부인해요. 그 일이 결혼 후에도 있었는데 말이에요. 엄마가 그러시는데, 동생은 아직 혼인 생활을 유지하지만 우울증 치료제를 복용하면서 아주 비참하게 산대요.

이 작은 사건에서 가족이나 병원 관계자 모두 환자의 심리적인 고통 호소를 억누르기에 급급한 방식으로 반응했다. 전기충격요법이라는 전문적으로 처방된 치료법이 과연 딸을 침대에 눕히고 '계속해서 아스피린을 먹인' 어머니의 처방법보다 피해자에게 더 도움이 되었을지는 모르겠다. 어쨌든 이런 반응을 접한 환자가 이제 사람으로부터 받을 수 있는 도움은 아무것도 없으며, 자신의 비참함을 누그러뜨릴 유일한 위안은 진정제밖에 없다고 결론짓는 것도 놀라운 일이 아니다.

정신 건강 전문가들 사이에 이토록 만연한 회피와 부인이라는 반응은 남성 치료자뿐만 아니라 여성 치료자도 똑같이 공유한다. 그러나 남성 치료자와 여성 치료자가 서로 다른 경향을 보이는 방어적 반응도 있다. 기관이라는 환경에서 이런 차이는 근친 성 학대 경험을 지닌 환자에 대한 적절한 접근 방식을 둘러싸고 스텝들 사이에 충돌을 빚게 할 수도 있다. 개인병원 차원에서 이런 차이는 남성과 여성 치료자들이 저지르는 특징적인 실수로 드러난다.

일반적으로 여성 치료자들이 드러내는 태도는 피해자와 자신을 동일시하는 것이다. 근친 성 학대 경험에 대한 여성 치료자의 첫 반응은 무력감과 절망감일지도 모른다. 여성 치료자는 환자가 아동기에 느꼈을 배신감과 자포자기하려는 심정을 정확하게 인식하지만, 그런 감정이 너무 압도적인 것이어서 침착하게 반응할 수 없다는 점을 스스로 깨달을지도 모른다. 한 여성 치료자는 자신의 반응을 이렇게 묘사했다. "제가 그 일에 대해 들었을 때, '세상에나. 생각했던 것보다 훨씬 더 절망적이로군.' 하는 생각이 들더군요. 진짜 환자가 말한 모든 예언적인 말들을 제 편에서 실행에 옮기고 있었어요. 제가 왜 그렇게 강하게 반응했는지 의아할 정도였어요.

어떻게 한 아이가 아무런 보호도 받지 못한 채 자랄 수 있을지 생각조차 할 수 없었기 때문인 거 같아요. 그런 이야기를 들으니 정말로 기분 상하더군요."

환자의 경험은 또 치료자와 그녀의 아버지 사이에 있었던 유혹적인 관계에 대한 기억을 상기시켰는지도 모른다. 치료자는 난생 처음으로 자기 자신의 은밀하거나 노골적인 근친 성 학대 경험을 인식했을 수도 있고, 특별한 존재로 대접받는 기쁨, 완전히 억눌릴지 모른다는 두려움, 그리고 보호받고 싶은 욕구 등 그녀가 아동기에 보였던 갖가지 반응을 기억해 냈을 수도 있다.

> 저는 아버지와 아주 친밀한—매우 유혹적인—관계를 맺었어요. 아버지는 제가 원하는 것은 무엇이든 주곤 하셨죠. 아버지는 언제나 속옷 바람으로 집안을 활보하곤 하셨어요. 그런 아버지에게 어머니가 한번은 '다 큰 딸 앞에서'라고 하신 말씀이 기억나요. 어머니 말씀이 옳았어요! 이 사람들에게 성공적으로 대처하려면 제 맘을 얼마나 다스려야 하는지 모르겠어요. 그러고 싶지 않거든요.

여성 치료자가 자신의 아동기에 있었던 근친 성 학대적 요소에 대한 감정을 충분히 제어하지 못한다면, 침착하게 환자의 근친 성 학대 경험을 들을 수 없다. 치료자는 환자에게 근친 성 학대 비밀은 너무 특별하고 경악스러운 것이어서 듣기가 참 힘들다고 말한다. "그것은 너무 강력한 경험이어서, 제가 세세한 사실들로부터 꽁무니를 뺀다는 생각이 들더군요. 저는 그런 일에 대해 실질적인 대처를 전혀 할 수 없었어요. 제가 그녀의 '마법'

에 그토록 영향만 받지 않았더라도, 우리는 처음부터 더 강한 유대감을 이룰 수 있었을 텐데 하는 생각이 들어요."

여성 치료자의 이런 반응들은 환자의 고립감을 더 가중시킨다. 이런 반응으로 인해 피해자들은 자신이 다른 사람들을 놀라게 해서 도망가게 만드는 위험하고 더럽혀진 사람이라는 자아 인식을 강화한다. 또한 그녀의 비밀은 너무 끔찍해서 다른 사람과 공유하거나 다른 사람이 그녀를 돕게 만들 수 없다는 생각을 하게 만든다. 바로 여기서 환자는 실망감에 빠져 치료자를 떠난다.

> 크리스틴: 처음으로 제가 치료자에게 근친 성 학대 문제를 이야기했을 때, 그녀는 완전히 경악하더군요. 그녀는 의자 끝에 걸터앉았는데, 제 말에 기분이 너무 언짢아졌는지 울기 시작하더군요. 그때 치료자는 그 일에 대처하지 못한 거 같아요. 제가 지닌 성 문제에 대해 이야기하자, 그녀는 그것이 근친 성 학대 때문이라고 생각하지는 않는다고 했어요. 바로 거기서 제 문제에 잘 대처할 때를 놓친 거 같아요. 그 치료자에게 다시 찾아갈 마음이 드는지 확신이 들지 않아요.

이 사례에서 처음에 환자는 치료자가 울었다는 것에 고마워했다. 치료자가 자신에게 공감하고 보살펴 주려는 태도를 보인 것으로 받아들였다. 그러나 치료자가 근친 성 학대의 영향에 대해 더 깊은 탐색을 하지 않는 것을 보면서, 환자는 치료자의 울음이 두려움과 유약함을 드러낸 것이었다고 결론지었다. 본질적으로 피해자의 이런 인식은 매우 타당하다. 근친 성 학대를 경험한 환자들은 자기 이야기가 불러일으키는 혐오감을 잘 안다. 그들은 치료자가 드러내는 조금이라도 물러서려는 반응에 매우 민감하며, 아주 미묘한 단서를 보고서도 치료자가 불편해한다는 것을 바로 탐지할 수 있다.

여성 치료자들이 흔히 저지르는 또 다른 실수는 환자가 공유하지 못하는 데도 가해자에 대한 분노를 표출하는 일이다. 이런 실수 역시 피해자와 자신의 극단적인 동일시로부터 나온다. 치료자는 격한 분노를 담아 두기 어렵다는 생각을 할 것이다. 치료자는 환자에게 그녀의 아버지에게 화를 내고 맞서 보라고 설득하려 드는 자신을 발견하기도 하고, 환자가 가해자에 대해 말하려 하는 여러 가지 긍정적인 면들을 듣고 싶어 하지 않을 수도 있다. 피해자의 어머니 역시 피해자라는 사실을 여러 가지로 지적하면서, 환자의 분노를 어머니에게서 거두어들여 아버지에게로 쏟아 붓도록 애를 쓸 수도 있다.

그런데 그런 수법들은 거의 대부분 피해자로부터 매우 방어적인 반응을 불러일으킨다. 근친 성 학대 피해자들은 자주 아버지보다 어머니에 대해 더 큰 분노를 느끼며, 때로는 그녀의 인생에서 아버지를 보살핌과 애정의 유일한 원천으로 간주하기도 한다. 치료자가 아버지에게 분노를 표출하면, 환자는 치료자가 그녀로부터 매우 소중하고 특별한 관계를 빼앗으려 애를 쓴다는 생각을 할지도 모른다. 피해자는 치료자가 악의나 질투심에 사로잡혔다고 생각하며, 이것은 곧바로 모든 여성이 잠재적인 라이벌이라는 그녀의 신념을 확인시킨다. 치료자와의 관계는 협조적이 아니라 적대적이고 경쟁적이 될 수 있다.

피해자가 아버지에 대해 가진 긍정적인 감정을 회피하는 일은 또 이런 감정들이 사악하고 수치스러운 것이라는 그녀의 신념을 강화한다. 치료자는 무의식적으로 환자에게 근친 성 학대에 대해 분노하고 난폭하게 반응하는 것이 유일하게 납득할 수 있고, 순수한 반응이라는 의미를 전달한다. 환자는, 치료자가 듣고 싶어 하지 않는 아버지에 대한 정감이 어린 다른 감정을 기억하면서, 치료자에게서 심판당하고 비난받으리라는 생각을 할지도 모른다.

따라서 여성 치료자의 경우 피해자와 지나치게 동일시하려는 경향을 이해하고 제어할 때까지는 근친 성 학대 피해자를 돕는 일을 성공적으로 수행할 수는 없을 것 같다. 여성 치료자가 자신의 두려움과 무력감에 압도되어 있는 한, 이미 자신은 도움 받기 힘들다고 믿는 환자들에게 신뢰감을 불러일으킬 수 없을 것이다. 치료자가 치료 관계에 자신의 분노를 개입시키는 한, 환자가 아버지에 대해 지닌 감정의 갖가지 복합성을 이해할 수는 없다. 그러나 치료자가 역전이(counter-transference, 환자에 대한 치료자의 무의식적 감정 반응으로, 환자가 마치 치료자가 겪은 과거의 어떤 중요한 인물로 느껴지는 현상. 정신분석에서는 치료에서 극도로 피해야 할 현상으로 간주됨.—옮긴이 주)를 극복하고 나면, 피해자와 자연스럽게 동일시하려는 경향은 불리한 조건이 아니라 이점이 된다. 그것은 치료자로 하여금 환자에게 공감하고 그의 말을 경청할 수 있게 하고, 치료에 도움이 되는 성공적인 유대를 형성하도록 촉진한다.

> 실러: 치료자에게서 가장 도움을 받은 것은 그녀가 꽁무니를 빼지 않았다는 거예요. 밀어붙이지도 않았어요. 그녀는 있는 그대로, 그러니까 '근친 성 학대'라는 용어도 그대로 쓰면서 이야기를 진행했습니다. 그녀는 저를 똑같은 여성으로 대해 주었는데, 그때 처음으로 저는 저 자

신이 다른 사람들과 다른 유별난 존재가 아니라 한 사람의 여성이라는 생각이 들었어요. 마침내 저는 그 일에 대해 혐오하면서 움츠러 들지 않고 나에게 일어난 일이라는 생각을 받아들일 수 있었습니다.

남성 치료자는 천성적으로 가해자와 자신을 동일시하려는 경향을 지녔기 때문에 여성 치료자와는 다른 종류의 문제에 직면한다. 따라서 여성 치료자의 경우와는 달리 남성 치료자들은 흔히 잠재적으로 더욱 파괴적인 실수를 저지를 수 있다. 남성 치료자들은 자주 환자가 가해자에 대해 분노를 표출하도록 놔두기 힘들어한다. 남성 치료자는 자기 자신에게나 환자에게 아버지의 행동을 변명하거나 합리화하려 들지도 모른다. 치료자는 환자가 공모하여 같이 즐기지 않았느냐는 식의 부적절한 질문을 하는 등, 아버지의 혐의를 벗겨 줄, 피해자 쪽에서 드러낸 어떤 행동에 초점을 맞추는 경향이 있다. 또 치료자는 그 관계의 성적인 측면에 초점을 맞추고 보호라든지 양육이라는 문제는 무시하는 경향이 있다. 따라서 여성 치료자가 자주 세부적인 성적인 사실들을 끌어내기를 피하는 반면, 남성 치료자는 그런 세부 사실들을 끄집어내는 데 급급하거나 지나친 관심을 드러내는 경향이 있다.

다음은 근친 성 학대 피해자에 대해 남성 치료자가 드러낸 반응의 한 예이다.

이 여성은 사춘기에 이르기까지 아버지에 대해 엄청난 사랑과 존경을 지녔는데, 사춘기에 이르자 아버지는 딸에게 몇 번의 성적인 시도를 했습니다. 분석을 시작했을 때, 그녀는 성적인 일화가 드러나지 않도록 억제했기 때문에 처음에는 아버지에 대해 좋은 감정만을 이야기했습니다. 성적인 사건들이 마침내 의식 밖으로 드러났을 때, 그녀가 열세 살 때 느꼈던 모든 분노가 되돌아왔습니다. 그녀는 아버지를, 그 자신을 믿고 따르는 순진한 딸을 이용한 능력 없고 추잡한 늙은이라고 생각했습니다. 아버지와 자신의 관계에 대해 털어놓은 몇 가지 세부 사건들로 볼 때, 그녀가 전적으로 순진하지 않았음이 분명했습니다. 그러나 자신이 아버지와 성적인 관계에 연루되었다는 사실을 정서적으로는 받아들일 수 없어 했습니다.[5]

이 치료자는 환자가 아버지에게 지닌 사랑스러운 감정들에 대해 듣는 걸 편안해한다. 그러나 환자가 분노를 드러내기 시작하자, 치료자는 갑자기 경청을 멈추고 대신 자기 의견을 개입시킨다. 치료자는 분노가 정당하다는 점을 인정하는 공감과 동의를 제공하는 데 실패할 뿐만 아니라, 환자에게 그 관계에 공모한 참여자로서 역할 문제를 제기함으로써 이런 감정으로부터 관심을 다른 곳으로 돌리려 든다.

이런 흔한 실수가 초래하는 결과는 단지 환자에게 모욕감을 느끼게 하거나 환자가 지닌 죄의식을 가중시키는 데 그치지 않는다. 환자로 하여금 근친상간적 상황을 다시 경험한다는 느낌이 들게 만든다. 피해자는 또 다시 보호자 역할을 하는 강한 힘을 지닌 남성과 관계되고, 그녀의 분노가 또 다시 정당하지 않다는 말을 듣게 되며, 또 다시 피해자가 된 것에 스스로 책임을 져야 한다는 느낌을 갖는다.

이런 상황에서 환자에게 가장 건강한 반응은 치료자와 함께 분노하는 일이다. 환자들은 치료자의 적절치 못한 태도 때문에 치료를 중단할 수도 있다. 이것이 그런 상황에서 환자가 취할 수 있는 현명한 조치이기는 하지만, 치료를 도중에 중단했을 때 환자는 전보다 더 절망적인 느낌에 빠질 수도 있다.

> 리타: 저는 세 번이나 치료자를 만나 보려 시도했습니다. 매번 백인 남성이었는데, 그 세 사람 모두 제게는 운이 없었어요. 마지막 치료자와는 치료를 그만 두기 전까지 몇 달 동안 만났습니다. 제가 근친 성 학대 유형에 대해 이야기를 했더니, 그는 '글쎄요, 당신은 그걸 즐겼습니까?' 하더군요. 제가 그걸 즐겼다면 제가 가진 느낌을 문제라고 인식하지는 않았겠지요. 제가 그것을 문제라고 인식하지 못했다면, 제가 그 문제를 끄집어내지도 않았을 거고요. 그건 정말 말도 안 되는 질문이라는 생각이 들었습니다.

자기 스스로를 보호할 힘이 없는 환자는 치료자의 반응 때문에 전보다 더 큰 죄의식을 느낄 수 있다. 그녀는 과거의 실망감을 되풀이할 뿐인 아무 성과도 보상도 얻지 못하는 치료 관계를 지속할지도 모르고, 치료가 실패에 이른 것에 대해 스스로를 책망할지도 모른다.

가해자와 동일시하려는 경향으로 인해, 남성 치료자는 환상 속에서나 혹은 실제로 환자와 성적인 관계를 맺을 위험성 또한 지닌다. 다른 남성과 마찬가지로, 치료자 역시 금지된 성적 활동에 대한 피해자의 이야기를 들으면서 자신이 흥분했다는 것을 발견할 수 있다. 치료자가 양심적으로 그런 감정을 억누르려고 최선을 다한다 해도, 환자는 거의 대부분 그런 감정들을 바로 탐지한다.

에스텔: 제가 도움을 받으려는 시도를 했을 때, 그것은 인간적인 결함에 대한 쓰디쓴 배움의 시작이었습니다. 이런저런 치료자들을 만났는데, 우리 아버지가 저와 가진 실제 경험에 의해 흥분했던 것처럼, 소위 공평무사한 전문가라는 치료자들도 아버지와의 근친 성 경험에 대한 이야기에 무척 자극을 받는 것 같다는 사실을 아주 분명하게 느꼈습니다.[6]

남성 치료자의 성적인 반응은 치료자가 그런 감정대로 행동하지 않으려고 주의를 기울일 때조차도 피해자 여성에게서 이전부터 지녔던 피해자로서의 수치심, 죄의식, 그리고 실망감을 자극한다. 치료자가 환자와의 관계를 성적으로 자극하면, 결과적으로 애초의 근친 성 학대와 다름없는 끔찍한 재앙을 반복한다.

불행하게도 이런 일은 드물지 않다. 정신 건강 전문가들의 몇몇 조사에 따르면, 실제로 일부 치료자들은 자기 환자와의 성관계를 탐닉하거나, 다른 치료자들에게서 드러난 이런 행위를 너그럽게 봐준다고 한다. 한 연구에서는, 여성 심리 치료자들의 경우는 0.6퍼센트인데 반해, 남성 심리 치료자의 5퍼센트가 환자와 관계를 맺었다고 보고됐다.[7] 또 다른 연구에서는, 남성 심리 치료자의 10퍼센트가 환자와 성적인 관계를 가졌다는 사실을 인정했다.[8] 그러나 또 다른 연구에서는, 남성 치료자의 20퍼센트가 환자와 성적인 관계를 맺지 못하게 하는 금지 규정에도 '예외'가 있다고 생각한다고 대답했으며, 70퍼센트가 그런 행위를 한 적이 있는 동료를 안다고 대답했다.[9]

그런 치료자를 만난 근친 성 학대 피해자는 유혹에 빠질 위험이 특히 높다. 다른 남성과 마찬가지로, 치료자는 근친 성 학대 피해자를 '아주 솔깃

한 사냥감'으로 간주할지도 모른다. 그녀가 금지된 성관계에 빠진 경험이 있기 때문에, 치료자는 그녀를 이미 타락한 사람으로 볼 것이며, 따라서 자신이 그녀에게 더 해를 끼칠 수 있다고 생각하지 않을지도 모른다. 어쩌면 환자 편에서 치료자를 흥분시킬 만한, 그래서 치료자에게 그녀가 유혹당하기를 원했다고 믿게 할 일종의 의식화된 성적인 행동을 할 수도 있다. 그녀는 남성을 자극하여 기분 좋게 만들도록 훈련되었고, 어떻게 하면 이것을 잘 할 수 있는지 안다. 사실 그녀는 어떤 남성이든 유혹될 수 있으며, 어떤 남성도 성적인 관계없이는 그녀를 좋아해 주지 않으리라고 믿는지도 모른다. 환자는 매우 낮은 자아상을 가졌기 때문에, 치료자와 성적인 관계를 맺는 것이 그의 관심을 얻기 위해 치러야 할 그리 큰 대가는 아니라고 여길 것이다. 요컨대, 다른 남성들에 의해 반복된 학대 상태에 빠지는 똑같은 경향이 환자로 하여금 특히 남성 치료자에 의한 유혹에 쉽게 넘어가게 만든다.

한번 치료자와 성관계에 빠지면, 환자는 아버지와의 관계에서 처음 경험해야 했던 배신과 실망을 다시 체험한다. 그녀에게 남겨지는 결과는 재앙일 뿐이다. 환자가 지닌 상처에 모욕을 더하기라도 하듯, 치료자는 환자와의 성관계를, 문제를 지닌 환자를 도우려는 시도로 합리화하면서, 그녀에게 고마워하기를 요구하기도 한다.

실러: 그런 종류의 사태를 더 악화시키는 관계에 빠진 적이 한번 있었습니다. 저를 돕겠다고 나선 사제와의 관계였습니다. 저는 교사일 때 그를 알았는데, 전 자살을 시도한 뒤, 자살하려 했다는 사실에 대해 고해성사를 해야겠다고 결심했습니다. 그렇게 해서 그 사람이 고해성사를

들으러 왔는데, 저와 관계를 갖고 싶다면서 그게 제가 입은 상처를 낫게 해 줄 거라더군요. 그분은 아주 따뜻하고 애정이 많은 사람으로, 제가 섹스를 나쁜 것으로 보지 않게 하려고 애쓰면서 괜찮다고 말했습니다. 그러나 불행하게도 사태는 악화되었는데, 한편으로 그는 사제였고, 저는 그 사람을 사제로만 보았기 때문이고, 다른 한편으로는 결정적으로 제가 그것, 성관계를 원했기 때문입니다. 그 일이 얼마나 사태를 복잡하게 만들었는지 믿을 수 없으실 겁니다. 한동안 저는 그 일을 머릿속으로 합리화했습니다. 왜냐면 그 사람이 괜찮다고 했으니까요. 하지만 다른 한편으로 그런 일은 옳지 못하다는 걸 알았습니다. 득보다는 해가 더 많았지요. 결국 그는 사제직을 떠났습니다. 그는 한동안 어디론가 떠나 있더니 다시 돌아와서는 결혼했다더군요. 그러나 그는 계속 저를 만나고 싶어 했습니다. 그때 저는 병원에서 근무했는데 그 이후로는 그를 본 적이 없었습니다. 그는 자기가 아팠을 때 제가 찾아와 주기를 요구했지만, 전 거절했습니다. 그것에 대해 죄책감을 느껴요. 그 사람은 저를 도와주려고 아주 애를 많이 썼거든요.

여성 환자에 의해 성적으로 자극된다는 사실을 안 남성 치료자는 즉시 자신에 대한 감독이나 심리 치료를 통해 그 문제를 알려야 한다. 문제를 빨리 해결할 수 없다면, 치료자는 환자를 다른 치료 기관에 위탁해야 한다.

남성 치료자가 가해자와 자신을 동일시하려는 경향을 충분히 제어할 수 있어야, 피해자와 동일시하려는 입장에 설 수 있다. 그럴 때에야 그는 여성 치료자에게서 발견되는 똑같은 반응을 경험할 수 있다. 또 이런 감정이 극복되고서야 비로소 남성 치료자는 환자와 공감하는 관계를 형성할 준비를 갖춘다. 몇몇 근친 성 학대 피해자에게 성공적으로 대처할 수 있을 정도로 개인적인 반응을 제어한 치료자는 다음과 같이 증언한다.

> 저는 역전이 문제 가운데 하나가 모든 사람이 노예화되는 것에 대한 강한 반감이라 생각합니다. 정치적인 의미에서가 아니라, 사랑의 노예가 되는 일 말입니다. 모든 사람이 사랑의 노예가 되기 쉽고, 그건 매우 끔찍한 일입니다. 남성들도 때로는 아버지로부터, 때로는 어머니로부터 마찬가지 위험을 경험할 수 있겠지요. 그 일은 저를 피해자와 동일시하게 해 줍니다. 그렇지 않고서는 더 깊이 개입할 수 없으리라 생각합니다. 치료자들이 '모든 것을 감싸려 드는 어머니'에 대해 얼마나 분노하는지 아시죠? 마치 어머니들이 세상에 온갖 해를 끼치기라도 하듯이 말이죠. 특히 어머니들에게 분노가 향하고, 대개 아버지들은 거론되지 않습니다. 왜냐하면 사랑의 노예라는 두려움 때문이죠. (근친 성 학대 피해자들과) 동일시하면서 저는 많은 것을 알았고, 그런 과정을 통해 우리가 맺는 관계의 의미를 이해하기 시작했습니다.

이런 치료자를 만날 정도로 운이 좋은 환자는 감정 개선을 경험할 기회를 갖는다. 치료 과정을 통해 그녀는 모든 남성이 타락한 것은 아니며, 그녀를 착취하지 않으면서 이해하고 보살펴 줄 수 있는 남성이 있다는 사실을 배울 수 있다.

남성 치료자든 여성 치료자든 치료자들이 드러내는 역전이 반응은 근친 성 학대 피해자들을 성공적으로 치료하는 데 주요한 장애물이지만, 그것이 유일한 장애물은 아니다. 환자가 표출하는, 자신의 근친 성 학대 경험에서 기인한, 치료에 대한 여러 가지 저항을 극복해야만 한다. 치료자의 임무는 이런 저항을 초기에 인식하여, 저항에 대해 환자가 이해하고 받아들일 수 있는 방식으로 설명해 주어야 한다.

치료에 도움이 되는 유대 관계를 형성하는 데 장애가 되는 주요한 요인은 환자로 하여금 맨 처음 도움을 찾도록 만든 것과 똑같은 문제, 곧 수치심과 전혀 희망이 없다는 감정 그리고 친밀한 관계를 맺었다가 배신당할지 모른다는 두려움이다. 근친 성 학대 피해자가 지닌 수치라는 감정은 종종 너무 강렬해서, 피해자가 자신의 비밀을 밝히고 난 뒤, 치료자로부터 도망가고 싶은 강한 충동에 휩싸여 치료자에게 다시 돌아오기 힘들어할 정도이다. 그러나 어디론가 도망가 숨고 싶어 하는 이런 경향은 치료자 쪽에서 평온하고 수용적인 태도를 보일 때 완화될 수 있다. 치료자는 환자에게 전에도 근친 성 학대 문제에 대해 들어서 알며, 똑같은 경험을 한 사람들이 많다는 이야기를 해 주어야 한다. 치료자는 환자가 죄의식과 수치심을 느낄지도 모른다는 사실을 충분히 이해하고, 피해자를 탓하거나 조롱하지 않는 태도를 지녔다는 사실을 확실히 드러내야 한다. 궁극적으로 치료자는 치료를 통해 환자에게 잠재된 여러 문제를 해결할 가능성에 대해 자신감 있고 희망적인 태도를 보여야 한다. 환자에게 근친 성 학대 경험이 삶에서 매우 고통스럽고 지속적인 영향을 미칠지도 모르지만, 그로 인한 손상이 영구적인 것은 아니라는 생각을 심어 주는 일이 중요하다. 그런 치료자의 태도는 지울 수 없는 '낙인이 찍혔다.'거나 사람들과 정상적인 관계를 맺지 못하도록 영원히 차단당했다는 환자의 느낌을 완화시키는 데 도움이 된다.

환자가 느끼는 수치심은 대개 치료자가 만나는 첫 번째 장애물이다. 이 장애물이 성공적으로 극복되면, 환자는 안도하면서 치료자에게 고마워하는 마음을 갖는다. 이때 두 번째 장애물이 나타날 수 있는데, 일단 환자가 그런 감정을 경험하면 그녀는 또 위험에 빠졌다는 느낌도 들지 모른다. 환자가 치료자를 믿으면서 더 많은 비밀을 털어놓고 싶어질수록, 의심의 수준도 더 높아진다. 아동기에 물려받은 유산이 양 부모로부터의 심한 배신이라는 감정이기 때문에, 환자는 치료자와 맺은 관계를 포함한 모든 친밀한 관계에서 그런 경험을 반복할까 봐 두려워한다. 환자는 치료자가 아버지처럼 자신을 지배하고 착취할까 봐, 또 어머니처럼 자신을 방치하고 포기해 버릴까 봐 두려워한다. 다른 어떤 가능성에 대한 믿음도 지니지 않는다. 이런 두려움의 의미가 명확하게 밝혀지고 이해되지 않는다면, 모든 것이 잘 진행되는 것처럼 보여도 환자는 자신이 지닌 두려움에 따라 행동할지도 모른다. 다음 사례에서 치료자는 처음에 환자의 불신에 대해 방심했지만, 적절한 시점에서 그것을 이해하여 치료 과정에서 초래될 수 있는 심각한 혼란을 막았다.

환자에게는 순응적인 외양 아래 믿기 어려운 정도의 신중함과 불신이 잠재했었습니다. 처음에 그녀는 아주 '선량한' 환자로 보였는데, 돌연 도대체 무슨 일이 일어났는지 모르겠고, 내가 뭔가 잘못했나 싶은 상황이 벌어지더군요. 내가 맞부딪쳐야 했던 분노와 의심이 환자에게는 필요한 방어였다는 사실을 이해하기까지는 꽤 시간이 걸렸습니다. 환자가 '너는 나에 대해 너무 잘 알았고, 너무 가까워졌어. 이제 정말 너 때문에 더 조심해야 해.'라고 느꼈던 거죠. 그녀는 제 궤도에 빠져 들지 않도록, 그녀가 아버지와 같이 있을 때 느꼈던 감정에 빠져 들지 않도록 스스로를 보호하고 싶었던 것입니다. 굴복할지 모른다는 두려움이 밑바닥에 깔렸던 거죠.

치료에 도움이 되는 성공적인 유대를 맺는 일은 치료 초기에 신뢰 문제를 분명히 함으로써 더 잘 이루어진다. 그것은 환자에게 다음과 같은 점을 이해하게 도와준다. 첫째로 그녀가 친밀한 관계를 맺기 힘들어한다는 점, 둘째로 관계 맺기의 어려움은 대개 적절한 신뢰가 필요할 때 신뢰를 느낄 수 없다는 데서, 반대로 신뢰해서는 안 되는 때에 스스로를 보호할 수 없다는 데서 비롯된다는 점, 셋째로, 이런 문제는 틀림없이 부모에 의해 오랫동안 학대되고 방치되어 온 경험과 연관됐다는 점이다. 문제를 이런 방식으로 구조화하면, 환자는 치료자에게 그녀가 드러내는 반응을 미리 고려하도록 도와주고, 환자와 치료자가 그런 반응이 일어나면 그것들을 함께 탐구하도록 해 준다. 문제를 이렇게 구조화할 때의 또 다른 이점은 공모와 비난이라는 전체 문제를 완화시키는 데 도움이 된다는 것이다. 이것은 치료자가 환자에게, 그녀가 어떤 행동을 했든 어린 시절에 근친 성관계에 연루되었다는 사실은 그녀가 적절하게 보살핌을 받지 못했다는 것임을, 명확히 밝히는 일이기 때문이다. 이제 치료의 초점은 이런 부적절한 보살핌의 결과로 인해 괴로워하는 환자의 친밀한 관계 맺기 문제에 맞춰진다.

환자와 치료자가 이 문제에 관해 공감을 하면, 대개 치료에 도움이 되는 좋은 유대 관계가 구축된다. 환자는 그녀의 부모에 대해 느끼는 감정들, 특히 상처를 받았다는 느낌, 분노와 배신감 등의 감정을 털어놓는다. 종종 처음에 환자는 부모 가운데 한쪽, 대개는 어머니에 대해서는 분노를 표출하는 반면, 다른 쪽인 아버지에 대해서는 이상화하는 태도를 드러낸다. 그녀의 분노가 터무니없을 정도로 일방적이기도 하지만, 그것을 재교정하려들거나 이상화된 한쪽 부모에게 분노를 표출하게 하는 것은 잘못이다. 치료자의 임무는 환자로 하여금 그녀가 분노를 표출하게 하고, 이 분노는 보살핌에 대한 갈망이 충족되지 못한 것에 대한 반응이라는 점을 이해하게하는 일이다. 시간이 지나면 분노는 슬픔이나 상실감에 대한 더 직접적인 표현으로 바뀐다. 환자는 종종 어린 시절에 품었던, 어머니가 강하고 능력 있는 사람이면 좋겠다는 소망과 그녀를 보호해 주지 못한 어머니에 대한 충격과 당혹스러움이라는 통렬한 기억을, 다시 떠올리기도 한다. 어머니가 명백한 장애를 가졌거나 아팠다 하더라도, 환자는 의식적으로든 아니든 어머니에 대해 느낀 분노와 미움이 마치 마법처럼 어머니에게 어떤 해를 입히기라도 한 듯, 어머니의 무능력이 자신 때문이라고 느낄지도 모른다. 이런 환상은 종종 성인기까지 남으며, 환자 자신의 파괴적인 잠재력에 대한 과장된 두려움과, 자신은 너무 사악하고 위험스러운 존재여서 다른 사람과 친밀한 관계를 맺어서는 안 된다는 감정을, 갖도록 만든다. 치료자는 환자에게 그녀의 분노가 틀림없이 그녀를 경악하게 만들고, 아주 파괴적인 방식으로 표현될 수도 있지만, 어머니에게 어떤 불행한 일들이 일어났든 그것에 대해 책임질 필요가 없다는 사실을 분명히 인식하도록 도와주어야 한다. 어머니를 향한 분노의 감정에 대해 새로운 시각을 가지면서, 환자는 종종 죄의식을 덜 느끼고, 마법을 부리는 것 같다며 부정적으로 생각해 온 자기 정체성을 떨쳐 내기 시작한다.

동시에 환자가 동일시할 수 있는 새롭고 더 적극적인 여성 이미지를 계발하도록 치료자가 촉진한다면, 치료 과정은 더 향상될 수 있다. 어린 시절에 환자에게 도움을 주었던 여성들, 이모나 선생님, 친구의 어머니 등 능력 있고 자존감을 지닌 역할 모델을 제공한 사람에 대한 기억을 되살려 보도록 격려해야 한다. 궁극적으로 환자가 자기 어머니를 사실적으로 바라볼 수 있을 때, 그녀는 어머니에게서 몇 가지 존중할 만한 특성을 재발견할 수도 있다. 이런 과정이 전개되면서, 환자는 자신이 여성들 사이에서 친밀한 관계를 형성해 나가고, 자기 자신에 대해서도 점차 더 나은 이미지를 계발한다는 사실을 발견한다.

이 지점에서 대개 아버지나 성 학대를 한 다른 남성들에 대한 분노가 자발적으로 표면화된다. 일단 환자가 자기 자신이나 다른 여성들에 대해 더 긍정적으로 생각하면, 그녀는 아버지와 맺었던 관계를 새로운 시각에서 바라볼 수 있다. 그녀가 어떤 종류의 보살핌을 받으려고 착취에 복종해야 한다는 생각을 더 이상 하지 않으면, 학대당했다는 것에 대한 분노는 훨씬 더 커진다. 한 환자는 이렇게 말한다.

> 린: 모든 일에도 불구하고, 아니 어떤 일이 일어나더라도 적어도 아버지는 저를 위해 그 자리에 있으리라 생각하곤 했어요. 그러나 결국 사태는 제 생각과 다르다는 걸 깨달았지요. 오히려 아버지를 위해 제가 항상 그 자리에 있었던 겁니다. 제가 아버지의 욕구를 충족시켜 줬어요. 아버지는 제 욕구를 전혀 충족시켜 주지 않아도 말이에요.

이런 변화된 시각으로, 환자는 근친 성 학대 관계의 특별함에 대해 더 실제적인 이해에 도달할 수 있다. 그녀는 어릴 때 그녀가 누렸거나 즐겼을지도 모르는 호의나 흥분과 여러 가지 권한들이, 빼앗긴 어린 시절에 대한 하찮은 보상에 불과하다는 사실을 이해한다. 이런 시각을 가지면서 그녀는 때로 비애를 느낄 수도 있지만, 동시에 근친 성 학대 관계에서 그녀가 어떤 역할을 했든 죄의식을 덜 느끼기에 이른다. 치료가 이 지점까지 이르면, 학대하는 남편이나 연인과 관계된 환자들은 스스로를 이런 관계로부터 벗어나게 할 용기를 발휘한다. 두려움 때문에 연인 관계를 맺는 일을 회피해 온 환자들은 그렇게 하는 것을 훨씬 더 자유롭게 느낀다.

이제 치료는 상당한 진전을 보인다. 환자가 양쪽 부모에 대한 자신의 갖가지 감정을 잘 처리하고 가족을 새로운 관점에서 보면, 그녀는 난생 처음으로 가족 구성원들과 근친 성 학대 문제에 대해 노골적으로 논의하고 싶어 할지도 모른다. 혹시 다른 자매나 형제들도 학대당한 것은 아닌지 알아내고 싶어질지 모른다. 그녀는 위험한 상황에 놓였을지 모르는 아이들을 위해 친척 집 부모들에게 경고하고 싶을지도 모른다. 가장 흔하게는 자기 부모와 대면하고 싶어 할 것이다.

그런 대면은 환자에게 엄청난 이득을 가져올 수도 있지만 한편으로는 해를 끼칠 수도 있다. 가족과 대면함으로써 환자는 가정의 비밀을 지키는 사람이라는 역할을 거부한다. 대면은 그녀가 더 이상 부모의 행동을 책임지는 부담을 떠맡지 않으리라는 통보를 하는 것이기 때문이다. 가족들이 어떤 반응을 하든, 많은 여성들이 그런 선언을 하는 것만으로도 만족스러워한다.

> 실러: 제 여동생은 '어머니한테 말해서는 안 돼. 어머니가 상처 받으실 거야.'라며, 어머니에게 말하는 걸 엄청 반대했어요. 하지만 어머니가 그 일로 상처를 입더라도 저는 제 자신을 위해 그 일을 해야 했어요. 저는

이미 너무 오랫동안 어머니를 보호해 왔거든요. 결국 저는 일어나서 말해야 했습니다. '저를 똑바로 보세요.' 제가 어머니에게 바란 것은 그 일을 부인하거나 마치 그런 일이 일어나지 않은 체하거나 숨기지 않고, 그 일이 일어났다는 것을 인정하는 일이었습니다. 어머니에게 말할 기회를 가진 것 자체가 나는 이제 자유롭다고 느낄 정도로 내 자신을 자유롭게 만든 것 같아요.

대면하는 일에 내포된 주된 불이익은 환자가 갈망하던 반응을 얻지 못할 수도 있다는 점이다. 부모가 드러낼 반응에 대해 마음의 준비를 단단히 하지 않으면, 그녀는 틀림없이 실망할 것이다. 일반적으로 환자는 근친 성학대가 일어났고, 그 일로 그녀에게 해를 입혔다는 사실을 부모가 인정해 주기를 기대한다. 그녀는, 아버지가 학대한 것에 대해, 어머니가 방임한 것에 대해, 부모 모두 책임을 받아들이기를 원한다. 부모가 사과하기를 원하며, 참회하면서 그녀에게 저지른 잘못을 보상하고 싶어 하는 태도를 보이기를 원한다.

이런 바람은 정당하고 합리적인 것으로 보이지만, 거의 충족되지 않을지도 모른다. 일련의 치료를 받아 환자는 상당히 변화했지만, 가족들은 대개 전혀 바뀌지 않았기 때문이다. 환자가 근친 성 학대 비밀을 털어놓으려 할 때, 그녀는 다른 가족 구성원들에게 엄청난 두려움과 적대감을 불러일으킨다. 그녀는 확고하게 부인을 당하거나, 또는 그녀가 바라던 몇 가지 반응을 얻을 수도 있지만 곧바로 그런 반응이 철회되는 것을 보거나, 도리어 보복을 당할 수도 있다.

재닛: 작년에 아버지가 찾아오셨더군요. 제가 와도 좋다고 말씀드렸어요. 같이 치료자를 만나서 가족 상담을 해야겠다는 생각을 했거든요. 정말 힘들게 그런 자리를 마련했습니다. 저는 '아버지를 믿을 수 없다. 아버지가 내 딸을 만지는 걸 원하지 않는다. 이미 아버지는 나에게 엄청난 상처를 주었다.'는 말로 시작했습니다. 아버지는 몰랐다면서 나에게 상처를 주었다는 걸 알겠다고 하더군요. 치료자가 아버지에게 요청해서 아버지는 그 사실을 인정했습니다. 아버지가 인정한 방식은 아주 엉성한 것으로, 그저 될 수 있는 한 빨리 사태를 벗어나고 싶고, 제가 곧바로 아버지를 용서하게 만들고 싶어 했죠. 아버지는 자기가 한 일에 대해 거짓말도 했습니다. 완전히 인정하지 않은 거죠. '그저 딸애의 가슴을 몇 번 만졌을 뿐입니다.'라고 했는데, 그게 아버지가 한 행동의 전부는 아니었습니다. 하지만 저는 그때 그에게 맞서지 못하겠더군요. 저는 이미 아버지가 인정한 것에 너무 놀란 상태였거든요. 잘못을 인정하는 말을 듣는 것만으로 저는 너무 도움을 받았습니다. 우리가 인터뷰를 끝내고 나왔을 때, 아버지는 저와 하루를 같이 지내며 약간 울기도 하고, 미안하다는 말도 했습니다. 그런데 그건 아버지가 한 일 가운데 가장 악질적인 행동이었습니다. 일주일 뒤 아버지는 모든 것을 되돌려 놓았더군요. 편지를 한 장 받았는데, 저한테 뭔가 문제가 있다, 제가 병들었다, 이 사소한 제 문제는 저 혼자 극복해야만 한다는 등등의 내용이 적혀 있었습니다.

치료자는 환자들이 자신의 동기와 목표를 철저하게 탐색할 때까지, 또 그것들과 직면함으로써 유발되는 반응을 충분히 예상하고 감정적인 준비를 잘 할 때까지는, 그들을 가족들과 대면하도록 해서는 안 된다. 특별한 기술의 도움, 곧 일부 치료자들이 사용하듯이, 대면에 대비하여 미리 연습하거나 그것을 대체할 만한 역할 연습(role-play) 또는 사이코드라마 같은 도구의 도움 없이는 반응을 예측하는 작업은 잘 이루어질 수 없다.[10] 적절한 준비가 이루어지면, 대면은 환자가 근친 성 학대의 정신적 외상을 적절하게 통제하는 데 하나의 중요한 기반이 될 수 있다. 그것은 일종의 의식(rite)이 되어, 환자는 그 과정을 통해 마녀, 나쁜 년, 창녀라는 자신의 정체성을 떨쳐 버리고, 가족의 비밀 수호자 역할을 벗어던진다. 그녀는 가족들이 그녀로부터 죄의식을 덜어 내 주기를 기대하지 않는다. 오히려 그녀는 가족들이 지켜보는 가운데 자신을 용서한다. 만일 가족 구성원들이 부인, 당혹감, 적대감 또는 위협 등으로 반응한다면, 그녀는 이런 반응들을 지켜보고, 그런 반응을 통해 그녀가 어린 아이였을 때 가족들이 그녀에게 부여한 억압이 얼마나 강력한 것이었는지를 판단하도록 고무된다.

가족 구성원들과 대면하는 대신, 환자는 중요한 다른 사람에게 근친 성 학대에 대하여 이야기할 수도 있다. 환자가 치료자 이외의 다른 사람에게 그 일에 관하여 털어놓을 수 있을 때까지 그 문제는 일반적으로 완전히 해결되었다고 여겨질 수 없다. 비밀이 상담실에 갇힌 한, 치료 관계는 역시 근친 성 학대에 연루된 양자가 지닌 마법적인 특별한 분위기를 띤다. 환자가 모든 사람으로부터 숨거나, 그 일에 대해 강제로 말하지 않도록 자신의 비밀을 다른 사람과 나누는 일을 선택할 수 있을 때에야, 치료에 필요한 필수적인 작업들이 끝났다고 볼 수 있다.

개인 심리 치료 그 자체가 반드시 모든 근친 성 학대 피해자들에게 가장 좋은 치료 형태인 것은 아니다. 많은 환자들에게는 집단 치료가 개인 치료보다 더 도움이 될 수도 있다. 적어도 근친 성 학대와 연관된 문제를 지닌 성인 치료에 전문성을 지닌 치료자는 집단 치료를 최상의 치료법으로 간주한다.[11] 근친 성 학대라는 공통 경험을 이야기하는 활동에 초점을 맞춘 구조화된 집단 치료는 개인 치료만으로 얻을 수 있는 것보다 더 빠르고 철저한 효과를 제공한다는 면에서 개인을 치료하는 데 더없이 중요한 보조 방법이 될 수 있다.

집단 치료는 무엇보다도 환자들에게 비밀이라는 문제를 완전히 해결할 기회를 제공한다. 집단 내에서는 환자가 치료자뿐만 아니라 다른 사람들과 자신의 비밀을 공유하기 때문에, 환자와 치료자 사이의 (마치 아버지와 자신의 관계와 같은) 특별하고도 거의 공모한 것 같은 양자 관계는 다시 형성되지 않는다. 모든 집단 참가자들 역시 근친 성 학대 피해자이며 처음부터 비밀 보장이라는 원칙이 강력하게 작동했기 때문에, 틀림없이 집단은 매우 특별하고 어떤 권한을 지닌 청중이다. 선택된 초보자 집단과 비밀을 공유하는 일은 소속감을 느낄 기회를 제공하며, 피해자가 지닌 고립감을 극복하게 하려고 치료자가 할 수 있는 것보다 훨씬 더 많은 영향을 끼칠 수 있다.

집단 치료는 또 수치심과 죄의식이라는 감정을 해소할 더 충분한 기회를 제공한다. 치료자가 안전하고 서로를 받아들일 수 있는 분위기를 만들 수 있다면, 집단 참가자들은 어떤 치료자도 할 수 없는 방식으로 서로에게 그동안의 고행을 사면해 준다는 뜻을 전할 수 있다. 그동안 개개 여성은 스스로를 끔찍한 죄인이라 믿었지만, 대체로 집단에 속한 다른 사람들을 그렇게 생각한 것은 아니기 때문이다. 그녀는 다른 여성들이 강요에 의해 피해자가 된 방식을 더욱 분명히 확인할 수 있다. 집단 참가자 가운데 한 사람은 이렇게 말한다. "저는 그 여성들 모두에게 무슨 일이 일어났는지 이야기를 들었습니다. 그들은 전혀 나쁜 행동을 하지 않았습니다." 집단 치료에 참가한 지 얼마 지나지 않아 참가자 각자는 집단이 지닌 더 관용적인 판단을 자기 자신에게도 적용할 수 있다.

개인 치료를 통해 이미 상당한 작업을 수행한 환자들은 가족 구성원들을 대면할 시점에 이르렀을 때 집단이 아주 큰 도움이 된다는 사실을 발견한다. 집단 속에서 환자들은 그들의 목표를 명확히 하고, 반응을 예상하며 서로의 경험으로부터 많은 것을 배울 수 있다. 그 결과 가족과 대면이 이루어졌을 때, 환자나 가족 양자 모두 대면을 더 창조적으로 계획하고 처리할 수 있다. 가장 성공적인 대면은 환자들이 주의 깊게 충분히 생각하고 집단 내에서 미리 연습한 후에야 이루어질 수 있다.

궁극적으로 집단 치료는, 집단 참가자들이 서로에게 자신을 내어 주고 서로의 치료자가 되어 주기 때문에, 환자의 역할이 지닌 굴욕감을 감소시킨다. 적어도 각 상담 회기의 한 부분에 도움을 주는 역할을 해 봄으로써, 일반적으로 스스로 무가치하다는 생각을 하던 근친 성 학대 피해자에게 다른 사람들로부터 더욱 즉각적으로 관심과 보살핌을 받을 수 있게 해 준다.

근친 성 학대 피해자 치료에 관한 문헌이 빈약한데도, 거의 모든 자료가 집단 치료에 쏟는 열성에서는 전적인 일치를 보인다. 4회기의 집단 치료를 진행하고, 두세 달 후 한 번의 추후 모임을 갖는 열 개의 구조화된 집단 치료 결과를 시간에 따라 철저하게 보고한 연구가 있다. 참가자들은 광고를 통해 모집되어, 참가자를 확인하는 어떤 공식적인 사전 절차 없이 집단으로 편성되었다. 집단은 남성 치료자와 여성 치료자 두 사람의 공동 치료자에 의해 인도되며, 각 집단은 4~6명으로 이루어졌다. 집단 치료가 끝나고 6개월 뒤 설문 조사에 응한 참가사 대부분은 집단 치료가 매우 도움이 되었다고 답변했다. 그들은 죄의식을 덜 느끼고, 자기 자신을 더 받아들일 수 있으며, 현재 만나는 사람들에 대해 더 긍정적으로 생각하기에 이르렀다고 보고했다. 집단 치료 경험에서 가장 도움이 된 부분은 다른 여성들과 성 학대에 대해 감정을 공유할 기회를 가졌다는 점이었다. 한 환자는 이렇게 말한다. "학대당한 거라고 편안한 마음으로 말할 수 있는 것이 너무 흥분돼요. 그동안 저는 수치심과 죄의식을 지나치게 드러냈거든요. 저는 부끄러워할 만한 행동을 하지 않았습니다. 그 일이 저에게 일어났던 거죠."[12]

이런 결과는 피해자들이 서로를 돕는 일에서 드러낸 비상한 잠재력을 입증한다. 치료자 자신이 상대적으로 집단 치료에 경험이 없다 하더라도, 근친 성 학대 피해자들의 어려움을 극복하게 하는 위치에 있으므로, 어려움을 극복하는 데 도움이 될 만한 모든 시도를 해야 한다.

성공적인 치료가 완료되면, 일부 여성들은 근친 성 학대 경험을 다 끝난 것으로 제쳐 두고, 다시 자기 생활을 해 나갈 수 있다. 근친 성 학대로 인한 정신적 외상이 삶에 준 영향을 극복한 것으로 엄청난 활력을 받은 일부 사람들은 그들의 성공 경험을 다른 피해자들과 공유하려는 시도를 한다. 자신의 문제를 내놓으며 다른 사람들과 접촉하는 데 성공한 많은 여성들은 강간 위기 센터, 가출 여성 쉼터, 가정 폭력 쉼터, 그리고 피해자들을 만날 수 있는 여러 시설에서 활동하는 것을 선택할 수도 있다. 소수지만 성 학대와 근친 성 학대 피해자의 자조 서비스 센터를 만들고자 대중들의 의식을 고양시키는 운동을 직업으로 선택한 사람도 있다.

공개적으로 연설을 하거나 조직가가 되려는 결심에는 커다란 용기가 필요하다. 치료를 통해 그 문제를 아무리 철저하게 다뤘다 하더라도, 피해자는 여전히 자기 비밀을 털어놓을 때 상처를 받는다. 그러나 그런 용기는 전염성이 강하다. 한 여성이 자기 이야기를 털어놓으면 그것은 다른 사람에게 용기를 불러일으킨다. 다른 피해자가 공개적으로 자신의 신원을 밝히는 것을 듣고 어떤 깨달음을 얻었다는 한 여성 피해자는 이렇게 말한다. "1972년에 매사추세츠 주 노스햄튼에서 용감한 여성들이 모인 한 단체가 강간 피해 연설회를 열었습니다. 한 참가자 여성이 저와 유사한 경험을 상세하게 이야기하는 것을 듣고, 첫째 나는 피해자고, 둘째 법정 강간(statutory rape)을 당한 것이라는 생각이 난생 처음으로 마음에 떠올랐습니다. 법정 강간을 저지른 사람은 친아버지였습니다. 저는 배운 사람이고, 법정 강간이 무엇을 뜻하는지 압니다. 그러나 그동안 가해자라는 정체성을 지녔기 때문에 정신적으로 제가 피해자라는 사실과 저를 연관시키지 못했습니다. 강간 피해 연설회는 어린 시절로부터 저를 벗어나게 해 준 시발점이었습니다."¹³

치료를 받은 뒤, 이 여성은 대중들에게 자기 이야기를 하는 활동을 계속해 나가기로 했다. 처음에 전문가로 이루어진 청중 앞에서 증언을 할 때는 이 여성도 가명을 사용하여 익명으로 자기 비밀을 드러냈다. 청중이 매우 존중하는 태도로 이야기를 경청하고 그 정보의 중요성을 이해했으므로, 청중의 반응은 그녀를 고무시켰다. 다음으로 그녀는 TV에 나가 장막 뒤에서 인터뷰하는 데 동의했다. 그녀는 자신을 노출시킬 때의 스트레스와 가치를 다음과 같이 묘사했다.

저는 강간이나 아동 성 학대 피해자가 강도 피해자처럼 두려워하거나 수치스러워하거나 다른 사람들에 의해 낙인찍혀서는 안 된다는 사실을 알았습니다. 하지만 인터뷰에 응할 수 있을 만큼 제가 지녔던 두려움을 진정시키려면 상담자와 사전에 한 시간이나 논의를 해야 했습니다. 인터뷰할 사람과 카메라맨, 그리고 제가 근친 성 학대 피해자로 알았던 몇몇 낯선 사람들이 제 앞에 있었습니다. 사실 저는 아무 책임이 없고, 아버지가 범죄자라면, 그런 이야기를 하는 데 두려워할 것은 아무것도 없다고 마음속으로 다짐하면서 앞으로 나아갔습니다. (비록 이야기는 장막을 가리고 하는 것이었지만.) 다행스럽게도, 이렇게 마음먹은 것이 효과가 있었습니다. 인터뷰를 반복하면서 저는 낙인찍혔다는 느낌이 줄어드는 걸 경험했습니다.[14]

다음으로 이 여성이 직접 카메라를 바라보고 이야기하는 일은 자신을 노출하면서 행한 일생일대의 중대 사건이었다. TV 출연에 이어, 그녀는 그 사실을 전혀 인식하지 못하던 가까운 친구들과 가족들에게 자신의 비밀을 드러내기 시작했다. 이 과정의 마지막 단계는 다른 피해자들을 위한 자조 집단을 형성하는 활동에서 조직가 역할을 떠맡는 일이었다. 그녀는 공개적으로 자신을 근친 성 학대 피해자와 동일시했기 때문에, 다른 여성들은 그녀를 리더로 보기 시작했다. 그녀가 만든 몇 개의 자조 집단은 차례로 다른 집단을 조직했다. 또 그녀는 자조 집단을 조직하고 싶어 하는 여성들을 위한 지침서를 쓰기도 했다.[15] 이렇게 그녀는 몇 년 전 강간 연설회에서 만난 낯선 사람으로부터 받았던 선물을 다른 사람들에게 되돌려 주었다.

자조 집단은 문제의식을 공유하고 서로에게 성숙한 지지를 베풀려고 만나는 사람들의 모임이다. 지난 10년 동안 이런 자조 집단들이 일반적인 의식 고양의 수단이자 특별한 문제에 접근하는 수단으로 여성해방운동 내에 널리 확산되어 왔다. 이 작은 집단의 안전하고 서로를 신뢰하는 분위기 속에서, 전에는 수치스러운 것으로 간주되었던 많은 여성들의 비밀이 공유됐다. 여성들은 유산, 강간, 구타, 성(sexuality) 등에 대해 드러내 놓고 이야기하며, 그들의 고통이 점점 인식되고 이해받는다는 사실을 발견했다.

근친 성 학대 자조 집단의 이점은 아주 많다. 무엇보다도, 대부분의 자조 집단은 돈이 들지 않기 때문에, 심리 치료보다 훨씬 많은 사람들이 이용할 수 있다. 둘째로, 자조 집단의 참가자들은 스스로를 치료가 필요한 환자로 보지 않기 때문에 건강과 뭔가 해낼 수 있다는 감각을 배양할 수 있다. 셋째로, 근친 성 학대 피해자들이 전통적인 정신 건강 체계 안에서 무자비하거나 파괴적일 수 있는 치료를 받을 위험이 있는데, 이용 가능한 전문 서비스보다 자조 집단이 더 안전하고 치료에 도움이 되는 환경을 제공할 수 있다. 피해자는 동료들과 함께 있기 때문에 치료자의 상담실에서 보다 훨씬 편안하고 더 많은 이해와 감정적인 지지를 받을 수 있다. 마지막으로, 심리 치료와 달리 자조 집단들은 개인 문제에 대한 사회적인 분석을 발전시키고, 때로는 집단적으로 행동할 기회를 제공하기도 한다. 자조 집단은 성 학대에 관한 대중적인 인식을 증진시키고, 공공 제도를 개혁하기 위한 캠페인 활동에 적극적으로 참여해 왔다. 이런 시도는 성 학대 관련 회의나 연설회, 5학년의 성 학대 토론 수업, 지방법원의 변호 프로그램 마련, 집에 남을 수 없는 사춘기 피해자를 위한 쉼터 개소 등과 같이 여러 분야에서 가시적인 성과를 얻어 냈다.

그런 프로젝트에 관여한 여성들은 점차로 수동적인 피해자의 정체성을 떨쳐 낸다. 아마도 난생 처음으로 여성들은 힘센 남성의 애첩이 아니라 다른 여성들과 연대하여 자기 자신을 위해 싸우는 한 사람의 여성으로서 어느 정도 힘을 지녔음을 느낄 것이다.

자조 집단들 역시 한계와 잠재적으로 불리한 점을 가졌다. 일반적으로 자조 집단은 극도의 스트레스 상태에 있는 여성, 예컨대 자주 자살을 시도하거나 알코올과 약물 의존 상태에 있거나 일상적인 생활을 영위하는 데 필요한 임무를 수행할 수 없는 여성에게는 적합하지 않다. 한 집단의 여성을 안전하게 보호하려는 환경을 갖춘 시설 측은 집단으로부터 도움을 받을 수 없는 여성들이 집단을 분열시키지 않도록 어느 정도의 사전 선별 과정을 마련한다. 아무리 작은 집단이라도 자조 집단 역시 위험을 내포한다. 집단 구성원 내 의심이나 갈등은, 언제든 협조와 상호 지원을 필요로 하는 환경을 위험에 처하게 할 수 있다. 따라서 성공적인 자조 집단은 자발적으로 조직되지 않는다. 그것은 하나의 치료 집단으로 매우 주의 깊은 조직과 구조화 과정을 필요로 한다.

자조 집단은 흔히 세 명에서 열 명 정도의 소집단으로 이루어진다. 자조 집단의 구조는 더 형식적일 수도 덜 형식적일 수도 있다. 어쨌든 일단 한 여성이 자기 자신을 다른 사람과 동일시하면, 상당 정도의 자조 활동이 시작된다. 예컨대 한 여성이 "어렸을 때 성추행을 당했습니까?"라는 표지에 자기 이름과 전화번호를 적어 슈퍼마켓 게시판에 붙여 둔다. 다른 여성이 그 표지에 반응하면 두 여성은 만나 그들의 경험을 이야기한다. 몇 달 동안 만난 뒤, 두 여성은 가해자와 대면하고자 각자의 고향 마을로 함께 가는 데 동의한다. 두 사람은 그 여행이 성공적이었음을 발견한다. 이런 식으로 서로의 삶에 밀접하게 개입하는 일은 집단 구성원의 수가 더 많고 형식적인 집단에서는 불가능할 것이다.

다양한 자조 집단 범주의 또 다른 끝에는, 피해자들에 의해, 피해자들을 위해 만들어진 아주 정교하게 구조화된 자조 집단 프로그램이 있다. 이 가운데 가장 잘 개발된 프로그램은 미네소타 주 미니애폴리스에 있는 크리스토퍼 스트리트(Christopher Street)이다. 이미 공개적으로 스스로를 근친성 학대 피해자라고 밝힌 이 조직의 스텝들이 아주 효과적인 프로그램을 만들어 냈다.

그 프로젝트는 투쟁적인 여성주의로부터 큰 영향을 받았다. 남성은 완전히 배제된다. 남성은 피해자 여성과 함께 활동할 수 없으며, 피해자 여성은 남성이 있는 곳에서는 늘 불안감을 느끼고, 남성에게 그들이 어느 정도의 상처를 지녔는지 밝힐 수 없기 때문이다.

크리스토퍼 스트리트 출입문에는 검은색 잉크로 ''모른다'는 말은 받아들여질 수 없다.'라는 말이 써진 표지가 붙어 있다. 자기 인식(self-knowledge)과 자기 직면(self-confrontation)이 프로그램의 기본 교의라는 의미이다. 피해자들은 그들의 과거 이야기를 나누고, 어린 시절에 느꼈던 감정을 원래의 강도대로 되살리고, 스스로 자기 파괴적인 행동을 저질렀음을 깨닫고 이해하며, 피해자가 된 경험을 잊도록 고무된다. 그러나 이렇게 하기는 매우 어렵고, 모든 여성이 이렇게 할 준비가 된 것은 아니라는 사실을 잘 안다. 이 프로그램의 두 가지 필수 조건은 명확하다. 하나는, 참가자들이 약물이나 알코올 의존 상태가 아니어야 한다. 다른 하나는, 자살이 위기를 모면할 구실이 되지 못한다는 점에 동의해야 한다. 한 여성이 약물 의존 상태라면, 그녀는 먼저 중독 치료에 맞는 프로그램에 위탁되어야 한다.

이 프로그램에 받아들여진 피해자는 처음에 근친 성 학대 피해자였던 상담자가 인도하는 '임시 집단(holding group)'에 편성된다. 이렇게 구조화된 프로그램 첫 단계는 심리 치료의 초반 회기에 맞먹는다. 피해자가 그녀의 경험을 이야기하는 데 어느 정도 편안해지면, 집단의 리더는 그녀의 심리적 기능과 방어 기제들을 평가한다. 집단에 새로 들어 온 사람은 이 '임시 집단'에 원하는 만큼 머물 수 있다. 그리고, 그녀 자신이나 리더가 아동기의 정신적 외상을 되살리는 데서 오는 스트레스는, 어느 정도 처리할 수 있을 만큼 자신감을 얻기 전까지는, 그녀를 프로그램의 두 번째 단계로 못 가도록 한다.

프로그램의 두 번째 단계는 '학습실(learning lab)'이다. 작고 우호적인 집단 속에서 피해자들은 아버지와의 경험을 다시 반복하고, 어렸을 때 느낀 감정을 다시 경험한다. 격렬한 감정을 불러일으키고자 여러 기술, 특히 게슈탈트(Gestalt)(개인의 '전체성', 또는 '총체적인 존재'를 뜻하는 말로, 치료적인 영역에 확장하여 사용할 때는 "개체에 의해 지각된 자신의 행동 동기"를 의미한다. 게슈탈트 치료의 목표는 개체가 내적으로 통합을 이루어서 책임감을 갖는 성숙한 인간으로 성장하도록 돕는 데 있다.—옮긴이 주)나 사이코드라마(psychodrama)(환자가 동료 환자와 극의 진행에 일부 참가할 수도 있는 전문 치료자 앞에서 자신의 개인 문제를 어느 정도 자발적으로 극화하는 집단 심리 치료극—옮긴이 주) 같은 적극적인 치료법에서 나온 기술들이 사용된다. 피해자들은 학대가 발생한 순간 그들이 어떻게 느꼈는지 그들의 두려움과 극도의 분노를 극화하여 행동으로 보여 준다. 피해자들에게는 '미친 듯이' 행동하는 것까지 허용되며, 그런 행동 모두가 집단에 의해 받아들여진다.

학습실 단계는 피해자들에게 어린 시절의 감정 상태로 회귀하도록 적극적으로 고무하기 때문에, 그 방은 매우 구조화되어야 한다. 참가자들 자신의 내적인 통제력과 방어 기제가 일시적으로 무너질 때를 대비하여, 참가자들을 보호하는 확고한 규율과 통제가 있어야 한다. 집단 구성원들은 일주일에 세 시간 정도 모임에 참여해야 한다. 술을 마셔서는 안 되며, 서로 성적으로 친밀하게 지내서도 안 된다. 그들은 여성 쉼터나 '관계자 프로그램'에 속한 사람들, 곧 전에 피해자였다가 이 프로그램을 끝낸 사람들이나 이 프로젝트에서 자원 활동을 하는 사람들로부터 보호와 지원을 요청하도록 권유를 받는다. 따라서 학습실 단계에 만들어진 환경은 거의 주간 병원이나 반 거주 프로그램의 그것에 맞먹는다. 학습실 단계의 지속 기간은 처음부터 정해지며, 두 달을 넘기지 않는다.

이 프로그램은 치료에 도움이 될 뿐만 아니라 교육적이기도 하다. 집단 리더들은 인간관계, 성(sexuality), 그리고 자기 이미지와 같이, 피해자들이 영위하는 삶의 다양한 측면에 관한 강의를 한다. 이 강의를 통해 피해자들은 어떤 면에서 그들 자신이 스스로를 파괴하거나 탓했는지를 안다. 프로그램 진행자는 이렇게 설명한다. "그들은 스스로를 파괴하는데, 저는 그들에게 어떻게 그런 행동을 하는지 묻지요. 피해자들은 그들을 사랑해 줄 누군가를 간절히 원하기 때문에, 현재 자기 자신을 종속시키는 학대를 직시하는 일을 매우 힘들어합니다. 피해자의 70~80퍼센트가 또 강간을 당했습니다. 그들은 대개 자신들이 그런 일을 당해도 싸다고 생각합니다. 우리는 이런 식의 사고방식을 바꾸어 놓으려고 애를 씁니다."[16]

이런 교육적인 접근은 전통적인 치료와는 완전히 차별화된다. 피해자가 느끼는 모든 감정이 관대하게 받아들여지는 것은 아니다. 오히려 피해자들은, 어떤 태도가 잘못되었다는 사실을 배워야 한다. 예를 들어, 아버지를 위해 변명을 하고 어머니를 탓하는 것은 허용되지 않는다. "우리는 피해자에게 당신은 어머니에게 화를 낼 수는 있지만, 그녀를 탓해서는 안 된다고 말합니다. 분노 때문에 탓하기가 용인되어서는 안 됩니다. 비난받아야 할 사람은 어머니라고 말하는 사람들이 누군지 알아내고자 합니다. 우리는 아버지보다 어머니를 더 많이 이해하고자 합니다."

이렇게 접근하는 것에도 몇 가지 약점이 있다. 어머니가 아니라 아버지가 전적으로 비난받아야 할 사람이긴 하지만, 피해자들이 부모에 대한 그들의 깊은 분노를 표현하는 것은 허용되어야 한다. 어머니에 대한 분노와 아버지에 대한 부드러운 감정을 표출하는 것이 허용되지 않으면, 피해자는 이런 감정들을 초월하거나 그런 감정들을 새로운 시각에서 바라볼 수 없을 것이다.

이 프로그램의 세 번째이자 마지막 단계는 '치료 후 지도(aftercare)'이다. 이 단계에서 참가자들은 과거를 그들 뒤로 제쳐 두도록 격려를 받는다. 이제 근친 성 학대로 피해를 입었다는 사실을 받아들였으므로, 참가자들은 그들이 변화시키고 싶어 하는 자기 파괴적인 생활 패턴을 확인하고, 그들 자신을 회복시킬 방법을 찾음으로써 자신의 현재 삶을 재평가한다. 이렇게 과거와 만나는 과정에 도움을 주고자, 두 가지 훈련이 제안된다. 하나는, 모든 집단 구성원들에게 아무리 사소한 것일지라도 자기 가족에 대해 긍정적인 점 하나를 찾아보라고 요청하는 것이다. 한 가지라도 유쾌한 기억을 떠올리는 일은 집단 구성원이 자기 가족과 상징적으로 작별하는 일을 쉽게 만들기 때문이다. 다른 하나는, 집단 구성원들에게 아버지와 직접 대면하는 일을 고려해 보도록 요청하는 일이다. 그들이 대면하기로 결심하면, 상담자들이 그들과 동행할 수 있다.

상담자들은 스스로를 불편부당한 관찰자가 아니라 옹호자로 간주한다. 그들은 상황의 모든 면을 보려고 시도하는 전통적 치료자의 역할을 포기한다. 그들은 피해자를 옹호하고 변호하려고 존재한다. 한 상담자는 이렇게 말한다. "보세요. 이 여성들은 지지를 필요로 하고, 또 보호를 필요로 합니다. 어떤 여성들은 태어난 후 줄곧 학대받아 왔습니다. 가족의 은밀한 규율은 가족에게 분노를 표출해서는 안 되는 것이지만, 저는 피해자들에게 그들이 얼마나 화가 났는지 가족들에게 말하도록 촉구합니다. 저는 피해자에게 나는 당신을 도우려고 여기 있는 거라고 말합니다. 아버지는 평생 충분히 도움을 받았거든요."

참가자가 그녀 자신을 더 이상 학대에 종속시키지 않도록 현재의 생활 양식을 변화시켰을 때, 그녀는 이 프로그램을 성공적으로 완수한 것으로 평가된다. 참가자들은 그들이 필요하다고 느끼는 한, '치료 후 지도' 단계에 오래 머물 수도 있다. 이 프로그램을 끝낸 후, 참가자들은 프로그램 관계자인 어떤 사람과 계속 만남을 유지하거나, 스스로 이 프로그램에서 활동하기로 자원함으로써 관계를 유지할 수도 있다. 이렇게 자조 집단의 전체 사이클은 다른 사람을 돌보는 일로 완성된다. 이런 자조 집단 프로그램의 단계는 여러 면에서 심리 치료의 단계와 맞먹는다. 초기의 유대는 '임시 집단'에서 형성되고, 어린 시절의 감정은 '학습실'에서 상기돼 철저하게 검토되고, 새롭고 더 성공적인 성인의 적응성은 '치료 후 지도' 단계에서 이루어진다.

대부분의 전통 치료 프로그램과 마찬가지로, 크리스토퍼 스트리트나 그 밖에 약간은 덜 구조화된 자조 집단들은 결과 데이터를 수집하지 않는다. 그러나 사람들의 증언을 볼 때, 많은 여성들이 자조 집단에서 자기 자신을 통제하고 삶을 변형시켜 나갈 수단을 발견했다는 점은 확실하다. 이 프로그램에 참여한 한 여성은 이렇게 말한다. "우리는 피해자라는 존재에서 생존자라는 존재로 바뀌었습니다. 사실 우리가 과거에 겪은 일은 결코 사라지지 않겠지요. 그러나 그 일은 과거에 그랬던 만큼 이제 더 이상 우리를 괴롭히거나 통제하지는 못합니다."

12 장
성 학대 예방

아동에게 가해진 성 학대는 가부장제 자체만큼이나 오랜 역사를 지녔다. 아버지들은 아득한 옛날부터 자기 자녀들과 성적인 관계를 가져 왔고, 어쩌면 앞으로도 계속해서 그런 행동을 지속할 것이다. 아버지들이 가족 구성원을 지배하는 한, 그들은 자녀를 성적으로 이용하려는 힘을 가질 테니 말이다. 대부분의 아버지는 이런 힘을 행사하려 하지 않겠지만, 모든 남성에게 암묵적으로라도 특권이 주어진 한, 일부 남성들은 이런 힘을 사용하려 들 것이다.

근친 성 학대가 사실상 가부장적 가족 구조에서 비롯한 불가피한 결과라면, 성 학대 예방은 궁극적으로는 가족 구조의 근본적인 변혁을 요구한다. 아버지의 규율이 부모 양측의 협조적인 규율로 바뀌어야 하고, 노동의 성적인 분화는 자녀를 돌보는 일에서 아버지와 어머니가 똑같이 참여하는 것으로 바뀌어야 한다. 물론 이 야심찬 가시적인 변화가 한 세대만에 이루어질 수 있는 작업은 아니다.

그러나 새로운 천년이 도래하기 전에, 즉각적으로 성취될 수 있는 일이 몇 가지가 있다. 단적으로 말해서, 아마도 성 학대를 예방할 수 있는 최대의 희망은 잠재적인 피해자들의 의식 고양(consciousness raising)에 있다. 이는 곧, 사회의 이런저런 분야에서 여전히 논점이 되지만, 아동에 대한 성교육을 강화하는 것을 뜻한다. 매우 전통적이고 신앙심 깊고, 권위주의적인 남성이 지배하는 가정, 말하자면 아동이 성 학대를 당할 위험이 가장 높은 가정에서 성교육이라는 이념은 저주받아 마땅한 것처럼 여겨진다. 어떤 면에서 근친 성 학대를 하는 아버지들은 수 세기에 걸쳐 스스로 자녀의 '성교육'을 도맡아 왔으므로, 이런 반응도 그리 놀라운 일이 아니다. 만일 자녀들이 가정 밖에서 성에 관한 정보를 얻는다면, 아버지들은 자기가 가진 힘의 거의 대부분을 상실할 테니 말이다.

그러나 피해를 당해 온 여성들은 한 사람의 예외도 없이 자녀들의 의식 고양을 열렬히 찬성한다. 한 피해자는 이렇게 회상한다. "제가 아홉, 열 살 정도의 어린아이였을 때 아버지가 딸과의 성관계 같은 그런 짓을 해서는 안 된다는 사실을 알기만 했다면 …… 저는 정말 아무것도 몰랐고, 모든 아버지가 그런 건지 어떤 건지조차 몰랐어요. 내가 좀 더 나이 들었을 때 약간의 정보만이라도 얻을 수 있었다면 도움이 되었을 거라고 생각해요." 또 다른 피해자는 이렇게 덧붙인다. "제가 여덟 살 때, '만일 아버지가 괴롭히면 이 번호로 전화하렴.'이라는 대형 광고가 있었다면, 틀림없이 거기에 전화했을 거예요."[1]

대부분의 성 학대가 사춘기 이전에 시작되기 때문에, 예방 교육이 어떤 식으로나마 효과를 거두려면 초등학교 저학년 시기부터 시작해야 한다.

성 학대에 관한 정보가 성교육 전체 커리큘럼에 통합되는 것이 이상적이다. 이런 실험이 시도되는 지역사회에서 아동들은 성에 대해 과도하게 놀라거나 부정적인 태도를 보이지 않으면서, 성 학대에 관해 어떤 내용을 알아야 하는지 배울 수 있다. 예컨대 미네소타 주 미니애폴리스에 있는 헤네핀 군 변호사 사무실에서는 초등학교 아동을 위한 성폭행 교육 프로그램이 진행된다. 서로 다른 네 개 학교에 다니는 모든 학년의 어린이를 대상으로 한 번에 800명까지 프로그램을 진행할 수 있다. 프레젠테이션은 애정 어린 스킨십과 성행위를 노린 스킨십의 차이를 보여 주는 아동 극단의 퍼포먼스로 시작한다. 이 교육을 받은 아동들의 반응은 이제 그 차이를 잘 이해했음을 나타낸다. 프레젠테이션에 이어, 6학년인 한 아동이 노출증 환자와 만났던 경험부터 근친 성 학대가 이루어진 경험까지 성인과의 성 경험을 고백한다. 여자 아이나 남자 아이나 할 것 없이 아동들 대부분은 교실에서 논의가 있기 전까지는 이런 일에 대해 누구에게도 이야기해 본 적이 없었다고 했다.[2]

성관계와 성폭행에 관한 기본적인 정보를 제공하는 일에 덧붙여, 아동들은 자신의 신체적인 통합성을 지킬 권리를 지녔다는 사실을 알아야 한다. 샌드라 버틀러(Sandra Butler)는 '어린 피해자에게 보내는 편지'에서 이렇게 말한다. "어느 누구도, 심지어 네 부모라 하더라도 네 마음과 몸 상태를 불쾌하게 하거나 불편하게 만드는 어떤 행위를 할 권리는 없다. 그리고 네가 그런 행위를 못하게 하고 싶어 하는 것은 정당하다. 네 몸이므로, 너는 죄의식을 느낄 필요 없이 '싫다.'고 말할 수 있다."[3] 자기 몸에 대한 아동의 권리(성적 자기 결정권)라는 이런 이념은 뿌리를 뒤흔드는 혁신적인 이념이다. 전통적인 가부장적 가정에서 자녀는 아버지의 법적인 소유물이므로 그런 가정에는 이런 개념이 존재하지 않는다. 20세기에 들어서야 법과 관습상의 개혁이 이루어져 자녀에 대한 어머니의 후견권이 인정되었다.[4] 아동도 어떤 개인적인 권리나 권익을 가질 수 있다는 생각은, 그동안 부모 어느 쪽도 제기하지 않았던 아주 최근에 생겨난 개념이다.

끝으로 아동들이 가정에서 학대당한다면 가정 밖에서 의지할 만한 자원은 무엇인지 알아 둘 필요가 있다. 아동보호 복지사는 아동으로부터 연락을 받으면 보고해야 하는 위기 상황에 이를 때까지 기다리지 않고 직접 아동한테 가서 어떤 도움을 필요로 하는지 물을 것이다. 예를 들어 워싱턴 주 타코마에서는, 피어즈 군 강간구호센터에서 근무하는 사회복지사들이 초등학교 수업 시간을 이용하여 정기적으로 성교육 프레젠테이션을 한다. 복지사들은 근친 성 학대가 무엇이며, 그런 일이 발생하면 어떻게 하는지를 설명한다. 아동들은 역할 연습에 참여해, 어떻게 자신들이 피해자가 되고 학대받는 일이 감춰지는지, 그리고 학대받는 일을 기관에 보고하는 것이 무슨 의미를 지니는지를 실제로 연기해 본다. 학대받은 일을 보고했을 때 가족이 분열될지도 모르는 상황에 대해서도 숨기지 않는다. 아동들은 보고했을 때 생길지도 모를 가능한 결과들을 상상해 보고, 직면하기 가장 힘들다고 느껴지는 결과들의 순위를 매기는 연습에도 참여한다. 아동들은 성 학대를 보고한 뒤 생길 수 있는 모든 불쾌한 결과들 가운데, 자기 집에서 나와 수양 가정에서 보살핌을 받아야 하는 경우가 가장 끔찍하다고 했다. 의견을 나누도록 요청받은 문제가 성(性)이다 보니 몹시 당황스러울 수 있는 상황인데도, 아동들은 근친 성 학대라는 문제에 관해 자신의 느낌을 표현할 수 있다는 사실에 안도감을 느끼고, 필요하다면 가정 밖에도 자신이 의지할 수 있는 어른이 있다는 사실을 재확인하는 듯했다.[5]

일반적인 성교육 사례에서 드러나듯이, 부모들 역시 아동 못지않게 성교육이 필요하다. 성 학대의 가능성에 대해 자녀에게 경고하고 싶어 하는 부모들은 먼저, 그 문제 자체에 대해 잘 알아야 한다. 둘째로, 그 문제에 대해 편안하게 말할 수 있어야 한다. 셋째로, 어린 자녀에게 필요한 정보를 전달하기에 적절한 방법을 배워야 한다. 많은 부모들이 성과 연관된 어떤 정보를 자녀에게 전하는 일을 몹시 마음 불편해하기 때문에, 때로는 자녀에게 반드시 말해 주어야 할 경고가 모호해지거나 오히려 혼란을 불러일으킬 수도 있다. 따라서 부모를 위한 예방 교육은 부모가 지닌 불안감을 완화시키고 자녀와 성 문제에 관하여 어떻게 논의해야 하는지를 가르치는 데 초점을 맞추어야 한다. 부모와 자녀 사이에 소통이 잘 된다면, 자녀가 어떤 성적인 접촉이 있었는지 비밀에 부치지 않으면 안 된다고 느낄 가능성은 줄어든다. 사회복지사 린다 샌포드(Linda Sanford)는 부모를 위한 성 학대 예방 지침서에서 다음과 같이 기술한다.

> 어른과 뭔가 은밀하게 같이 할 잠재적 위험에 대해 자녀에게 미리 경고하는 일은 중요합니다. …… 근친 성 학대를 예방하는 가장 확실한 방법은 이런 예방적인 토론에 아버지나 계부를 참여시키는 일입니다. 아버지가 자녀를 침착하게 잘 이끌어 주는 방식으로 '어떤 어른이든 절대로 네 속옷 속에 손을 집어넣게 해서는 안 된다. 그리고 그런 일을 엄마, 아빠에게 비밀로 해서도 안 되고.'라고 말해 주면, 아버지 자신이 자녀에게 피해를 줄 수 있던 일말의 기회마저도 제거합니다. 그런데 어머니 혼자만 자녀에게 경고한다면 그 경고는 가정의 또 한 축을 차지하는 성인에게는 명확하지 않을 수도 있습니다.[6]

많은 부모들이 근친 성 학대에 관한 논의로 인해 처음에는 오히려 더 불안하거나 위협을 느낄 수도 있다. 이 문제가 거론되면 부모들은 종종 자녀에 대해 자기 내면에 가졌던 근친 성 학대적 감정을 인식하기도 하고, 마치 고발이나 심판을 당하기라도 하듯이 반응하기도 한다. 양심적인 부모들은 자녀에 대한 애정 어린 친밀성과 부적절한 성적인 행동을 구분하는 경계 지점이 어디인지 궁금해하기도 한다. 유일하고도 가장 도움이 되는 지침은 비밀이라는 기준이다. 근친 성 학대가 부모 가운데 한 사람과 자녀 사이에 비밀에 부쳐야 하는 어떤 신체적인 접촉이 이루어진 것이라고 정의되면, 부모들은 그들의 행동이 지나치게 성적인지 어떤지를 스스로 판단할 수 있다. 부모들이 자신이 하는 행위를 숨기고 싶은 충동을 느끼기 시작했다면, 그것은 아마 부적절한 행위일 것이다. 부모들이 다른 사람들 앞에서 자녀에 대한 애정 어린 감정을 아무 거리낌 없이 표현한다면 걱정할 필요는 없다. 물론 이런 지침이 절대 틀림이 없는 것은 아니다. 몇몇 극단적인 상황이긴 하지만, 다른 가족 구성원이 다 아는 상태에서 근친 성 학대 관계가 이루어지기도 한다. 그러나 상황이 이 지경으로까지 악화되었다면, 어떤 경우든 이미 이런 가족은 예방 교육의 한도를 넘어선 것이다.

아동과 부모를 위한 교육적 캠페인이 전국적인 규모로 이루어지면, 상당 정도의 예방 효과를 거둘 수 있다. 아내와 자녀들이 아무것도 모르는 숙맥이라고 단정할 수 없다면, 아버지들은 아마 근친 성 학대 관계를 시작할 생각도 품지 못할 것이다. 더욱 중요하게는, 일부 아동들이 즉시 보고함으로써 아버지의 접근을 제지할 수 있고, 일단 시작되었다 하더라도 훨씬 빨리 근친 성 학대 관계를 중단시킬 수 있다. 좀 더 나이 든 자녀들은 그들이 이용할 수 있는 자원이 무엇인지 알면 그들의 어린 자녀를 보호하려고 더 성공적으로 개입할 수 있다. 따라서 우리는 근친 성 학대 사건 자체가 감소하고, 어쩌면 근친 성 학대 관계의 평균 지속 기간도 현저하게 감소하리라 기대할 수 있다. 그러나 이런 개혁이 이루어진다고 해서 결코 아동 성 학대를 근본적으로 예방할 수 있는 것은 아니다. 문제의 핵심은 궁극적으로 가족 구조 안에 있다. 아버지가 가족 구성원을 지배하기만 하고 양육하려 하지 않는 한, 어머니는 양육하기만 하고 지배하지 못하는 한, 아버지-딸 사이의 근친 성 학대 관계가 유지되는 조건은 그대로 있을 것이다. 어머니와 아버지 사이 힘의 관계에서 근본적인 변화가 있어야 아동에 대한 성적인 착취를 막을 수 있다.

가족 내 힘의 구조에서 변화는 이미 이루어지고 있다. 변화는 부분적으로는 여성들이 조직적으로 연대하려는 시도에 의해 일어난다. 가정 내에서 피해를 당하는 여성이 끊임없이 발생하는 현실에 경악한 일부 여성주의자들은 가족 제도 자체를 없애야 한다는 발상을 내비치기도 한다.[7] 그러나 대부분의 사람들은 오히려 평등이라는 토대 아래 새롭게 구축된 변화된 가족 생활 형태를 추구한다. 여성해방운동의 기본적인 요구가 충족된다면, 시민적 평등과 생식의 자유(reproductive freedom), 경제적 안정과 신체적 안전이 모든 여성에게 보장된다면, 남성이든 여성이든, 부모든 자녀든 상대방을 협박하거나 착취하지 않고도 서로 사랑하는 일이 가능해질 것이다.

여성해방운동이 모성과 아동 양육에 대해 적대적인 태도를 드러내는 것으로 인식되곤 하지만, 아동복지는 늘 여성주의자들의 핵심적인 관심 대상이었으며, 아동보호를 위한 투쟁은 역사적으로 여성의 권리를 쟁취하려는 투쟁과 연관되었다. 예컨대, 아동 노동을 폐지하려는 최초의 투쟁은 노동 조합과 여성기독교절제연합(the Women's Christian Temperance Union), 여성유권자동맹(the League of Women Voters), YWCA와 같은 여성 조직 들의 연대에 의해 진전되었다. 대조적으로, 아동 노동의 제한에 주도적으 로 반대한 조직은 전국제조업자협회(the National Association of Manufac-turers)와 여성의 참정권 소유를 반대하는 단체들이었다.[8]

여성의 사회적 신분상의 모든 전반적인 진보는 어머니와 아동의 신분 역시 상승시킨다. 그리고 어머니라는 존재 상태의 모든 진보는 잠재적으 로 어머니와 자녀의 유대를 강화한다. 예를 들면, 남성과 어떤 관계를 맺 는지와 무관하게 아동을 우선적으로 양육하는 사람에게 법적 후견권을 주 는 권리의 정립은 어머니와 자녀의 유대가 소유권이나 정통 혈연관계를 주장하는 남성에 의해 아무런 방해를 받지 않는다는 사실을 보장한다. 생 식의 자유는, 모든 아동이, 낳기를 선택하고 원하였기 때문에 태어났음을 확인시킴으로써, 어머니-자녀의 유대를 강화한다. 여성의 경제적 안정과 아동 양육의 사회화는 어머니들이 자기 자녀를 부양하고 보살피는 데 필 요한 자원을 가져야 한다는 사실을 보장한다. 신체적 안전은 어머니와 자 녀 사이의 유대가 성 학대를 포함한 어떤 종류의 폭력에 의해서도 방해받 아서는 안 된다는 사실을 보장한다.

특히 어머니의 사회적 신분이 조금이나마 진보하는 일은 어머니-자녀 관계 증진에 훨씬 더 좋은 환경을 조성한다. 근친 성 학대가 일어나는 가 정에서 어머니와 딸 사이에 고통스러울 정도의 적대감이 자주 관찰된다는 점을 감안할 때, 여성들 사이에서 동 세대 여성 간의 적대감이 더 크다고 이야기하는 것은 과장일 뿐이다. 어머니가 힘이 없으면, 딸은 불가피하게 어머니에게서 소외된다. 현재 너무도 많은 소녀들이 가정에서 관찰을 통해 억압은 자신의 운명이며, 남성을 사랑하는 일은 노예가 되는 것이라는 사실을 학습한다. 딸들이 보호받으려면, 딸들 자신이 싸울 능력이 있으며 스스로를 방어할 권리가 있다는 사실을 어머니의 선례로부터 배워야만 한다. 딸들이 어머니에게서 존엄과 자존감을 지닌 여성의 이미지를 보면, 딸들은 훨씬 쉽게 자신에게서 학대에 저항할 용기를 찾아낼 수 있다. 근친 성 학대가 일어난 가정에서 치유는 어머니-딸 사이의 유대 회복으로부터 시작하듯이, 근친 성 학대의 예방은 궁극적으로 딸이 절대로 근친 성 학대 비밀을 지켜야 할 필요를 느끼지 않을 지점으로까지 어머니와 딸의 관계가 강화될 수 있느냐 여부에 달렸다.

언뜻 보기에 여성의 지위에 근본적인 변화를 요구하는 제안은 너무 일반적이고 이론적이며, 근친 성 학대라는 특수한 문제를 해결하는 것과는 거리가 먼 것처럼 보일지도 모른다. 그러나 성 학대가 일어날 때마다, 그 사건은 암묵적으로 여성의 지위라는 가장 근원적인 문제를 제기한다. 다음 사례 기록을 보면, 남편의 근친 성 학대를 멈추게 하려는 한 여성의 투쟁이 어떻게 여성 전체의 해방을 위한 투쟁과 연관이 있는지를 예증한다.

로렌과 로버트 두 사람은, 로렌이 보험회사 비서로 근무하고 로버트가 세일즈 사원으로 일했을 때 만났다. 로렌은 결혼 후 곧바로 임신했다. 두 사람 모두, 로렌이 일을 그만 두고 자녀들을 보살피면서 집에 있기로 하는 데 동의했다. 두 사람은 대가족을 원했다. 3년 사이 세 아이가 태어났다. 첫 아이가 태어난 뒤부터 로버트는 심하게 술을 마셨고 때로는 로렌을 때리기도 했다. 이런 행동은 계속되는 임신으로 더 악화되었다. 로렌은 대가족을 꾸리겠다는 애초의 계획을 재고하기 시작했다. 세 번째 아이가 태어난 뒤, 로렌은 자녀를 더 갖지 말고 기다리자고 제안했다. 로버트는 동의하지 않았다. 그는 출산 조절 방법에 반대했고, 게다가 아들을 낳기를 원했다. 그래서 로렌은 성관계를 거부함으로써 임신을 피하기로 작정했다. 로버트는 자기가 술을 많이 마시게 되는 이유가 로렌의 '냉담함' 때문이라며 로렌을 탓했다.

로렌과 로버트에게서 태어난 네 번째 아이는 아들이었다. 이 아이가 태어난 뒤, 로렌은 다시는 임신하지 말라는 충고를 들었다. 그러나 의료상의 문제로 그녀는 경구용 피임약이나 자궁내피임기구를 사용할 수 없었다. 페서리(pessary, 피임용으로 사용되는 질 좌약—옮긴이 주)나 콘돔 같은 다른 피임 방법은 로버트가 여전히 출산조절을 반대해서 무용지물이었다. 다섯 번째 아이를 임신하자, 로렌은 임신중절을 생각했다. 그러나 뿌리 깊은 신앙심을 지녔던 로렌은 이런 생각을 계속하자니 너무 죄책감이 들어 결국 임신중절을 포기했다. 그러나 다섯 번째 아이를 낳은 뒤, 로렌은 불임수술을 받기로 결심했다. 로버트는 이 결정을 반대했는데, 법적으로 반드시 남편의 동의가 요구되지는 않는다는 사실을 알자 불같이 화를 냈다.

혼인 관계는 계속 악화됐고, 로렌은 별거를 결심한 자신을 발견했다. 그러나 그런 생각은 비현실적이라며 포기했다. 혼자서 다섯 아이를 어떻게 부양할 수 있는지 상상조차 할 수 없었기 때문이다. 로버트는 적어도 돈은 착실하게 벌어다 주었다. 그즈음 로버트는 꽤 많은 수입을 올려 집도 장만했다. 사태가 점점 절망스러워지자, 로렌은 마침내 한 친구에게 자기 사정을 털어놓았는데, 그 친구의 남편 역시 알코올 문제를 가졌었다. 친구는 알코올 중독자의 배우자를 위한 자조 집단인 AA모임에 참석해 보라고 권유했다.

로렌은 이 모임에 몰래 참석했다. 아내가 집을 비울 때마다 로렌에 대한 로버트의 의심이 점차 커졌기 때문이었다.

제일 큰 딸아이가 열네 살이고 막내가 네 살이 되었을 무렵, 딸들이 로렌에게 와서 세 딸 모두 아버지에게서 괴롭힘을 당했다는 사실을 털어놓았다. 성 학대는 장녀에게 가장 심하게 가해졌으며 5년간이나 지속되었다. 로렌은 즉시 로버트와 맞섰다. 격한 싸움으로 이어지고 로버트가 로렌을 때리자, 큰 딸이 경찰을 불렀다.

경찰은 40분 뒤에 도착했다. 로렌과 딸들이 호소를 했는데도, 경찰은 로버트를 체포하지 않았다. 경찰은 로버트를 데리고 나가 '동네를 한 바퀴 돌다 오라.'고 했다. 경찰들이 간 뒤, 로렌은 AA에서 만난 친구에게 전화를 했는데, 친구는 그녀에게 가정 폭력 쉼터에 대해 이야기해 주었다. 로버트가 집에 돌아오기 전에, 로렌은 다섯 아이를 데리고 쉼터로 몸을 피했다.

쉼터에서 로렌은 가족 관계 전문가인 여성주의 변호사와 상담을 했다. 그 다음 날, 로렌은 법원으로 가서 폭력 혐의로 남편을 기소했다. 로렌은 로버트가 곧 집에서 나가야 하며 아내와 자녀들에게 접근하지 못하게 제한하는 법원 명령서를 받았다. 법원 명령서와 변호사 그리고 쉼터의 사회복지사를 대동하여 로렌은 남편과 대면하고자 집으로 갔다. 로버트는 법원 명령서를 보자, 더 이상 아무 협박을 하지 않았다. 로버트는 곧 집에서 나갔다. 그는 아내에게 자기 없이는 살 수 없을 거라며, 얼마 지나지 않아 다시 돌아오라고 간청할 거라고 경고했다.

로렌은 복지 지원을 요청했다. 그런데 그녀는 자신과 다섯 아이에게 할당될 수 있는 금액이 남편 급여의 고작 3분의 1정도밖에 되지 않는다는 사실을 알고 깜짝 놀랐다. 이런 식으로 두 달 정도 버티던 로렌은 로버트를 다시 집으로 돌아오게 해야 할지 망설였다. 자녀들과 친구들, 여성 쉼터의 상담자는 로렌을 극구 말렸다. 모두들 로버트가 변화하려는 태도를 전혀 보이지 않는다는 점을 지적했다. 대신 로렌에게 직장을 알아보길 권했다.

로렌은 12년 동안이나 일을 하지 않았었다. 이전의 직업을 유지하면서 돈을 벌어 다섯 자녀를 잘 돌볼 수 있을 만한 능력이 있는지 자신이 없었다. 그러나 아이들과 여자 친구들의 권유에 따라, 로렌은 일자리와 아이들을 보살펴 줄 사람을 얻을 수 있을지 알아보았다. 이것저것 알아본 결과는 그녀의 두려움을 더욱 가중시켰다. 아이들을 보살펴 줄 사람을 찾을 수 없거나 비용이 너무 많이 들었고, 얻을 수 있는 일자리는 급여가 너무 적어서, 그녀는 정규직으로 일할 수 없다는 결론을 내렸다. 마침내 그녀는 임시직 도우미 대행사에서 시간제로 일을 했다. 그녀가 번 수입에서 막내 아이를 하루 여섯 시간 보살펴 주는 대가로 이웃 사람에게 비용을 지불했다. 아이를 맡기는 비용을 제외하고 나면 그녀의 수입은 남편 봉급의 반이 될까 말까 했다.

처음으로 별거를 시작한 지 6개월 뒤, 로버트는 전화를 걸어 재판상의 화해를 제안했다. 로렌은 만나서 이야기하는 데 동의했다. 헤어지면서 로버트는 로렌에게 200달러를 건네주었다.

별거 8개월 뒤, 로렌은 로버트를 집으로 돌아오게 하는 데 동의했다. 화해를 위해 세 가지 조건을 내세웠다. 술을 마시지 말 것, 폭력을 쓰지 않을 것, 아이들에게 성적으로 접근하지 말 것이었다. 또 혼인 관계를 개선하는 상담을 받자고도 했다. 로버트는 동의했다. 그가 집으로 돌아온 주에 로렌은 직장을 그만 두고 전업 주부 생활로 돌아갔다.

로버트와 로렌은 지역의 정신 건강 센터에서 상담을 받았다. 그들은 남성 치료자를 만났는데, 그는 로버트의 알코올 의존과 근친 성 학대적 행동이 더 이상 심각한 문제가 아니며, 치료 기간 대부분을 부부의 성적인 적응, 특히 아내의 냉담함을 불평하는 로버트에게만 초점을 맞추면서 그의 주장을 수용했다. 열 번의 상담이 끝나자, 로버트는 로렌이 침대에서 더 이상 불평을 하지 않으니 이제 상담은 시간 낭비라며 상담을 지속하기를 거부했다.

로렌은 로버트로부터 진지한 성격상의 변화를 기대할 수 없다는 사실을 알고 자포자기 상태가 되었다. 그녀는 점점 더 아이들의 심리적인 발달에만 모든 관심을 쏟기 시작했다. 로렌은 아들과 딸들에게 새로운 어머니 상을 부여해 주려 했는데, 그것은 어머니로서 능력과 자존감, 그리고 자녀 양육에 힘쓰고 부드러움을 지닌 새로운 아버지의 이미지를 포함한 것이었다. 별거 생활을 한 이래, 자녀들은 한 여성으로서 어머니에 대해 존경심을 품었고, 아버지에 대해 가졌던 두려움을 어느 정도 떨칠 수 있었다. 이런 변화에 대해 로버트는 자녀들이 훈육이 되지 않았다고 불평했다. 그러나 그들은 여전히 자녀를 양육하는 아버지에 대한 구체적인 이미지를 갖지 못했다. 그들의 사회적 환경에 그런 남성은 존재하지 않았다.

최초의 별거가 있고 난 후 1년 뒤, 로버트는 다시 술을 마시기 시작했지만, 폭력 사태는 벌어지지 않았고 노골적인 성 학대도 없었다. 하지만 딸들은 아버지가 딸들 앞에서 성을 암시하는 말을 계속 하고, 옷을 갈아입을 때 훔쳐보기도 한다고 불평했다. 장녀의 열세 번째 생일에, 로버트는 딸에게 열두 송이의 장미 꽃다발을 선사했다. 혼인 기념일에 로버트는 밖에서 술을 마셨다.

로렌이 겪은 일화의 각 단계에서, 강하고 자신감이 있으며 자녀를 보호하려는 어머니로서 행동하는 그녀의 능력은 여성으로서 지위에 곧바로 연결되었다. 그녀 자신과 자녀들을 보호하는 데 성공한 것은 여성해방운동의 성취를 반영했고, 그녀의 실패는 운동의 한계를 반영했다. 로렌은 그녀에게 적합한 출산 조절 형태인 피임에 대해 법적인 조치를 취함으로써 낳고 싶은 자녀의 수를 결정하는 데는 부분적으로 성공했다. 그러나 그녀는 의료상의 위험과 종교적이고 사회적인 장벽 때문에 다른 더 융통성 있는 출산 조절 방법들을 거부했다. 로렌이 자녀의 수를 제한할 수 없었던 것은 그녀를 남편에게 계속 의존하게 했고, 동시에 그것은 혼인 관계에서 발생하는 곤란에 그녀를 더 깊이 말려들게 함으로써 그 관계를 더 악화시키는 데 기여했다. 마침내 출산 조절에 성공한 것은 딸들을 보호할 수 있는 궁극적인 성공의 전제 조건이었다.

비밀이 드러난 위기 상황에서, 로렌은 여자 친구들, 조직화된 여성주의 집단들, 그리고 AA모임과 여성 쉼터와 같은 여러 자조 조직들로부터 도움을 받음으로써 자신과 자녀들의 신체적인 안정성을 충분히 수립할 수 있었다. 남편의 행동을 제한하여 집에서 나가도록 한 명령을 얻어 내고, 자녀에 대한 양육권을 인정받았지만, 지역 경찰로부터는 거의 도움을 받지 못하는 등, 법률 체계로부터는 부분적인 지원밖에 받지 못했다. 위기 상황에서 각 기관이 로렌에게 도움이 된 정도는, 해당 조직에서 얼마나 여성들의 영향력이 발휘되는지, 여성들에 의해 통제가 되는 조직인지의 정도를 반영했다.

로렌이 자신과 자녀들을 위한 경제적 안정성을 마련하려고 취한 시도는 8개월 만에 실패로 돌아갔다. 주 정부가 복지 기금 형태로 제공한 지원

금은, 오히려 위기에 처한 상황에서 곧바로 재정적으로 남편에게 의존하게 만드는 대안을 제공한 격으로, 장기적 해결책으로서는 매우 부적절했다. 여성이 얻을 수 있는 일자리 형태로, 개인 기업체에서 제공하는 지원은 한계를 지녔지만 오히려 더 나았다. 아이를 돌보는 데 필요한 자원을 확보하는 일은 너무 부족해서 그것이 로렌으로 하여금 생계를 꾸려 나갈 능력을 훨씬 제한했다. 성과 사회적 지위에 따라 사람을 차별하는 직업 세계에 노출되면서 로렌은 경제적인 필요를 위해 혼인 관계를 유지해야 한다는 확신을 가졌다. 그녀의 개인적 실패는 경제적 차별 극복이라는 문제에서 여성운동의 전반적인 실패를 반영한다.

남편의 학대 행동을 통제하려는 로렌의 노력은 남편의 근본적 태도를 바꾸려는 시도보다 훨씬 성공적이었다. 로버트의 행동은 어느 정도는 변화했지만, 남성과 아버지라는 존재에 대한 개념 자체는 변하지 않았다. 로버트에게 남성이란 풍족한 물질적 자원으로 가족을 부양하는 능력뿐만 아니라, 가족 구성원에게 자기 의지를 관철시키고, 아내에게는 마음대로 섹스를 요구하고, 아들에게 아버지 행세를 잘하는 능력을 의미했다. 전통적인 가부장적 가정에서 성장한 로버트는 혼인이 성호성이나 파트너십을 포함하는 개념이라는 것에 대해서는 완전히 무지했다. 상담가에 의해 드러난 전통적인 정신 건강 체계는 로버트에게 정신 심리적인 변화를 만들어 내는 대신 그의 성차별적인 태도를 지지하고 강화하는 방향을 취했다. 따라서 로버트는, 궁극적으로 가족 구성원 전체를 위해, 심리적으로 건강해질 수 있었을 치료 자원을, 제공받을 수 없었다.

자녀를 보호하려는 로렌의 싸움은 부분적으로만 성공했다. 로렌이 명백하게 드러난 근친 성 학대의 재발을 막았다는 것은 과소평가해서는 안

될 성과였다. 하지만 이런 변화는 견딜 만한 혼인 관계나 가족 관계를 수립하기에는 턱없이 못 미쳤다. 로버트의 학대 행동은 줄어들었지만, 그의 성차별적 태도는 여전히 변화하지 않았다. 가족 내 힘의 균형은 로렌에게 유리한 쪽으로 변화되긴 했지만, 평등한 상태와는 거리가 멀었다. 로렌이 힘을 얻은 것은 로버트로 하여금 근친 성 학대를 하는 아버지에서 유혹하는 아버지로 바꾸는 정도에 지나지 않았다. 애정 어린 아버지가 되려는 능력을 계발시키기에는 여전히 불충분했다. 자기 힘의 현실성에 대해 정교한 민감성을 드러내는 것은 근친 성 학대를 하는 아버지들의 전형적인 특징으로, 로버트 역시 필요한 정도까지만 변화했다.

로렌과 같은 많은 어머니들은, 아이들을 보호하려고 싸움을 벌일 때 가장 강력한 무기가 아버지를 가족으로부터 배제하는 일이라는 사실을 깨닫고 좌절한다. 일부 여성은 혼자서나 다른 여성들의 도움을 받아 자기 자녀를 돌보기를 더 좋아하지만, 많은 여성들은 이런 상황을 마지막으로 취하고 싶은 선택지로 마지못해 받아들인다. 이런 선택지에 직면했을 때, 대부분의 여성들은 남성이 책임감 있고 애정 있는 부모로서 행동할 수만 있다면 자녀 양육이라는 임무를 남성과 공유하는 것을 더 선호한다. 그러나 어머니의 힘이 예전에 비해 상대적으로 증가했다는 것 자체가 남성의 양육 능력 계발을 촉진하는 것은 아니다. 사실 어머니의 힘이 상대적으로 증가했기 때문에 아버지들은 가족 자체를 포기하는 식으로 반응할 수도 있다. 만일 남성들에게 더 이상 자기 가족을 지배하는 일이 허용되지 않으면, 그들은 화가 나서 완전히 뒤로 물러설지도 모른다. 가족 내 힘의 균형이라는 변화에 대응해 성차별적 노동 분업상의 변화가 뒤따르지 못한다면, 결국 어머니-자녀라는 한 부모 가정이 사회규범으로 구축되는 결과를 낳을 수도 있다.

남성과 여성의 심리적 변화에 대한 장구한 소망은 자녀 양육에 대한 책임감을 남녀가 공유할 수 있느냐에 달렸다. 여성이 어린 자녀를 돌보는 일차적인 책임자라는 사실은 지금까지 지속된 각 세대마다 남성의 지배를 재생산하는 심리적인 조건을 만들어 낸다. 소녀들은 어머니와 자신을 동일시함으로써 확고한 성적 정체성과 양육 능력 계발의 토대를 형성한다. 반면에, 소년들에게 성인의 성 정체성은 어머니와 기본적으로 동일화되는 것을 거부함으로써 성취된다. 이 과정에서 모성과 연관된 모든 특질들—부드러움, 정서적인 반응, 양육—은 무자비하게 억압된다. 그 결과 성 정체성은 끊임없이 의문시되고, 지배력과 성 개념을 혼동하고, 보살피는 능력은 위축되는 남성 심리를 형성한다. 일부 남성의 아동 학대를 불가피하게 만드는 것은 바로 이런 심리 상태다.

남성과 여성이 모두 자녀 양육의 일차적 책임을 진다면, 남성 지배와 여성 복종이라는 심리를 만들어 내는 전반적인 토대는 사라질 것이다. 소년들은 자녀를 보살피는 아버지와 일차적으로 자신을 동일화함으로써 소녀들과 마찬가지로 확고한 성 정체성을 수립할 수 있을 것이다. 소녀들은 더이상 스스로를 열등한 사람으로 인식하지 않는 어머니와 동일시함으로써 생겨난 자율성과 자존감을 수립할 수 있다. 아들에게든 딸에게든, 근친 성관계 금기의 내면화는 어머니에 대한 거부나 아버지의 지배에 대한 복종을 요구하지 않고, 그런 금기를 적용하는 데서 생기는 성적인 불균형도 더이상 존재하지 않을 것이다. '선물의 규율'은 아무 차별 없이 양성의 자녀에게 적용될 수 있다. 어머니와 아버지 두 사람의 부모가 양육한 자녀는 성인이 되어서도 생활에서 양육과 희생, 봉사를 여성에게만 기대하지는 않을 것이다. 자녀 양육 능력은 소년과 소녀 모두에게서 계발되어야 하며, 그래야 성인 남성과 여성이 되어서도 다음 세대를 양육하는 일을 공유할 수 있다.[9]

그러나 남성을 자녀 양육의 세계로 통합시켜야 한다는 이상은, 아주 단순한 것처럼 들리지만, 뿌리를 뒤흔드는 급진적인 생각이다. 인간 해방 투쟁이라는 장구한 전통에서조차 이런 생각은 유아기 단계에 머물렀다. 지금까지 역사에서 사회주의 세계에서나 유토피아를 추구한 실험에서 남성을 자녀 양육이라는 활동에 참여시키려는 어떤 진지한 시도도 이루어지지 않았다. 생물학적으로 결정된 노동의 성적인 분화를 뛰어넘으려는 가능성은 아주 최근에 들어서야 이루어진 발전으로, 그것에 함축된 의미조차 아직 완전하게 이해되지 않은 상태다. 현 사회에서는 그 어떤 것도 이런 가능성을 반영하지 않는다. 성인 남성을 여성과 아동으로부터 엄격하게 구분하고, 그로 인해 귀결되는 가정 내 아버지의 부재는 현대 역사에서 끊임없이 논의되는 주제 가운데 하나이다. 20세기에 여성들이 가장 열정적으로 지지했던 많은 대의들―절제(절주), 동물 보호, 악행의 통제―은 남성들을 술집, 동물을 이용한 도박장, 매음굴로부터 벗어나 가정으로 돌아가게 하려는 시도로 이해될 수 있다.[10] 지난 10년 사이에야 비로소 여성주의자들은 남성들이 가정으로 돌아와야 할 뿐만 아니라, 가정에서 행해지는 일인 가사와 자녀 양육에 동참해야 한다는 제안을 내놓았다.

사실, 성인 남성들이 가정에 완전히 부재한 비율은 증가하고 있다. 미국 전체 가정의 약 17퍼센트가 어머니 혼자 자녀를 양육한다.[11] 나머지 가정에서도, 아버지들은 명목상으로만 존재하거나 가족의 재정적인 부양에만 기여할 뿐, 대개 의미 있는 방식으로 자녀 양육에 참여하지는 않는다. 보스턴 지역의 중산층 백인 가정을 대상으로 한 한 연구에서, 아버지의 25퍼센트만이 자녀 양육의 책임 의식을 지녔으며, 단 7퍼센트만이 거기에 평등하게 동참하려는 시도를 한다고 밝혔다.[12] 직접적인 관찰이나 부모들의 보고에 기초한 또 다른 연구에 따르면, 아버지들이 어린 자녀와 직접적인 상호 작용을 하는 시간은 하루에 평균 15분 정도에 불과한 것으로 드러났다.[13] 한 연구에서는 아버지들이 유아인 자녀에게 말을 거는 데 하루에 평균 37.7초밖에 쓰지 않는다는 사실이 관찰되었다.[14] 자녀와 보내는 시간이 터무니없이 작았지만, 아버지들은 딸보다는 아들에게 자기 시간을 쓰는 것을 더 선호했다.[15] 아버지들이 딸들에게 관심을 보이리라 예측할 수 있는 유일한 시기는 어린 딸이 유난히 고집을 부릴 때로, 아버지들은 딸의 그런 행동이 여성다움(femininity)이라는 고정된 상투형에 순응하는 모습이라 여기기 때문이다.[16]

전통적으로, 아버지가 문자 그대로 가정에 존재하지 않는 것은 하나의 일탈로 여겨져 왔지만, 아버지가 자녀 양육에 참여하지 않는 것은 사회문제로 간주되지 않았다. 지난 몇 십 년 사이, 여성이 가장 역할을 하는 가정이 늘어나면서 아버지의 부재는 어린 자녀들, 특히 소수 민족이나 빈곤 가정에서 자라는 자녀에게 미치는 영향에 대한 부계적(paternalistic) 염려를 낳았다. 이런 관심에서 출발한 학술 연구도 엄청나게 증가하는 추세인데 연구의 대부분이 아버지의 태만이 문제면 대부분의 아동이 그로 인해 고통을 당한다는 불가피한 결론을 도출해 낸다.[17] 자녀의 성장에 아버지가 미치는 영향에 관한 연구들은 아동과 접촉해 본 사람이라면 누구나 아는 사실들, 곧 자녀들은 아버지와 접촉할 수 있는 기회가 아주 적더라도 그와 강한 애착을 형성하려 하며, 애정이 풍부하고 능력 있는 아버지의 관심을 얻으려고 노력하며, 자녀를 포기하는 아버지의 태도나 무관심, 적대감으로부터 고통을 당한다는 너무도 상식적인 생각을 증명할 뿐이다.[18] 어쨌든 이런 연구가 점점 방대하게 증가하는 것을 보면, 아버지들은 실제로 행동하도록 잘 설득되기만 한다면 자녀의 정서적인 성장에 기여할 여지가 상당히 많다는 인식이 이루지는 듯하다.[19]

남성이 자녀 양육 활동에 동참함으로써 얻을 수 있는 잠재적인 보상은 엄청나다. 요즘은 전에 비해 훨씬 줄어든 상황이라고는 해도, 거의 모든 여성들에게 어머니로서 기쁨을 안겨 준 것과 똑같은 보상이다. 자녀 양육은 급여를 받는 노동시장에서 하는 대부분의 일보다 훨씬 흥미진진하며 창의적인 활동이다. 어린 아이에게서 사랑과 신뢰를 받는다는 것은 여성이 그 수많은 슬픔을 견딜 수 있게 하는 무한한 기쁨이다. 그러나 이런 보상은 순전히 주관적이다. 그런 보상을 거부하면서, 남성들은 자녀 양육이라는 활동에 대해 실질적으로는 아무런 물질적 보상을 제공하지 않는 경제 체계의 힘과, 자녀 양육을 여성의 일이라 경시하고 그것으로부터 면제되어야 남성의 권위를 지킬 수 있다는 뿌리 깊은 이데올로기를 더 중시한다. 따라서 자녀 양육의 세계에 남성을 통합시키는 일은 생산 체계와 의식 양면의 변혁을 요구한다.

생산 체계의 변혁은 여성들을, 급여를 주는 노동시장에 대거 투입하는 일 이상을 의미한다. 이런 과정은 전통적인 사회주의 사상에서는 성적인 불평등을 폐지하려는 핵심 수단이라 여겨졌지만, 지난 30년 사이 자본주의 미국 사회에서도 아주 빠르게 진행되며, 줄어들 기미가 보이지 않는다. 그렇다고 그것이 곧바로 임금노동 시장에서나 가정에서 차별의 해소로 귀결되지는 않았다. 오히려 그것은 일하는 어머니들에게 스트레스를 가중시켜, 여성들이 자녀를 맡길 믿을 만한 대안을 찾지 못한다면 현실적으로 일과 자녀 양육이라는 이중의 일을 감당해야 한다. 생산 체계의 변혁은 아버지들과 자녀를 더 가깝게 지내도록 만들지는 못한 채, 어머니들을 가정에서 일터로 내몰고 자녀로부터 멀어지게 만든다.

남성들에게 자녀 양육이라는 활동을 떠맡기려면, 임금노동 시장에서 일의 조건이 부모의 욕구를 채워줄 수 있는 방향으로 수정되어야 한다. 융통성 있는 노동 시간, 어머니 역할과 아버지 역할을 하게 하는 유급 휴직, 직장 내 보육 시설 등과 같은 개혁들은 시작 단계에 있다. 역사적으로 남성이 주축으로 있는 조직화된 노동시장에서 이런 목표들은 우선권이 주어지지 않았었다. 노동시장이라는 폭군적 힘으로부터 자유로운 어버이 역할을 확보하려는 투쟁을 조직하여 이끈 것은 여성 노동자들이었다.

지난 10년 동안 여성주의 운동이 벌인 가장 성공적인 프로젝트 가운데 하나는 여성 억압에 이름을 붙인 일이었다. 급진적 여성주의자들에 의해 체계화된 '의식 고양'은 여성의 삶을 분석하고 여성을 조직화하는 방법론이 되었고, 여성에게 여성 공동체의 의미와 목소리를 제공하였다.[20] 성(sexuality)과 모성(motherhood) 그리고 자녀 양육에 대한 가부장적인 가정(假定)들은 도전받았고 방어 자세를 취했다. 여성주의 이념에 대한 남성의 반응 대부분은 감당하기 힘들 정도로 적대적이었다. 남성들이 여성을 착취함으로써 얻는 이득이 많으므로, 만일 평등이 실현된다면 그들이 지닌 권위 대부분을 잃을 것이기 때문이다. 그런데도, 몇 가지 바람직한 반응도 있었다. 여성들뿐만 아니라 많은 남성들도 여성들에게 강요되어 온 억압과 양성 사이의 끝없는 충돌이 궁극적으로는 모든 인간관계를 왜곡시키고 메마르게 만든다는 사실을 이해했다. 여성들뿐만 아니라 남성들도 인간 해방과 평등이 남성과 여성 그리고 세대 간 반목을 화해시킬 수 있다는 꿈을 꾸었다.

　노동의 성적 차별에 대한 여성주의의 비판은 급진적 이론가들뿐만 아니라 온건파와 실험주의 전문가들 사이에서조차 가정과 자녀 양육에 대한 기존의 이념들을 재평가하게 만들었다.[21] 미국 대중문화에서 독특한 위치를 차지하는 책인, 벤자민 스포크(Benjamin Spoke)의 『유아와 어린이 보살피기(Baby and Child Care)』 최신판에는 의미심장한 내용이 실렸다. 여성주의의 혹독한 비판에 대한 대응해 수정된, '깨인(enlightened)' 아버지를 위한 이 기본 입문서는 자녀 양육을 부모의 평등한 책임으로 받아들여야 한다는 신조를 채택하고, 이런 이상이 실현되는 때가 오기를 고대한다고 말한다.

> 아버지들이 다음과 같이 생각하고 행동하는 바로 그날이 위대한 시대의 시작이 될 것이다.
> – 아이 돌보기를 자신의 일이나 경력만큼이나 중요한 일로 간주할 때,
> – 업무 스케줄을 정할 때, 아내와 자녀에게 많은 시간을 낼 방안을 강구할 때,
> – 아버지로서 책임감을 진지하게 받아들이면서, 어머니들이 늘 그렇게 해왔듯이, 아내와 자녀가 남편과 아버지를 필요로 할 때는 언제든 시간을 할애하겠노라고 직장에 당당하게 알릴 때,
> – 직장에 있는 다른 아버지들도 같은 입장을 취할 때[22]

　희미하게나마 남성들은 어버이의 역할에 대해 조금씩 관심은 보이기 시작했다. 어버이 교육에 아버지들이 참여하고, 아이가 태어날 때부터 양

육에 개입하는 일은 그동안 부차적인 차원에 머물렀던 사회적 실험에서 아주 흔한 사건으로 발전하였다. 여성뿐만 아니라 남성들도 자녀를 돌볼 수 있다는 생각은 대중적으로 실천되는 정도는 아닐지라도 이제 대중 의식의 한 부분을 차지한다. 아직까지 적은 수이긴 하지만 일부 아버지들은 자기 자녀를 양육하는 데 배우자와 똑같이 동참하려는 열정적인 시도를 보여 준다. 이 아버지들은, 일부 남성들이 '여성의 일'을 하는 시범을 보여 준다면, 여성들은 틀림없이 모든 남성들에게 똑같은 일을 요구할 거라고 생각하는 동료 남성들의 격렬한 적대감에도 직면해야 했다.

불행하게도 아버지의 역할에 대한 새로운 남성의 관심은 부모의 의무에 대해서보다 권리에 더 초점을 맞추는 경향이 있다. 여성들이 최근에 얻은 후견권과 자녀 부양과 이혼 수당 제도에 대한 공격이 그 한 예이다. 예를 들어 『아버지의 힘(Father Power)』이라는 부모들을 위한 입문서에서 두 명의 심리학자는 이혼할 경우 어머니에게 자녀 양육권을 주는 관행에 반대한다. 그들은 어머니들이 거의 언제나 자녀의 일차적인 보육자라는 사실은 인정하면서도, 이것이 아버지들에 대한 '차별'이라고 간주한다. 그들은 또한 "이제는 노동시장에서 여성들을 위한 기회가 엄청나게 많아졌으므로", 이혼 수당은 '시대착오적'이라고 주장한다.[23] 여성들이 너무나 자주 듣는 이런 주장은 본질적으로 여성운동이 확보한 얼마 안 되는 이득을 남성 특권의 범위를 더 넓히는 구실로 이용하려는 시도이다.

아버지를 가정에 통합시키는 일은 '아버지의 힘'이라는 깃발 아래서는 수행될 수 없다. 여성들은 이미 겪을 만큼 많이 겪었다. 그 일은 필수적인 인간의 행동이라면 마땅히 받아야 할 존엄과 존중을 자녀 양육에도 부여하려는 여성들의 조직화되고 자기의식화된 투쟁의 결과로서 이루어져야 한다. 그 일은 점진적으로 또 상당히 조심스럽게 수행되어야만 할 것이다. 남성들에게 하룻밤 사이에 그동안의 행동을 극복하고, 자녀 양육 능력을 계발하기를 기대할 수는 없으며, 자녀에 대한 관심이라고는 가장 좋아야 양면성을 띠고, 최악의 경우에는 왜곡된 것이기 일쑤인 남성들에게 자녀를 무방비로 맡기는 일은 터무니없는 일이기 때문이다. 다가올 얼마간의 시기 동안, 여성들은 교사이자 보호자 역할을 담당해야 할 것이다.

이런 과정이 시작된 것으로 보이는 하나의 사례가 어머니들의 집단을 통해 여성주의 의식과 정치적 교양을 쌓았던 노라 할로(Nora Harlow)라는 어머니에 의해 잘 묘사됐다. 처음에 어머니들은 가정에서 어린 자녀들을 돌보는 일을 공유하는 것으로 시작하여, 협조적인 주간 보육 센터를 조직해 나갔고, 마침내는 배우자에게 동참을 요구했다. 이 여성들이 강력하고 응집력 있는 조직을 형성한 뒤 배우자들에게 자녀 보육에 동참하도록 요구하는 게 정당하다고 생각한 것은 우연이 아닐 것이다. 그리고 자녀 양육이 가치 있는 노동임을 입증하였고, 자녀 보육에 내면화된 인종이나 계급 구분을 극복하였고, 교회, 대학, 그리고 주 정부 관료들과 행한 싸움을 성공적으로 이겨 나갔기 때문이다. 이들보다 겉으로 별로 드러나지도 않고 겉보기에는 훨씬 조직력이 약한 것 같지만, 노동의 성별 분화는 어머니들이 반드시 직면해야 할 최종적이며 가장 뛰어넘기 힘든 제도였다.

아버지를 자녀 양육에 개입시키려는 어머니들의 노력은 아버지가 없는 소년들에게 자선을 베푸는 시도에서 시작했다. 어머니들이 사회의 모든 자녀들, 특히 소녀들이 얼마나 심각하게 방치되는지를 깨달음에 따라 이 활동은 더욱 진전되었다.

우리는 상황을 재평가했습니다. 여성 각자가 남편에게 자녀를 돌볼 시간을 낼 수 있는지 물어보기로 했죠. 대답은 '시간을 낼 수 없다.'였습니다. 아버지들은 일주일에 단 한 시간도 자기 자녀를 돌볼 책임을 지지 않으려 했습니다. …… 우리는 자녀를 두 개의 성으로 분리된 세계 한복판에 집어넣기로 작정했습니다. 그래서 우리는 열여덟 명의 자녀를 돌보는 일에 남성들을 참여시키려고 우리가 찾아낼 수 있는 수단—직접적인 사회적 압력—을 동원했지요.[24]

이 보고서에는 아버지들의 저항과 저항에 맞서려는 어머니들의 전략이 아주 경쾌하고 유머러스하게 언급됐다. 아버지들은 그들이 자녀 양육에 많은 시간을 내고 싶지만 직장 일 때문에 그렇게 할 수 없는 거라고 말했다. 어머니들은 그들 역시 대부분 일을 하지만, 자녀 양육이라는 의무를 어떻게든 꾸려 나간다고 응수했다. 어머니들은 아버지들의 업무 일정을 꼼꼼히 살핀 뒤 아버지들이 보육 센터에서 일할 수 있는 시간을 끄집어냈다. 아버지들은 자기 일이 훨씬 더 중요하다고 맞섰다. 어머니들은 예전에는 거의 그래 왔다는 것을 이해하지만, 이제 앞으로는 그렇게 되어선 안되며, 아버지들의 참여를 새로운 가정을 위한 보육 센터에 아이가 들어올 수 있는 조건으로 만들겠다고 대답했다.

아버지들이 서서히 보육실로 들어오자, 어머니들은 그들과 함께 일해 나가는 방법을 배워야 했다. 어떤 아버지들은 우는 아이를 달래거나, 쓰레기를 치우거나, 기저귀를 갈거나 싸움을 말려야 할 때마다 어머니를 부르는 식으로 소극적인 저항을 했다. 어머니들은 아버지들이 이런 문제를 스스로 처리하는 법을 배워야 한다고 주장했다. 아버지들은 어린 자녀를 돌보는 일이 자기에게는 맞지 않거나 자신이 무력하다는 의식도 조금씩 털어놓았다. 어머니들은 자신들도 그런 생각을 수도 없이 했다며 아버지들의 고충을 인정해 주었다. 아버지들은 어렸을 때 기억이나 환상을 떠올리거나 상상력 속에 묻혔던 요소들을 사용함으로써 자녀를 보살피는 데서 자신들의 방식을 고안해 내기 시작했다. 몇몇 아버지들은 주간 보육 센터에서 보내는 시간을 즐거워하고 당번 날이 오기를 고대했다. 아버지 몇몇은 여전히 툴툴거리거나 성질을 부리기도 했지만, 다른 많은 아버지들이 처음으로 자녀와의 관계에서 기쁨과 자극을 느꼈다는 사실을 발견하였고, 마침내 거의 모든 아버지들이 주간 보육 센터에 일주일에 반나절 가량의 시간을 낼 수 있었다. 할로는 "우리 아이들은 아버지에 대해 아주 다른 이미지를 갖고 성장했습니다. 그 이미지 가운데 가장 큰 것은 학교에 와서 아이들과 함께 놀아 주고, 가르치고 돌보아 주는 남성들에 의해 형성되었지요."[25]라고 보고서를 끝맺었다.

'아버지에 대한 아주 다른 이미지' 속에, 성 학대를 끝장내기 위해서만 아니라 아버지와 어머니, 자녀들의 관계를 화해시키는 데 필요한 최고의 희망이 숨어 있다. 근친 성 학대는 여러 학대 가운데도 가부장적인 가족 구조로부터 불가피하게 생기는 학대이다. 어머니와 자녀들이 아버지의 규율에 종속되었다면, 그런 학대는 계속될 것이다. 간단히 말해서, 자녀를 보호하고자 하는 어머니에게는 학대적인 아버지들을 가족으로부터 추방시키는 싸움 이외의 다른 선택지는 없다. 대부분의 어머니들이 편모가 되기를 바라지는 않는다. 오히려 어머니들은 자녀의 욕구가 무엇인지 이해하고, 성적인 행위와 애정을 구별할 줄 알고, 사랑의 적절한 한계를 인식하는 아버지와 함께 자녀를 양육하고 싶어 한다. 어머니의 즉각적인 방어가 가족들로부터 근친 성 학대를 저지른 아버지를 배제하는 쪽으로 초점을 두었다면, 어머니의 최종적인 희망은 그런 방어가 다시는 필요하지 않도록 아버지 상을 변화시킬 가능성에 두어져야 한다.

아버지들이 권위주의적인 역할에 머무른 한, 그들은 아버지의 임무나 그것이 가져다 줄 보상에 참여할 수 없다. 그런 아버지들은 평등에 기초한 사랑의 활동을 공유한다는 것이 무엇을 의미하는지, 새로운 세대의 생명력을 양육하는 일이 무엇을 의미하는지 절대 알 수 없다. 남성이 더 이상 가족을 지배하지 않을 때, 그들은 가족에 속한다는 것이 무엇을 의미하는지를 처음으로 확실히 배울 것이다.

2000년 후기:
지난 20년 사이 근친 성 학대 이해의 변화

이 책은 많은 여성주의 저작물들이 그렇듯이, 두 여성의 대화에서 시작되었다. 말하고 듣는 단순한 행위는 우리를 전 세계 해방운동에 참여하게 했다. '자유 공간(free space)'에서 우리는 환자들과 서로에 대해 친밀한 대화를 했고, 가부장적 질서의 한복판에서 은밀한 범죄를 감추며 사는 수없이 많은 여성들의 이야기를 나누었다.[1] 리사 허시먼(Lisa Hurschman)과 나는 1970년대 중반에 연구를 시작했다. 그때까지만 해도 근친 성 학대는 공공연하게 드러나지는 않았지만, 수많은 피해자들의 개인적인 확신은 우리와 또 다른 많은 여성주의 작가들로 하여금 우리 사회에 깊이 뿌리박힌 여성과 아동에 대한 성적인 착취를 밝혀내도록 이끌었다.[2] 환자들이 개인적인 증언 형태로 증거를 내놓자, 우리는 문학, 사회과학, 의학, 법학 분야에서 권위 있고 지혜로운 글을 쓴다고 알려진 인사들에게서 나온 숨 마힐 정도로 많은 일련의 부인과 합리화, 그리고 변명과 맞닥뜨렸다. 당시만 해도 일반인들에게 성범죄는 실제로는 아주 드물고, 여성과 아동의 과도한 상상 속에서만 활개를 치는 것으로 간주되었다. 그러나 실제로는 그 정반대임이 사실로 입증되었다.

지난 20년 사이, 근친 성 학대에 관한 우리 연구의 기본 전제가 방대하게 확인되었다. 이제 아버지-딸 사이의 근친 성 학대는 정도를 벗어난 성 행위가 아니라, 오히려 가부장적 힘을 사용하는 데서 생기는 것으로 예상할 수 있는, 아주 흔한 종류의 학대라는 사실이 널리 이해된다. 그것은 또한 아버지들의 힘을 영속시키는 하나의 수단이자, 남성의 지배와 여성의 종속을 강요하는 수많은 사적인 범죄(강간, 성매매, 가정 폭력) 가운데 하나이다.[3] 아마도 근친 성 학대의 중요성을 가장 완전하게 파악한 사람은 여성의 몸을 팔아 이익을 취하는 실제 사업가 남성들이다. 한 포주는 어떤 순진한 학생에게 매춘부에게 필요한 것이 무엇인지를 이렇게 설명한다.

미모도 필요하지. 성적인 전문 기술도 어느 정도는 있어야겠고. 근데 그거야 네가 생각하는 것보다 훨씬 빨리 배울 수 있어. 무엇보다 중요한 것은 순종이야. 어떻게 순종적으로 만드냐고? 자기 아버지나 삼촌, 오빠랑 성관계를 가져 본 여자 애를 찾아내면 식은 죽 먹기지. 너도 알다시피, 그런 사람을 사랑하고 그 사랑을 잃을까 봐 두려워했던 적이 있는 애들은 감히 맞서려고 하지 못하거든.[4]

일부 논평자들은 근친 성 학대가 전에 생각했던 것보다 훨씬 더 자주 발생한다는 사실을 시인하면서도, 그 문제를 남성 지배라는 맥락으로부터 분리하여 이해하려 했다. 성 학대를 저지른 범죄자들이 모두 남성인 것은 아니며(그들 가운데 90퍼센트 정도다.),⁵ 모든 피해자가 소녀들인 것도 아니라고(성 학대를 당하는 소년들의 수도 상당하지만, 이들은 대개 더 나이가 많은 소년이나 성인 남성에 의해 학대당한다.) 지적하는데,⁶ 물론 틀린 지적은 아니다. 하지만 한 성이 다른 성에 대해 저지른 학대가 그렇게 만연했는데도 어떻게 그렇게 오랫동안 부인되고 간과되어 왔는지를 설명할 수 있는 유일한 방법은 여성주의 분석뿐이다. 여성주의 분석만이 근친 성 학대 범죄자들이 왜 겉으로는 보통 사람들처럼 보이는지, 아니 사회적으로 존중받고 힘을 지닌 남성들이 왜 그렇게 많은지를 설명해 준다. 오직 여성주의 분석만이, 학대당한 아동과 성인 생존자들을 위해 가장 열심히 나서는 옹호자들은 왜 언제나 여성들이었는지를 설명한다. 그리고 여성주의 분석만이 근친 성 학대 범죄자들이 자신의 범죄 사실을 변명하려고 진지한 노력을 기울일 때마다 왜 그토록 고통스러운 갈등 상황이 벌어지는지를 설명할 수 있다.

세계적이고 전국적인 차원의 의식 고양(Consciousness-Raising)

 장구한 여성운동의 역사에서 볼 때, 20년이 그리 긴 시간은 아니다. 그러나 그 시간 사이에, 전 세계적으로 여성과 아동에게 가해진 폭력은 미국뿐만 아니라 세계 곳곳에서 가시화되기에 이르렀다. 1997년 유니세프(UNICEF)가 건강, 복지 그리고 아동의 권리에 영향을 미치는 문제에 관해 내놓은 보고서, '국가의 진보(The Progress of Nations)'는 전 세계적으로 여성과 소녀들에게 가해진 폭력이 인간의 권리를 침해하는 가장 만연한 학대라고 결론지었다.[7] 일부 국가에서는 2, 30년 전 미국에서 이루어졌던 종류의 의식 고양 운동이 이제 막 시작됐다. 소규모 '자유 공간'이 열릴 때마다, 근친 성 학대 피해자들은 당당히 나와 자신의 비밀을 털어놓는다.[8] 오사카와 이스탄불에서 마련된 연설회에서도 귀에 익은 이야기들은 언어와 문화라는 특수성을 뛰어넘어 너무도 잘 이해된다.
 세계 곳곳에서 처음으로 근친 성 학대 생존자들의 이야기를 들은 사람 가운데는 임상의들도 있었다. 알아낸 사실을 책으로 펴낸 임상의들은 한결같이 '여기서 그런 일이 일어날 리 없다.'고 믿고 싶어 하는 동료 남성들의 끈질긴 편견에 부딪히는 일을 피할 수 없다. 그러나 최근 아시아와 중동 지역에서 나오기 시작한 심리학 문헌에 실린 보고서를 보면,[9] 유럽이나 북미에서 발생한 학대 보고와 전혀 다르지 않다는 사실이 판명된다. 유행병처럼 번지는 역병 연구가 모든 나라에서 이루어지는 것은 아니므로, 북미에서 번지는 근친 성 학대를 다른 나라에서 발생하는 그것과 비교하기는 불가능하지만, 비교 연구가 이루어질 때마다 그 결과는 놀라울 정도로 유사하다.[10]

북미에서 근친 성 학대 문제는 지난 20년 사이 대중적인 관심사로 폭넓게 받아들여졌다. 문학계를 주도하는 현대 소설 작가들도 주로 낮 시간대 TV 프로그램에 출연하는 사람들과 마찬가지로 그 문제를 주요 관심사로 삼았다.[11] 잘 알려진 유명 인사들을 포함하여, 많은 성 학대 생존자들이 자신의 경험을 폭로했다. 예컨대, 대중적인 사랑을 받는 토크 쇼 진행자 오프라 윈프리(Oprah Winfrey)는 이 문제에 대한 대중들의 관심을 환기시키려고 스스로를 한 사람의 생존자로 규정했다. 근친 성 학대 생존자들의 자조(self-help) 운동 역시 '역기능' 가정의 비밀을 폭로하는 거대한 운동으로부터 발전했다. 성 학대 생존자들을 위한 자조 지침서인, 『치유하려는 용기(The Courage to Heal)』는 1988년에 출간되자마자 전국적인 베스트셀러가 되었다.[12] 해마다 개최되는 연설회인 '진실을 말하자(To Tell the Truth)'는 전국에 있는 생존자들을 그들의 가정에 내재한 침묵이라는 규율에 맞서도록 격려한다. 순회 미술 전시회인 '빨랫줄 프로젝트(The Clothesline Project)'는 성폭력과 가정 폭력 생존자들에게 셔츠에 그들의 메시지를 그려 공개적으로 전시할 수 있는 기회를 제공한다. 가정의 '더러운 빨래'를 드러내 놓지 못하게 막는 금기를 깨뜨리자는 취지였다. 성폭력과 가정 폭력에 대한 전체적인 인식이 확장됨에 따라, 풀뿌리 피해자 서비스 조직들 역시 늘어나기 시작했다. 선구자 역할을 맡아 준 여성주의자들 덕분에, 이제 미국과 캐나다 각 지역에 강간 위기 센터와 가정 폭력 피해 여성을 위한 쉼터가 마련되어, 피해자들에게 정보와 상담, 그리고 실질적인 도움과 법률적인 조언이 제공된다.

학대받는 여성과 아동이 당한 피해를 개선하려는 운동 역시 많은 새로운 입법과 사회 프로그램을 만들어 내는 데 큰 힘을 불어넣었다. 범죄 피해자 법령(VOCA)의 통과와 피해자를 돕기 위한 전국 조직의 설립(1986)은 피해자의 권리에 대해 공식적인 인식이 이루어졌음을 보여 주는 획기적인 사건이었다. 이런 개혁적인 입법 조치에 따라 어떤 범죄로 유죄판결을 받은 가해자들이 강간 위기 센터들, 가정 폭력 여성 쉼터들, 상담 서비스 센터들, 법원의 변호 프로그램 같은 조직들을 위한 펀드에 벌금을 내도록하는 피해 배상 정책도 입안되었다. 조성된 펀드는 개인 피해자들을 위한 의료 비용, 상담 비용과 받지 못한 급여를 직접적으로 충당하는 데도 이용된다. 피해 대리자나 변호인들은 펀드의 분배를 맡은 주 정부 자문 이사회에서 활동한다. 1998년 회계 연도에 3억 2400만 달러(한화 약 3000억 원)가 VOCA 펀드로 조성되었다. 그동안 피해자들을 돕는 일에 헌신해 온 우리 모두는 가해자들이 어쩔 수 없게나마 우리의 활동에 기여해 왔다는 사실을 알자 어떤 묘한 만족감을 느꼈다.

아동 학대 문제를 논의하는 연방 대리 기구를 설치하려는 입법으로, 1974년에 미국에서 아동 학대 예방과 치료 법안(the Child Abuse Prevention and Treatment Act)이 처음으로 통과되었다. 그때 이래로, 아동 학대와 방임에 관한 사례를 검토하는 국가 기관의 주도로 세 건의 연구가 시행되었다. 주 정부의 아동보호 기관으로부터 나온 보고서뿐만 아니라, 세 건의 연구는 학대받거나 방치되는 아동과 밀접한 관계를 맺고 활동하는 학교

교사, 의사, 사회복지사, 경찰과 같은 '파수꾼' 역할을 담당하는 전문가들로부터 전달된 수많은 전형적인 사례를 데이터로 수집한다. 가장 최근인 1996년에 실시된 조사는 그해에 어림잡아 21만 7000명의 아동이 성적으로 학대당했다는 통계치를 내놓았다. 이 아동 가운데 약 반수는 친부, 계부 또는 아버지 역할을 하는 사람들에 의해 학대당했다. 이 추정치는 바로 십 년 전인 1986년에 실시된 연구에 나타난 수치보다 83퍼센트나 증가하였음을 나타낸다. 조사를 담당한 연구자들은 수치가 이렇게 대폭 증가한 이유가 아동 학대를 탐지해 내는 역량과 기술이 향상된 전문가 파수꾼들의 보고가 늘어났기 때문으로 본다. 10년이 채 안 되는 사이에, 아동 학대로 인식된 사건은 법 시행처에서는 두 배, 병원 측에서는 세 배, 정신 건강 센터에서는 네 배로 늘어났다.[13]

불행하게도, 학대받는 아동을 위해 주 정부 당국이 개입하는 능력은 위기에 처한 아동을 파악하는 전문가의 능력을 원활하게 따라잡지 못하고 있다. 보고는 폭발적으로 늘어나는데, 조사되는 사례 수는 정체돼, 조사되는 사례 비율은 감소하는 상황이다. 1996년까지 파수꾼들에 의해 확인된 사례의 28퍼센트만 공식적으로 조사되었으며, 아동이 심각한 신체 외상을 입었는데도 조사가 이루어지지 않기도 했다. 이런 상황의 최전선에 있는 사회복지사들은 맡아야 할 너무 많은 사례에 짓눌린 처지이지만, 가장 명백하고 즉각적인 위험에 처한 아동들을 돕고자 한정된 자원을 따로 떼어 두기도 하고, 혹시라도 사례 가운데 한 아동이 사망한 채 발견되어 신문 1면을 장식하지 않기를 바라면서, 그들이 접수한 보고를 '면밀하게 선별'해야만 했다. 이런 상황에서 성 학대가 의심되는 사례들은 '가려져 버리는 사례' 가운데 있기 마련이다.

오늘날 존재하는 아동보호 기관들은 단지 어마어마한 문제들에 대응하려고 마련된 것은 아니다. 1990년 경 아동학대와방임에관한국가고문이사회(U. S. Advisory Board on Child Abuse and Neglect)는 아동보호와 관련된 상황을 '국가적 응급 사태' [14]로 묘사하였다. 그때 이래로 사태는 더욱 심각해진 것처럼 보인다. 1994년 아동보호에 관한 사회 정책 보고서는 "학대당하는 아동에게 도움이 되는 더 포괄적인 서비스를 마련하는 데 진전을 보였다기보다 우리는 오히려 한참이나 뒤쳐지는 것 같다."[15]고 결론지었다. 아동보호 서비스의 이런 위기는 아동 복지에 관한 공적인 관심과, 모든 아동에게 적절한 보살핌과 보호를 제공하기에 실질적으로 필요한 정도까지만 마지못해 개입하고 자원을 투입하려 하는 태도 사이의 엄청난 갈등을 보여 주는 하나의 예에 지나지 않는다.

　대중의 의식 수준이 상당히 높아졌는데도, 의심할 여지없이 대부분의 근친 성 학대 사례들이 여전히 사람들의 눈을 피해 일어난다. 현실적으로 근친 성 학대가 만연한다는 가장 확실한 증거는 전국사고조사(National Incidence Survey)와 같은 '파수꾼들'에 의한 연구에서가 아니라, 성인 피해자들로부터 직접 정보를 얻어 낸 연구에서 잘 드러난다. 지난 20년에 걸쳐 이루어진 대규모 조사는 우리가 추정한 1981년의 근친 성 학대 확산율이 턱없이 낮다는 사실을 밝혀 주었다. 캘리포니아에 거주하는 여성 930명을 임의로 추출한 조사에서, 사회학자 다이애나 러셀(Diana Russell)은 여성의 16퍼센트가 18세 이전에 친척으로부터 성 학대를 당했고, 4.5퍼센트는 친부나 계부에 의해 성 학대를 당한 것으로 드러났다고 보고했다.[16] 사회학자 게일 와이엇(Gail Wyatt)이 캘리포니아에서 실시한 좀 더 작은 규모의 공동체 연구에서도 역시 비슷한 결과가 드러났다.[17] 이 두 연구는, 정보 제공자들에 대한 신뢰와 비밀 보장 관계를 수립하는 데서 보여 준 주의 깊은 태도로 볼 때, 여러 면에서 최고의 기준을 갖춘 조사

방법론을 보여 준다. 심층 면접은 대개 피해자의 집에서 피해자가 사용하는 언어를 사용하여 개별적으로 이루어졌다. 전국에 걸쳐 간접적인 전화 인터뷰를 통해 광범위한 집단을 대상으로 한 연구들도 있다. 이런 연구에서 드러난 성 학대 발생 수치는 약간 더 낮았지만, 필자가 원래 추정한 수치보다는 높았다.[18]

러셀이 찾아낸 연구 결과는 소규모 임상 연구를 통해 우리가 관찰한 많은 결과들을 확증시켰다. 근친 성 학대는 빈곤한 가정에서만이 아니라 중산층이나 부유한 가정에서도 흔하게 발생하며, 인종 집단상으로도 별다른 차이 없이 광범위하게 이루어진다. 우리가 전혀 예상하지 못했던 한 가지 결과는 계부들에 의한 성 학대 위험률이었다. 러셀은 아동기에 계부와 함께 생활한 여성 여섯 명 가운데 한 명이 성 학대를 당한 적이 있다는 사실을 발견했다. 러셀은 아동에게 특히 강한 성적 관심을 지닌 남성들이 『롤리타』에서 전개된 원형적인 시나리오처럼 딸들에게 접근하려고, 의도적으로 상처 받기 쉬운 싱글 마더를 찾아다니는지도 모른다는 추론을 내놓았다.

러셀의 상담자들에게 근친 성 학대 경험을 털어놓은 44명의 여성 가운데, 학대를 신고한 여성은 단 3명밖에 되지 않았다. 이런 데이터는 이 분야의 숙련된 연구자들이 오랫동안 품어 온 의혹을 확증시켜 주었다. 신고한 사례는 실제로 일어난 근친 성 학대 사례의 10퍼센트에도 미치지 못한다는 점이다. 아동 피해자 대부분은 여전히 비밀을 간직한다. 비밀을 털어놓는다 해도 그것은 훨씬 나중인 성인이 되고 난 이후, 곧 그들이 아버지의 직접적인 통제를 벗어났을 때, 더 이상 아버지로부터 끈질긴 충성과 침묵을 강요당하지 않을 때에나 가능하다. 일부 여성은 아버지가 성 학대를 저질렀다는 사실을 자기 자신조차 인정하려 들지 않는다. 때로는 배신과 상실이라는 심연을 마주 대하기보다 모르는 체 하는 것, 부인을 받아들이는 것, 잊어버리는 일이 더 쉽기 때문이다.

피해자들에 대한 이해

우리가 처음 연구를 시작했을 때인 1970년대에는, 근친 성 학대가 미치는 심리적 영향에 관한 과학적인 문헌이 거의 없었다. 따라서 우리의 연구는 이전에는 제대로 된 조사 하나 없이 거의 방치되다시피 하던 이 분야를 개척하는 데 일조했다. 이 문제는 우리 같은 심리 치료사들에 의해 처음으로 발견되었는데, 정신과 치료를 받으려고 병원에 온 그렇게도 많은 사람들이 아동기 성 학대 피해자들인 것으로 판명되었기 때문이다. 고통스러워하는 문제가 무엇인지 묻자마자, 많은 환자들이 가족 내 성 학대 경험을 털어놓았다. 이 문제를 좀 더 체계적으로 연구하기 시작한 1980년대에, 임상 연구자들은 정신과 병원에 입원한 환자의 50~60퍼센트, 각종 병원이나 개인 정신과 병원 외래 환자의 40~60퍼센트가 아동기에 신체적 그리고/또는 성적 학대를 경험했다는 사실을 밝혀냈다.[19]

임상의들이 접한 감당하기 힘든 가장 당혹스러운 사례들은 전에 드러낼 수 없었던 아동기의 정신적 외상과 연관된 것으로 판명되었다. 더욱이 많은 환자들은 자신이 지닌 고통의 실태가 마침내 드러나자 상태가 호전되기 시작했다. 이런 발견들은 어린 시절에 당한 학대 경험이 장기간에 걸쳐 영향을 미친다는 점을 밝혀낸 새로운 연구의 분출로 이어졌다. 1990년대 중반 경부터, 아동기 성 학대를 성인의 정신적 문제와 연관시킨 연구가 증가하였고, 축적된 자료는 너무 강렬한 것이어서, 미국 정신의학계를 주도한 잡지인 『미국 정신 의학 저널(the American Journal of Psychiatry)』은 정신의학상의 문제가 모두 '학대하는 아버지'로 인해 발생하는 것은 아니라는 점을 독자들에게 상기시키는 게 현명하겠다고 판단할 정도였다.[20]

리사 허시먼과 내가 처음으로 40명의 근친 성 학대 피해자를 연구하면서 밝혀낸 임상 관찰 대부분이 지금까지 미국과 세계 도처에서 활동하는 연구자들의 수많은 연구를 통해 그대로 되풀이 되어 왔다.[21] 자기 개인사를 털어놓은 수많은 훌륭한 여성들의 증언을 통해 분명히 확인할 수 있는 사실은 피해자들이 놀랄 만큼 강인함과 회복력을 발휘한다는 점이다. 다시 말해 근친 성 학대 경험이 한 사람의 인생 여정을 결정짓는 것은 아니다. 그러나 피해자들이 아주 갖가지 종류의 문제에 빠질 위험성이 높다는 점도 분명하다. 가장 나쁜 징조로, 아동기 학대를 당한 피해자는 성인이 된 이후에도 학대를 되풀이해서 당할 가능성이 매우 높은 것 같다는 점이다. 이 점에 관한 데이터는 아주 많다. 예컨대 러셀의 연구에서, 근친 성 학대 피해자들은 아동기에 학대를 당하지 않은 여성에 비해 강간, 가정 폭력, 성 추행, 그리고 매매춘과 포르노그래피 등의 덫에 걸려 고통당할 가능성이 두 배 이상 높았다. 이런 끔찍한 통계는 러셀로 하여금 "근친 성 학대 경험 자체가 피해자로부터 스스로를 보호할 잠재력을 박탈하는 것 같다. …… 남성들은 한번 피해를 당한 여성들을 지속적인 피해자로 만드는 듯하다."[22]는 추론을 하게 했다. 이렇듯 현대 사회과학의 엄밀한 방법론은 길거리 포주들의 지혜를 확인시켰다고 해도 과언이 아니다.

근친 성 학대는 또 피해자에게 광범위한 차원의 정신적인 문제들, 가장 흔하게는 우울감, 불안 장애, 섭식 장애, 약물 남용 등을 경험할 위험률을 높이는 것으로 보인다.[23] 아동기에 갖가지 다른 형태로 학대를 당한 경우와 마찬가지로, 자살을 시도하거나 의도적으로 자기 몸을 칼로 긋거나 자르거나 불에 데는 등의 자해 행위를 하는 환자의 인생 여정을 살펴보면 근친 성 학대는 아주 흔하게 일어났던 일이다.[24] 이런 증상은 주로 여성 환자들, 특히 급격한 감정 기복과 대단히 불안정한 인간관계로 인해 '아주 다루기 어려운' 사람이라거나 '경계선 인격 장애'라는 진단을 받는 사람들에게 공통적으로 나타나는 것으로 보인다.[25] 그리고 질병 발생학상으로는 반사회성 장애라 알려진 낯설지만 몹시 고통스러운 상태와 강하게 연관된 것으로 이해되었다.[26]

이 분야의 연구는 외상성 스트레스 장애 연구 분야의 발전과 더불어 진전됐는데, 장기간에 걸쳐 반복된 다른 형태의 극심한 정신적 외상에 노출

됨으로써 생긴 영향과 근친 성 학대의 영향 사이에는 많은 공통점이 있다는 사실이 밝혀졌다. 가정 내 성 학대와 폭력 피해자들은 종종 인질, 이교도 집단, 정치적 수감자처럼 구금과 고문을 견뎌야 했던 사람들과 닮은 점이 많다. 그들은 갖가지 종류의 증상에 시달릴 뿐만 아니라, 자아에 대한 의식이나 다른 사람과 관계 맺는 능력에서 심각한 손상을 입는다. 외상을 입은 사람들에게서 나타나는 이런 놀라운 유사성은 '복합적 외상 후 스트레스 장애(complex post-trauma stress disorder)'라는 개념을 만들어 내게 했다.[27] 현재 이 개념은 미국 정신의학협회가 공인한 진단 및 통계 편람인 DSM-IV에 실렸다.[28]

지난 20년에 걸쳐 축적된 연구와 임상 경험은 우리가 처음 연구에 착수했을 때는 기대하지 못했던 몇 가지 사실을 발견하게 했다. 우리는 자라는 아동의 정신과 신체에 근친 성 학대가 얼마나 심각한 영향을 미치는지를 충분히 이해하지 못했었다. 또한 두려움, 비밀 유지, 그리고 배신이라는 환경에 아동이 얼마나 복합적인 형태로 적응하는지도 이해하지 못했다.[29] 처음 우리가 실시한 연구와 뒤이어 1980년대에 나온 연구의 밑거름이 된 정보는 성인이 된 피해자의 회고 진술서에서 의한 것이라는 한계를 지녔다. 그러나 지난 몇 년 사이, 이미 알려진 학대 경험을 지닌 아동의 성장 과정을 추적해 가는 더욱 정교한 전향적 연구(prospective studies: 앞으로 발생할 질병의 정도를 추적하는 방법—옮긴이 주)를 진행하는 일이 가능해졌다. 새로운 연구자 세대는 5~10년 전부터 아동보호 기관의 관심 대상이 된 학대 아동의 발달 상태를 추적한다.[30] 이런 연구들은 근친 성 학대나 다른 형태의 아동 학대가 아동에게 미치는 영향에 대한 우리의 이해를 더 심화시키리라 기대된다.

처음 우리가 연구에 착수했을 때만 해도, 성 학대가 피해자 아동의 신체 건강에 영향을 미칠지에 대해서는 별 의혹을 갖지 못했다. 그러나 최근의 연구는 결국 피해자들이 정신 건강 진료소 같이 1차 검진을 담당하는 내과 병원에 자주 오는 것 같다는 사실을 밝혀냈다.[31] 한 연구는 피해자들이 다른 사람들에 비해 특히 두통이나 위장의 통증을 비롯한 갖가지 의료적인 문제를 갖고 병원을 훨씬 자주 찾는다고 보고했다.[32] 또 다른 연구에서는 아동기의 학대가 만성적인 골반 통증과 연관됐다는 점을 알아냈다.[33] 만성적인 건강 이상 문제는 정신적 외상 피해자들이 겪어야 할 운명이라 할 만큼 일반적으로 많이 나타나는데[34], 정신적 외상을 입은 아동들은 특히 성장에 관여하는 생물학적 조절 체계가 정신적 외상에 의해 와해되기 쉽다는 취약성을 드러낸다.[35] 성적으로 학대를 당한 아동의 성장을 추적 연구한 연구자들은 아동들이 부신(콩팥 부근) 호르몬, 갑상선 호르몬, 그리고 생식 호르몬을 조절하는 중추신경계의 이상을 드러낸다는 소견을 밝혔다.[36] 신경 생물학상의 이러한 이상 증상들은 학대가 끝난 것으로 추정된 시기 이후에도 오랫동안 지속되는 듯하다.[37] 이런 증거가 점점 많아진다는 사실이 함축하는 의미는 우리를 매우 심란하게 만드는데, 아동기에 입은 정신적 외상이 뇌의 발달에도 영구적인 영향을 미치는 것으로 보이기 때문이다.[38]

우리가 20년 전에는 예상하지 못했던 또 하나의 사실은 정신적 외상과 변성의식상태(altered state of consciousness) 사이의 연관성이었다. 정신분열 현상은 사실 1세기 전부터 임상 관찰자들에 의해 밝혀져 왔지만, 정신적 외상과 분열 사이의 연관성이 완전히 이해된 것은 아주 최근에 이르러서다.[39] 각종 사고, 자연재해, 전쟁, 강간, 가정 폭력 피해자들을 대상으로 세계 곳곳에서 이루어진 연구는 특히 다음과 같은 사실을 밝혀낸 것으로 보고한다. 아무 대응도 못한 채 공포에 직면해야 하는 상황에서, 어떤 사람들은 자발적으로 변성의식상태로 들어간다. 다른 세상에 가 있거나 '꿈을 꾸는 듯한' 이런 멍한 상태에서, 사람들은 자신의 감각, 정서 또는 그들에게 지금 무슨 일이 일어나는지에 관한 의식으로부터 동떨어졌다고 생각한다. 마치 그런 일은 자기가 아닌 다른 사람들에게 일어난 것처럼 인식이 변형되고, 시간은 늦추어지며, 정신적 외상을 일으킨 사건들은 그저 멀리서 관찰될 뿐이다. 이런 반응은 탈출구가 전혀 없는 상황에 적응하려는 것처럼 보이지만, 그 대가는 엄청나다. 정신적 외상이 일어난 시기에 의식 분열에 들어간 사람들은 대부분 외상 후 스트레스 장애에 빠진다는 사실이 많은 연구자에 의해 밝혀졌기 때문이다.[40]

또 정신적 외상이 아주 극심하고 장기간에 걸쳐, 또 어린 나이에 시작될수록, 분열적인 정신 상태로 발전할 가능성은 더 클 것이다. 국립정신건강연구소가 성적으로 학대당한 소녀들을 대상으로 실시한 전향적 연구에서, 정신과 의사인 프랭크 퍼트남(Frank Putnam)과 그의 동료들은 소녀들이 성장해 가는 과정에서 10년 정도에 걸쳐 분열 증상으로 발전하는 전조를 관찰해 왔다. 정신적 외상이 있던 시기에 나타난 분열은 이후 신체 건강, 정신 건강 그리고 각종 사회문제들을 포함한 모든 종류의 문제가 발생하리라는 점을 알려 주는 가장 강력한 예측 요인 가운데 하나이다. 불안 장애, 우울증, 자해, 자살 시도, 학교 부적응, 친구 사이의 갈등, 사춘기에 너무 일찍 성 경험에 노출되는 일 등, 이 모든 일들은 아동기에 드러난 분열 증상이 얼마나 심각한가와 깊이 연관된 것 같다.[41]

맨 처음 근친 성 학대에 관해 연구할 때 우리가 미처 기대하지 못했던 결과 가운데 또 다른 점은 정신적 외상으로 인한 기억상실증(traumatic amnesia) 현상이었다. 1980년대 초반에, 동료인 에밀리 샤초우와 함께 근친 성 학대 피해자 집단 심리 치료를 꾸렸을 때의 경험에 따르면, 환자 가운데 일부가 영문은 알 수 없지만 기억이 부분 부분 끊겨진 듯하다는 불평을 털어놓은 사례가 눈에 띄기 시작했다. 더욱 당혹스러운 것은 '지연 회상(delayed recall)' 현상이었다. 집단에 속했던 한 환자가 전에는 접근할 수 없었던 정신적 외상 때의 기억을 자발적으로 회복하는 것을 처음 목격했을 때 우리는 너무 놀랐다. 아동기의 기억을 탐색하는 대신 우리는 환자와 아버지의 현재 관계에 대해 이야기하는 데 초점을 맞추어 왔기 때문이다. 따라서 환자가 극도로 흥분하여 어린애 같은 목소리로 간청하듯이 말하기 시작하면서, 마치 그 일이 지금 이 자리에서 벌어지기라도 하듯이 아버지에게서 당한 학대를 다시 경험하는 듯한 모습을 보이던 순간, 우리는 어떻게 대처해야 할지 전혀 준비되지 않았었다. 정신적 외상을 겪었을 때의 기억이 되돌아온 상황을 목격한 다른 치료자들 역시 우리와 마찬가지로 허를 찔린 것 같았다는 보고를 내놓았다. 1987년에 우리는 우리 집단에 속해 치료를 받던 53명의 환자에게서 정신적 외상 때 기억의 회복과 그 실증에 관한 보고서를 출간했다. 우리는 기억 혼돈의 심각성 정도가, 보고된 학대가 얼마나 어린 나이일 때 시작되었고 폭력이 어느 정도인지와 관계된 것 같다는 점에 주목했다. 또 지속적인 기억을 지닌 여성이든 기억상실증 시기가 있었던 여성이든, 우리는 환자 대부분이 자신의 기억에 대해 외부적으로 확인할 수 있다는 사실(external corroboration)을 발견했다.[42] 이 맹아적인 보고서가 나온 이래, 수많은 연구자들은 아동기에 성 학대를 당한 피해자들의 전부는 아니더라도 일부 피해자들에게서 기억 혼돈 현상이 관찰된다는 사실을 확인했다.[43]

　피해자들 자신도 기억 상실과 회귀 경험을 상세하게 묘사하는 글을 썼다. 연주회 피아니스트인 린다 커팅(Linda Cutting)은 기억을 변형시키는 데 공포와 위협이 상당히 큰 역할을 하였음을 강조한다. "잊어버리는 것 자체로 충분하다 하더라도 피해자들은 오로지 정신적 외상 때문에 그 일을 잊는 것이 아니다. 그들은 잊어버리라는 말을 들었기 때문에 잊는다. (만일 이 일을 입 밖에 내면 죽여 버리겠다는) 협박에 의해서든 아니면 (그런 일은 일어나지 않았다는) 명령에 의해서든, 실제로 일어난 일은 변형된다."[44]

린다 역시 정신적 외상 때의 기억 회상에 수반될 수 있는 심각한 생활상의 위기를 묘사한다. "저는 제 학생들에게, 세 종류의 '기억 누락(memory slips)'이 있다고 말합니다. 첫째는 기억하지 못하지만, 박자를 놓치지 않고 다시 흐름을 타는 것, 둘째는 박자가 처질 때까지 흐름을 다시 찾지 못하는 것, 셋째는 시간 내에 흐름을 타지 못하고 멈췄다가 처음부터 다시 시작해야 하는 것이죠. 네 번째 가능성, 곧 한 가지 기억이 누락되고 다른 기억이 끼어들어 아주 오랫동안 흐름을 다시 찾지 못하는 경우에 대해서는 말하지 않습니다."[45]

이런 기억장애는 근친 성 학대 피해자들에게 결코 독특한 것이 아니다. 오히려 기억장애는 다양한 종류의 정신적 외상 사건으로부터 살아남은 사람들에게 아주 흔하다. 실제로 기억상실은 PTSD(외상 후 스트레스 장애)로 진단받은 사람들이 보이는 증상 가운데 하나다.[46] 정신적 외상으로 인한 기억장애는 의료인들이나 연구자들이 직면하는 가장 당혹스러운 현상 가운데 하나다. 기억장애는 의식의 본성, 정체성 형성 그리고 몸과 마음 사이의 연계를 밝혀 주는 하나의 창을 제공한다.[47] 현재의 신경 생물학 연구는 뇌의 기억 체계에 정신적 외상이 미치는 충격을 밝혀내기 시작했다.[48] 정신적 외상을 겪었을 때의 기억을 조사하는 과정에서, 이 연구들은 또한 정상 기억에 대한 우리의 이해를 더욱 심화시킬 것이다. 이런 현상에 대한 이해는 과학적 조사에서 새로운 영역이 열림을 나타낸다.

근친 성 학대가 수많은 심리적 장애와 연관된다는 사실을 나타내는 증거의 축적이 힘을 발휘하면서, 그것이 어떤 사례에서나 원인으로 작동했을 것이라는 식의 역행 추론을 할 수는 없다. 어떤 특별한 정신적 문제를 지닌 많은 또는 거의 대부분의 환자들이 근친 성 학대 경험을 가졌다는 사실이, 모든 환자들이 그렇다는 것을 의미하지는 않는다. 흔히 근친 성 학대와 연관된 증상의 나열이 혐의의 지수를 높이긴 하지만, 그렇다고 그것이 임상의로 하여금 어떤 특정 환자가 학대를 기억하든 기억하지 못하든 근친 성 학대 피해자임에 틀림없다고 추론하게 하지는 않는다. 마찬가지로 근친 성 학대는 근친 성 학대 자체만큼이나 파괴적인 영향을 미치는 정서적으로 불안한 가족 관계라는 맥락에서 일어난다는 사실을 기억하는 것이 중요하다.[49] 많은 연구자들은 신체적인 학대, 방임, 유기, 가정 폭력에 노출되는 일이 아동에게 정신적 외상이 될 수 있으며, 성 학대와 마찬가지로 아주 장기간에 걸친 손상을 일으킬 수 있다는 점을 지적해 왔다. 반면 형제자매나 조부모 가운데 한 사람 또는 관심을 가지고 돌보아 주는 교사처럼 잘 보살피고 보호하는 사람과 맺은 강한 관계는 때로 가장 끔찍했던 아동기의 파괴적인 충격조차 완화시켜 줄 수 있다. 근친 성 학대의 심각성에 대한 충분한 인식은 피해자의 인생에서 그것 이외에 중요한 것은 아무것도 없다는 사실을 암시하지는 않는다.

근친 성 학대가 정신 건강 체계에서 너무도 오랫동안 간과되었기 때문에, 환자들이 자신의 비밀을 털어놓으려는 시도를 해도 부인당하는 경우가 많았다. 최초의 연구자 가운데 한 사람이 임상의들에게 치료 지침서를 제공하려 했을 때, 우리가 만난 가장 주된 장애는 임상의들이 그 문제 자체를 회피한다는 점이었다. 따라서 이 책이 처음 출간되었을 때, 정반대의 실수를 저지를 것을 우려한 경고는 필요하지 않을 것 같았다. 그러나 근친 성 학대에 대한 인식이 확대되면서, 일부 임상의들은 아동기 학대의 가능성에 대해 아주 공격적으로 연구한 것으로 보인다. 마치 아동기 학대에 담긴 또는 그 자체가 초래한 정신적 외상의 기억을 표면으로 떠오르게 하는 일이 병을 완치하기라도 하는 것처럼 말이다. 근친 성 학대라는 주제는 때로는 임상의들이 공감적이고 개방적인 호기심을 동반한 전문가의 기본자세에서 벗어나 어느 방향으로든 편향될 수 있을 만큼 강한 감정을 유발한다.

다행스럽게도 지난 10년 사이 사려 깊고 경험이 풍부한 수많은 임상의들의 기여 덕택에 근친 성 학대 피해자 보호 기준에 대한 합의가 이루어졌다.[50] 근친 성 학대 피해자들의 치료는 일반적으로 정신적 외상을 입은 사람들을 치료하는 지침을 따른다. 치료 목적은 과거 그 자체를 위해 과거사를 회상해 내는 데 두지 않고, 피해자로 하여금 자신의 경험을 통합시키고 그로부터 의미를 찾아내, 결과적으로 자신의 삶이 더 이상 과거에 매이지 않다는 사실을 깨닫도록 돕는 데 있다. 숙련된 임상의들은 환자들의 회복이 몇 단계에 따라 전개된다는 사실을 잘 인식한다. 곧 처음에는 언제나 피해자가 지금 어떤 삶의 상황에 놓여 있는지 어떤 삶의 목표를 지녔는지에 대한 주의 깊은 관심으로부터 시작해서, 과거 사건이 일어난 시기에 대해 회상하는 기간을 거쳐 서서히 진행되며, 현재의 삶에 완전한 참여하는 것으로 종결된다. 이런 치료 방법에 대한 더 상세한 내용은 졸저 『정신적 외상과 치유(Trauma and Recovery)』[51]에 소개됐다.

가해자들에 대한 이해

피해자들이 공식적인 연구에 참여하거나 사실상 스스로 연구자가 되려고 자신이 겪은 일을 기꺼이 진술해 왔기 때문에, 근친 성 학대의 영향에 대한 우리의 이해는 지난 20년에 걸쳐 헤아릴 수 없을 정도로 심화되어 왔다. 그러나 반면에 가해자들은 여전히 침묵과 비밀로 일관해 왔기 때문에, 20년 전 우리가 연구를 시작했을 때보다 가해자를 더 많이 이해한다고 말할 수는 없다. 엄청나게 많은 가해자들이 탐색을 계속 피해, 가해자 연구는 상대적으로 별 진전을 거두지 못했다. 발각되지 않는 가해자들은 대체로 자발적으로는 연구 대상이 되려 하지 않으며, 일부 발각된 가해자도 진실을 말하는 일에 특별한 관심을 드러내지 않는 것 같다. 그들은 오히려 조사자가 듣고 싶어 하리라 생각하는 일들만 말하려는 듯하다.

이런 갖가지 장애에도 불구하고, 고집스럽게 이 연구에 전념해 온 일부 조사자들은 근친 성 학대 가해자들에 대해 상당히 심도 깊게 파악해 왔다. 그들의 연구를 통해 드러난 일치된 견해는 피해자들이 밝힌 전체적인 사건 기술이 정확하다는 사실을 확인시킨다. 그러나 끈질긴 탐색에도 불구하고 가해자들이 너무 정상적으로 보이기 때문에, 지금까지 어느 누구도 근친 성 학대 가해자의 신원을 확인할 심리 '프로파일'을 찾아내지는 못했다. 아무리 주의 깊은 정신과적 평가조차도 가해자로부터 정신 질환의 징후를 밝혀내는 데는 실패했다. 사실 평가 대부분이 어떤 정신과적 진단을 내리기에는 적합하지 않다.[52] 지역사회에 보고되지 않은 가해자들을 연구하면서 폭넓은 경험을 쌓은 정신과의, 진 에이벌(Gene Abel)은 이런 견해를 내놓는다. "이 병적인 이상 취향을 지닌 사람들(paraphiliacs)은 겉으로 보기에 전혀 이상한 사람들이 아니다. 그들 자신에게나 다른 사람들에게 혼란을 매우 초래하는 행동을 하기도 하는 사람들일 뿐이다. …… 그들이 영위하는 생활의 다른 면들은 지극히 안정적일 수 있다. 우리 프로그램에 참여하는 사람들 가운데는 회사 중역, 컴퓨터 전문가, 보험 설계사 등 다양한 직종의 사람들이 있다. 그들은 어느 한 측면의 행동을 통제할 수 없다는 점 이외에는 다른 사람들과 전혀 다르지 않다."[53]

명백한 정신병리학보다도 오히려 가해자들의 특징을 두드러지게 하는 것은 성적 환상에 대한 과도한 집착과 강박행위로, 이것은 필자나 다른 많은 관찰자들이 중독(의존증) 증상과 비교했던 것이다.[54] 교도소, 정신보건센터, 지역사회 치료 센터에 관여하는 373명의 근친 성 학대 가해자들에 대한 임상 연구는, 이 남성들에게서, 공통적인 '성격 요인'은 '파악하기 힘들었지만', 성적인 집착과 강박성을 나타내는 여러 징후는 보았다고 보고했다. 80퍼센트의 남성들이 포르노그래피로 근친 성관계에 대한 환상을 충족시켰다.[55]

다른 많은 연구자들 역시 성범죄 가해자들의 내면의 세계로 들어가는데 가장 도움이 되는 방법은 포르노그래피라는 사실을 알아냈다. 이런 사실의 발견은 포르노그래피가 이제 가해자의 심리 평가에 일반적으로 활용되는 기본 원리라는 점을 너무 자주 그리고 확실하게 되풀이하는 것에 불과하다. 최근의 표준 법의학 평가에는, 사적인 공간에서 가해자가 다양한 포르노 장면을 보는 동안에 그의 성적인 흥분을 측정하는 방법이 포함된다.[56]

속칭 '피터 미터'(Peter Meter: peter에는 음경이라는 의미가 담겼다. ─옮긴이 주)라고 알려진 이 탐지 장치의 한 변형은 어떤 다른 거짓말 탐지기보다도 확실하기도 하고, 가해자로 하여금 자신의 성적 열중 상태를 인정하게 하는 효과적인 방법이기도 하다. 한 연구자 집단은 이 방법을 사용하여 그들의 연구 대상인 근친 성 학대 가해자 대부분이, 성적 관심을 자기 자녀에게만 한정하는 것이 아닌, 소아 성애자(pedophilis: 어린이에 대한 이상 성욕을 지닌 사람을 말함. ─옮긴이 주)였다는 사실을 알아냈다. 이 근친 성 학대 범죄를 저지른 아버지 가운데 거의 반 정도(44퍼센트)가 자기 가정 밖의 다른 아동들도 성폭행한 적이 있다는 사실을 인정했다.[57]

자신의 성적 강박증이 들통이 나지 않도록 하려고, 가해자들은 전형적으로 자신의 행동을 부인하거나 축소시키고 정당화하는 아주 정교한 지적 체계를 발달시킨다. 다른 중독자들과 마찬가지로, 그들은 그들과 태도를 공유하고, 변명을 받아들여 줄 가족 구성원을 포함한 충성스러운 지지자들을 뽑아 두는 일에 정통하다. 캐나다의 정신과의인, 하워드 바바리(Howard Barbaree)와 윌리엄 마샬(William Marshall)은 장기간에 걸친 그들의 경험에 기초하여 이렇게 결론짓는다. "가해자들이 자신들이 저지른 범죄를 부인하거나 자신의 행위가 미치는 해악의 책임을 축소하는 일은 이 사람들의 특징을 정의하는 요인으로 간주될 수 있을 만큼 너무나 흔한 일이다. ······ 가해자는 기회가 있을 때마다 때로는 아주 강박적인 방식으로 자신의 행동을 부인하려 들 것이며, 그의 변명은 거의 언제나 아주 그럴듯하고 신빙성이 있어 보이기까지 한다."[58]

가해자들의 변명은 지난 20년 사이에도 외관상으로는 거의 변화되지 않았다. 가해자를 연구하는 조사자들은 여전히 같은 수준의 레퍼토리인 합리화와 변명을 마주 대한다. 근친 성 학대를 저지른 아버지들은, 아동들이 성인과 성행위를 하는 데 동의할 만큼 자유롭다거나 자유로워야 한다, 또 그런 행위를 한다고 해서 아동들이 아무 해를 입지 않으며 실제로는 그런 경험을 통해 이득을 얻을 수도 있다, 또는 어떤 해가 발생한다 해도 그것은 다른 사람의 잘못임에 틀림없다고, 자신들의 신념을 고집하는 듯하다. 많은 가해자들은 자기 자신을 일반 사람들에게 부여된 도덕률에서 면제된 특권 엘리트 계층의 일부로 간주하는 것 같다. 더 낮은 계층 사람들에게는 범죄가 될 수 있는 일이 어떤 더 높은 법의 지배를 받는 자신들로서는 누려 마땅한 하나의 특권이기라도 된다는 듯이 말이다. 니카라과의 국가 수장이던 다니엘 오르테가(Daniel Ortega)는, 그의 의붓딸인 조일라 메리카 나르바에즈 뮤릴로(Zoilamerica Narvaez Murrillo)의 증언에 따르면, 딸이 열한 살 때부터 시작한 성 학대에 대해 다음과 같이 합리화했다. "나처럼 바쁜 사람이 규칙적으로 성적인 해방감이 필요할 때, 그 아이는 희생을 통해 산디니스타(Sandinista, 1979년 Somoza 정권을 무너뜨린 니카라과의 민족 해방 전선의 일원—옮긴이 주)의 대의를 돕는 것이다."[59] 한 성직자의 딸인 린다 커팅의 증언에 따르면, 한층 보수적인 설득이 담긴 변명은 어떤 최고 권위의 위력을 불러일으키는 듯하다.

매주 일요일 아버지는 우리에게 매질을 했다. 그리고 바로 그다음 날이면 우리에게 아버지와 하느님의 용서를 구할 기회가 주어졌다. 하느님 아버지 그리고 우리 아버지는 같은 분인 것 같았다. 아무리 줄여서 표현한다고 해도, 우리 아버지는 자주색 공단으로 장식된 검은 벨벳 제의를 입고 저 하늘 높은 연단으로부터 내려온 하느님의 이미지를 우리에게 투사했다. 우리는 허기라도 진 것처럼 마음과 입으로 하느님을 받아들였다. 그런데 영성체가 문제였다. 아버지가 '이것은 너희에게 주는 내 몸이다.'라고 말하며 그의 입 속에 빵을 넣고, '너희도 그것을 모두 먹어라.'고 명령했을 때, 나는 너무 구역질이 났고, 아버지가 억지로 자기 몸을 내 입 속에 밀어 넣었던 그 모든 시절을 기억하지 않으려고 애쓰려니 너무 혼란스러웠다.[60]

가해자 치료에 도전하는 임상의들은 변화에 저항하려는 이들의 완강한 태도를 존경해 마지않는다. 그리고 의사들 대부분은 치료에서 조금이나마 성공의 기미를 찾으려면 어떤 외부 권력의 명령이 가해져야만 한다는 데 동의한다. 가해자들 대다수에게는 학대 행동을 중단하려는 신뢰할 만한 내적 동기가 부족하기 때문이다. 설사 명령에 의한 치료라 하더라도, 결과가 그리 고무적이지는 않았다. 치료 기법의 상태를 재검토한 바바리와 마샬은 성적인 착취를 개인적 심리의 문제로 개념화하는 접근 방식에는 여러 한계가 있다는 점을 인정한다.

어떤 의미에서 우리가 가해자에게 개입하는 작업을 '치료'라고 부르는 것은 정확하지 않다. 우리는 환자들을 치료될 수 있는 '장애'를 지닌 사람으로 분석하지 않기 때문이다. 오히려 우리는 이들을, 보상과 만족감을 얻으려고 어떤 수용될 수 없는 행동을 배운 사람들로 간주한다. …… 왜냐하면 이 행동들이 예전에 아주 강력하고 즉각적인 보상을 마련해 주었고, 그런 일탈 행동에 대한 생각이 강한 성적 흥분이라는 즐거움과 자주 연관되어 왔으므로, 아무리 최선의 치료 프로그램을 따랐다 하더라도, 일탈 경향이 어느 정도는 여전히 남을 것이기 때문이다.[61]

가해자들은 이상한 부분에 편중된 자신의 사랑을 방어하는 데는 열심이면서, 피해자가 느낄 감정에 대해서는 거의 일률적이다 싶을 만큼 무관심한 태도를 드러낸다. 사실, 친밀한 관심을 쏟았던 사람들 가운데 일부는 피해자의 고통으로부터 기쁨을 끌어내는 가학적 변태 성욕자인 것 같다.[62] 대부분의 사례에서 관찰자들은 범죄를 저지른 가해자가 피해자에 대해 외적인 공감이나 관심을 거의 드러내지 않는다는 사실을 보고 놀란다. 예컨대, 한 연구에서는 가해자 가운데 고작 14퍼센트만이 자신의 행동에 대해 후회나 참회를 표현했다고 한다.[63]

대조적으로 피해자 대부분은 가해자들을 알고 이해하고 싶어 하는 강렬한, 대체로 아무 보답도 주어지지 않는 욕구를 드러낸다. 어떤 실제적인 대화가 부재한 상황에서, 피해자들은 자기 자신을 가해자들의 정서적 세계에 투사하려는 경향이 있다. 작가 실비아 프레이저(Sylvia Fraser)는 자기 아버지에 대해 이렇게 썼다.

나는 그런 존재 상태가 지닌 고독감을 상상조차 할 수 없다. 아버지로 하여금 그런 행동을 하게 만든 좌절감과 그 결과로 느껴야 했을 심적인 고통역시 상상할 수 없다. 아버지는 내가 피해자가 되기로 작정했다고 생각한 것일까? 그에게 가해져 온 고통을 나에게 그대로 투사한 것인가? 아버지는 우리가 비밀리에 한 행위를 내가 기억할 수 없었다는 사실을 알았을까? 아버지도 나처럼 내면이 심각하게 분열되었을까? 사실을 아는 아버지와 알지 못하는 아버지가 있었던 것일까?[64]

결국 가해자를 이해하고, 가해자로부터 이해받고자 하는 성인 피해자의 욕구로 인해 많은 사적인 가족 간의 대면은 더욱 부채질된다. 그들이 견뎌 온 모든 마음을 단단하게 만드는 치료 과정에도 불구하고, 많은 성피해자들은 아버지들에 대해서만은 포기하기를 거부한다. 대부분의 피해자들에게 가해자에 대한 처벌은 놀랍게도 훨씬 낮은 우선순위에 있는 것 같다. 아버지를 대면하는 과정에서 피해자들은 화해에 대한 희망을 버리지 않는다.[65] 피해자들이 가장 바라는 것은 사실에 대한 인정이다. 그다음으로, 근친 성 학대 생존자들은 다른 범죄 피해자들과 마찬가지로 가해자가 그의 학대 행동에 종지부를 찍고 갱생 노력을 보여 주기를 바란다. 피해자들은 그들이 겪어야 했던 피해에 대한 인정과 사과, 그리고 가능하다면 왜 그런 짓을 했는지 가해자들이 설명해 주기를 원한다. 작가인 수 윌리엄 실버먼(Sue William Silverman)은 죽어가는 아버지에게, 사실 살아 있을 때도 그랬지만 이제 더 이상 어떤 대답도 해 줄 수 없다는 걸 알면서도, 다음과 같은 질문을 던지고 싶다고 말한다.

아버지, 나는 당신이 무엇을 기억하는지 묻고 싶어요. 나는 정말 묻고 싶어요. 무엇을 아시나요? 처음에 어떻게 제 침실 문을 열기로 작정했나요? 시간과 공간을 가로질러 당신을 내 몸으로 가져 오게 한, 당신을 탈선으로 이끈 내적 통로는 무엇이었나요? …… 당신은 나를 사랑했나요, 미워했나요, 아니면 그저 나를 소유했다고 생각했나요? …… 내 몸/당신의 재

산. 네 피부가 당신에게 뭐라고 말하던가요? 제 피부가 커튼처럼 떨리던
가요? 아니면 놀라서 아무 말도 하지 못하던가요?[66]

나는 이미 20년 전에 가해자들은 이 단순하고도 이성적인 요구에 대응
하지 않을 거라고 지적했다. 그때 내가 완전히 파악하지 못했던 것은 점점
불어나는 피해자와 대면했을 때 가해자들이 드러낼 저항의 잔인성이었다.
대부분의 가해자들은 범죄를 인정하기보다는 비참한 종말에 이를 때까지
싸우려 드는 것 같다. 딸들을 불쌍히 여기기는커녕, 많은 가해자들은 그들
자신을 불쌍히 여기는 딸들의 마음조차 알아볼 수 없는 것 같다. 오히려
가해자들은 피해자들이 가정에서 배운 대로 똑같은 잔인함을 지니고 그들
에게 복수하리라 상상하는 것 같다. 그러니 기소당하는 순간, 가해자들은
마치 스스로를 복수심에 가득 찬 여성들로부터 괴롭힘을 당하는 피해자로
간주하려 든다.

범죄에 대한 책임

1980년대에 보고된 아동 학대 증가는 사회 복지사들뿐만이 아니라 사법 당국의 관련자들에게 근친 성 학대 사례에 대한 관심을 불러일으켰다. 많은 관할 사법부는 아동 학대 사례에 대한 형사 기소의 증가를 눈으로 보았으며, 일부는 아동 피해자들을 담당하는 숙련된 직원들을 편성하여 아동 학대 전담 부서로 발전했다. 동시에 일부 성인 피해자들 역시 그들이 어렸을 때 그들에게 저질러진 범죄에 대한 민사상 손해배상을 청구하기 시작했다. 소송을 잘 진행하려고, 성인 피해자들은 먼저 불만 사항이 서류화할 시간적인 틀을 협소하게 제한한 공소시효를 뛰어넘어야 했다. 피해자들은 상처 자체의 본성상 일정 기간 동안 학대를 기억해 내지 못하거나 어린 시절에 발생한 학대와 그로 인해 발생한 심리적 문제 사이의 연관성을 이해하지 못하기 때문에, 그 일이 일어나고 많은 세월이 흐른 뒤에도 섣불리 어떤 조치를 취하지 못하는 거라고 주장한다. 그러므로 공소시효를 연장함으로써, 피해자들에게 정의의 손길을 만날 합당한 기회를 주어야 한다는 주장이다. '지연된 발견'이라는 기념에 기초한 이 주장은 많은 법정과 주 사법부로부터 설득력이 있는 논리라고 입증되었다. 1997년, 37개 주 정부는 성인 피해자에게 아동기의 학대에 대한 법적 절차를 진행할 수 있도록 일정 기한을 연장해 주었다.[67]

많은 여성 변호 조직들 역시 이제 사회가 가해자들의 무혐의 기간에 종지부를 찍을 때라고 주장하면서, 피해자들의 주장을 옹호하고자 민사 법정으로 들어갔다. 뉴욕 주 여성의법적보호와교육기금조성을위한전국조직(National Organization for Women's Legal Defense and Education Fund)의 고참 변호사인 샐리 골드파브(Sally Goldfarb)는 이렇게 주장한다. "기본적으로 법정이 우리 사회 남성들에게 전통적으로 부여한 메시지는 당신의 자녀를 학대해도 그 아이가 법적인 교정책을 손에 넣을 방법이 전혀 없으므로 학대를 해도 괜찮다는 것이었습니다. 이제 우리는 방향을 돌려(turn that on its head) 남성들에게 어떤 학대 행위도 반드시 처벌될 것이라고 말해야 합니다."[68]

사실 모든 또는 대부분의 가해자들로 하여금 공적인 책임을 지게 만들려는 목표는 실현 불가능하다. 그러나 일부 가해자들에 대해서나마 법적인 조치를 취하겠다는 진지한 전망은 일부 지역에서는 상당한 경고 효과를 발휘한다. 실제로 아주 오랫동안 여성과 아동을 학대할 자격이 있다고 생각해 온 평범한 시민들에게 책임을 묻는다면, 우리 사회는 당연히 "제대로 된 방향으로 나아갈" 것이다. 지난 10년 사이 일반에게 공개된 재판의 엄청난 증가는 성폭력과 가정 폭력이라는 공통된 범죄에 맞부딪혀야 했던 우리 사회의 딜레마를 잘 드러내 주었다. 독재정치로부터 벗어난 나라들과 마찬가지로, 우리 사회는 한때는 무시됐거나 너그럽게 용서되었던 광범위한 인권침해 상황에 직면했다. 너무나 많은 사람들이 강간, 가정 내구타, 아동 학대라는 범죄에 직접 가담하거나 은밀하게 공모해 왔고, 사법정의의 전망은 매우 불안정하다. 피해를 당했다는 주장은 필연적으로 사회의 조화, 특히 가족 관계의 평온을 바라는 일반인의 바람과 충돌할 수밖에 없기 때문이다.

더욱이 새로이 민주적 정치 체제로 태어난 사회에서 그동안 힘을 남용하는 데 익숙한 사람들은 자기 행위가 노출되거나 책임을 지도록 위협을 당했을 때 더욱 호전적이 되는 경향이 있다.[69] 그리고 사실상 그동안 그들이 누렸던 면책을 끝장내려는 시도는, 그들로 하여금 기소를 당했거나 유죄 선고를 받은 가해자들을 옹호하려는 매우 공격적인 변호 조직을 꾸리게 하기도 했다. 1980년대에 아동학대법피해자들(VOCAL—Victims of Child Abuse Laws)이라는 조직이 만들어진 것에 뒤이어, 1990년대에는 거짓기억증후군재단(FMSF—the False Memory Syndrome Foundation)이 생겨났다. 이 조직들은 기소된 가해자들을 옹호하려고 변호사들, 변호를 위한 전문 증인들로서 규칙적으로 증언을 하는 전문가들, 그리고 일부 학자들을 조직의 인적 자원으로 동원하였다. 주도적인 역할을 하는 일부 여성들을 포함하여 현란한 프로필을 자랑하는 인사들을 대동한 이 조직들은 케케묵은 뻔한 주장에 약간의 새롭고 기발한 내용을 가미하여 법정과 언론 매체에서 열성적인 캠페인을 벌였다.

　FMSF를 창단한 아버지 가운데 한 사람은 정신과 의사이지 신학자인 랄프 언더웨거(Ralph Underwager)였다. 이 조직을 만드는 일을 도왔던 때인 1992년경, 언더웨거는 약 200여개의 민법과 형법 사건으로 기소된 가해자들을 옹호하는 증언을 하면서, 이미 한창 물오른 변호 증인이었다. 맹세를 해야 할 때, 언더웨거는 기소된 이상 소아 성애자들을 의학의 이름으로 변호했지만, 더 공정해야 할 순간에는 신의 이름으로 가해자들을 변호했다. 네덜란드 간행물 『파이디카: 소아 성애 저널(Paidika: The Journal of

Pedophilia)』의 인터뷰에서, 언더웨거는 난봉꾼이 언제나 늘어놓는 낡아 빠진 주장에 신앙심이라는 참신한 요소를 혼합하여 이렇게 말했다.

> 소아 성애자들은 자신들이 무엇을 선택하고자 하는지를 담대하고 용감하게 밝힐 수 있다. 자신들이 원하는 것은 사랑할 최선의 방법을 찾는 일이라고 당당히 말할 수 있다. …… 신학자로서 사람들 사이에 가까워지는 일과 친밀성 그리고 육체의 결합이 있는 것은 신의 의지라고 믿는다. …… 신의 의지는 우리가 절대적인 자유를 가지는 일이라고 나는 믿는다. 여기에 부가되는 어떤 조건도 붙일 필요가 없다. 축복받은 사도 바울은 '모든 것이 나에게 허용되었다(All things are lawful for me. 코린 6:14).'라고 말씀하셨는데, 그것도 한 번뿐이 아니라 네 번이나 말씀하셨다. '모든 것이 나에게 허용되었다.' [70]

성경에 대한 이런 독특한 해석은 언더웨거가 창단하는 데 도움을 주었던 조직에 대한 엄청난 당혹감을 불러일으키게 했고, 그는 1993년 FMSF 이사회에서 사임했다.[71] 그러나 언더웨거 말고도 또 다른 사람들이 전통적인 가족의 가치를 보존해야 한다는 미명하에 기소자들을 변호하는 일을 지속했다. FMSF 전무이사 패밀라 프레이드(Pamela Freyd)는 남편 피터가, 성인이 된 딸로부터 근친 성 학대로 기소당하고 법정에서 가족끼리 사적으로 대면하고 난 후, 그 조직의 설립을 도왔다. 누구를 따를 것인가 하는 고전적인 갈등에 직면하자, 프레이드는 의문의 여지없이 남편 쪽을 선택했다. 딸은 아무런 법적인 조치를 취하지 않았고 사실 그저 혼자 있게 해 달라고만 요청했지만, 프레이드 부부는 자신들이 피해를 입었다는 사실을 증명하려고 대중적인 캠페인에 나섰다. 그들은 곧 자신들의 의견에 동조하는 사람들이 있다는 사실을 발견했다. 유사한 기소 사건으로 분개한 다른 부모들은, 아무 힘도 없는 근친 성 학대 피해자들의 운동에 대항해 싸우려고 형성된 조직에 기꺼이 동참하거나 돈을 기부했다. FMSF에 걸려 오는 전화가 증가하자, 프레이드는 통화의 수를 거짓 진술의 '전염성'을 입증하는 증거로 갖다 대기 시작했다.

압박을 받자 프레이드는 FMSF가 피해자들의 진술이 거짓임을 입증할 수 없었다는 사실을 인정했다. 특정 사례의 사실 여부를 판단할 능력이 결여됐던 이 조직은 기소당한 부모들이 늘어놓은 부인의 내용을 단지 신앙을 밝힌 문장으로 받아들였다. 그러나 부인 내용을 입증할 사실이 없다는 점도 프레이드가 지닌 신념의 기세를 꺾어 놓지 못했다. 프레이드는 자신이 들은 근친 성 학대 진술 대부분이 사실일 리 없으며, 기소당한 부모님들이 자기와 마찬가지로 존경받을 만하고 중산층에 속한 사람들이기 때문에 그렇다고 말했다. FMSF에서 발행한 첫 번째 소식지에서, 프레이드는 "우리가 소아 성애자가 아니라는 사실을 어떻게 알겠습니까?"라는 의문을 제기하며 이렇게 말했다.

> 우리는 아주 좋은 인상을 지닌 사람들입니다. 희끗희끗한 머리카락에, 잘 차려 입은 옷, 건강하고, 웃는 얼굴을 했지요. 피해자들이 말한 이야기들은 깜짝 놀라게 할 만큼 너무 유사하고 마치 대본처럼 정형화되어서, 몇몇 가족들과 이야기를 나누고 나서야 의혹이 풀렸습니다. 참여한 사람들 각자가 아주 재미있고 친구로 삼고 싶어지는 사람이었으니까요.**72**

더 나아가 FMSF는 거짓 진술의 원천을 찾아냈다고 주장하기까지 했다. 성장한 자녀들이 주도권을 쥔 자신들 뜻대로 움직여 줄 거라 생각할 수 없자, 기소된 많은 부모들은 어떤 파괴적인 인물들이 자녀의 머릿속에 말 그대로 나쁜 생각을 집어넣었음에 틀림없다고 믿으려 했다. 자기 아들이나 딸이 가정을 파괴하려는 의도를 지닌 여성주의자들에 의해 나쁜 길로 빠졌다는 주장이다. 이런 상상의 드라마 속에서 악당 역할은 탁월한 암시 능력을 지녔다고 생각되는 '회복된 기억 치료사'가 맡는다. 기소된 어떤 아버지의 불평처럼, 치료사들은 "어떤 의도된 방향으로 이끌려는 상상과 꿈 해석이라는 방법을 이용하여 자녀들로 하여금 전에는 그토록 믿고 사랑했던 수천 명의 부모를 있을 수 있는 최악의 범죄를 저지른 사람으로 믿게 만들어 왔다."[73]는 것이다.

　이런 주장을 뒷받침하는 경험적 증거 역시 매우 불충분하다. 예컨대, 부모를 기소한 아들과 딸들 가운데 얼마나 많은 이들이 치료사를 만났는지, 또 그중 얼마나 많은 이들이 부적절한 암시에 의해 동요했는지도 불분명하다. 그러나 증거 자료의 부족을 메우고자 동원한 것은 감상에 치우친 기이한 일화나 억측에 근거한 공론, 그리고 어떤 소규모 '전문가' 집단의 격한 견해일 뿐이다. FMSF는 누구나 인정할 만한 과학적 법칙에 기초하여 그 '전염병'의 실체를 증명해 낼 수 없었지만, 언론계를 자극하고 흥분시키는 데는 엄청난 성공을 거두었다. 『뉴욕 타임즈』의 책 소개란은 독자에게 "근친 성 학대 피해자를 만들어 내는 기계를 조심하라."[74]고 권고했다. 영어과 교수 프레더릭 크루즈(Frederick Crews)는 한 잡지(『New York Review of Books』)에, '억압된 자아의 복수'를 경고하는 긴박한 글을 게재했다.

> 지난 10여 년에 걸쳐 하나의 충격적인 물결이 미국의 심리 치료 학계를 휩쓸어, 우리의 가정 안에 심각한 반향을 불러일으키는 중이다. …… 아동기에 무의식적으로 억압된 성 학대라는 하나의 진단이, 실제로는 전혀 존재하지 않다가 아주 짧은 시간 사이에 전염병이 번지는 속도로 확산되고 있다. …… 설득된 내담자의 수를 대강이나마 헤아리는 것조차 힘들다. …… 아주 최소한으로 추산한다 하더라도 1988년 이래로만 백만 명은 될 것이다. 영향을 받은 사람들의 수는 물론 훨씬 더 많을 터이다. 왜냐하면 사실상 모든 사례는 각 가족 전체에 불화와 슬픔의 씨앗을 뿌릴 테니 말이다.[75]

가정 파괴에 대한 경고는 지난 한 세기가 넘게 여성주의에 대한 가장 전형적인 반응이었다.[76] 근친 성 학대 피해자들의 공개적인 연설은 특히 아버지가 지닌 전통적인 권위에 대한 직접적인 도전의 자세를 취한다. 또 그것은 그동안 소중히 간직되어 온 가족의 조화라는 이미지를 의문시하게 했다. '역기능' 가정의 비밀을 드러낸 다른 민중(grass-roots)운동과 마찬가지로, 근친 성 학대-생존자 운동은 성공적인 가부장으로서 자신의 공적인 이미지를 포장해 온 '공동체의 유지들'에게 특별한 위협이 되었다. 하지만 아버지의 규율이 그렇게 호락호락 사멸할 리 없다.

　존경받을 만한 남성들 자신이 법정에서 민사상이나 형사상의 형을 언도받은 경우, 언론은 FMSF의 변론에 특히 민감한 반응을 보이는 듯했다. 언론은 한 무리의 비이성적인 여성들이 고결한 시민을 파멸시키려 한다는 이미지를 부각시키면서 '마녀사냥'이라는 원성을 드높였다. 언론인들은 '거짓 기억'으로 꾸며 낸 이야기라는 호소를 민감하게 받아들인 듯한데, 이것은 그들에게 잘못된 판결에 맞서 싸우는 십자군이라도 된 듯한 기세 등등한 역할을 부여하였다. 솔직히 기소되었거나 유죄판결을 받은 가해자들을 동정하는 이야기들은 1990년대 중반의 대중매체에서 점점 더 흔한

기사 거리였다.[77]

법적으로 결백한 사람의 확신을 보호해야 할 필요성이 우리 사법 체계의 초석이다. 이런 이유로, 우리 헌법은 형법 판례에서 피고를 위해 강한 보호 장치를 제공하고 가장 높은 수준의 증거를 요구한다. 다른 모든 범죄에서와 마찬가지로 성 학대 사건에서도 거짓 진술은 있을 수 있다. 아동 성 학대 사례들을 철저하게 조사한 연구에 따르면, 약 2~7퍼센트 정도로 거짓 진술이 발생한다고 한다.[78] 더욱이 일부 암시를 당하기 쉬운 아동과 성인들이 증거도 없는 거짓 주장을 하도록 설득당할 수 있다. 그렇게 되려면 반복된 연습과, 끈질긴 압력 또는 의식적인 조작이 필요하지만, 그런 일이 불가능한 것은 아니다.[79] 때때로 이런 식의 강압 행동이 아동보호 복지사, 경찰, 검사, 치료사들 사이에서 이루어질 수 있다. 그러므로 피고 측 변호사들이나, 언론이 피고를 보호하려고 공권력의 남용에 맞서 아동 학대 조사에서 적절한 조치가 이루어지는지를 문제 삼는 것은 아주 온당한 일이다.

그러나 강압적인 조작은 학대를 하는 아버지들의 특징이기도 해서, 피해자들은 진실한 진술을 철회하도록 협박당할 수 있다. 경험이 풍부한 아동보호 복지사들은 학대를 당한 아동들이 협박에 굴복할 수밖에 없는 취약한 상태에 놓였기 때문에 모순되거나 일치되지 않는 진술을 하기 쉽다는 점을 잘 안다. 성인 피해자들은 아동에 비해 스스로를 더 잘 방어할 수 있지만, 여전히 부모로부터 심한 압박을 받는다. 부모에 대한 충실성과 가족으로 받아들여지고 싶은 욕망, 가족을 파괴한 것에 대한 죄의식, 그리고 보복당하지 않을까 하는 두려움 등이 진술을 번복하는 강력한 동기가 된다.[80] 따라서 각 사례는 철저하고 주의 깊게 평가되어야 할 필요가 있다. 이런 평가 작업은 하나의 분명한 관점을 지닌 열정적인 변호 능력만이 아니라 인내심, 균형 감각, 그리고 공감력을 필요로 한다.

열정적인 변호는 피고 측 변호인의 임무이다. 상호 공방하는 우리의 법체계에서, 변호는 기소장을 낸 사람의 신뢰성에 이의를 제기해야 한다. 원고의 진술을 믿을 수 없는 것으로 만들고자 '과학'의 권위를 빌릴 수 있다면 더욱 좋을 것이다. 그래서 전문가 증인이 개입한다. FMSF고문단의 한 사람인 심리학자 엘리자베스 로프터스(Elizabeth Loftus)는 오랫동안 가장 정력적으로 피고들을 변호한 증인 가운데 한 사람이었다. 헤이그 국제사법재판소에서, 1998년에 강간과 고문으로 기소된(그리고 뒤이어 유죄 선고를 받은) 집중 캠프 호위대 편에 서서 증언을 한 로프터스는 1975년 이래 220~230여개의 재판에서 전문가 증인으로 증언했으며, 단 한 차례만 검찰 측에서 증언을 했다고 스스로를 평가했다. 실험실 연구자인 로프터스는 "범죄와 각종 사건에 대한 사람들의 기억, 또 …… 부풀릴 가능성 …… 또는 암시적인 영향에 의해 발생하는 기억의 왜곡"을 연구한다고 한다.[81]

로프터스의 기본 논거는 기억이 실수와 영향력에 좌우된다는 것이다. 너무나 뻔해 보이는 이런 논점을 증명하려고, 그녀는 수많은 기발한 실험 연구를 고안해 냈다. 실험에 자발적으로 참여한 피험자들은 사고나 범죄와 같은 영화화된 사건을 회상하여 묘사하도록 요청받는다. 이런 실험을 통해 그녀는 많은 피험자들은 특히 세세한 부분에서 실수를 저지르도록 속임을 당할 수 있다는 사실을 발견한다. 실제 상황에 적용한 것이라 일반화된 이런 실험들이 법정에서 직접 눈으로 본 증인의 증언에 의혹을 던지는 데 이용될 수 있는 것이다.

(기억의) 지연된 발견에 근거한 기소 청구가 제기되자, 로프터스는 사람들이 실수를 저지르도록 영향을 받을 수 있다는 점뿐만 아니라 어린 시절

의 경험에 대하여 꾸며 낸 이야기를 '기억'해 내도록 유도될 수 있는 점을 논증하는 데까지 자신의 실험을 확대하였다. 로프터스는 일부 자발적 피실험자들이 쇼핑몰에서 미아가 되는 등 그럴 듯한 어린 시절의 경험들을 '기억해 냈다.'고 믿을 수 있게 하는 것도 가능하다고 말했다. 그러나 피실험자 가운데 아주 소수만이 그렇게 설득될 수 있었으며, 그것도 그때 가족 구성원들 모두 그곳에 함께 있었으며, 자신들도 그 사건을 기억한다며 꾸며 낸 일에 동조할 경우에만 설득당하는 것으로 드러났다.

이런 연구는 거의 대부분의 사람들이 암시에 상당히 저항한다거나, 또는 일부 사람들이 가족이 꾸며 낸 신화 만들기에 영향을 받는다는 사실을 의미하는 것으로 해석될 수 있지만, 로프터스는 더욱 대담한 추론상의 비약에 편승하여 이런 너무도 명백한 결론을 무시했다. 학술적인 글과 법정의 증언에서, 로프터스는 치료사들이 암시를 잘 받는 환자들에게 어린 시절에 학대를 받은 것으로 꾸며 낸 '기억'을 주입한 것 같다는 의견을 제기하면서, 그 근거로 자신의 연구를 인용했다.[82] 자신의 학문적 기반을 훨씬 뛰어넘어, 로프터스는 정신적 외상으로 인한 기억상실증은 그저 하나의 신화에 불과하다는 주장을 내놓기도 했다.[83] 따라서 지연된 회상에 기반을 둔 피해자의 어떤 진술도 즉시 철회될 수 있다는 것이다.

　전문가의 과학적인 증언이라는 미명 아래 제기된 이런 논증들이 일부 여성들이 법정에서 승소하지 못하게 막는 데 이용되어 왔다.[84] 몇몇 사례에서는 이런 전략이 성공했다 하더라도, 장기적인 관점에서는 그런 논증이 효과를 거둘 것 같지는 않다. 그것은 선택적인 데이터 사용과 그 분야의 과학적 동의를 명백히 잘못 진술한 편중된 추정에 근거한 논증이기 때문이다.[85] 수많은 연구(로프터스 자신의 연구를 포함하여)[86]는 정신적 외상으로 인한 기억상실증과 지연된 회상이라는 현상을 증명해 왔다. 더욱이 많은 연구에서 아동기 학대에 대한 성인 피해자의 회복된 기억들은 다른 증거자료들에 의해 사실로 확인되었다.[87] 정신적 외상으로 인한 기억상실증의 가능성을 인정하는 일치된 견해는 DSM-IV와 미국정신과학회(the American Psychiatric Association), 미국심리학회(the American Psychological Association), 그리고 미국의학협회(the American Medical Association)를 포함한 전문 기관의 공식 문헌들에도 분명하게 표현됐다.[88] 천하의 로프터스라도 맹세를 하고 해야 하는 반대신문에서 이 점을 시인해야 할 것이다.[89]

정신적 외상 기억상실증과 지연된 회상이 실제로 일어날 수 있다는 사실이 입증되더라도, 일정 기간 기억을 상실한 뒤에 회복된 기억들에 대해서는 철저하게 회의적인 태도로 검토해야 한다는 문제가 남는다. 현재 회복된 기억들이 다른 어떤 기억보다 믿을 만하지 못하다는 점을 암시하는 과학적 증거는 나와 있지 않다. 그 반대로 사실관계를 상세히 기록한 사례를 검토한, 잘 계획된 연구에 의하면, 일정 기간 동안은 기억하지 못했지만 학대를 다시 기억해 낸 피해자들은 그 일을 절대 잊을 수 없었던 사람들과 마찬가지로 정확하게 그 일을 기억한다고 한다.[90] 더욱이 성적으로 학대당했다고 진술하는 아동이나 성인들이 특히 암시를 잘 받거나 말을 지어내기 쉽다는 어떤 과학적 증거도 없다. 기억이 틀릴 수 있고, 왜곡되는 경향이 있다면, 의심해 보는 태도는 논쟁에 개입된 모든 당사자들에게 똑같이 적용되어야 한다. 대부분의 법정은 지연된 회상에 기초하여 나온 진술들이, 모든 다른 진술들과 마찬가지로 각 진술의 진가가 잘 드러나도록 청취되어야 하고 평가되어야 한다는 점을 인정했다.

기소된 가해자들을 위한 변호는 법정이나 언론의 공격적인 변호에 한정되지 않았다. 최고의 방어는 직접적인 공격이라는 논리에 따라, FMSF

는 소위 '파수꾼들' 곧, 아동보호 복지사, 경찰, 검찰, 피해자의 변호인, 그리고 아동 학대 피해자들과 접촉하는 치료사들에 대한 공격을 가해 왔다. 법적인 도전은 전문가 자격증 소지 여부, 위법행위, 그리고 시민권 침해 등의 형태를 취했다. 아동보호의 최전선에 있는 사회복지사들은 툭하면 소송을 당하는 환경에서 일하는 데 익숙해야만 했다.[91]

최근에 워싱턴 주에서 철저한 감시 상태에서 이루어진 판결에서, 배심원단은 작은 농촌 마을의 조직 성범죄 일당(sex ring)을 조사한 당국의 손을 들어 주었다. 이 사례에서 28명의 성인이 아동 성 학대 혐의로 기소되었는데, 그 가운데 14명은 유죄를 인정했으며, 5명은 재판에 계류 중이고, 3명은 석방되었고, 나머지 6명에 대한 기소는 철회되었다. 석방된 3명은 시민권을 침해당했다고 주장하며 조사관들을 고소했다. 당국이 부적절하게 행동하지 않았다는 사실을 배심원들이 확인하자, 해당 군 경찰인 댄 라로체(Dan LaRoche)는 자신의 부서가 보복을 당하리라는 두려움 없이 앞으로도 신고된 아동 학대 사건을 조사할 수 있어 안도감이 든다며, "업무상 한 일로 인해 생명의 위협을 받고 내 가족이 위험한 상황에 놓인다면, 그건 정말 견디기 힘든 일이죠."[92]라는 소회를 밝혔다.

성인 피해자들을 상대로 활동하는 심리 치료사들 역시 공격당하는 상황에 놓이곤 했다. 심리 치료는 피해자들이 가해자들의 비밀을 폭로할 수 있는 '자유 공간'을 만들어 내므로 가해자들에게 정면으로 위협이 된다. 심리 치료사들이 조사자 역할을 담당하는 건 아니지만, 환자가 털어놓은 이야기의 증인이 되어, 환자들이 자기 삶을 책임지려는 일을 돕기 때문이다. 기소된 일부 가해자들은 치료사의 지원이 없었더라면 자기 딸이 감히 아버지를 기소하지 못했으리라고 생각하며, 치료사들을 위법행위로 고소하려 들기도 했다. 아주 악명 높았던 한 사례에서, 기소된 어떤 아버지는 이 전략을 동원하여 성인이 된 딸의 격렬한 반론을 압도할 수 있었다.[93] 이 사례는 널리 공론화되긴 했지만, 선례를 만든 것 같지는 않다. 왜냐하면 그것은 치료사-환자 관계에 모든 형태의 제3자 개입 여지를 열어 놓는 일이 되기 때문이다. 이런 논리가 더욱 확장되면, 친척의 의견이나 생활 선택권(life choices) 침해로 화가 난 가족 구성원이 환자의 치료사에게 손해배상을 청구할 수도 있다. 그렇게 제3자의 개입을 허용하면, 비밀 보장이라는 기본 원칙은 완전히 손상될 것이다.[94]

FMSF의 회원들 역시 자신들의 지위에 불이익을 끼친 전문가들을 문서에 의한 명예훼손으로 고소함으로써 그들을 침묵시키려 들었다. 심리학자 애너 설터(Anna Salter)는 랄프 언더 웨거와 그의 아내 홀리다 웨이크필드 (Hallida Wakefield)의 저작물에 대해 학문적으로 비판하는 글을 쓴 뒤, 법적 소송을 당했다. 그들이 출간한 글과 법정 증언을 망라하여 하나하나 철저하게 검토하면서, 설터는 언더웨거와 웨이크필드가 체계적으로 과학적 문헌을 잘못 설명해 왔다는 사실을 논증했다.[95] 그들은 설터를 기소했다. 그러나 사건은 기각되었다. 그들은 다시 항소했다. 통렬한 여론이 빗발친 가운데, 항소를 담당한 제7순회 법정은 설터가 언론 자유의 보증 아래 보호받아야 한다고 밝히면서 하급 법원의 약식 판결을 확정했다.

어떤 공인(公人) 한 명을 악당이라 결론지은 사람은 그 결론을 온 사방에 대고 외칠지도 모른다. …… 설터는, 언더웨거가 의학 지식 상황에 관한 판단을 속이고 아동을 괴롭힌 사람이 처벌을 피하도록 도와줌으로써 생계를 이어가는 고용된 거물이라, 믿었다. 그런 견해를 지닌 사람들이 그들의 대상에 대해 친절하게 바라보기를 기대할 수 없고, 법은 확실히 그들이 도전받자마자 입을 다물어야 한다고 강요하지 않는다. …… 언더웨거와 웨이크필드는 그들이 소송을 제기했다는 것만으로는 반대 견해를 지닌 사람들을 침묵시킬 수 없다. …… 과학적 논쟁은 소송이라는 방법에 의해서가 아니라 과학이라는 방법에 의해 해결되어야 한다.[96]

법적인 방어나 공격이 통하지 않을 때, 유일하게 남은 전략은 직접적인 대면이다. 피해자들과 접촉하여 활동한 것으로 알려진 치료사들은 협박, 피켓 시위, 미행, 그리고 그 밖에도 갖가지 형태의 신체적인 괴롭힘을 당해 왔다.[97] 노골적인 폭력을 행사하지는 않았지만, FMSF는 극단적인 조치를 취할 생각을 한 조직 회원들에 대해 공감을 나타냈다. 패밀라 프레이드는 "만일 누군가가 집에 들어와 아이를 총으로 쏘았을 때, 내가 어떤 행동을 한다면, 살인이라도 정당화된다. 이게 그 부모들의 심정일 것이다."라고 말했다. "당신이 부모와 자녀 사이에 개입한다면, 당신은 그런 일을 당할 것이다."[98]

여성해방운동에 반기를 든 다른 여러 보수 집단과 마찬가지로, FMSF는 아버지들의 지배에 딸들이 순종적이던 더 좋았던 옛 시절로 돌아가기를 갈망하는 사람들에게 호소한다. 그러나 아무리 열성을 발휘한다 해도 그들은 과학의 영역이든 대중 여론과 법률 영역에서든 궁극적으로 우세를 나타낼 수 없다. 피해자를 지원하는 활동을 공격할 때, FMSF 활동가들은 출산 선택권에 반대하는 민중 조직들과 동일한 전략을 동원해 왔다. 유산할 권리를 반대하는 사람들은 원칙적인 차원의 싸움에서 졌기 때문에, 실제 현장에서는 여성들이 의료 서비스를 받지 못하도록 방해하고, 서비스 제공자들과 변호인들을 위협하여 이기려고 안간힘을 썼다. 법적인 방법으로 자신의 목적을 달성할 수 없다는 사실이 분명해질수록, 그들은 더욱 폭력에 의존해 왔다.

의심할 바 없이 이런 방법들은 부분적으로는 성공을 거두었다. 유산할 수 있는 기회는 전국의 많은 지역에서 차단되었고, 기초적인 기술 훈련을 가르치던 병원의 수도 줄었다. 적어도 한동안은 협박이 꽤 효과가 있었다. 아동 학대를 막는 '파수꾼'으로서 활동하는 전문가들을 위협하려는 시도에서도 역시 FMSF 같은 옹호 단체들이 어느 정도 성과를 거두었는지 모른다. 많은 치료사들이 성인 피해자들의 문제에 개입하기를 피함으로써 자신의 안전을 도모하려고 하듯이, 많은 전문가들은 아동보호라는 갈등이 심한 싸움판에서 몸을 사리려 할지 모르기 때문이다.

그러나 학대 피해자들을 돕거나 치료하는 일을 어렵게 만든다고 해서
아버지의 규율이 다시 수립될 수 있는 것은 아니다. 폭력을 당한 여성들은
어떻게 해서든 견디어 왔고, 우리는 강간, 폭력, 그리고 근친 성 학대에 맞
서 목소리를 내는 일을 방해당하지 않을 것이다. 마찬가지로 우리 자신의
생식상 권리를 찾는 일도 지연되지 않을 것이다. 학대는 너무도 오랫동안
지속되어 왔다. 그리고 너무도 많은 피해자들이 자신의 비밀을 폭로했다.
이제 침묵으로 되돌아가기에는 너무 멀리 왔다.

후주

서장

1. Jacob and Wilhelm Grimm, *Grimm's Fairy Tales*, trans., Margaret Hunt, ed., James Stern (New York : Pantheon, 1944), pp. 121~128.

2. Jacob and Wilhelm Grimm, *Grimm's Fairy Tales*, pp. 326~331. 모피 공주 이야기에 관심을 가진 것은 줄리어스 호이셔(Julius Heuscher) 덕분이다. 인간의 정상적인 성장에 관해 이 이야기가 지닌 중요성에 대해서는, Julius Heuscher, *A Psychiatric Study of Myths and Fairy Tales* (New York : C. C. Thomas, 1974) 참조.

3. Daniel Attwater, *The Penguin Dictionary of Saints* (Baltimore : Penguin Books, 1965), p. 108 ; Herbert Thurston and Norah Leeson, eds., *The Lives of the Saints* (London : Burns Oates and Washbourne, 1936), pp. 191~193 ; John O'Hanlon, *The Life of Saint Dympna : Virgin, Martyr, and Patroness of Gheel* (Dublin : James Duffy, 1863).

1장 공통적인 사건

1. Sigmund Freud, *The Aetioligy of Hysteria*, in *The Complete Psychological Works of Sigmund Freud*, trans., James Strachey, Standard Edition (London : Hogarth Press, 1962), vol. III, pp. 191~221 ; Josef Breuer and Sigmund Freud, *Studies on Hysteria*, in *Complete Works*, vol. II.

2. Marie Bonaparte, Anna Freud and Ernest Kris, eds., *The Origins of Psycho-analysis : Letters to Wilhelm Fliess, Drafts and Notes, 1887-1902*, trans., Eric Mosbacher and James Strachey (New York : Basic Book, 1954), pp. 179~180.

3. Sigmund Freud, *Studies on Hysteria*, in *Complete Works*, vol. II, pp. 134, 170nn.

4. 환자가 신고한 내용의 현실성을 부인한 과정에 대한 전체 분석을 살펴보려면, Florence Rush, "Freud and the Sexual Abuse of Children", *Chrysalis* 1 (1977), pp. 31~45 를 참조.

5. Bonaparte et al., eds., *The Origins of Psychoanalysis*, pp. 215~217.

6. Helen Deutsch, *Psychology of Women* (New York, Grune & Stratton, 1944).

7. D. James Henderson, "Incest", A. M. Freedman, H. I. Kaplan and B. J. Sadock, eds., *Comprehensive Textbook of Psychiatry*, 2nd ed. (Baltimore: Williams and Wilkins, 1975), p. 1532.

8. Suzanne M. Sgroi, "Sexual Molestation of Children: The Last Frontier in Child Abuse", *Children Today* 44 (1975), pp. 18~21.

9. John Henry Wigmore, *Evidence in Trials at Common Law*, rev., James H. Chadbourn (Boston: Little, Brown, 1970), vol. III A, sec. 924a, pp. 736~747.

10. 원 사례 기록을 보려면, William Healy and Mary T. Healy, *Pathological Lying, Accusation, and Swindling* (Boston: Little, Brown, 1915), pp. 182~187, 194~197.

11. Wigmore, *Evidence in Trials at Common Law*, pp. 742~743.

12. 조작된 자료를 포함한 위그모어의 논리를 비판적으로 재검토하려면, Leigh Bienen, "Incest"를 참조. (unpub. ms., Department of the Public Advocate, Trenton, N. J., 1980).

13. Alfred C. Kinsey, Wardell B. Pomeroy, Clyde E. Martin and Paul H. Gebhard, *Sexual Behavior in the Human Female* (Philadelphia: Saunders, 1953).

14. John Gagnon, "Female Child Victims of Sex Offenders", *Social Problems* 13 (1965), pp. 176~192.

15. Judson Landis, "Experiences of 500 Children with Adult Sexual Deviance", *Psy-

chiatric Quartely Supplement 30(1956); David Finkelhor, *Sexually Victimized Children* (New York: Free Press, 1979).

16. Carney Landis, *Sex in Development* (New York: Harper & Brothers, 1940).

17. Finkelhor, *Sexually Victimized Children*, p. 88.

18. Alfred C. Kinsey, Wardell B. Pomeroy, Clyde E. Martin and Paul H. Gebhard, *Sexual Behavior in the Human Male* (Philadelphia: Saunders, 1948), p. 167.

19. Finkelhor, *Sexually Victimized Children*, pp. 68~71.

20. Judson Landis, "Experiences of 500 Children with Adult Sexual Deviance".

21. Alfred C. Kinsey, Wardell B. Pomeroy, Clyde E. Martin and Paul H. Gebhard, *Sexual Behavior in the Human Female*, p. 121.

22. 킨제이는 자신이 양성의 대변자라 자처하면서, 여성이 성적 즐거움을 누리고 출산을 제한할 권리를 지닐 것을 지지했다. 그러나 남성과 여성의 성적 이해에 관한 의견에서는 반대 견해를 드러내면서, 킨제이는 남성들과 강한 동맹 관계를 맺었다. 킨제이의 저작에 나타난 이데올로기적 배경뿐만 아니라 그의 남성 선호 경향을 이해하려면, Paul Robinson, *The Modernization of Sex* (New York: Harper & Row, 1976) 참조.

23. Alfred C. Kinsey, Wardell B. Pomeroy, Clyde E. Martin and Paul H. Gebhard, *Sexual Behavior in the Human Female*, pp. 20~21.

24. S. Kirson Weinberg, *Incest Behavior* (New York: Citadel Press, 1955).

25. Herbert Maisch, *Incest* (New York: Stein & Day, 1972); Narcyz Lukianowicz, "Incest", *British Journal of Psychiatry* 120 (1972), pp. 201~212; Karin Meiselman, *Incest* (San Francisco: Jossey-Bass, 1978); Blair Justice and Rita Justice, *The Broken Taboo* (New York: Human Sciences Press, 1979).

26. Maya Angelou, *I Know Why the Caged Bird Sings* (New York: Random House, 1970); Sandra Burtler, *The Conspiracy of Silence: The Trauma of Incest* (San Francisco: New Glide Publications, 1978); Louise Armstrong, *Kiss Daddy Goodnight: A Speak-Out on Incest* (New York: Hawthorn Books, 1978); Susan For-

ward and Craig Buck, *Betrayal of Innocence: Incest and Its Devastation* (New York: Penguin Books, 1978); Katherine Brady, *Father's Days* (New York: Seaview, 1979); Charlotte Vale Allen, *Daddy's Girl: A Memoir* (New York: Simon & Schuster, 1980).

27. Setsuji Kubo, "Studies on Incest in Japan", *Hiroshima Journal of Medical Sciences* 8 (1959), pp. 99~159, 113. 같은 임상 자료도 남성 중심주의 시각으로 보면 매우 다르게 해석될 수 있다. 다른 연구자는 이 사례에 나온 여성에 대해 "낮은 인지능력을 가진 외아들을 과보호하는 지배성이 강한 미망인"이라고 요약했다. Christopher Bagley, "Incest Behavior and Incest Taboo", *Social problems* 16 (1969), pp. 505~519.

28. Wenzel Brown, "Murder Rooted in Incest", R. E. L. Masters, ed., *Patterns of Incest* (New York: Julian Press, 1963), pp. 302~330.

29. Katherine N. Dixon, Eugene Arnold and Kenneth Calestro, "Father-Son Incest: Underreported Psychiatric Problem?", *American Journal of Psychiatry* 135 (1978), pp. 835~838.

30. Justice and Justice, *The Broken Taboo*, p. 61.

2장 상처의 문제

1. Benjamin Demott, "The Pro-Incest Lobby", *Psychology Today* 13 (March 1980), pp. 11~16.

2. James Ramey, "Dealing with the Last Taboo", *SIECUS Report* 7 (May 1979), pp. 1~2, 6~7.

3. Wardell Pomeroy, "Incest: A New Look", *Forum*, November 1976.

4. Philip Nobile, "Incest: The Last Taboo", *Penthouse*, December 1977, pp. 117~118, 126, 157~158.

5. Edwin J. Haeberle, "Children, Sex, and Society", *Hustler*, December 1978, p. 124.

6. Larry L. Constantine, "Effects of Early Sexual Experiences: A Review and Synthesis of Research", L. L. Constantine and F. M. Martinson, *Children and Sex: New Findings, New Perspectives* (Boston: Little, Brown, 1980), ch. 19.

7. Judson Landis, "Experiences of 500 Children with Adult Sexual Deviance", *Psychiatric Quarterly Supplement* 30 (1958), pp. 91~109.

8. John Gagnon, "Female Child Victims of Sex Offenders", *Social Problems* 13 (1965), pp. 176~192.

9. Carney Landis, *Sex in Development* (New York: Harper & Brothers, 1940).

10. David Finkelhor, *Sexually Victimized Children* (New York: Free Press, 1979). 일반적으로 소년의 증언은 소녀의 증언에 비해 덜 부정적이다. 41퍼센트만 두려움의 반응을, 14퍼센트가 충격의 반응을 보였고, 23퍼센트는 그런 경험을 즐겼다고 보고했다.

11. Philip Nobile, "Incest: The Last Taboo", p. 126.

12. Joan Nelson과 가진 인터뷰, *Frontiers of Psychiatry*, Apr. 1, 1979, p. 6.

13. Judson Landis, "Experiences of 500 Children with Adult Sexual Deviance".

14. John Gagnon, "Female Child Victims of Sex Offenders", p. 189.

15. John Gagnon, "Female Child Victims of Sex Offenders", p. 189.

16. David Finkelhor, "Long Term Effects of Childhood Sexual Victimization in a Non-Clinical Sample", (unpub. ms., University of New Hampshire, 1980).

17. Carney Landis, *Sex in Development*, p. 34.

18. Jill Miller, Deborah Moeller, Arthur Kaufman, Peter DiVasco, Dorothy Pathak and Joan Christy, "Recidivism among Sex Assault Victim", *American Journal of Psychiatry* 135 (1978), pp. 1103~1104.

19. Connie Murphy, Tacoma Rape Relief, personal communication.

20. Judianne Densen-Gerber and Jean Benward, *Incest as a Causative Factor in Anti-Social Behavior: An Exploratory Study* (New York: Odyssey Institute, 1976).

21. Jennifer James and Jane Meyerding, "Early Sexual Experience and Prostitution", *American Journal of Psychiatry* 134 (1977), pp. 1381~1385.

22. Vincent De Francis, *Protecting the Child Victim of Sex Crimes Committed by Adults* (Denver: American Humane Association, 1969).

23. Irving Kaufman, Alice Peck and Consuelo Tagiuri, "The Family Constellation and Overt Incestuous Relations Between Father and Daughter", *American Journal of Orthopsychiatry* 24 (1954), pp. 266~279.

24. Noel Lustig, John Dresser, Seth Spellman and Thomas Murray, "Incest: A Family Group Survival Pattern", *Archives of General Psychiatry* 14 (1966), pp. 31~40.

25. Paul Sloane and Eva Karpinsky, "Effects of Incest on the Participants", *American Journal of Orthopsychiatry* 12 (1942), pp. 666~673.

26. Mavis Tsai and Nathaniel Wagner, "Therapy Groups for Women Sexually Molested as Children", *Archives of Sexual Behavior* 7 (1978), pp. 417~429.

27. Karin Meiselman, *Incest* (San Francisco: Jossy-Bass, 1978), p. 208.

28. C. W. Wahl, "Psychodynamics of Consummated Maternal Incest", *Archives of General Psychiatry* 3 (1960), p. 192.

29. Atalay Yorukoglu and John P. Kemph, "Children Not Severely Damaged by Incest with a Parent", *Journal of the American Academy of Child Psychiatry* 5 (1966), pp. 111~124.

30. Lauretta Bender and Alvin Grugett, "A Follow-Up Report on Children Who Had Atypical Sexual Experiences", *American Journal of Orthopsychiatry* 22 (1952), pp. 825~837.

31. Mavis Tsai, Shirley Feldman-Summers and Margaret Edgar, "Childhood Molestation: Variables Related to Differential Impacts on Psychological Functioning in Adult Women", *Journal of Abnormal Psychology* 88 (1979), pp. 407~417.

32. Louise Armstrong, *Kiss Daddy Goodnight* (New York: Pocket Books, 1979), pp. 259~260.

3장 비난의 문제

1. 「창세기」 19장 30~36절.

2. Vladimir Nabokov, *Lolita* (New York: Berkeley Medallion Edition, 1966), pp. 122~123.

3. Editorial, "Ball in the Family", *Chic*, October 1978.

4. Lauretta Bender and Abram Blau, "The Reaction of Children to Sexual Relations with Adults", *American Journal of Orthopsychiatry* 7 (1937), p. 514.

5. D. James Henderson, "Incest", A. M. Freedman, H. I. Kaplan and B. J. Sadock, eds., *Comprehensive Textbook of Psychiatry*, 2nd ed. (Baltimore: Williams and Wilkins, 1975), p. 1536.

6. Maya Angelou, *I Know Why the Caged Bird Sings* (New York: Bantam Books, 1971), pp. 62~63.

7. Katherine Brady, *Father's Days* (New York: Seaview, 1979), pp. 29~30.

8. Philip Nobile, "Incest: The Last Taboo", *Penthouse*, December 1977, p. 157.

9. Bruno Cormier, Miriam Kennedy and Jadwiga Sangowicz, "Psychodynamics of Father-Daughter Incest", *Canadian Psychiatric Association Journal* 7 (1962), p. 207.

10. David Walters, *Physical and Sexual Abuse of Children: Causes and Treatment*

(Bloomington: Indiana University Press, 1975), p. 124.

11. David Raphling, Bob Carpenter and Allan Davis, "Incest: A Genealogical Study", *Archives of General Psychiatry* 16 (1967), pp. 505~511.

12. Blair Justice and Rita Justice, *The Broken Taboo* (New York: Human Sciences Press, 1979), pp. 97~98.

13. Herbert Maisch, *Incest* (New York: Stein and Day, 1972), p. 139.

14. A. Nicholas Groth and H. Jean Birnbaum, *Men Who Rape: The Psychology of the Offender* (New York: Plenum, 1979), p. 140.

15. Charlotte Vale Allen, *Daddy's Girl: A Memoir* (New York: Simon & Schuster, 1980), pp. 56~57.

16. Allen, *Daddy's Girl: A Memoir*, p. 49.

17. Justice and Justice, *The Broken Taboo*, p. 97.

18. Lora Heims and Irving Kaufman, "Variations on a Theme of Incest", *American Journal of Orthopsychiatry* 33 (1963), pp. 312~312.

19. Ruth Kempe and C. Henry Kempe, *Child Abuse* (Cambridge: Havard University Press, 1978), p. 48.

20. 특별히 통속 사진을 보려면, Pax Quigley, "Incest", *Chic*, October 1978 참조.

21. Narcyz Lukianowicz, "Incest", *British Journal of Psychiatry* 120 (1972), pp. 201~212.

22. S. Kirson Weinberg, *Incest Behavior* (New York: Citadel Press, 1955), p. 190.

23. Yvonne Tormes, *Child Victims of Incest* (Denver: American Humane Association. 1968), pp. 11~12.

24. David Finkelhor, "Risk Factors in the Sexual Victimization of Children"

(unpub. ms., University of New Hampshire, 1979).

25. Herbert Maish, *Incest* (New York: Stein and Day, 1972).

26. Diane Browning and Bonny Boatman, "Incest: Children at Risk", *American Journal of Psychiatry* 134 (1977), pp. 69~72.

27. Richard Sarles, "Incest", *Pediatric Clinics of North America* 22 (1975), p. 637.

28. Finkelhor, "Risk Factors in the Sexual Victimization of children".

29. Tormes, *Child Victims of Incest*, pp. 34~35.

4장 아버지의 규율

1. Thomas Murdock, *Social Structure* (New York: Macmillan, 1949), ch. 10.

2. David Schneider, "The Meaning of Incest", *Journal of Polynesian Society* 85 (1976), pp. 149~169.

3. Claude Levi-Strauss, "The Family", Harry Shapiro, ed., *Man, Culture and Society* (New York: Oxford University Press, 1956), p. 278.

4. David Aberle, Urie Bronfenbrenner, E. H. Hess, David Schneider and J. N. Spahler, "The Incest Taboo and the Mating Patterns of Animals", *American Anthropologist* 65 (1963), pp. 253~265.

5. Morton Admas and James Neel, "Children of Incest", *Pediatrics* 40 (1967), pp. 55~62; E. Seemanova, "A Study of Children of Incestuous Matings", *Human Heredity* 21 (1971), pp. 108~128; W. J. Schull and J. V. Neel, *The Effects of Inbreeding on Japanese Children* (New York: Harper & Row, 1965).

6. Aberle et al., "The Incest Taboo and the Mating Patterns of Animals".

7. Leslie Segner and A. Collins, "A Cross-Cultural Study of Incest Myths" (unpub. ms., University of Texas, 1967), cited in Gardner Lindzey, "Some Remarks Con-

cerning Incest, the Incest Taboo, and Psychoanalytic Theory", *American Psychologist* 22 (1967), pp. 1051~1059.

8. Florence Rush, *The Best Kept Secret: Sexual Abuse of Children* (Englewood Cliffs, N.J.: Prentice-Hall, 1980).

9. Vera Frances and Allen Frances, "The Incest Taboo and Family Structure", *Family Process* 15 (1976), pp. 235~244.

10. Norbert Bischof, "The Biological Foundations of the Incest Taboo", *Social Science Information* 11 (1968), pp. 7~36.

11. Sigmund Freud, *Totem and Taboo*, in *Complete Works*, vol. XII.

12. Brenda Seligman, "The Problem of Incest and Exogamy: A Restatement", *American Anthropologist* 52 (1950), pp. 305~316.

13. Talcott Parsons, "The Incest Taboo in Relation to Social Structure and Socialization of the Child", *British Journal of Sociology* 5 (1954), pp. 57~77.

14. John Schwartzman, "The Individual, Incest, and Exogamy", *Psychiatry* 37 (1974), pp. 171~180; Jerome Neu, "What Is Wrong with Incest?", *Inquiry* 19 (1976), pp. 27~39.

15. Naphtali Lewis, "Aphairesis (Reclaiming a Daughter) in Athenian Law and Custom", J. Modrzejewski and D. Liebs, eds., *Symposion 1977: Vorträge zur griechischen und hellenistischen Rechtsgeschichte* (Cologne, 1981).

16. Juliet Mitchell, *Psychoanalysis and Feminism* (New York: Pantheon, 1974); Helen Block Lewis, *Psychic War in Men and Women* (New York: New York University Press, 1976); Nancy Chodorow, *The Reproduction of Mothering* (Berkeley: University of California Press, 1978).

17. Ruth Brunswick, "The Preoedipal Phase of the Libido Development", Robert Fliess, ed., *The Psychoanalytic Reader: An Anthology of Essential Papers with Critical Introductions* (New York: International University Press, 1940), pp. 231~253.

18. Sigmund Freud, "Some Psychical Consequences of the Anatomical Distinction between the Sexes", in *Complete Works*, XIX, pp. 243~258.

19. Chodorow, *The Reproduction of Mothering*, pp. 191~209 참조.

20. 변태성욕과 성범죄의 남성 독점성에 대해서는, Helen Block Lewis, *Psychic War in Men and Women* 참조.

21. Chodorow, *The Reproduction of Mothering*.

22. Mitchell, *Psychoanalysis and Feminism*, chs. 8~9; Chodorow, *The Reproduction of Mothering*, chs. 7~8.

23. Sigmund Freud, "The Dissolution of the Oedipus Complex", in *Complete Works*, XIX, pp. 172~179.

24. Phyllis Chesler, "Rape and Psychotherapy", Noreen Connell and Cassandra Wilson, eds., *Rape: The First Sourcebook for Women* (New York: New American Library, 1974), p. 76.

25. Helen Deutsch, *Psychology of Women*, vol. I (New York: Grune & Stratton, 1944), pp. 251~253.

26. Claude Levi-Strauss, *The Elementary Structures of Kinship* (Boston: Beacon Press, 1949/1969); Leslie White, "The Definition and Prohibition of Incest", *American Anthropologist* 50 (1948), pp. 416~435.

27. Levi-Strauss, *The Elementary Structures of Kinship*, p. 481.

28. Yehudi Cohen, "The Disappearance of the Incest Taboo", *Human Nature*, July 1978, pp. 72~78.

29. Levi-Strauss, *The Elementary Structures of Kinship*, p. 115.

30. Gayle Rubin, "The Traffic in Women: Notes on the Political Economy of Sex", Rayna Reiter, ed., *Toward on Anthropology of Women* (New York: Monthly Review Press, 1975), p. 174.

31. 「레위기」 18장 6~18절.

5장 근친 성 학대를 하는 아버지와 그 가족

1. Harry Braverman, *Labor and Monopoly Capital* (New York: Monthly Review Press, 1974)에 따라 계급적 배경을 결정했다. '중산층'에는 '중산층 직장인'과 '자영업자' 라는 범주가 포함됐다.

2. Maya Angelou, *I Know Why the Caged Bird Sings* (New York: Random House, 1970); Anne Moody, *Coming of Age in Mississippi* (New York: Dial Press, 1968); Toni Morrison, *The Bluest Eye* (New York: Holt, Rinehart & Winston, 1970); Gayl Jones, *Corregidora* (New York: Random House, 1975).

3. I. B. Weiner, "Father-Daughter Incest: A Clinical Report", *Psychiatric Quarterly* 36 (1962), pp. 607~632.

4. Herbaer Maisch, *Incest* (New York: Stein & Day, 1972).

5. Weiner, "Father-Daughter Incest: A Clinical Report"; Hector Cavallin, "Incestuous Fathers: A Clinical Report", *American Journal of Psychiatry* 122 (1966), pp. 1132~1138.

6. Noel Lustig, John Dresser, Seth Spellman and Thomas Murray, "Incest: A Family Group Survival Pattern", *Archives of General Psychiatry* 14 (1966), pp. 31~40.

7. S. Kirson Weinberg, *Incest Behavior* (New York: Citadel, 1955), p. 63.

8. Bruno Cormier, Miriam Kennedy and Jadwiga Snagowicz, "Psychodynamics of Father-Daughter Incest", *Canadian Psychiatric Association Journal* 7 (1962), p. 206.

9. Maisch, *Incest*, p. 139.

10. David Raphling, Bob Carpenter and Allan Davis, "Incest: A Genealogical Study", *Archives of General Psychiatry* 16 (1967), pp. 505~511; Lukianowicz,

"Incest", p. 304 ; Werner Tuteur, "Further Observations on Incestuous Fathers", *Psychiatric Annals* 2 (1972), p. 77.

11. Joseph Peters, "Children Who Are Victims of Sexual Assault and the Psychology of Offenders", *American Journal of Psychotherapy* 30 (1976), p. 411.

12. David Walters, *Physical and Sexual Abuse of Children* (Bloomington : Indiana University Press, 1975), p. 122.

13. Richard Rada, Robert Kellner, D. R. Laws and Walter Winslow, "Drinking, Alcoholism, and the Mentally Disordered Sex Offender", *Bulletin of the American Academy of Psychiatry and Law* 6 (1978), pp. 296~300.

14. Maisch, *Incest*.

15. Yvonne Tormes, *Child Victims of Incest* (Denver : American Humane Association, 1968).

16. Cavallin, "Incestuous Fathers".

17. Narcyz Lukianowicz, "Incest", *British Journal of Psychiatry* 120 (1972), pp. 301~313.

18. Tormes, *Child Victims of Incest*, p. 26.

19. 다른 몇몇 연구자들도 근친 성 학대가 일어나는 가정에서 특히 장녀가 가장 피해를 입기 쉽다는 사실을 언급하였다. Tormes, *Child Victims of Incest*; Browning and Boatman, "Children at Risk" ; Weinberg, *Incest Behavior*; Karin Meiselman, *Incest* (San Francisco : Jossy-Bass, 1978) 등 참조.

20. Maisch, *Incest*.

21. Maisch, *Incest*.

22. Lukianowicz, "Incest" ; Irving Kaufman, Alice Peck and Consuelo Tagiuri, "The Family Constellation and Overt Incestuous Relations Between Father and Daughter", *American Journal of Orthopsychiatry* 24 (1954), pp. 266~277.

23. 매사추세츠 주 서머빌에서 여성과 가정 폭력에 관해 연구하는 조직인 Respond의 소식지 *Reading Out*에 실린 익명의 편지(1979년 5월).

24. Weinberg, *Incest Behavior*; Maisch, *Incest*; Irving Kaufman et al., "The Family Constellation and Overt Incestuous Relations Between Father and Daughter"; Lukianowicz, "Incest"; Tormes, *Child Victims of Incest*.

25. Cormier et al., "Psychodynamics of Father-Daughter Incest"; Noel Lustig et al., "Incest: A Family Group Survival Pattern", *Archives of General Psychiatry* 14 (1966), pp. 31~40.

26. Cavallin, "Incestuous Fathers".

27. Christine Adams-Tucker, "Sex-Abused Children: Pathology and Clinical Traits", 미국 정신의학협회 연차 대회 발표 논문 (1980년 5월); Vincent De Francis, *Protecting the Child Victim of Sex Crimes Committed by Adults* (Denver: American Humane Association, 1969), pp. 152~180.

28. 버지니아와 그의 동료 연구자들은 미성년 여성들의 원하지 않는 임신 위험 가능성이 높은 가족 구조에 관해 기술했다. 명백한 근친 성 학대는 언급하지 않았지만, 이 연구자들이 기술한 가족 내 역학 관계는 근친 성 학대가 일어난 가정에서 관찰되는 것과 매우 유사하다. 연구자들은 이런 가정에서는, 힘을 지닌 아버지, 가치를 인정받지 못하는 어머니, 아버지와 딸 사이에 배타적인 관계가 있으며, 어머니가 담당해야 할 몇 가지 역할이 딸에게 부여됐다는 사실들을 지적한다. 그들은 임신을 '근친 성 학대 위협에 처한' 상황으로부터 달아나려는 하나의 시도로 해석한다. Virginia Abernethy, Donna Robbins, George Abernethy, Henry Grunebaum and Justin Weiss, "Identification of Women at Risk for Unwanted Pregnancy", *American Journal of Psychiatry* 132 (1975), pp. 1027~1031.

29. Cavallin, "Incestuous Fathers"; Lukianowicz, "Incest"; Paul Sloane and Eva Karpinsky, "Effects of Incest on the Participants", *American Journal of Orthopsychiatry* 12 (1942), pp. 666~673; A. M. Gligor, "Incest and Sexual Delinquency: A Comparative Analysis of Two Forms of Sexual Behavior in Minor Females" (Ph. D. diss., Case Western Reserve University, 1966).

6장 딸이 남긴 유산

1. 이 용어는 A. 니콜라스 그로스 덕분에 알았다. personal communication.

2. 여성 정책 연구 센터, *Response to Violence and Sexual Abuse in the Family* 2, no. 3 (January 1979), p. 3.

3. David Finkelhor, "Long-Term Effects of Childhood Sexual Victimization in a Non-Clinical Sample" (unpub. ms., University of New Hampshires, 1980).

4. Karin Meiselman, *Incest* (San Francisco: Jossey-Bass, 1978), pp. 245~261.

5. Ralph Grundlach, "Sexual Molestation and Rape Reported by homosexual and Heterosexual Women", *Journal of Homosexuality* 2 (1977), pp. 367~384. 이성애자 여성들은 친척에 의한 성추행 또는 강간 비율을 낮게 보고하기 때문에 그룬트라흐의 데이터는 약간 당혹스러운 면이 있다.

6. 장기간에 걸쳐 지속된 근친 성 학대로 인해 레즈비언 정체성을 발달시켰음을 보여 주는 개인적인 설명으로는, Katherine Brady, *Father's Days* (New York: Seaview, 1979); Angela Romagnoli, "Our Sexuality", *The Leaping Lesbian* 3 (1979), pp. 17~19 참조.

7장 유혹하는 아버지와 그 가족

1. Ann Burgess and Lynda Holmstrom, "Adaptive Strategies and Recovery from Rape", *American Journal of Psychiatry* 136 (1979), pp. 1278~1282.

2. Karen Horney, "The Overvaluation of Love", reprinted in *Feminine Psychology* (New York: Norton, 1967), p. 185.

3. Horney, "The Overvaluation of Love", pp. 194~195.

4. Horney, "The Overvaluation of Love", p. 201.

8장 폭로로 인한 위기

1. Roy Moe and Millicent Moe, "Incest in a Rural Community" (unpub. ms., Child Protective Service, Bonner County, Idaho, 1977), pp. 13~14.

2. 하버뷰 성폭력 센터 자료 (Seattle, Washington, 1977).

3. Clara Johnson, *Child Sexual Abuse Case Handling in Florida* (Athens, G. A.: Regional Institute of Social Welfare Research, 1979).

4. 아이다호 법전, Title 16, Chapter 6 (아동보호법, 1976).

5. 매사추세츠 주 법률, Chapter 119, Section 51A.

6. American Humane Association, *Child Protective Services: A National Survey* (Denver, Colo., 1967).

7. U. S. Department of Health, Education and Welfare Publication, *National Analysis of Official Child Abuse and Neglect Reporting*, 1977, no. (OHDS) 79-20232 (Washington, D. C., 1979), pp. 19~21.

8. 매사추세츠 주의 아동국이 1978년 5월에 실시한 연구 조사에 따르면 65퍼센트의 보호 기관 실무자들이 1년 미만의 보호 서비스 경력을 가진 것으로 밝혀졌다. 그 가운데 3분의 1의 실무자만이 석사학위를 가졌다. *Survey of the Implementation of the New Protective Services Model of the Massachusetts Department of Public Welfare* (Boston: Massachusetts Office for Children, 1978).

9. *The Real Paper* (Cambridge, Mass.)에서 코니 페이지(Connie Paige)가 인용한 글. Jan. 19, 1980, p. 13.

10. *National Analysis of Official Child Abuse and Neglect Reporting*, p. 59.

11. Sharon Rosen, Susan Newsom and Carl Boneh, *Protective Service Reports in May, 1978: A Preliminary Analysis* (Boston: Commonwealth of Massachusetts, Department of Public Welfare, 1979), p. 34.

12. Lisa Lerman, "Civil Protection Orders: Obtaining Access to Court", *Response to*

Violences in the Family 3 (April 1980), pp. 1～2.

13. Moe and Moe, "Incest in a Rural Community".

9장 가족 관계의 회복

1. Henry Giaretto, personal communication, 1977.

2. Peter Coleman, personal communication, 1977.

3. Florence Rush, "The Sexual Abuse of Children: A Feminist Point of View", Noreen Connell and Cassandrs Wilson, eds., *Rape: The First Sourcebook for Women* (New York: New American Library, 1974), p. 71.

4. Robert Langs, *The Technique of Psychoanalytic Psychotherapy*, vol. I (New York: Jason Aronson, 1973), p. 82.

5. Murray Bowen, "Theory in the Practice of Psychotherapy", Philip Guerin, Jr., ed., *Family Therapy: Theory and Practice* (New York: Gardner Press, 1976), pp. 42～90; Salvador Minuchin, *Families and Family Therapy* (Cambridge: Harvard University Press, 1974).

6. Hery Giaretto, Anna Giaretto and Suzanne Sgroi, "Coordinated Community Treatment of Incest", Ann Burgess, A. Nicholas Groth, Lynda Holmstrom and Suzanne Sgroi, eds., *Sexual Assault of Children and Adolescents* (Lexington, Mass.: D. C. Heath, 1978), p. 234.

7. Peter Coleman, "Incest: Family Treatment Model" (unpub. ms., Child Protective Service, Tacoma, Washington, 1978).

8. Joseph Peters and Robert Sadoff, "Psychiatric Services for Sex Offenders on Probation", *Federal Probation*, September 1971, p. 35.

9. A. Nicholas Groth, personal communication, 1979.

10. Henry Giaretto, personal communication, 1977.

11. Steven Silver, "Outpatient Treatment for Sexual Offenders", *Social Work*, March 1976, pp. 134~140.

12. Berkeley Planning Associates and Urban and Rural Systems Associates, "Evaluation of the Clinical Demonstration of the Treatment of Child Abuse and Neglect" 참조 (미국 건강, 교육, 복지과에 제출한 보고서 #105-78-1108, 1979); Edward Brecher, *Treatment Programs for Sex Offenders* (Washington, D. C.: U. S. Government Printing Office, 1978), pp. 13~21.

13. Chuck Wright, Presentence Diagnostic Unit, Seattle, Washington, personal communication, 1977.

14. Lucy Berliner, Harborview Sexual Assault Center, Seattle, Washington, personal communication, 1980. 근친 성 학대 범죄자의 상세한 유형과 각 유형에 적합한 치료 기법에 대해서는, Roland Summit and JoAnn Kryso, "Sexual Abuse of Children: A Clinical Spectrum", *American Journal of Orthopsychiatry* 48 (1978), pp. 237~245 참조.

15. Jerome Kroth, *Evaluation of the Child Sexual Abuse Demonstration and Treatment Project* (Sacramento: Office of Child Abuse Prevention, California Department of Health, 1978), pp. 121~210.

16. Lucy Berliner, personal communication, 1977.

17. Peter Coleman, personal communication, 1977.

18. Kroth, *Evaluation of the Child Sexual Abuse Demonstration and Treatment Project*, p. 158.

10장 형사 처벌

1. Mary Katherine Daugherty, "The Crime of Incest Against the Minor Child and the States' Statutory Responses", *Journal of Family Law* 17 (1978~1979), pp. 93~115.

2. 이 장에서 인용된 근친 성 학대 법규에 관한 정보를 얻으려면, Leigh Bienen, *Chart of*

the Incest Statutes 부록 참조.

3. Karin Meiselman, *Incest* (San Francisco: Jossey-Bass, 1978), p. 177.

4. John Gagnon, "Female Child Victims of Sex Offenses", *Social Problems* 13 (1965), pp. 176~192.

5. Teri Talan, "The Child Advocate Association: Project Narrative" (unpub. ms., Child Advocate Association, Chicago, Illinois, 1978).

6. *Sex Problems Court Digest* 6 (1975), p. 6.

7. Henry Giarretto, Anna Giarretto and Suzanne Sgroi, "Coordinated Community Treatment of Incest", Ann Burgess, A. Nicholas Groth, Lynda Holmstrom and Suzanne Sgroi, eds., *Sexual Assault of Children and Adolescents* (Lexington, Mass.: D. C. Heath, 1978), p. 233.

8. Jean Goodwin, Doris Sahd and Richard Rada, "Incest Hoax: False Accusations, False Denials", *Bulletin of the American Academy of Psychiatry and the Law* 6 (1978), pp. 269~276.

9. Vincent De Francis, *Protecting the Child Victim of Sex Crimes Committed by Adults* (Denver: American Humane Association, 1968), pp. 181~194.

10. 예를 들면 David Walters, *Physical and Sexual Abuse of Children* (Bloomington: Indiana University Press, 1975), ch. 9 참조.

11. De Francis, *Protecting the Child Victim of Sex Crimes Committed by Adults*, pp. 10~11.

12. Lucy Berliner, personal communication, 1977.

13. Diane Hamlin, "Harborview's Sexual Assault Center: Two years Later", *Response to Violence in the Family* 3 (March 1980), p. 3.

14. Lucy Berliner, personal communication, 1977.

15. Lucy Berliner and Doris Stevens, "Guidelines for Criminal Justice Personnel" (Harborview Sexual Assault Center, Seattle, Washington, 1977). 어린 아동을 면접하기 위해서 놀이 치료, 드로잉, 그리고 다른 특별한 기술을 사용하려면, Ann Burgess and Lynda Holmstrom, "Interviewing Young Victims", Burgess et al., *Sexual Assault of Children and Adolescents*, pp. 171~180 참조.

16. Charles Bahn and Michael Daly, "Criminal Justice Reform in Handling Child Sex Abuse", *Child Abuse: Where Do We Go from Here?* (Conference Proceedings, Children's Hospital National Medical Center, Washington, D. C., 1977), pp. 143~146.

17. David Libai, "Protection of the Child Victim of a Sexual Offense in the Criminal Justice System", *Wayne Law Review* 15 (1969), pp. 955~1036.

18. Talan, "Child Advocate Association: Project Narrative".

19. Libai, "Protection of the Child Victim of a Sexual Offense in the Criminal Justice System".

20. Libai, "Protection of the Child Victim of a Sexual Offense in the Criminal Justice System". 성 학대 사건을 다루는 이 개정안에 대한 헌법적인 이의와 법적인 대안에 대해 알아보려면, Howard Davidson and Josephine Bulkley, *Child Sexual Abuse: Legal Issues and Approaches* (Washington, D. C.: American Bar Association, 1980) 참조.

21. Florence Rush, *The Best Kept Secret: Sexual Abuse of Children* (Englewood Cliffs, N. J.: Prentice Hall, 1980). 이 책에서 플로렌스 러시(Florence Rush)는 성관계에 동의할 수 있는 법적 연령은, 개혁안을 제기하려는 측인 아동복지 개혁가들과 여성주의자들, 그리고 개혁안의 가치를 저하시키려는 측인 조직화된 악덕을 대변하는 세력(포주들, '백인 노예 상인들', 그리고 포르노그래피 제작자들) 사이에 벌어진 역사적 논쟁의 초점을 됐다는 사실을 상세히 기록했다. 성문법으로는 성인에 의한 아동 성 착취와 청소년끼리 동의한 성관계를 제대로 구별하지 못할 때가 종종 있다. 따라서 최근에 일부 법 개혁가들은 가해자와 피해자 사이 연령 차이에 기초하여 성범죄 범위를 정의하려는 시도를 보여 준다. 뉴저지 주 법령 참조.

22. Ohio Revised Code, par. 2907. 03 (1974).

23. Leigh Bienen, "Rape III: National Developments in Rape Reform Legislation", *Women's Rights Law Reporter* 6, no. 3 (Reuters-Newark School of Law, 1981), n. 204.

11장 피해자를 위한 치료

1. Narcyz Lukianowicz, "Incest", *British Journal of Psychiatry* 120 (1972), pp. 201~212.

2. Alvin Rosenfeld, "Incidence of a History of Incest among 18 Female Psychiatric Patients", *American Journal of Psychiatry* 136 (1979), pp. 791~796.

3. Angela Romagnoli, "Incest", *The Leaping Lesbian* 3 (1978), pp. 29~30.

4. Bernard Glueck, "Early Sexual Experiences and Schizophrenia", Hugo Beigel, eds., *Advances in Sex Research* (New York: Harper & Row, 1963), p. 248.

5. Robert Stein, *Incest and Human Love: The Betrayal of the Soul in Psychotherapy* (New York: Third Press, 1973), pp. 45~46.

6. Sandra Butler, *Conspiracy of Silence: The Trauma of Incest* (San Francisco: New Gilde Publications, 1978), p. 170.

7. J. C. Holroyd and A. M. Brodsky, "Physical Contact with Patients", *American Psychologist* 32 (1977), pp. 843~847.

8. S. H. Kardener, M. Fuller and I. N. Mensch, "A Survey of Physicians' Attitudes and Practices Regarding Erotic and Nonerotic Contact with Patients", *American Journal of Psychiatry* 130 (1973), pp. 1077~1081.

9. Herbert Freudenberger, "The Male Therapist as a Returning Patient" (Paper presented at American Psychological Association, September 1978), *Psychiatric News* (Oct. 20, 1978), p. 40.

10. Susan Forward and Craig Buck, *Betrayal of Innocence: Incest and Its Devastation* (New York: Penguin Books, 1979), p. 166.

11. Susan Forward and Craig Buck, *Betrayal of Innocence: Incest and Its Devastation*, p. 163.

12. Mavis Tsai and Nathaniel Wagner, "Therapy Groups for Women Sexually Molested as Children", *Archives of Sexual Behavior* 7 (1978), pp. 417~427.

13. Hollis Wheeler, "Peer Support Grouping as a Self-Help Technique" (unpub. ms., Everywoman Center, University of Massachusetts, Amherst, Mass., 1979), pp. 5~6.

14. Wheeler, "Peer Support Grouping", pp. 8~9.

15. Hollis Wheeler, "The Self-Help Model for Victims of Incest", Ann Burgess and Bruce Baldwin, eds., *Crisis Intervention Theory: A Clinical Handbook* (Englewood Cliffs, N.J.: Prentice-Hall, 1981).

16. Barbara Myers, personal communication, 1979.

12장 성 학대 예방

1. *Incest: The Victim Nobody Believes* (San Francisco: Mitchell Gebhardt Film Co., 1977).

2. Deborah Anderson, "Child Sexual Abuse Prevention" (unpub. ms., County Attorney's Office, Minneapolis, Minn., 1978).

3. Sandra Butler, *Conspiracy of Silence: The Trauma of Incest* (San Francisco: New Glide Publications, 1978), p. 189.

4. Grace Abbott, *The Child and the State*, vol. I (Chicago: University of Chicago Press, 1938) 참조.

5. Connie Murphy, "Pierce County Rape Relief", personal communication.

6. Linda Sanford, *The Silent Children: A Parent's Guide to the Prevention of Child Sexual Abuse* (New York: Doubleday Anchor Press, 1980), pp. 233~234.

7. Shulamith Firestone, *The Dialectic of Sex: The Case for Feminist Revolution* (New York: Morrow, 1970) 참조.

8. Abbott, *The Child and the State*, vol. I 참조.

9. Nancy Chodorow, *The Reproduction of Mothering: Psychoanalysis and the Sociology of Gender* (Berkeley: University of California Press, 1978), pp. 217~219 참조.

10. Christopher Lasch, *Haven in a Heartless World: The Family Besieged* (New York: Basic Books, 1977), p. 169.

11. U.S. Department of Commerce, Bureau of the Census, *Current Population Reports*, 1979, *The New York Times*, Aug. 17, 1980, p. 29.

12. Milton Kotelchuck, "The Infant's Relationship to the Father: Experimental Evidence", Michael Lamb, ed., *The Role of the Father in Child Development* (New York: John Wiley & Sons, 1978), ch. 10.

13. Peggy Ban and Michael Lewis, "Mothers and Fathers, Girls and Boys: Attachment Behaviors in the One-Year-Old", *Merrill-Palmer Quarterly* 20 (1974), pp. 195~204.

14. Frieda Rebelsky and C. Hanks, "Father's Verbal Interaction with Infants in the First Three Months of Life", *Child Development* 42 (1971), pp. 63~88.

15. F. A. Pederson and K. S. Robson, "Father Participation in Infancy", *American Journal of Orthopsychiatry* 39 (1969), pp. 466~472. 또 Kotelchuck, "The Infant's Relationship to the Father: Experimental Evidence"도 참조.

16. Michael Lewis and Marsha Weinraum, "The Father's Role in the Child's Social Network", Lamb, ed., *Role of the Father*, ch. 4.

17. Henry Biller and Dennis Meredith, *Father Power* (New York: David McKay, 1974).

18. Henry Biller, "The Father and Personality Development: Paternal Deprivation

and Sex Role Development", Lamb, ed., *Role of the Father*, ch. 3.

19. John Munder Ross, "Fathers in Development" (제133차 미국 정신의학협회 연차 대회에 제출된 논문, May 1980).

20. Redstockings, *Feminist Revolution*, ed., Kathie Sarachild (New York: Random House, 1978); Sara Evans, *Personal Politics* (New York: Random House, 1979) 참조.

21. Eli Zaretsky, "Capitalism, the Family, and Personal Life", *Social Revolution* 13-14 (1973), pp. 69~126; 15 (1973), pp. 19~70 참조.

22. Benjamin Spock, *Baby and Child Care*, 4th ed. (New York: Pocket Books, 1976), pp. 47~48.

23. Biller and Meredith, *Father Power*, p. 282.

24. Nora Harlow, *Sharing the Children: Village Child Rearing Within the City* (New York: Harper & Row, 1975), pp. 129~130.

25. Harlow, *Sharing the Children: Village Child Rearing Within the City*, p. 142.

2000년 후기

1. Pamela Allen, *Free Space: A Perspective on the Small Group in Women's Liberation* (Washington, N. J.: Times Change Press, 1970).

2. 동시에 이 문제를 조사한 다른 여성주의 연구자들은 다음과 같다. Florence Rush, *The Best Kept Secret: Sexual Abuse of Children* (Englewood Cliffs, N. J.: Prentice Hall, 1980); Louise Armstrong, *Kiss Daddy Goodnight: A Speak-Out on Incest* (New York: Hawthorne, 1978); Sandra Burtler, *Conspiracy of Silence: The Trauma of Incest* (San Francisco: Glide, 1978); Jean Goodwin, *Sexual Abuse, Incest Victims and Their Families* (Boston: John Wright, 1982).

3. Susan Brownmiller, *Against Our Will: Men, Women and Rape* (New York: Simon and Schuster, 1975); Catherine MacKinnon, *Feminism Unmodified: Dis-*

courses on Life and Law (Cambridge, Mass.: Harvard University Press, 1987).

4. Richard Kluft, "On the Apparent Invisibility of Incest", Richard Kluft ed., *Incest-Related Syndromes of Adult Psychopathology* (Washington, D.C.: American Psychiatric Press, 1990), p. 25.

5. Diana Russell, *The Secret Trauma: Incest in the Lives of Girls and Women* (New York: Basic Books, 1986).

6. D. Finkelhor, G. Hotaling, I. A. Lewis and C. Smith, "Sexual Abuse in a National Survey of Adult Men and Women: Prevalence, Characteristics, and Risk Factors", *Child Abuse and Neglect* 14 (1990), pp. 19~28.

7. "UN Details Widespread Violence against Women", *Boston Globe*, Wednesday, July 23, 1997, p. A4.

8. Diana Russell, *Behind Closed Doors in South Africa: Incest Survivors Tell Their Stories* (London: Macmillan, 1998).

9. Hamdi Tutkun, Vedat Sar, L. Ilhan Yargic, Tuga Ozpulat, Madaim Yanik and Emre Kiziltan, "Frequency of Childhood Abuse among Psychiatric Inpatients in Turkey". 이 논문은 국제외상후스트레스장애연구학회 제13차 연차 대회에서 발표되었다(Montreal, Quebec, November 6-10, 1997); Hamdi Turkun, Vedat Sar, L. Ilhan Yargic, Tuga Ozpulat, Madaim Yanik and Emre Kiziltan, "Frequency of Dissociative Disorders among Psychiatric Patients in a Turkish University Clinic", *American Journal of Psychiatry* 155 (1998), pp. 800~806; Isin Baral, Kaan Kora, Sahika Yuksel and Ufuk Sezgin, "Self-Mutilating Behavior of Sexually Abused Female Adults in Turkey", *Journal of Interpersonal Violence* 13 (1998), pp. 427~437; Saturo Saito, "Childhood Sexual Abuse and Dissociation in Japan: A Clinical Overview from an Outpatient Clinic Standpoint", *Psychiatry and Clinical Neurosciences* 52 (1998), pp. S151~S155; Takako Konishi, "Study on Victimization and Crime: The Trauma of Crime Victims in Japan", *Psychiatry and Clinical Neurosciences* 52 (1998), pp. S139~S144.

10. Nel Draijer, *Sexual Abuse of Girls by Relatives: A Nation-Wide Survey of the Nature, Emotional Signs, and Psychological and Psychosomatic Sequelae* (Den Haag: Ministerie van Sociale Zaken en Verkgelegenheid, 1990); R. J. Goldman

and J. D. G. Goldman, "The Prevalence and Nature of Child Sexual Abuse in Australia", *Australian Journal of Sex, Marriage and Family* 9 (1988), pp. 94~106; P. Mullen, J. Martin, I. Anderson, S. Romans and G. Herbison, "Childhood Sexual Abuse and Mental Health in Adult Life", *British Journal of Psychiatry* 163 (1993), pp. 721~732.

11. Jane Smiley, *A Thousand Acres* (New York: Knopf, 1991); Alice Walker, *The Color Purple* (New York: Harcourt, Brace, Jovanovich, 1982); Toni Morrison, *The Bluest Eye* (New York: Pocket Books, 1972).

12. Ellen Bass and Laura Davis, *The Courage to Heal: A Guide for Women Survivors of Child Sexual Abuse* (New York: HarperCollins, 1988; third ed., 1996). 국내에는 (이경미 옮김) 『아주 특별한 용기 — 피해자와 가족, 상담자를 위한 안내서 』 (동녘)로 번역 출간됐다(— 옮긴이 주).

13. Andrea J. Sedlak and Dianne D. Broadhurst, "Executive Summary of the Third National Incidence Study of Child Abuse and Neglect" (Washington, D. C.: US DHHS, 1996).

14. U. S. Advisory Board on Child Abuse and Neglect(ABCAN), "Child Abuse and Neglect: Critical First Steps in Response to a National Emergency" (Washington, D. C.: US DHHS, 1990).

15. Sheree L. Toth and Dante Ciccetti, "Child Maltreatment: Where Do We Go from Here in Our Treatment of Victims?", Dante Ciccetti and Sheree L. Toth, eds., *Child Abuse, Child Development, and Social Policy* (Norwood, N. J.: Ablex, 1994), pp. 399~430, 인용 부분은 p. 425.

16. Diana Russell, *The Secret Trauma: Incest on the Lives of Girls and Women.*

17. Gail E. Wyatt, "The Sexual Abuse of Afro-American and White Women in Childhood", *Child Abuse and Neglect* 9 (1985), pp. 507~519.

18. Finkelhor et al., "Sexual Abuse"; D. G. Kilpatrick and H. S. Resnick, "Posttraumatic Stress Disorder Associated with Exposure to Criminal Victimization in Clinical and Community Populations", J. R. Davidson and E. B. Foa, eds., *Posttraumatic Stress Disorder: DSM-IV and Beyond* (Washington, D. C.: American

Psychiatric Press, 1993), pp. 113~143.

19. A. Jacobson and B. Richardson, "Assault Experiences of 100 Psychiatric Inpatients: Evidence of the Need for Routine Inquiry", *American Journal of Psychiatry* 144 (1987), pp. 908~913; J. B. Bryer, B. A. Nelson, J. B. Miller and P. A. Kroll, "Childhood Sexual and Physical Abuse as Factors in Adult Psychiatric Illness", *American Journal of Psychiatry* 144 (1987), pp. 1426~1430; A. Jacobson, "Physical and Sexual Assault Histories among Psychiatric Outpatients", *American Journal of Psychiatry* 146 (1989), pp. 755~758; J. Briere and L. Y. Zaidi, "Sexual Abuse Histories and Sequelae in Female Psychiatric Emergency Room Patients", *American Journal of Psychiatry* 146 (1989), pp. 1602~1606.

20. Aaron H. Esman, "Sexual Abuse, Pathogenesis, and Enlightened Skepticism", *American Journal of Psychiatry* 151 (1994), pp. 1101~1103.

21. K. Kendall-Tackett, L. M. Williams and D. Finkelhor, "Impact of Sexual Abuse on Children: A Review and Synthesis of Recent Empirical Studies", *Psychology Bulletin* 113 (1993), pp. 164~180; P. E. Mullen, J. L. Martin, J. C. Anderson, S. E. Romans and G. P. Herbison, "Childhood Sexual Abuse and Mental Health in Adult Life", *British Journal of Psychiatry* 163 (1993), pp. 721~723; Bernardine J. Ensink, *Confusing Realities: A Study on Child Sexual Abuse and Psychiatric Symptoms* (Amsterdam: VU University Press, 1992).

22. Diana Russell, *The Secret Trauma: Incest on the Lives of Girls and Women*, pp. 172~173.

23. John Briere, "The Long-Term Clinical Correlates of Childhood Sexual Victimization", *Annals of the New York Academy of Sciences* 5528 (1988), pp. 327~334; A. B. Rowan and D. W. Foy, "Posttraumatic Stress Disorder in Child Sexual Abuse Survivors: A Literature Review", *Journal of Traumatic Stress* 6 (1993), pp. 3~20.

24. Bessel A. van der Kolk, J. Christopher Perry and Judith L. Herman, "Childhood Origins of Self-Destructive Behavior", *American Journal of Psychiatry* 148 (1991), pp. 1665~1671.

25. Judith L. Herman, J. Christopher Perry and Bessel A. van der Kolk, "Childhood

Trauma in Borderline Personality Disorder", *American Journal of Psychiatry* 146 (1989), pp. 490~495; J. G. Johnson, P. Cohen, J. Brown, E. M. Smails and D. P. Bernstein, "Childhood Maltreatment Increases Risk for Personality Disorders during Early Adulthood", *Archives of General Psychiatry* 56 (1999), pp. 600~606.

26. Frank W. Putnam, *Diagnosis and Treatment of Multiple Personality Disorder* (New York: Guilford, 1989).

27. Judith L. Herman, "Complex PTSD: A Syndrome in Survivors of Prolonged and Repeated Trauma", *Journal of Traumatic Stress* 5 (1992), pp. 377~391.

28. American Psychiatric Association, *Diagnostic and Statistical Manual of Mental Disorders*, Fourth Ed. (Washington, D. C.: American Psychiatric Press, 1994), p. 425.

29. Bessel A. van der Kolk, D. Pelcovitz, S. Roth, F. S. Mandel, A. McFarlane and J. L. Herman, "Dissociation, Somatization and Affect Dysregulation: The Complexity of Adaptation to Trauma", *American Journal of Psychiatry* 153 (1996), pp. 7 (Festscrift Supplement), 83~93.

30. Catherine S. Wisdom, "Posttraumatic Stress Disorder in Abused and Neglected Children Grown Up", *American Journal of Psychiatry* 156 (1999), pp. 1223~1229.

31. Richard J. Loewenstein, "Somatoform Disorders in Victims of Incest and Child Abuse", Kluft, *Incest-Related Syndromes*, pp. 75~112.

32. Vincent J. Felitti, "Long-Term Medical Consequences of Incest, Rape, and Molestation", *Southern Medical Journal* 84 (1991), pp. 328~331.

33. E. A. Walker, W. J. Katonn, K. Neraas, R. P. Jemelka and D. Massoth, "Dissociation in Women with Chronic Pelvic Pain", *American Journal of Psychiatry* 149 (1992), pp. 534~537.

34. Matthew J. Friedman and Paula Schnurr, "The Relationship between Trauma, PTSD, and Physical Health", M. J. Friedman, D. S. Charney and A. Y. Deutch,

eds., *Neurobiological and Clinical Consequences of Stress: From Normal Adaptation to Post-Traumatic Stress Disorder* (Philadelphia: Lippincott-Raven, 1995); V. J. Felitti et al., "The Relationship of Childhood Abuse and Household Dysfunction to Many of the Leading Causes of Death in Adults: The Adverse Childhood Experiences(ACE) Study", *American Journal of Preventive Medicine* 14 (1998), pp. 245~258.

35. D. L. Lipschitz, A. M. Rasmusson and S. M. Southwick, "Childhood Posttraumatic Stress Disorder: A Review of Neurobiologic Sequelae", *Psychiatric Annals* 28 (1998), pp. 452~460.

36. M. D. De Bellis, G. P. Chrousos, L. D. Dom, L. Burke, K. Helmers, M. A. Kling, R. Trickett and F. Putnam, "Hypothaiamic-Pituitary-Adrenal Axis Dysregulation in Sexually Abused Girls", *Journal of Endocrinology and Metabolism* 78 (1994), pp. 249~255.

37. E. L. Weiss, J. G. Longhurst and C. M. Mazure, "Childhood Sexual Abuse as a Risk Factor for Depression in Women: Psychosocial and Neurobiological Corelates", *American Journal of Psychiatry* 156 (1999), pp. 816~828.

38. Charles B. Nemeroff, "The Emerging and Disheartening Picture of the Consequences of Child Abuse and Neglect: Implications for Psychiatric Morbidity", *CNS Spectrums* 2 (1997), p. 68.

39. Bessel A. van der Kolk, Onno van der Hart and Charles R. Marmar, "Dissociation and Information Processing in Posttraumatic Stress Disorder", Bessel A. van der Kolk, Alexander C. MacFarlane and Lars Weisaeth, eds., *Traumatic Stress: The Effects of Overwhelming Experience on Mind, Body and Society* (New York: Guilford, 1996), pp. 303~327.

40. E. Cardena and D. Spiegel, "Dissociative Reactions to the Bay Area Earthquake", *American Journal of Psychiatry* 150(1993) pp. 474~478; C. Koopman, C. Classen and D. Spiegel, "Predictors of Posttraumatic Stress Symptoms among Survivors of the Oakland/Berkeley, California, Firestorm", *American Journal of Psychiatry* 151 (1994), pp. 888~894; C. R. Marmar, D. S. Weiss, W. E. Schlenger, J. A. Fairbank, K. Jordan, R. A. Kulla and R. L. Hough, "Peritraumatic Dissociation and Posttraumatic Stress in Male Vietnam Theater Veterans", *Amer-*

ican Journal of Psychiatry 151 (1994), pp. 902~907; A. Shalev, T. Peri, L. Caneti and S. Schreiber, "Predictors of Posttraumatic Stress Disorder in Injured Trauma Survivors", *American Journal of Psychiatry* 153 (1996), pp. 219~225.

41. Frank W. Putnam, "Clinical Implications of Longitudinal Research on Child-hood Sexual Abuse". 이 논문은 국제외상후스트레스장애연구학회 연차 대회에서 발표됐다(Montreal, Quebec, November 8, 1997).

42. Judith L. Herman and Emily Schatzow, "Recovery and Verification of Memo-ries of Childhood Sexual Trauma", *Psychoanalytic Psychology* 4 (1987), pp. 1~14.

43. Daniel Brown, Alan W. Scheflin and D. Corydon Hammond, *Memory, Trauma Treatment and the Law* (New York: Norton, 1997); Kenneth S. Pope and Laura S. Brown, *Recovered Memories of Abuse: Assessment, Therapy, Forensics* (Washington, D.C.: American Psychological Association Press, 1996).

44. Linda Katherine Cutting, *Memory Slips: A Memoir of Music and Healing* (New York: HarperCollins, 1997), p. 6.

45. Linda Katherine Cutting, *Memory Slips: A Memoir of Music and Healing*, p. 2.

46. *DSM-IV*, p. 428.

47. Bessel A. van der Kolk, "The Body Keeps Score: Memory and the Evolving Psychobiology of Posttraumatic Stress", *Harvard Review of Psychiatry* 1 (1994), pp. 253~265.

48. L. Shin, R. J. McNally, S. M. Kosslyn, W. L. Thompson, S. L. Rauch, N. M. Alpert, L. J. Metzger, N. B. Lasko, S. P. Orr and R. K. Pitman, "Regional Cerebral Blood Flow during Script-Driven Imagery in Childhood Sexual Abuse-Related PTSD: A PET Investigation", *American Journal of Psychiatry* 156 (1999), pp. 575~584; S. L. Rauch, Bessel A. van der Kolk, R. Fisler, N. M. Alpert, S. P. Orr, C. R. Savage, A. J. Fischman, M. A. Jenike and R. K. Pitman, "A Symptom Provo-cation Study of Posttraumatic Stress Disorder Using Positron Emission Tomog-raphy and Script-Driven Imagery", *Archives of General Psychiatry* 53 (1996), pp. 380~387.

49. Frank W. Putnam and Penelope Trickett, "Child Sexual Abuse: A Model of Chronic Trauma", *Psychiatry* 56 (1993), pp. 82~95; Jennifer Freyd, *Betrayal Trauma: The Logic of Forgetting Childhood Abuse* (Cambridge, Mass.: Harvard University Press, 1996).

50. James Chu, *Rebuilding Shattered Lives: The Responsible Treatment of Complex Post-Traumatic and Dissociative Disorders* (New York: Wiley, 1998); Christine Courtois, *Healing the Incest Wound: Adult Survivors in Therapy* (New York: Norton, 1988); John Briere, *Child Abuse Trauma: Theory and Treatment of the Lasting Effects* (Newbury Park Calif.: Sage, 1992); Catherine Classen and I. D. Yalom, eds., *Treating Women Molested in Childhood* (San Francisco: Jossey-Bass, 1995); Anna Salter, *Transforming Trauma: A Guide to Understanding and Treating Adult Survivors of Child Sexual Abuse* (Thousand Oaks, Calif., Sage, 1995); Susan Roth and Ronald Baston, *Naming the Shadows: A New Approach to Individual and Group Psychotherapy for Adult Survivors of Childhood Incest* (New York: Free Press, 1997).

51. Judith L. Herman, *Trauma and Recovery* (New York: Basic Books, 1992, 1997). 이 책은 (최현정 옮김) 『트라우마 - 가정폭력에서, 정치적 테러까지』(플래닛)로 번역 출간됐다(―옮긴이 주).

52. G. G. Abel, M. S. Mittelman and J. Becker, "Sex Offenders: Results of Assessment and Recommendations for Treatment", M. H. Ben-Aron, S. J. Hucker and C. D. Webster, eds., *Clinical Criminology: The Assessment and Treatment of Criminal Behavior* (Toronto: M and M Graphics, 1985), pp. 207~220.

53. Faye Honey Knopp, *Retraining Adult Sex Offenders: Methods and Models* (Syracuse, N. Y.: Safer Society Press, 1984), p. 9.

54. Judith L. Herman, "Considering Sex Offenders: A Model of Addiction", *Signs: Journal of Women in Culture and Society* 13 (1988), pp. 695~724.

55. David T. Ballard, Gary D. Blair, Sterling Devereaux, Logan K. Valentine, Anne L. Horton, and Barry L. Johnson, "A Comparative Profile of the Incest Perpetrator", Anne L. Horton, Barry L. Johnson, Lynn M. Roundy and Doran Williams, eds., *The Incest Perpetrator: A Family Member No One Wants to Treat* (Newbury Park, Calif.: Sage, 1990), pp. 43~64.

56. 평가에서의 기술 실태에 관해 검토하려면, H. E. Barbaree and W. L. Marshall, "Treatment of the Sexual Offender", Robert M. Wettstein, ed., *Treatment of Offenders with Mental Disorders* (New York: Guilford, 1998), pp. 265~328 참조.

57. G. G. Abel, M. S. Mittelman and J. Becker, "The Characteristics of Men Who Molest Young Children", 이 논문은 세계행동치료학회에서 발표됐다(Washington D. C., 1983).

58. Barbaree and Marshall, "Treatment of the Sexual Offender", p. 294.

59. Francisco Goldman, "The Autumn of the Revolutionary", *New York Times Magazine*, August 23, 1998, p. 38.

60. Cutting, *Memory Slips*, pp. 133~134.

61. Barbaree and Marshall, "Treatment of the Sexual Offender", p. 308.

62. Jean M. Goodwin, "Human Vectors of Trauma: Illustrations from the Marquis de Sade", Jean M. Goodwin, ed., *Rediscovering Childhood Trauma: Historical Casebook and Clinical Applications* (Washington, D. C.: American Psychiatric Press, 1993), pp. 95~112.

63. J. Wormith, "A Survey of Incarcerated Sexual Offenders", *Canadian Journal of Criminology* 25 (1983), pp. 370~390.

64. Sylvia Fraser, *My Father's House* (New York: Harper and Row, 1987), p. 240.

65. Emily Schatzow and Judith Herman, "Breaking Secrecy: Adult Survivors Disclose to Their Families", *Psychiatric Clinics of North America* 12 (1989), pp. 337~349.

66. Sue William Sliverman, *Because I Remember Terror, Father, I Remember You* (Athens, Ga.: University Georgia Press, 1996), pp. 249~250.

67. Brown, Scheflin and Hammond, *Memory, Trauma Treatment and the Law*, p. 591.

68. Carol Lynn Mithers, "Incest and the Law", *New York Times Magazine*, October 21, 1990, p. 58에 인용.

69. Tina Rosenberg, *The Haunted Land: Facing Europe's Ghosts after Communism* (New York: Vintage, 1995).

70. Joseph Geraci, "Interview: Hollida Wakefield and Ralph Underwager", *Paidika: The Journal of Pedophilia* (Winter, 1993), p. 4.

71. Stephanie J. Dallam, "Unsilent Witness: Ralph Underwager and the FMSF", *Treating Abuse Today* 7 (1997), pp. 31~39.

72. *FMSF Newsletter*, February 29, 1992.

73. Irene L. Miller, "Letter to the Editor", *The Sun* (August 1988), p. 3.

74. Carol Tavris, "Beware the Incest-Survivor Machine", *New York Times Book Review*, January 3, 1993.

75. Frederick Crews, "The Revenge of the Repressed", *New York Review of Books*, November 17, 1994.

76. Susan Faludi, *Backlash: The Undeclared War against American Women* (New York: Doubleday, 1991); Eleanor Flexner, *Century of Struggle: The Woman's Rights Movement in the United States* (Cambridge, Mass.: Harvard University Press, 1959).

77. Judith L. Herman, "Presuming to Know the Truth", *Nieman Reports* 48 (1994), pp. 43~45; Mike Stanton, "U-turn on Memory Lane", *Columbia Journalism Review* (July/August 1997), pp. 44~49.

78. D. Jones and J. M. McGrow, "Reliable and Fictitious Accounts of Sexual Abuse to Children", *Journal of Interpersonal Violence* 2 (1987), pp. 27~45.

79. G. S. Goodman, J. A. Quas, J. M. Batterman-Faunce, M. M. Riddleberger and J. Kuhn, "Predictors of Accurate and Inaccurate Memories of Traumatic Events Experienced in Childhood", *Consciousness and Cognition* 3 (1994), pp. 269~294;

K. Pezdek and C. Roe, "Memory for Childhood Events: How Suggestible Is It?", *Consciousness and Cognition* 3 (1994), pp. 374~387.

80. J. M. Goodwin, D. Sahd and R. T. Rada, "False Accusations and False Denials of Incest", Goodwin, *Sexual Abuse* (1982), pp. 17~26.

81. United Nations International Criminal Tribunal for the Former Yogoslavia, *Prosecutor v. Anto Furundzija*, The Hague, The Netherlands (June 22, 1998), p. 595.

82. *Peopel v. Franklin* (1993), San Mateo(California) Superior Court, No. C24395; *Burgus v. Braun* (1997), Cook County (Illinois) Circuit Court, County Department, Law Division, No. 93 L 14050; *Roderiguez et al. v. Perez et al.* (1998), Chelan County (Washington) Superior Court, No. 96-2-00704-2; E. F. Loftus, "The Reality of Repressed Memories", *American Psychologist* 48 (1993), pp. 518~537.

83. E. F. Loftus and K. Ketcham, *The Myth of Repressed Memory: False Memories and Allegations of Sexual Abuse* (New York: St. Martin's Press, 1994).

84. *New Hampshire v. Hungerford* (1997), WL 358620.

85. Brown, Scheflin and Hammond, *Memory, Trauma Treatment and the Law*, ch. 12.

86. E. F. Loftus, S. Polonsky and M. T. Fullilove, "Memories of Childhood Sexual Abuse: Remembering and Repressing", *Psychology of Women Quarterly* 18 (1994), pp. 67~84.

87. A. W. Burgess, C. Hartman and T. Baker, "Memory Presentations of Childhood Sexual Abuse", *Journal of Psychosocial Nursing* 33 (1995), pp. 9~16; S. Feldman-Summers and K. Pope, "The Experience of 'Forgetting' Childhood Abuse: A National Survey of Psychologists", *Journal of Consulting and Clinical Psychology* 62 (1994), pp. 636~639; Herman and Schatzow, "Recovery and Verification"; C. M. Roe and M. F. Schwartz, "Characteristics of Previously Forgotten Memories of Sexual Abuse: A Descriptive Study", *Journal of Psychiatry and Law* 24 (1995), pp. 189~206; Bessel A. van der Kolk and R. Fisler, "Dissociation

and Fragmentary Nature of Traumatic Memories: Overview and Exploratory Study", *Journal of Traumatic Stress* 8 (1995), pp. 505~525; P. M. Coons, "Confirmation of Childhood Abuse in Child and Adolescent Cases of Multiple Personality, and Dissociative Disorder Not Otherwise Specified", *Journal of Nervous and Mental Diseases* 182 (1994), pp. 461~464; J. L. Herman and M. R. Harvey, "Adult Memories of Childhood Trauma: A Naturalistic Clinical Study", *Journal of Traumatic Stress* 10 (1997), pp. 557~571; L. M. Williams, "Recovered Memories of Abuse in Women with Documented Child Sexual Victimization Histories", *Journal of Traumatic Stress* 8 (1995), pp. 649~673; C. S. Widom and S. Morris, "Accuracy of Adult Recollections of Childhood Victimization: Part 2: Childhood Sexual Abuse", *Psychological Assessment* 8 (1997), pp. 412~421.

88. 다양한 전문 조직들의 논문들을 비교 분석하려면, Brown, Scheflin and Hammond, *Memory, Trauma Treatment and the Law*, pp. 50~55 참조.

89. *Seignious v. Fair* (1998), Fulton County (Georgia) Superior Court No. 9E-56169; *New Hampshire v. Walters* (1995), No. 93-S-2111-2112.

90. Williams, "Recovered Memories of Abuse in Women with Documented Child Sexual Victimization Histories"; Widom and Morris, "Accuracy of Adult Recollections of Childhood Victimization".

91. John E. B. Myers, ed., *The Blacklash: Child Protection under Fire* (Thousand Oaks, Calif.: Sage, 1994).

92. Aviva L. Brandt, "Jury Rejects Claims of Official Misconduct in Sex Ring Case", *Associated Press*, June 29, 1998.

93. *Ramona v. Ramona* (1994), Napa County (California), Case No. C61898.

94. C. G. Bowman and E. Mertz, "A Dangerous Direction: Legal Intervention in Sexual Abuse Survivor Therapy", *Harvard Law Review* 109 (1996), pp. 549~639; P. Appelbaum and R. Zoltek-Jick, "Psychotherapists' Duties to Third Parties: Ramona and Beyond", *American Journal of Psychiatry* 153 (1996), pp. 457~465.

95. Anna Salter, "Accuracy of Expert Testimony in Child Sexual Abuse Cases: A Case Study of Ralph Underwager and Hollida Wakefield". 뉴잉글랜드 아동복지과 감독관에게 제출하기 위해 준비한 미출간 자료(1991).

96. U. S. Court of Appeals, 7th Circuit, No. 93-2422, April 25, 1994.

97. David L. Calof, "Notes from a Practice under Siege: Harassment, Defamation, Intimidation in the Name of Scinece", *Ethics and Behavior* 8 (1998), pp. 161~187.

98. Katy Butler, "Caught in the Crossfire", *Networker* (April 1995), pp. 68~79. 인용 부분은 p. 75.